降本增效

工资个税与社会保险实务疑难240问

李俊丽　张凤莲　游本春　田　杰　主编

法律出版社
LAW PRESS · CHINA
北京

图书在版编目(CIP)数据

降本增效：工资个税与社会保险实务疑难240问 / 李俊丽等主编. -- 北京：法律出版社，2024
ISBN 978-7-5197-8779-0

Ⅰ. ①降… Ⅱ. ①李… Ⅲ. ①工资-个人所得税-中国-问题解答②社会保险-中国-问题解答 Ⅳ. ①F812.424-44②F842.61-44

中国国家版本馆CIP数据核字(2024)第026238号

降本增效：工资个税与社会保险实务疑难240问
JIANGBEN ZENGXIAO: GONGZI GESHUI YU SHEHUI BAOXIAN SHIWU YINAN 240 WEN

李俊丽 张凤莲 游本春 田 杰 主编

策划编辑 张 颖
责任编辑 张 颖
装帧设计 鲍龙卉

出版发行 法律出版社
编辑统筹 法律应用出版分社
责任校对 王晓萍
责任印制 刘晓伟
经　　销 新华书店

开本 A5
印张 19.75　字数 489千
版本 2024年5月第1版
印次 2024年5月第1次印刷
印刷 涿州市星河印刷有限公司

地址：北京市丰台区莲花池西里7号(100073)
网址：www.lawpress.com.cn
投稿邮箱：info@lawpress.com.cn
举报盗版邮箱：jbwq@lawpress.com.cn
销售电话：010-83938349
客服电话：010-83938350
咨询电话：010-63939796

书号：ISBN 978-7-5197-8779-0
定价：78.00元

编 委 会

作 者 简 介

主 编

李俊丽 中共党员，北京市万商天勤（昆明）律师事务所主任，毕业于西南政法大学，民商法法学硕士，从事律师职业17年，现为中华全国律师协会劳动与社会保障法专业委员会委员，云南省知识产权实务人才，云南省政府法制研究会会员，云南省国资委兼职外部董事专家库成员，云南省律师协会劳动与社会保障业务委员会秘书长，昆明市涉案企业合规第三方监督评估机制专业人员，昆明市律师协会劳动与社会保障法律专业委员会主任，昆明市律师协会国有资产法律专业委员会副主任，昆明市律师协会财税法律专业委员会委员。

专业领域：劳动法律、国有资产监管、公司合规管理、建筑房地产市政基础设施、政府法律、财税法律。

张凤莲 高级注册人力资源管理师、国家招聘测评指导师、社保实务专家、人力成本与用工风险专家、畅销书作家、人事易品牌创始人。深耕人力资源领域十几年，累计为上千家国有企业、机关事业单位、民营企业提供了“一站式”的“降成本、控风险、增利润”的培训咨询和落地服务。倾心打造的版权课程“老板法财税风险管控系统”，受到学员的广泛赞誉和高度认同，累计培训人次超过10万。

专业领域:劳动用工、社保福利、成本优化等。

游本春 硕士研究生导师,北京法天眼合规管理平台创始人,盈科全国劳动与社会保障专业委员会主任,北京盈科(昆明)律师事务所劳动用工合规法律事务部主任。

专业领域:劳动法培训、劳动用工合规顾问、劳动用工合规管理咨询。

田　杰 云南柄志人力资源服务有限公司总经理,企业人力资源管理师、金融理财师、职业指导师、人力成本与用工风险专家。深耕人力资源领域10余年,紧密结合法律法规,科学运用相关政策,拥有丰富的管理实践经验,对人力资源管理前沿有较深入的研究。

专业领域:人力资源发展战略、人力资源管控、用工风险诊断、绩效与薪酬等。

副　主　编

杨　京 昆明医科大学副教授,北京盈科(昆明)律师事务所律师,北京法天眼合规管理平台合规顾问。

专业领域:劳动用工合规顾问、私人财富管理规划与执行、慈善公益战略规划、家族顾问、养老规划。

洪雅如 北京盈科(上海)律师事务所合伙人律师、债权资产事务部副主任,中国青年政治学院法律硕士。

专业领域:公司治理合规、劳动用工合规顾问及合规管理咨询、股权激励、股权筹划、投融资与并购、破产重组、金融法律事务、不良资产处置、建筑工程争议解决、民商事争议解决等。

赵海红　天津澍泽律师事务所律师，高级企业合规师，高级财税管理师，高级劳动关系管理师，北京法天眼合规管理平台合规顾问。

专业领域：劳动用工及税务合规顾问、合规管理咨询，企业常年合规顾问，民商事争议解决。

温　乐　北京市君致律师事务所律师，高级企业合规师，北京市律师协会涉外人才库律师，北京市东城区律师协会第四届公司业务与企业合规建设业务研究会委员，北京市东城区律师协会第四届宣传联络委员会委员，北京法天眼合规管理平台合规顾问。

专业领域：劳动用工合规顾问、证券与资本市场、企业并购与重组、公司债券融资、民商事争议解决。

张孟笛　人和启邦显辉（横琴）联营律师事务所律师、建筑工程法律事务部副主任、劳动人事部成员，北京法天眼合规管理平台合规顾问。

专业领域：劳动用工及税务合规顾问、劳动用工及税务合规管理咨询、建设工程诉讼及非诉法律事务。

郭家荣　资深执业律师，大学客座教授，江西省律师协会财税法律专业委员会副秘书长，高级企业合规师，北京法天眼合规管理平台合规顾问。

专业领域：劳动用工、税务合规顾问，股权架构设计。

杨定洁　康达（重庆）律师事务所高级合伙人律师、康达重庆家族办公室主任，重庆市律师协会刑民交叉专业委员会委员，高级企业合规师，企业合规讲师，企业风险防控师（高级），心理咨询师，北京法天眼合规管理平台合规顾问。

专业领域：劳动用工及税务合规顾问、民商事诉讼、刑事辩护、社会稳定风险评估。

王　颖　山东奥瀚律师事务所主任,临沂仲裁委员会仲裁员,高级企业合规师,高级劳动关系管理师,北京法天眼合规管理平台合规顾问。

专业领域:劳动用工及税务合规顾问、刑事辩护。

胡淇凭　湖南淇凭律师事务所主任、合伙人,湖南淇凭税务师事务所合伙人,北京法天眼合规管理平台合规顾问。

专业领域:劳动用工及税务合规顾问,税企争议解决、涉税刑事辩护。

黄家琴　上海段和段(昆明)律师事务所律师,企业金融风险师(高级),具有证券、基金从业资格,北京法天眼合规管理平台合规顾问。

专业领域:劳动用工及税务合规顾问、税企争议解决、涉税刑事辩护、企业并购等。

卜诗洋　北京诗洋律师事务所创始人律师,中国中小企业协会调解中心调解员,高级企业合规师,高级税务筹划师,高级法律顾问,北京法天眼合规管理平台合规顾问。

专业领域:劳动用工及税务合规顾问、常年法律顾问,婚姻家事与财富传承,民商事争议解决。

陈晓利　北京市盈科律师事务所资深税务律师,税务师,拥有注册会计师专业阶段合格证,西南政法大学法税融合研究中心研究员,安阳师范学院法学专业实践导师,北京法天眼合规管理平台合规顾问。

专业领域:劳动用工及税务合规顾问、企业常年法税顾问、企业资本项目财法税一体化服务、涉税刑事犯罪辩护等。

端梓涵　北京市万商天勤(昆明)律师事务所专职律师。

专业领域：财政税务、劳动与社会保障、公司商事领域的法律服务。

邵瓒峰 云南大学法本专业，深耕民商案件20余年，具有12年团队管理经验。

专业领域：劳动用工合规顾问及合规管理咨询、保险案件代理。

编　　委

陈　萍 四川瀛领禾石律师事务所主任、党总支书记、创始合伙人，建设工程与房地产专业委员会主任，四川省律师协会城乡统筹法律服务专业委员会委员，成都市律师协会理事、成都市律师协会成华分会副会长，成都仲裁委员会仲裁员，北海国际仲裁院仲裁员。

专业领域：常年法律顾问、公司法律、行政法律、合同法律、刑事辩护。

宋文明 法律硕士，北京市盈科（大连）律师事务所合伙人。

专业领域：劳动仲裁及争议解决、企业法律风险管理、公司治理、金融股权、婚姻家事。

贺继征 深圳市赋能教育训练有限公司总经理、首席管理咨询顾问，华南师范大学MBA教育中心硕士研究生导师、广州南洋理工职业学院客座教授，深圳市盐田区人民法院陪审员，深圳市福田区劳动人事争议仲裁委员会调解员，深圳市人力资源管理协会创会监事长，广东省职业技能鉴定指导中心高级考评员、督导员，深圳市罗湖区劳动模范。

专业领域：劳动用工风险预防控制，劳动关系协商、调解、仲裁、应诉，人力资源管理实操与应用。

晏廷爱 云南凌云律师事务所高级合伙人、曲靖办公室主任、企业合规法律事务部和投资与并购法律事务部主任,云南省金牌劳动关系协调员,云南省律师协会第八届行业发展与规则委员会副主任、云南省律师协会公司法及合规管理法律业务研究委员会委员,曲靖市律师协会副监事长,北京法天眼合规管理平台合规顾问。

专业领域:企业法律顾问与合规管理,法商教育、合伙股权设计、公司治理与组织架构设计、商业运营与投资法律风险评估,企业并购等相关非诉讼法律业务以及重大疑难案件诉讼代理业务。

吴　建 北京盈科(成都)律师事务所合伙人律师、劳动与社会保障法律事务部副主任,高级企业合规师,高级劳动关系师,成都市温江区劳动人事争议仲裁委员会兼职仲裁员,北海国际仲裁院调解员,北京法天眼合规管理平台合规顾问。

专业领域:劳动用工及劳动争议解决、企业常年法律顾问、企业合规管理风险防控、建设工程及房地产。

柳慧波 江苏五道口企业管理集团创始合伙人,德勤五道口商学院创始人,高级人力资源管理师,高级企业合规管理师,高级人力资源法务师,北京法天眼合规管理平台合规顾问。

专业领域:劳动用工合规顾问、企业财税合规管理顾问。

朱家娣 北京盈科(昆明)律师事务所实习人员,北京法天眼合规管理平台合规顾问。

专业领域:劳动用工及税务合规顾问。

张　纯 四川国金律师事务所涉外法律部主任。

专业领域:公司治理与合规、国有资产管理、私募股权与投资基金、跨境投资、国际商事争议解决。

王战伟 四川金紫藤律师事务所主任。
专业领域：公司治理及风险控制、劳动用工、投资融资、公司并购、资产处置、房地产建筑等。

高海滨 北京市万商天勤（昆明）律师事务所合伙人、执行主任。
专业领域：民事诉讼与仲裁、刑事辩护、公司法律顾问、公司合规管理、公司并购重组等。

傅川云 北京市万商天勤（昆明）律师事务所合伙人。
专业领域：公司法、金融法、房地产、建筑工程与基础设施、刑事合规与辩护及高端民商事争议案件代理等。

洪登光 云南大学法学院法学学士、硕士学位，法学博士研究生，从事兼职律师执业15年，万商天勤律师事务所顾问。
专业领域：公司法务、建设工程、知识产权、企业合规以及刑事辩护等。

党　珉 北京市万商天勤（昆明）律师事务所副主任。
专业领域：房地产与建设工程、法律顾问、民事诉讼与仲裁、合规管理、刑事诉讼等领域。

龚园涛 北京市万商天勤（昆明）律师事务所专职律师。
专业领域：劳动与社会保障、公司商事法律服务等。

蒋智婷 北京市万商天勤（昆明）律师事务所专职律师。
专业领域：劳动与社会保障、公司商事、诉讼仲裁法律服务。

李雁菲 中共党员，擅长处理工伤法律纠纷、劳动纠纷、知识产权纠纷、执行纠纷等。
专业领域：劳动法、公司商事法律事务。

序　言

作为《降本增效:企业用工成本战略控制与合规管理》的姊妹篇,《降本增效:工资个税与社会保险实务疑难240问》是其内容的扩充、延续、具象、细化,且更具有针对性。全书体例框架主要为“提出问题—做出解答—精选案例—适当引申—匹配法规”,其内容涉及工资薪酬、个税缴纳、社会保险等模块,囊括人力资源管理、法律与财税在用工领域交汇融合的诸多方面,为读者精准答疑解惑。实用性、通俗性、直观性、综合性和概括性共同铸就了本书独有的特色。

昆明市律师协会劳动与社会保障法律专业委员会主任李俊丽律师携多位一线人力资源服务领域、财税领域法律服务资深人士共同编写此书,全书通俗易懂,以案说法,极具实务操作性,以精练实用为准则,结合企业工资个税与社会保险实务,直击企业痛点,全书从企业用工争议处理实战中提炼出240问,所有问题是李俊丽等各位劳动法律师多年经验的总结锤炼与经验分享,助力专业实操指导。

本书源于实务,服务于实务,也持续地赋能于实务。本书适于需要或准备学习工资个税与社会保险政策的个人阅读,同样可作为企业用户的合规法宝,此书直观明了地解答了各类人群针对工资个税和社会保险方面的问题,做到了有效性和可行性的有机统一,从实务中来、到实务中去,以实用性取胜,以操作性见长。

是为序。

刘　俊

2024年2月19日

目录

综　合

工资与个税

社会保险

养老保险

医疗保险

工伤保险

失业保险

生育保险

综　合

001

什么是金税三期?

答:金税三期是国家级信息系统工程“金税工程”的第三期,该工程统一了全国各地税收征管应用系统版本,搭建了统一的纳税服务平台,实现了全国税收数据大集中。不仅如此,金税三期还将建设与人力资源和社会保障部、国家卫生健康委员会联通的税收与社会保险征缴的信息共享平台,简单来说,税收征管部门以后不但会掌握社会保险、工资、个人所得税等申报数据,还可以随时通过人力资源和社会保障行政部门获取劳动关系、组织人事关系、缴费年限确认、学籍信息、职业资格、继续教育、就业失业等信息。因此,在强大的金税三期系统下,税务机关将充分利用大数据平台开展涉税风险控制,税务、市场监督管理、社会保障等政府行政部门合并接口,企业人员、工资收入等相关信息实现互联互通,社会保险、个人所得税、工资申报等数据将实现全面比对,通过建立“一个平台,两级处理,三个覆盖,四个系统”全方位大数据税务识别系统,一切不合规缴纳社会保险的企业将一览无余,真正实现信息管税、数据管税。

案　　例

据安徽省《市场星报》报道,在没有真实货物交易的情况下,安徽多家医药公司高管涉嫌以低买高卖的方式对外虚开增值税发票。其中仅一家医药公司就涉嫌虚开了 4100 万余元增值税发票。第一被告人顾某,合肥 A 公司股东,被告人王某、陈某、方某均为该公司股东。此案涉案人数众多，共有 19 名被告人，除上述 4 人外，涉案的还有不少医药公司的负责人。具体涉案的人员有：B 公司法定代表人朱某、C 公司副总经理姚某、D 公司业务员董某等多家医药公司业务员。此外，还有 3 家被告单位。

经人民法院依法审理查明，2014 年 3 月，被告人顾某伙同被告人王某、陈某、方某承包经营 A 公司，通过低买高卖方式对外虚开增值税专用发票牟利。2014 年 3 月至 2015 年 3 月，A 公司通过被告人桑某介绍，接受了多家公司虚开的增值税专用发票 909 份、税额 1500 万余元。

检方认为，被告人顾某、王某、陈某、方某等 19 人，被告 3 个单位在没有真实货物交易的情况下，虚开增值税专用发票。其中顾某、王某、陈某、方某虚开增值税发票 4100 万余元。

终审法院认为，顾某伙同上诉人王某、陈某、方某，以公司名义虚开增值税专用发票牟利，其行为均构成虚开增值税专用发票罪；姚某、苏某、罗某、杨某、吕某、李某、胡某在无真实交易的情况下，接受虚开的增值税专用发票，其行为均构成虚开增值税专用发票罪；桑某、鲍某、李某、董某介绍他人虚开增值税专用发票，其行为均构成虚开增值税专用发票罪；润某公司、佰某公司、绿某公司在无真实交易的情况下，接受虚开的增值税专用发票，其行为均构成虚开增值税专用发票罪。另，孙某系润某公司主管人员，原审被告人朱某系佰某公司主管人员，原审被告人李某、魏某系绿某公司直接责任人员，应承担相应的刑事责任。

引　　申

金税三期实施后企业纳税合规管理。

（1）纳税申报合规：金税三期的实施使企业的涉税流程处处留痕，使企业纳税更加合规。实施金税三期之后，企业被要求全员全额明细进行申报，企业的代扣代缴行为必须真实合法，如果企业未按照工资发放情况足额缴纳社会保险，企业将面临补缴社会保险费，缴纳滞纳金、罚款或者被追究其他法律责任的风险。

（2）发票管理合规：金税三期实施后，企业的纳税数据均须通过稽核管理，如果企业虚开发票或者使用了被认定为虚开的发票，都会在系统中存在，一旦被查处，企业会面临补缴税款、加收滞纳金、罚款等法律风险，甚至可能面临刑事责任风险。

（3）征管稽核合规：金税三期汇集的数据，为税务机关的排查提供了有力的信息支撑与证据保障。如果企业的税款申报异常、发票缴销异常，则企业需要对异常情况进行说明，如果陈述不充分，可能会使企业的征管稽核环境更趋严格。

相关规定

《国家税务总局关于印发〈金税三期工程管理办法〉及相关规程的通知》（国税发〔2009〕143 号）（2010 年修订），该文件中以“金税三期”工程管理为主线，以资金管理、项目管理、采购管理、后勤管理、档案管理以及资金支付审批流程六个方面系统规定了“金税三期”工程的管理办法。

《国家税务总局关于发布财务报表数据转换参考标准及完善网上办税系统的通知》（税总发〔2018〕32 号），为贯彻落实国务院深化“放管服”改革的决策部署，优化税收营商环境，进一步方便纳税人办理税收业务，税务总局编制了《财务报表数据转换参考标准 v1.0》（以下简称《参考标准》），各省税务机关应当遵照《参考标准》，升级完善网上办税系统，制定网上办税系统与企业财务软件对接的接口规范并开放接口，实现网上办税系统与企业财务软件的对接，支持自动计算应报税税额功能和更正申报表功能，支持企业财务报表数据格式与纳税申报财务报表数据格式之间的自动转换（经参数配置），实现申报表、财务报表联网报送，缩短企业的纳税申报时间。

2021年8月19日,云南省税务局公布关于“金税三期社会保险费征管信息系统(标准版)”上线及新旧系统切换的通知。该通知中明确:税务局将于2021年9月1日上线金税三期社会保险费征管信息系统(标准版)。

002

什么是金税四期?

答:金税四期是金税三期的全新升级,突出强调“系统升级”和“加强监管”,在金税四期强大的大数据作用下,每一个人的收入都是透明的,与金税三期不同的是,金税四期把“非税”业务也纳入了监管范围内,实现了对业务更全面的监控。同时搭建了各部委、人民银行以及商业银行等参与机构之间信息共享和核查的通道,实现了企业相关人员手机号码、企业纳税状态、企业登记注册信息核查三大功能,对企业所得税缴纳、增值税缴纳以及虚开发票的监管将更加严厉。在《国家税务总局关于深入学习贯彻落实〈关于进一步深化税收征管改革的意见〉的通知》(税总发〔2021〕21号)中明确指出,涉及征管服务理念、业务制度、岗责体系和信息系统的优化调整,必须坚持系统观念,不仅要把正在开展的发票电子化改革、金税四期建设、便民办税春风行动等重点工作作为落实该意见的重要举措,而且要把今后一段时期“带好队伍、干好税务”的系列改革,都纳入该意见的贯彻落实中统筹谋划、集成贯通、一体推进,务求取得系统性、开创性成效。

案　例

2021 年 12 月 20 日，浙江省杭州市税务部门发布消息，黄某偷逃税被追缴并处罚款 13.41 亿元。黄某超 13 亿元罚单刷新主播"偷税漏税"新纪录。随后，黄某发文致歉，据观察，淘宝 App 已经找不到黄某直播间。对此，淘宝客服表示，因违反相关规定，该主播账号已被冻结了，但店铺没有被封。黄某的这笔罚款，算是税务部门针对个人的最大额单笔罚款。黄某的丈夫董某发出致歉信，其中有个关键点，自称在 2020 年自知税务不专业，聘请所谓的专业机构进行税务统筹合规。其实在市场上很多的这种"专家"机构，"专家"团队，想方设法去"钻空子"，结果害了他人也害了自己。因此，各位企业主需要加强对税务合规措施的辨识力，同时也需要加强对社会保险合规缴纳措施的辨识力。

引　申

如何辨识哪些是错误的税务筹划措施？

就此，税务筹划措施是否合理，检验标准如下：一是交易和业务是否真实存在；二是是否"四流一致"，即合同、资金、发票、物流四方面一致；三是是否符合企业实际业务操作。如果用前面三项标准去检验却不能获得肯定答案的，则需要对该筹划措施打个问号。

金税四期上线后，若企业未能依规足额缴纳社会保险，除被要求补缴及受到行政处罚外，还会面临什么风险？

若企业未按照岗位情况足额缴纳社会保险，除被强制补缴或罚款外，严重者将会被纳入社会保险失信企业黑名单。

相关规定

《关于对社会保险领域严重失信企业及其有关人员实施联合惩戒的合作备忘录》(发改财金〔2018〕1704 号)中概括有九种社会保险失信情况:

(1)用人单位未按相关规定参加社会保险且拒不整改的;

(2)用人单位未如实申报社会保险缴费基数且拒不整改的;

(3)应缴纳社会保险费却拒不缴纳的;

(4)隐匿、转移、侵占、挪用社会保险费款、基金或者违规投资运营的;

(5)以欺诈、伪造证明材料或者其他手段参加、申报社会保险和骗取社会保险基金支出或社会保险待遇的;

(6)非法获取、出售或变相交易社会保险个人权益数据的;

(7)社会保险服务机构违反服务协议或相关规定的;

(8)拒绝协助社会保险行政部门、经办机构对事故和问题进行调查核实的;拒绝接受或协助税务部门对社会保险实施监督检查,不如实提供与社会保险相关各项资料的;

(9)其他违反法律法规规定的。

其中第 8 项、第 9 项类似“口袋罪”兜底条款,企业但凡做不到位、不合法、不合规,社会保险行政部门或者税务征收部门可以此行使相应权力。

《国家税务总局关于深入学习贯彻落实〈关于进一步深化税收征管改革的意见〉的通知》(税总发〔2021〕21 号)。

003

金税四期对企业主以私人账号发放员工工资会产生什么影响?

答:在金税四期监管力度加大的环境下,企业主再用私人账号发放员工工资,将会受到银行的严格监管,以公账金额缴纳员工的工资个人所得税并购买社会保险,但私账金额却没有纳入其中,这一行为可能涉嫌逃税罪。与此同时,此种模式必然涉及两套账,还可能涉嫌隐匿、故意销毁会计凭证、财务会计报告罪的风险。

案　例

A企业为了缩减成本,对员工工资进行了处理,做了两套账,公司的会计吴某因涉嫌隐匿、故意销毁会计凭证、财务会计报告罪被提起公诉,最终被判缓刑。虽是缓刑,但如果背负了刑事责任,他的档案就存在瑕疵,对其子女今后就业会产生严重影响,如考公务员或者参军等,政审不能通过。

引　申

在金税四期环境下,企业该如何应对?

(1)尽快排查公司存在的潜在风险(两套账,是否存在收入隐瞒、虚开发票、成本虚增、税款少报等情形),对于遗留问题和风险,须制定可行的解决方案并实施,不能拖延。

(2)根据自己企业的实际情况和业务模式,搭建适合企业的纳税管理标准、目标和实施方案。在合规的大趋势、大背景下,不要把希望寄托在某些“专业人士”的伪措施上,而应把希望寄托在合规的纳税管理系统模式上。

(3)要做好企业财务团队的建设,提升现有的财务团队人员的专业水平和综合素质,做好梯队建设,确保团队能够把纳税管理做好,降低企业的违法、违规成本,将财税漏洞降到最小、合规风险降到最低。

(4)做到税务合规,社会保险合规,企业管理的各方面均按照合规的标准和要求建制。

相关规定

《刑法》第201条 纳税人采取欺骗、隐瞒手段进行虚假纳税申报或者不申报,逃避缴纳税款数额较大并且占应纳税额百分之十以上的,处三年以下有期徒刑或者拘役,并处罚金;数额巨大并且占应纳税额百分之三十以上的,处三年以上七年以下有期徒刑,并处罚金。扣缴义务人采取前款所列手段,不缴或者少缴已扣、已收税款,数额较大的,依照前款的规定处罚。对多次实施前两款行为,未经处理的,按照累计数额计算。有第一款行为,经税务机关依法下达追缴通知后,补缴应纳税款,缴纳滞纳金,已受行政处罚的,不予追究刑事责任;但是,五年内因逃避缴纳税款受过刑事处罚或者被税务机关给予二次以上行政处罚的除外。

004

金税四期对企业为员工缴纳社会保险有哪些影响?

答:“社会保险入税”已经在全国范围内实行,金税四期上线后,在各部门大数据联网的情况下，企业的一举一动都会被监测，税务的监管系统会检测到企业行为，企业必须按照员工实际人数和工资总额按时缴纳社会保险，否则会在税务部门的数据中体现出来并进行预警，可能面临被税务稽查部门调查、处罚、责令补缴甚至列入社会保险黑名单的风险。用人单位未按时足额缴纳社会保险费的，将承担由社会保险费征收机构责令其限期缴纳或者补足的行政责任。用人单位的社会保险登记事项发生变更或者用人单位依法终止的，应当自变更或者终止之日起30日内，到社会保险经办机构办理变更或者注销登记，但对未及时变更、注销的并无明确的罚则条款。

案　例

沈阳市某装饰材料厂（以下简称材料厂）诉宋某一案，材料厂诉称在2011年9月15日未与宋某签订劳动合同，对宋某受伤情况材料厂并不知晓，而沈阳市于洪区人保局在未告知材料厂前提下作出工伤认定，评定为十级伤残。材料厂不服，认为宋某的伤害结果与自己没有直接法律关系，请求法院撤销工伤认定。宋某辩称，其2011年9月16日开始在材料厂工作，双方未签订劳动合同，也未缴纳社会保险费，于2012年9月16日在工作中右手被锯伤，应当属于工伤，享有相应的工伤保险待遇，由于材料厂未为其缴纳工伤保险费，因此材料厂应当支付该待遇。于是宋某申请劳动仲裁，要求材料厂为其补缴社会保险费、支付其伤残补助金、就业补助金、工伤医疗补助金、停工留薪工资。且前述宋某申请请求已获得仲裁庭支持，故请求法院驳回原告诉讼请求。

用人单位与劳动者建立劳动关系，应当签订书面劳动合同，并为职工依法缴纳社会保险费。因用人单位未为其职工缴纳社会保险费导致劳动者无法享受社会保险待遇而遭受损失的，用人单位应予赔偿。最终材料厂赔偿宋某近 10 万元。

根据《社会保险法》第 41 条的规定，职工所在用人单位未依法缴纳工伤保险费，发生工伤事故的，由用人单位支付。本案中原告材料厂没有为被告缴纳工伤保险费，违反了用人单位为职工缴纳保险费的法定义务。因此，职工在工作期间受伤后，其应该享受到的保险待遇由用人单位承担。

引　申

企业在实际用工中还存在哪些风险？

除金税三期、金税四期工资、个人所得税与社会保险缴纳系统联网之后带来的风险外，若企业在实际用工过程中没有为员工足额缴纳社会保险费，那么，员工可以按照未缴纳或者未足额缴纳社会保险费为由，与公司解除劳动关系，并向公司主张经济补偿。另外，员工向社会保险公积金的监督检查部门举报，也会同样导致公司除了全额补缴社会保险费外，还会受到相关的行政机关处罚，包括罚款和滞纳金。

相关规定

《劳动合同法》第 38 条第 1 款第 1 ~ 3 项　用人单位有下列情形之一的，劳动者可以解除劳动合同：（一）未按照劳动合同约定提供劳动保护或者劳动条件的；（二）未及时足额支付劳动报酬的；（三）未依法为劳动者缴纳社会保险费的。

《社会保险法》第 86 条　用人单位未按时足额缴纳社会保险费的，由社会保险费征收机构责令限期缴纳或者补足，并自欠缴之日起，按日加收万分之五的滞纳金；逾期仍不缴纳的，由有关行政部门处欠缴数额一倍以上三倍以下的罚款。

《关于对社会保险领域严重失信企业及其有关人员实施联合惩戒的合作备忘录》（发改财金〔2018〕1704 号）。

005

金税四期对企业的其他影响有哪些?

答:税务方面:搭建了各部委、人民银行以及商业银行等参与机构之间信息共享和核查的通道,可实现“税费”全数据、全业务、全流程的“云化”打通,为智能办税、智慧监管提供条件和基础,同样也意味着税务稽查将会更严格、更精准、更全方位。

社会保险方面:“社保入税”多地相继实行,在各部门大数据联网的情况下,企业的一举一动都会被监测,税务的监管系统会检测到企业的涉税行为。金税四期上线后,像社会保险挂靠、代缴或试用期不缴纳社会保险费等情形都将面临风险。

案 例

近期,深圳市税务部门通过税收大数据分析,发现部分企业出口商品存在异常情况,迅速与深圳市公安部门成立联合专案组依法深入开展调查。2021 年 8 月,税警联合专案组开展收网行动,成功打掉利用“LED 灯”等商品虚开、“配单”、骗税等犯罪团伙 5 个,抓获犯罪嫌疑人 32 名。经查,骗税团伙获取虚开的增值税专用发票后,勾结“配单”公司违规取得报关单据骗取出口退税,涉及骗税企业 7 户,骗取出口退税 4478 万元。

此类曝光的案件主要是税务部门在通过税收大数据分析发现异常后依法进行查处的,可以说,智能化税收大数据分析系统在案件的发现和查处中功不可没,为税务机关加强风险预警、科学精准监管提供了有力支撑。随着税收大数据作用的日益显现，税务部门在加强税收监管方面，正在实现从“主要依靠经验检查或外部举报发现”到“依托税收大数据精准分类监管”的转变。

近年来，税务部门依托税收大数据，深入推进以“信用+风险”为基础的新型监管机制，对低信用、高风险的纳税人严管理、严监督，对不法分子恶意偷逃税行为坚决查处、严厉打击，在切实维护国家税收安全的同时更好地服务于国家治理。多名专家表示，以智能化税收大数据分析为主、其他手段为辅的税务精准监管“利剑”已经高悬，因此提醒一些罔顾法律的不法纳税人，切莫存有侥幸心理。

引 申

金税四期的稽查重点是什么？

金税四期的稽查点诸多，有学者曾列举了60余项，为了便于了解，归纳如下五方面：

（1）企业发票问题。国家税务总局在税务稽查中，非常重视发票的“三查”问题，即“查税必查票”“查账必查票”“查案必查票”，这就要求企业在开票问题上要格外注意“三流一致”，就是资金流、发票流、合同流相统一，有的会加上货物流，也就是“四流一致”。

这也提醒企业一定要做好存货管理，统计好进货、销货、存货量，定期盘点库存，做好账实差异分析表，尽量避免库存账实不一致。同时要注意，虚构成本与虚开发票，除缴纳罚款和补缴税款外，企业相关当事人触及法律红线的还要承担刑事责任。

（2）税负率异常。金税三期管控下对于企业的税负率要求非常严格，时刻被监控着，不论是过高还是过低都有被税务局约谈和稽查的风险。实务中，虽然企业的税负率可能受到多个因素的影响，但是一般情况下企业在某个时期内的税负率波动不会很大。

在系统升级后，每个行业的增值税、所得税税负水平以及变化在当地税务系统中记录得更加详细，对于企业的税负率浮动比例更加敏感，税务机关会针对企业的纳税情况进行评估，调查一些企业税负率出现波动的原因。

（3）企业社会保险缴纳问题。2021 年 11 月 1 日开始，多地相继实施“社会保险入税”，在各部门大数据联网的情况下，企业的一举一动都被纳入了监管系统。很多企业员工的工资显示都保持在 5000 元以下并且长期不变，随着金税四期的上线，不论是税务征收、市场监督管理还是社会保险征缴等非税业务都在联网系统中，数据非常完整、全面。比如试用期不参加社会保险、社会保险挂靠或代缴社会保险费等行为都暴露无遗。

（4）虚假开户企业。随着企业信息联网核查系统上线及已经到来的金税四期，银行、非银行支付等参与机构可以核实企业相关人员手机实名信息、企业纳税状态、企业登记注册信息等重要信息，会多维度核查企业真实性，了解企业的经营状况、识别企业是否有开户资格。

（5）企业的利润。报送的资产负债表与利润表等会计报表中相关数字的交叉核对关系有出入；利润表里的利润总额与企业所得税申报表中的利润总额有出入；企业常年亏损，却屹立不倒；同行业利润偏低等情形将成为监管重点。

相关规定

《国家税务总局关于深入学习贯彻落实〈关于进一步深化税收征管改革的意见〉的通知》（税总发〔2021〕21 号）。

006

2023年个人所得税起征点是多少?

答:2023年个人所得税起征点为5000元(以下附税率表,详见表1和表2)。

表1　个人所得税税率(综合所得适用)

级数	全年应纳税所得额	税率(%)
1	不超过36,000元的	3
2	超过36,000元至144,000元的部分	10
3	超过144,000元至300,000元的部分	20
4	超过300,000元至420,000元的部分	25
5	超过420,000元至660,000元的部分	30
6	超过660,000元至960,000元的部分	35
7	超过960,000元的部分	45

(注1:本表所称全年应纳税所得额是指依照本法第六条的规定,居民个人取得综合所得以每一纳税年度收入额减除费用六万元以及专项扣除、专项附加扣除和依法确定的其他扣除后的余额。

注2:非居民个人取得工资、薪金所得,劳务报酬所得,稿酬所得和特许权使用费所得,依照本表按月换算后计算应纳税额。)

表2　个人所得税税率(经营所得适用)

级数	全年应纳税所得额	税率(%)
1	不超过30,000元的	5
2	超过30,000元至90,000元的部分	10

续表

级数	全年应纳税所得额	税率(%)
3	超过90,000元至300,000元的部分	20
4	超过300,000元至500,000元的部分	30
5	超过500,000元的部分	35

(注:本表所称全年应纳税所得额是指依照本法第六条的规定,以每一纳税年度的收入总额减除成本、费用以及损失后的余额。)

案　例

2022年张三月收入7000元,剔除5000元免税额度之后,剩余2000元需要纳税,2000元<3000元,属于第一档,税率为3%,因此要纳的税额为:2000×3%=60元。如果张三月入10,000元,此时剔除5000元免税额度之后,还剩余5000元需要纳税,这超过的5000元中3000元属于第一档,税率为3%,2000元属于第二档,税率为10%,因此其要纳的税额为:3000×3%+2000×10%=90+200=290元。当然也可以使用速算扣除数的方式进行计算,计算方式为:5000×10%-210=500-210=290元,结果是一致的。

但现实中的纳税金额并不会如同上述计算得那么多,甚至有可能出现不用缴纳的情况,这是因为在我国,一些特殊费用事项可以扣除,如五险一金、专项附加等。

扣除五险一金的情况下:假设张三税前月入10,000元,其每个月的五险一金缴纳额为2000元,那么这2000元是可以免税的,在计算张三应纳税额时,其需要缴纳个人所得税的资金仅为:10000-5000(起征点)-2000(五险一金)=3000元,也就是说其实际需要纳税的金额仅3000元,税率为3%,所以实际税额为:3000×3%=90元,比上述的290元,节约了200元。

专项附加扣除的情况下:假设目前张三存在三项专项扣除,分别是子女教育(每个月2000元)、父母赡养(每个月1000元)、住房贷款利息(每个月1000元),那么在月收入10,000元的情况下,张三不需要缴纳税费,因为张三本身免税额度为5000元,再加上五险一金2000元、专项附加扣除的4000元,总计:5000+2000+4000=11000元,所以即使张三月入10,000元也无须纳税。

综上所述,在新《个人所得税法》出台背景下,个人月收入达到10,000元,也不一定需要纳税,具体要看专项附加扣除的高低以及五险一金缴纳费用的高低,如果这两项够高,有可能零税额缴纳;但如果这两项偏低,则依然需要纳税。而对于社会保险而言,则需要按照法律要求的比例进行缴纳。

引　申

个人所得税起征点调整对个人和企业分别有哪些影响呢?

(1)对个人的影响:按照《个人所得税法》的规定,工资、薪金所得的个人所得税起征点为5000元/月,劳务报酬所得、稿酬所得、特许权使用费所得,每次收入不超过4000元的,减除费用800元;4000元以上的,减除20%的费用。以月薪10,000元为例,起征点为3500元的情况下,扣除标准的五险一金缴纳金额,每月要缴纳个人所得税323元。如果起征点提高到5000元,在现行税率下,每月缴纳的个人所得税降至83元,每月收入增加了250元。

(2)对企业的影响:个人所得税调整对于工薪阶层是众望所归,首先,个人的福利得到保障,企业自然能留得住员工。增加子女教育支出、继续教育支出等专项附加扣除,企业如能正常履行义务,员工的福利就会更有保障。其次,可以刺激消费升级。个人所得税免征点提高,对于居民而言,确实能够获得更高的税后收入。居民收入水平在不断提高,消费者口袋里的钱将更充足,引发消费升级,商家也会因此受益。此次个人所得税调整还对个体工商户的生产、经营所得和企事业单位的承包经营、承租经营所得适用。

相关规定

《个人所得税法》第6条第1款　应纳税所得额的计算：(一)居民个人的综合所得，以每一纳税年度的收入额减除费用六万元以及专项扣除、专项附加扣除和依法确定的其他扣除后的余额，为应纳税所得额。(二)非居民个人的工资、薪金所得，以每月收入额减除费用五千元后的余额为应纳税所得额；劳务报酬所得、稿酬所得、特许权使用费所得，以每次收入额为应纳税所得额。(三)经营所得，以每一纳税年度的收入总额减除成本、费用以及损失后的余额，为应纳税所得额。(四)财产租赁所得，每次收入不超过四千元的，减除费用八百元；四千元以上的，减除百分之二十的费用，其余额为应纳税所得额。(五)财产转让所得，以转让财产的收入额减除财产原值和合理费用后的余额，为应纳税所得额。(六)利息、股息、红利所得和偶然所得，以每次收入额为应纳税所得额。

007

社会保险的缴纳范围及比例是多少？

答：根据我国现行社会保险相关法律、法规，各项社会保险(养老、医疗、工伤、失业、生育)的缴纳由各省、市依据当地在岗职工平均收入水平确定，相关社会保险主管部门在国家有关规定及政策指导下，出台符合各地收入发展水平的具体社会保险缴费基准和比例。因此全国各地社会保险缴纳比例有所差别,需要关注各地具体社会保险政策,各个地区的社会保险服务中心都有自己的官方网站、小程序、公众号等服务平台,个人通过注册、登录个人账户后,在社会保险缴费栏即可查询单位社会保险编号、社会保险缴费明细、缴费年限、个人社会保险账户余额等信息。同时根据我国《社会保险法》第33条规定,职工应当参加工伤保险,由用人单位缴纳工伤保险费,职工不缴纳工伤保险费。第53条规定,职工应当参加生育保险,由用人单位按照国家规定缴纳生育保险费,职工不缴纳生育保险费。

养老保险费的征缴范围。依据《社会保险费征缴暂行条例》第3条规定,包括国有企业、城镇集体企业、外商投资企业、城镇私营企业和其他城镇企业及其职工,实行企业化管理的事业单位及其职工。省、自治区、直辖市人民政府根据当地实际情况,可以规定将城镇个体工商户纳入基本养老保险的范围。

基本医疗保险费的征缴范围。依据《社会保险费征缴暂行条例》第3条规定,包括国有企业、城镇集体企业、外商投资企业、城镇私营企业和其他城镇企业及其职工,国家机关及其工作人员,事业单位及其职工,民办非企业单位及其职工,社会团体及其专职人员。省、自治区、直辖市人民政府根据当地实际情况,可以规定将城镇个体工商户纳入基本医疗保险的范围。

失业保险费的征缴范围。依据《社会保险费征缴暂行条例》第3条规定,包括国有企业、城镇集体企业、外商投资企业、城镇私营企业和其他城镇企业及其职工,事业单位及其职工。省、自治区、直辖市人民政府根据当地实际情况,可以规定将社会团体及其专职人员、民办非企业单位及其职工以及有雇工的城镇个体工商户及其雇工纳入失业保险的范围。

工伤保险费的征缴范围。依据《工伤保险条例》第2条规定:"中华人民共和国境内的企业、事业单位、社会团体、民办非企业单位、基金会、律师事务所、会计师事务所等组织和有雇工的个体工商户(以下称用人单位)应当依照本条例规定参加工伤保险,为本单位全部职工或者雇工(以下称职工)缴纳工伤保险费。中华人民共和国境内的企业、事业单位、社会团体、民办非企业单位、基金会、律师事务所、会计师事务所等组织的职工和个体工商户的雇工,均有依照本条例的规定享受工伤保险待遇的权利。”

生育保险费的征缴范围。依据《企业职工生育保险试行办法》第2条的规定,本办法适用于包括城镇企业及其职工。

以昆明市为例,自2019年5月1日起,一次性降低城镇职工基本养老保险(包括企业职工基本养老保险和机关事业单位基本养老保险,以下简称养老保险),单位缴费比例降至16%。自2022年5月1日至2023年4月30日,失业保险继续执行1%的费率(其中单位缴费费率为0.7%,个人缴费费率为0.3%);自2022年5月1日起,工伤保险费率按2018年阶段性降低工伤保险费率执行前适用的费率执行,即执行国家基准费率的90%①。

案　例

段先生发生工伤,被认定为九级伤残,停工留薪期满后与公司解除了劳动关系。之后段先生发现公司为其缴纳的工伤保险费是按最低缴费基数缴纳,而且未办理其他社会保险。段先生的实际平均工资是4000多元。按照当地关于《工伤保险条例》的实施办法规定,九级伤残可以领取的一次性伤残补助金是9个月的本人工资,可以领取的工伤医疗补助金是2个月的本人工资,经计算,

---

① 参见《昆明市人力资源与社会保障业务办事指南(2022年)》,载昆明市人力资源和社会保障局,https://rsj.km.gov.cn/c/2023-01-05/4628608.shtml。

由于公司没有按照实际工资申报工伤保险，自己能够领取的补助少了近2万元。于是，段先生申请劳动仲裁，后来对劳动仲裁结果不满意又到法院提起诉讼要求赔偿损失。法院认为，公司未如实申报段先生的社会保险缴纳基数，造成段先生的损失，判决公司支付补助金的差额部分。

引 申

目前企业在社会保险领域的现状是什么？

（1）社会保险缴纳不合规

有些企业经营者往往从企业利益出发，想方设法逃避社会责任，从而牺牲职工的合法利益，不为其缴纳社会保险费，或只为城镇职工缴纳社会保险费，不为农民工缴纳社会保险费；或只按照最低工资标准缴纳社会保险费；或用团体意外险、雇主责任险之类商业保险替代社会保险。因为目前我国还没有有效的奖惩机制，难以激发企业经营者的参保热情，也导致企业之间相互比较、观望，未能发挥社会保险的积极作用。

（2）代缴社会保险乱象

乱象一：缺乏行业服务标准；乱象二：价格不透明，隐形收费多；乱象三：张冠李戴，移花接木缴纳社会保险费；乱象四：打着“能补缴社会保险费”的幌子欺骗客户。

相关规定

基本养老保险。**《社会保险法》第12条**　用人单位应当按照国家规定的本单位职工工资总额的比例缴纳基本养老保险费，记入基本养老保险统筹基金。职工应当按照国家规定的本人工资的比例缴纳基本养老保险费，记入个人账户。无雇工的个体工商户、未在用人单位参加基本养老保险的非全日制从业人员以及其他灵活就业人员参加基本养老保险的，应当按照国家规定缴纳基本养老保险费，分别记入基本养老保险统筹基金和个人账户。

基本医疗保险。**《社会保险法》第23条**　职工应当参加职工基本医疗保险，由用人单位和职工按照国家规定共同缴纳基本医疗保险费。无雇工的个体工商户、未在用人单位参加职工基本医疗保险的非全日制从业人员以及其他灵活就业人员可以参加职工基本医疗保险，由个人按照国家规定缴纳基本医疗保险费。

失业保险。**《社会保险法》第44条**　职工应当参加失业保险，由用人单位和职工按照国家规定共同缴纳失业保险费。

第47条　失业保险金的标准，由省、自治区、直辖市人民政府确定，不得低于城市居民最低生活保障标准。

工伤保险。**《社会保险法》第33条**　职工应当参加工伤保险，由用人单位缴纳工伤保险费，职工不缴纳工伤保险费。

第34条　国家根据不同行业的工伤风险程度确定行业的差别费率，并根据使用工伤保险基金、工伤发生率等情况在每个行业内确定费率档次。行业差别费率和行业内费率档次由国务院社会保险行政部门制定，报国务院批准后公布施行。社会保险经办机构根据用人单位使用工伤保险基金、工伤发生率和所属行业费率档次等情况，确定用人单位缴费费率。

第35条　用人单位应当按照本单位职工工资总额，根据社会保险经办机构确定的费率缴纳工伤保险费。

生育保险：**《社会保险法》第53条**　职工应当参加生育保险，由用人单位按照国家规定缴纳生育保险费，职工不缴纳生育保险费。

008

涉及企业工资个人所得税和社会保险的重要法律、行政法规、部门规章等规范性文件有哪些？

答：(1)《个人所得税法》；

(2)《个人所得税法实施条例》；

(3)《企业所得税法》；

(4)《社会保险法》；

(5)《社会保险费征缴暂行条例》；

(6)《关于对社会保险领域严重失信企业及其有关人员实施联合惩戒的合作备忘录》(发改财金〔2018〕1704号)；

(7)《国务院办公厅关于印发降低社会保险费率综合方案的通知》(国办发〔2019〕13号)；

(8)《社会保险领域严重失信人名单管理暂行办法》(人社部规〔2019〕2号)；

(9)《人力资源和社会保障部、财政部、税务总局关于阶段性减免企业社会保险费的通知》(人社部发〔2020〕11号)；

(10)《国家税务总局关于贯彻落实阶段性减免企业社会保险费政策的通知》(税总函〔2020〕33号)等。

案　　例

严重咳嗽，用力捶胸口，驶离主干道稳稳靠路边停车，下车后拨通报警电话，随后倒地……这是福建省福州市福清市633路公交司机陈师傅生命的最后时刻。2022 年年初，51 岁的陈师傅在工作期间突发心肌梗死，经医院抢救无效后不幸离世。

在为陈师傅感到惋惜、敬佩他用最后的力量保证了全车乘客安全的同时，公众同样关注的一个话题是“公司不认可陈师傅猝死是工伤”。据陈师傅的弟弟说，原因是陈师傅所在的汽运公司曾让员工签署《自愿放弃社会保险声明》，以每月 500 元的补贴代替缴纳社会保险费。公司相关负责人回应说，是员工自愿放弃社会保险。

“公司可以不帮员工缴纳社会保险？”“在工作时间和工作岗位突发疾病死亡不算工伤？请问什么算工伤？”许多人加入了有关社会保险缴纳和工伤认定的讨论。福州市人力资源和社会保障局回应，即使没参保，只要情况属实，员工家属申请，可以认定工伤，只是待遇要用人单位支付。最终，陈师傅获工伤认定，其家属也获得了相应赔偿。

引　申

员工是否可以放弃缴纳社会保险？

（1）自愿放弃缴纳社会保险的声明是无效的，不受法律保护。社会保险是国家法律规定强制参保的，为职工办理社会保险是用人单位的法定义务。劳动者不能随意处分这项权利，用人单位也不能随意处分这项义务。

（2）员工不想缴纳社会保险是不妥当的。根据《劳动法》第 72 条的规定：“社会保险基金按照保险类型确定资金来源，逐步实行社会统筹。用人单位和劳动者必须依法参加社会保险，缴纳社会保险费。”

（3）公司不给员工缴纳社会保险，员工可以通过劳动争议仲裁或者诉讼方式要求用人单位缴纳、补缴和赔偿损失，还可通过劳动行政部门投诉，责令用人单位改正。

（4）企业不能豁免给员工缴纳社会保险的义务。即使员工自愿放弃享受社会保险的权利,企业亦不能推卸缴纳社会保险的责任和义务。如企业应当补缴,并且未缴纳社会保险期间,发生工伤等情况,企业应当承担责任,无论员工是否自愿放弃参保,只要公司未给员工缴纳社会保险,在工作期间意外受伤被认定为工伤,原本由工伤保险基金支付的费用都应由公司来支付。如果员工未参加工伤保险而因工达到伤残等级或死亡,根据我国法律规定,企业还要为因工伤残员工支付一次性就业补助金;为因工死亡员工支付一次性工亡补助金、丧葬费、供养亲属抚恤金。

009

近五年(2018~2023年)来发生的涉及企业工资、个人所得税和社会保险的重大事件有哪些?

答:(1)个人所得税起征点从3500元上调至5000元

《个人所得税法》自2019年1月1日起施行,在新《个人所得税法》下,还有多少人缴纳个人所得税?谁最受益?每月能少缴多少钱?解答如下:

①缴纳个人所得税人员减少

以起征点提高到5000元/月这一项因素来测算,调整后个人所得税的纳税人占城镇就业人员的比例将降低,人力资源和社会保障部公布,2020年年末,全国就业人员75,064万人,其中城镇就业人员46,271万人。按照上述数据计算,起征点提高后,个人所得税的纳税人降至约6369.3万人。如果再考虑到其他减税因素,纳税人数会进一步减少。

②中等以下收入群体最受益

个人所得税起征点提高、低档税率级距扩大、增加专项附加扣除,多管齐下,广大纳税人都能够不同程度享受到减税的红利,特别是中等以下收入群体获益更大。这次的起征点由每月3500元提高到每月5000元,也就是一年6万元的免税额度。

③月收入2万元以下可减负约一半

月收入在2万元以下的纳税人税负可降低约50%。以月入10,000元(均为工资、薪金所得)进行简略测算:假设“五险一金”专项扣除为2000元,不考虑专项附加扣除,那么起征点为3500元时,每月需缴纳345元个人所得税;起征点为5000元时,每月只需缴纳90元个人所得税。也就是说,每月可以少缴纳255元个人所得税,降幅超过70%,当然,如果考虑新增加的专项附加扣除,月收入万元的,缴纳税负将更少,甚至可能是零税负。

(2)社会保险入税

中共中央办公厅、国务院办公厅印发的《国税地税征管体制改革方案》规定,从2019年1月1日起,基本养老保险费、基本医疗保险费、失业保险费、工伤保险费、生育保险费等各项社会保险费将交由税务部门统一征收。

2020年10月30日,北京、天津、上海、深圳、山东、青岛、山西、湖南、江西、四川、贵州、西藏、吉林等13省市同时官宣发布“关于企业社会保险费交由税务部门征收”的公告,明确自2020年11月1日起,企业职工、灵活就业人员各项社会保险费交由税务部门统一征收。

(3)《关于对社会保险领域严重失信企业及其有关人员实施联合惩戒的合作备忘录》以及《社会保险领域严重失信人名单管理暂行办法》的出台

2018年11月22日,28部门联合印发《关于对社会保险领域严重失信企业及其有关人员实施联合惩戒的合作备忘录》(发改财金

〔2018〕1704号),明确了九种社会保险失信情形。

2019年人力资源和社会保障部公开发布了《社会保险领域严重失信人名单管理暂行办法》(人社部规〔2019〕2号),明确了列入严重失信人名单的八种情形,并明确自作出列入决定之日起7个工作日内,上传社会保险严重失信人名单信息至人力资源社会保障信用信息平台和全国信用信息共享平台,由相关部门依据《关于对社会保险领域严重失信企业及其有关人员实施联合惩戒的合作备忘录》(发改财金〔2018〕1704号)规定实施联合惩戒。

2019年12月12日,国家税务总局决定成立社会保险费司、税收大数据和风险管理局。

这一系列的举措,无疑均聚焦于2018年8月提出的社会保险税征事宜,在强大的金税三期系统下,企业用工社会保险缴费与工资发放完全透明互通,基于各种考虑,国家2018年12月26日发布通知叫停社会保险入税,人力资源和社会保障部出台了《社会保险领域严重失信人名单管理暂行办法》(人社部规〔2019〕2号),1月余国家税务总局便成立了社会保险费司和税收大数据和风险管理局。

在2019年社会保险暂缓划归税务征收,并规定各地不得对历史欠缴问题进行集中清缴后,很多企业如释重负,觉得国家目前已然默认企业不合规缴纳社会保险的做法。基于这种错误的想法,许多企业更是变本加厉,以前只是未足额缴纳社会保险,现在更是少缴、漏缴,甚至不缴社会保险。殊不知,危险正在悄然逼近,一切不合规缴纳社会保险的企业都会受到严惩。

案　　例

政策刚落地,上海社会保险局就公布了多家单位仍未按时足额缴纳社会保险费,并对其违法行为公开告示,老板和纳税人的统一社会信用代码也一并公布,被公布的企业,除承担法律责任外,还可能被列入社会保险失信黑名单,接受跨部门联合惩戒。这是未来势在必行的趋势,合规的企业无须为此担忧,而不合规的企业则可利用暂缓期间布局和推动企业合规化进程。

引　申

企业如何做到员工社会保险和个人所得税合规呢?

(1)社会保险合规是基础

目前社会保险合规的做法主要是需要企业按照员工的实际工资缴纳社会保险,若工资低于最低缴费基数的则按照最低缴费基数缴纳,若实际工资高于统筹的3倍社会职工平均工资的,则按3倍社会职工平均工资缴纳,部分地方的工伤保险、失业保险是按照实际工资予以缴纳。

但看似简单的操作却让很多企业不寒而栗,为什么?因为目前社会保险合规的企业仅占1/4,接近3/4的企业要么不缴纳社会保险,要么以商业保险替代社会保险,要么按照最低缴费基数缴纳。企业最想要的是如何做到社会保险合规但付出的成本却是最低的,也就是企业社会保险合规优化筹划。

(2)个人所得税征缴是必须

2018年7月国家税务总局降低了个人所得税征缴基数,新《个人所得税法》自2019年1月1日起实施,且对增值税大力优惠,对企业的优惠政策一波又一波,在一波波利好的政策下,释放了一个毋庸置疑的信号,降税是为了征缴,对今后的个人所得税征缴将越来越严。

(3)依法合规才能持续

一旦成为失信企业,企业就会成为重点监管的对象,对企业的发展来说是举步维艰。企业在财政补贴和资金支持、优惠政策和政府采购、政府项目合作、融资授信、保险购买、认证评选、获得土地,乃至企业的发展重组上市等方面都会受到限制和禁止。毫不夸张地说,一旦企业的社会保险进入了失信名单，那么企业的经营将会寸步难行。所以社会保险和工资合规必须提上议事日程，抓紧落实。只有社会保险合规才有利于企业的持续发展，企业才能走上一条可持续发展的康庄大道。

010

社会保险由税务部门征收对企业有哪些影响？

答：社会保险入税后对企业缴纳社会保险的合规性要求越来越严格，如果说2017年的金税三期全面上线，使部分企业购买虚假发票冲抵成本的做法大大提升了公司财务风险和法律风险，那么社会保险的税务征收，让虚列人头多支取人员工资、少缴社会保险的最后一点操作空间也消失了。所有的经济活动，都要在阳光之下进行。企业当期缴纳的社会保险费用将显著增加，对企业而言，的确增加了成本，根据单位社会保险缴存、住房公积金缴付差额测算表，企业实际承担的社会保险、住房公积金金额占名义工资比重11%～39%。大部分企业都是按照最低缴费基数来缴存社会保险的，整个社会已经把这种情况当作企业的成本来运营经济，社会保险入税一旦完全规范，整个商业社会的成本和利润要重新核算，触及面大，阻力不小。面对严峻的税务核查和成本压力，靠打擦边球、不缴纳或少缴纳社会保险、压榨人力成本才能盈利的企业会失去发展立足之地，社会保险合规筹划才是企业未来发展的必由之路。

案　例

继小米之后，知名餐饮企业海底捞也向联交所递交了招股说明书，欲登陆港交所主板。“服务界”标杆企业海底捞一直受到广大人民的喜爱，“江湖”上也一直乐此不疲地流传着海底捞服务的传说。但是，海底捞坦承并未为部分员工缴纳全部社会保险费及住房公积金，欠缴金额高达 8800 万元。对此，海底捞表明主要原因在三个地方：一是大量的劳动力和相对较高的流动性；二是缺乏经验的人力资源人员对相关法律、法规并未完全理解；三是许多员工不愿缴纳。为了能够顺利上市，海底捞已对 2015～2017 年的社会保险及住房公积金的欠缴金额分别作出补缴 8000 多万元。

引　申

社会保险合规的重要性

税务部门不同于人力资源和社会保障部门，税务部门具有强大的征收能力，那些社会保险缴费“基数不合规”的企业单位所采用的手段，在金税三期、金税四期监管横向到边、纵向到底的重拳之下根本再无用武之地，企业的各种账户和财务信息对于税务部门完全透明。企业一旦被发现未按照规定正常缴纳社会保险，就将面临巨额的罚款；如果企业未按照岗位情况足额缴纳社会保险，企业将会被要求补缴，也就是从税务局发现企业没有按照规定人数、基数去缴纳社会保险的当月开始向前追溯，企业有多少个月没有合规缴纳税款，就要补缴多少个月的社会保险。对于很多成立时间比较长的企业来说，补缴的社会保险款的金额是巨大的。除在金税三期、金税四期背景下，工资个人所得税与社会保险缴纳系统联网之后带来的风险外，企业在实际用工过程中也常常因为没有为员工足额缴纳社会保险而存在一些风险，比如说员工可以按照未缴纳或者未足额缴纳社会保险为由，与公司解除劳动关系，并向公司主张经济补偿金。另外，员工向社会保险公积金的监督检查部门举报，也会同样导致公司除了全额补缴社会保险费外，还会受到相关的行政机关的严厉处罚，包括罚款和滞纳金。

相关规定

中共中央办公厅、国务院办公厅印发的《国税地税征管体制改革方案》规定，自2019年1月1日起，基本养老保险费、基本医疗保险费、失业保险费、工伤保险费、生育保险费等各项社会保险费将交由税务部门统一征收。

011

社会保险税务部门征收对员工个人有哪些影响？

答：对工薪阶层来说，如果雇主原来是按照全额工资实缴社会保险，可能还不会有多大影响，这次个人所得税减税的收益，还能装进口袋里。但如果雇主原来是按照社会保险最低工资作为缴费基数缴纳社会保险，则“社会保险入税”后，就正在工作的个人而言，根据个人社会保险缴存、住房公积金缴存、实际薪酬差额测算表，个人实际到手的现金收入下降幅度占名义工资的10%～15%，当期收入下降十分明显。考虑到严格规范后，住房公积金及社会保险缴存金额的上升将会带动个人账户缴存金额的上升，综合而言，个人整体收益有所上升。但人大多是看重眼前利益甚过长远利益的，即使整体收益有所增加，但这是当前看不见的，而个人当下的月收入会立刻减少，个人和家庭生活也会立刻受到影响，对这些人来说，这次减税产生的收益可能还无法弥补由“社保入税”造成的损失，有谁会愿意当前收入突然减少而将希望放到遥远的退休之后呢？可想而知，这项改革推行过程中不仅会面临来自企业的阻力,也会受到大量个人的不愿意的影响。

案 例

对个人来说,企业社会保险缴纳合规了,个人将来享受到的社会保险福利也就合规了,以下案例是个人所得税专项附加扣除暂行办法出台前后对工资的影响:

独生子小明,在北京工作,租房,父母均满 60 周岁,儿子在上幼儿园(4 周岁),月薪 12,000 元,社会保险缴纳假设是 2000 元。个人所得税专项扣除前,也就是 10 月至 12 月每月需要交个人所得税为(月薪 12000 - 社会保险缴纳 2000 - 个人所得税起征点 5000)×10% - 210 = 290 元,个人所得税专项扣除后,不考虑其妻子扣除情况下需要缴纳的个人所得税为(月薪 12,000 - 社会保险缴纳 2000 - 个人所得税起征点 5000 - 住房租金专项扣除 1500 - 赡养老人专项扣除 3000 - 子女教育专项扣除 2000)×3% = 0 元,小明每月工资增加了 290 元。

引 申

个人所得税汇算清缴方面的政策

新《个人所得税法》全面实施。这次个人所得税改革,除提高“起征点”和增加 7 项专项附加扣除外,还建立了综合与分类相结合的个人所得税制,其中综合所得需要进行年度汇算清缴。个人所得税汇算清缴是国际通行做法,很多国家和地区都设置了这项制度。我国国家税务总局于每年年初出台关于办理上一年度个人所得税综合所得汇算清缴事项(以下简称清缴事项)等政策及相关政策解读文件,从主体、范围、内容、办理方式及渠道等各方面指导个人办理个人所得税汇算清缴,明确了相关操作流程及不需要办理年度汇算的情形,有利于进一步减轻纳税人特别是中低收入群体负担,降低纳税人的遵从成本,持续释放改革和降税红利。

除明确规定纳税人不需要办理年度汇算的情形,免除了相当一部分纳税人年度汇算补税义务外,税务总局还通过流程上的科学设计,提供高效、快捷的办税方式,最大限度方便广大纳税人。首先,纳税人可以自行办理年度汇算。税务机关推出了系列优化服务措施,通过个人所得税手机App、网页端、“12366”自然人专线等渠道提供涉税咨询,帮助纳税人顺利完成年度汇算。对于因年长、行动不便等独立完成年度汇算存在特殊困难的纳税人群体,纳税人提出申请,税务机关还可以提供个性化年度汇算服务。其次,考虑到很多纳税人主要从一个单位领取工资薪金,单位对纳税人的涉税信息掌握得比较全面、准确,为更好地帮助纳税人办理年度汇算,清缴事项,纳税人可以通过取得工资薪金或连续性取得劳务报酬所得(如保险营销员或证券经纪人)的扣缴义务人代为办理。最后,纳税人可根据自己的情况和条件,自主委托涉税专业服务机构或其他单位、个人代为办理年度汇算。根据清缴事项,广大纳税人可优先通过网上税务局、个人所得税手机App预填申报表,通过查看、修改、确认三个环节即可完成申报。

相关规定

2018年7月,中共中央办公厅、国务院办公厅印发《国税地税征管体制改革方案》,明确自2019年1月1日起,将基本养老保险费、基本医疗保险费、失业保险费、工伤保险费、生育保险费等各项社会保险费交由税务部门统一征收。按照便民、高效的原则,合理确定非税收入征管职责划转到税务部门的范围,对依法保留、适宜划转的非税收入项目成熟一批划转一批,逐步推进。

012

社会保险由税务部门征收后，税务部门对企业和员工的职权有哪些？

答：根据税收征管法及其实施细则的规定，税务机关有以下职权：税务管理权、税收征收权、税收检查权、税务违法处理权、税收行政立法权、代位权和撤销权。

案　例

某鹏程某有限公司（以下简称鹏程公司）因欠缴社会保险费，被老河口市地税局于2016年11月16日下达《税务事项通知书》及《社会保险费限期缴纳通知书》，鹏程公司逾期未缴纳，未对社会保险费欠缴数据提出异议，也未在法定期限内申请行政复议和向人民法院提起行政诉讼。2016年12月5日，老河口市地税局向当事人下达了《社会保险费行政处理决定书》，责令其限期缴纳欠缴社会保险费和自欠缴之日起至缴纳之日止按日加收万分之五的滞纳金。2017年6月5日，老河口市地税局向鹏程公司下达了《询问通知书》，并于次日听取了该企业法定代表人委托的工作人员王某对行政处理的意见。2017年6月7日，老河口市地税局向鹏程公司下达了《社会保险费行政强制执行催告书》，但鹏程公司仍未缴纳。经湖北有关银行核查，该公司的存款账户20×××12余额为13.45元，存款账户42×××66余额为1530.13元，无法按照国家相关法律规定通知其开户银行或者其他金融机构划拨社会保险费。故申请人民法院强制执行《社会保险费行政处理决定书》所确定的对当事人征收欠缴社会保险费632,979.12元和征收自欠缴之日起至缴纳之日止按日加收万分之五的滞纳金216,871.76元,合计金额849,850.88元。

鹏程公司欠缴社会保险费,事实清楚、证据充分。老河口市地税局对其欠缴社会保险费的行为作出行政处理决定,是法律赋予的职权。社会保险费行政处理决定,适用法律正确,程序合法,没有违反相关法律规定。鹏程公司在法定的期限内未申请行政复议或提起行政诉讼;且在社会保险费行政强制执行催告书下达后,仍未按规定时间履行义务。申请执行人申请依法强制执行,符合法定条件,准予执行社会保险费行政处理决定。

引 申

国地税机构合并后,实行以国家税务总局为主与省(自治区、直辖市)政府双重领导管理体制,以后税务征收社会保险不再是代收,而属于本职工作,这一改革,将对那些未给员工缴纳社会保险、未全额缴纳社会保险以及虚假工资申报的企业带来风险。之前由于税务机关和社会保险局的信息未实现共享,要将社会保险信息与个人所得税申报信息进行对比存在困难,而现在社会保险与个人所得税申报均由税务局管理,信息对比不再困难,若企业存在偷报、瞒报情况,可能会被查实。

相关规定

《税收征收管理法》第19条 纳税人、扣缴义务人按照有关法律、行政法规和国务院财政、税务主管部门的规定设置账簿,根据合法、有效凭证记账,进行核算。

第24条第1款 从事生产、经营的纳税人、扣缴义务人必须按照国务院财政、税务主管部门规定的保管期限保管账簿、记账凭证、完税凭证及其他有关资料。

第32条 纳税人未按照规定期限缴纳税款的,扣缴义务人未按照规定期限解缴税款的,税务机关有权责令限期缴纳外,从滞纳税款之日起,按日加收滞纳税款万分之五的滞纳金。

第37条 对未按照规定办理税务登记的从事生产、经营的纳税人以及临时从事经营的纳税人,由税务机关核定其应纳税额,责令其缴纳;不缴纳的,税务机关可以扣押其价值相当于应纳税款的商品、货物。扣押后缴纳应纳税款的,税务机关必须立即解除扣押,并归还所扣押的商品、货物;扣押后仍不缴纳应纳税款的,经县以上税务局(分局)局长批准,依法拍卖或者变卖所扣押的商品、货物,以拍卖或者变卖所得抵缴税款。

013

社会保险由税务部门征收后,社会保险部门在社会保险征收范围内的职权还有哪些?

答:社会保险部门在社会保险征收范围内的职权主要有:

(1)在本辖区内贯彻落实政府制定的养老、失业、工伤、医疗、生育等社会保险政策;

(2)受政府委托负责筹集和管理社会保险基金;

(3)根据法律和行政法规制定社会保险基金的财务、会计、统计和内部审计等制度,并组织实施和监督检查;

(4)制定社会保险费用的收缴给付业务规程,并组织实施;

(5)负责培训和考核社会保险业务人员,提高他们的业务素质;

（6）负责搞好离退休职工的管理服务工作。

案　例

王某作为制药公司的职工，王某生病住院后，制药公司称王某并非其单位职工，拒绝为其缴纳医疗保险，王某为争取自己的合法权益将制药公司诉诸法院。

根据《社会保险法》第23条规定："职工应当参加职工基本医疗保险，由用人单位和职工按照国家规定共同缴纳基本医疗保险费。无雇工的个体工商户、未在用人单位参加职工基本医疗保险的非全日制从业人员以及其他灵活就业人员可以参加职工基本医疗保险，由个人按照国家规定缴纳基本医疗保险费。"法院确认制药公司负有为王某缴纳医疗保险费的义务，在制药公司未履行该义务的情况下，如不允许王某通过法律规定的其他途径参加职工基本医疗保险，则其在患有疾病时依法从国家和社会获得物质帮助的权利将无法保障。另外，制药公司负有的缴纳医疗保险费义务，亦不因王某已自行缴纳而免除，否则法律规定的用人单位为职工缴纳基本医疗保险费的义务即可能被规避。因此，在制药公司未履行缴费义务、王某已自行缴纳的情况下，某市法院认为，该市人力资源和社会保障局作出的行政处理决定，要求制药公司支付王某垫付的医疗保险费并无不当。

引　申

社会保险税务部门征收这一政策变化给企业带来的影响有哪些？

（1）企业用工和社会保险成本上涨。社会保险入税要求企业必须依法合规，按员工实际工资缴纳社会保险，而现在很多企业不给员工缴纳社会保险、不全额缴纳社会保险、虚假申报工资等。根据专业机构在北京发布的《中国企业社会保险白皮书2021》，社会保险基数完全合规的企业仅达到29.9%，再把那些零合同、零保险的企业纳入企业统计基数，这个数字还要大幅下降。因为很多企业，尤其是很多小微企业和中小企业，有很多零合同零保险的员工，低缴费现象成为行业内的公开秘密。这意味着我国至少有2/3的企业社会保险缴纳都是不合规的。新规出台后，不合规缴纳社会保险的行为或将被终结，对于这些企业，要求其必须要以员工实际工资依法合规缴纳社会保险费用，因此这些企业的用工和社会保险成本自然也相应增加。

（2）对工资个人所得税和社会保险的监管力度加强，企业可进行成本控制的空间变小。社会保险费用征收工作从人力资源和社会保障部门转到税务机关，由于税务机关执法权的强制力比人力资源和社会保障部门更强，涉税的法律责任可能触犯《刑法》而被追究刑事责任，责任后果远超人力资源和社会保障部门监管下承担的行政责任、民事责任。因此社会保险入税后，社会保险征收执行监管力度更强。另外，社会保险入税后，各项社会保险费将启用"金税三期"社会保险费征管信息系统（标准版）进行征缴，所有企业的社会保险缴纳情况都被纳入金税三期系统中进行监管。金税三期甚至后续金税四期社会保险费征管信息系统上线后，税务机关可以利用大数据平台开展涉税风险控制，税务、市场监督管理、社会保险随时合并接口，企业人员、收入等相关信息互联；社会保险、个人所得税申报数据将实现全面对比，一旦有异常，违规企业将成为重点稽查对象。因此，对于中小企业来说，把社会保险入税说成是洪水猛兽一点也不为过。

（3）社会保险入税后，依法合规缴纳社会保险才是企业的正确选择。如果社会保险缴纳不合规，企业将面临补缴、罚款、滞纳金处罚，还会被列入社会保险失信黑名单。一旦被列入社会保险失信黑名单，相关企业人员就会面临各种惩戒措施，甚至严重情形将触犯《刑法》被追究刑事责任。

相关规定

《社会保险法》第 72 条 统筹地区设立社会保险经办机构。社会保险经办机构根据工作需要,经所在地的社会保险行政部门和机构编制管理机关批准,可以在本统筹地区设立分支机构和服务网点。社会保险经办机构的人员经费和经办社会保险发生的基本运行费用、管理费用,由同级财政按照国家规定予以保障。

014

欠缴工资、个人所得税或者社会保险的企业能够注销吗?

答:不能。用人单位发生解散、破产等情形,依法终止社会保险缴费义务时,应当在规定时间内及时向单位所属社会机构申请办理注销登记手续,如果企业社会保险欠费则不可以注销。同时公司注销之前要对公司财产及债务进行清算,并发出清算公告,清算后资不抵债的,在清偿破产费用和共益债务后,优先清偿所欠职工的工资和社会保险费用,未经清算则不能办理注销。

案　　例

郭某于 2020 年 6 月 4 日到烟台开发区劳动监察大队投诉烟台开发区某烧烤店拖欠其 2019 年 6 月 1 日至 30 日的劳动报酬共计 3500 元及补缴试用期间的社会保险,劳动监察大队于当日依法立案。经查,烧烤店经营者于某在 2016 年 11 月 28 日在烟台开发区市场监管局路北市场监督管理所注册成立了该烧烤店,设立方式为个体工商户,郭某提交过同意放弃试用期间缴纳社会保险的书面文件。因于某拒绝配合案件调查,工作人员于2020年6月28日通过留置送达方式向烧烤店下达了《劳动保障监察询问通知书》,要求该烧烤店6月30日前携带职工工资表、考勤表等相关书面材料接受调查询问。但询问通知期限届满后,于某却辩称自己已将烧烤店注销了,烧烤店已经不存在了,所以没有义务再按照劳动监察部门要求提交材料和接受调查。后劳动监察大队对经营者于某拒绝配合调查的行为依法下达《劳动保障监察责令改正指令书》,要求于某限期改正违法行为,依法配合调查。因于某仍拒不改正违法行为,劳动监察大队对其进行了行政处罚。

引　申

用人单位在为员工缴纳社会保险时应注意哪些风险点?

第一,对于向用人单位提出放弃购买社会保险的员工,用人单位要特别重视,因为用人单位不购买社会保险系瑕疵履行劳动合同,劳动者可以随时解除劳动关系。如果发生了工伤,劳动者可以要求按照工伤保险待遇进行赔偿。

第二,用人单位应当按照劳动者的实际收入据实缴纳社会保险,否则若发生缴费基数核算的待遇与实际工资作为缴费基数核算的待遇存在差额的情形,差额部分,劳动者可以要求用人单位进行赔偿。

第三,按时缴纳社会保险,如果因为用人单位无法正常及时缴纳社会保险,则用人单位应向社会保险部门提交《社会保险延缓缴纳申请》,只有获得批准,用人单位才可延缓缴纳,否则,将会面临相应的法律风险。

相关规定

《企业破产法》第113条 破产财产在优先清偿破产费用和共益债务后,依照下列顺序清偿:(一)破产人所欠职工的工资和医疗、伤残补助、抚恤费用,所欠的应当划入职工个人账户的基本养老保险、基本医疗保险费用,以及法律、行政法规规定应当支付给职工的补偿金;(二)破产人欠缴的除前项规定以外的社会保险费用和破产人所欠税款;(三)普通破产债权。破产财产不足以清偿同一顺序的清偿要求的,按照比例分配。破产企业的董事、监事和高级管理人员的工资按照该企业职工的平均工资计算。

《公司法》第239条 公司清算结束后,清算组应当制作清算报告,报股东会或者人民法院确认,并报送公司登记机关,申请注销公司登记。

《最高人民法院关于适用〈中华人民共和国公司法〉若干问题的规定(二)》第20条 公司解散应当在依法清算完毕后,申请办理注销登记。公司未经清算即办理注销登记,导致公司无法进行清算,债权人主张有限责任公司的股东、股份有限公司的董事和控股股东,以及公司的实际控制人对公司债务承担清偿责任的,人民法院应依法予以支持。公司未经依法清算即办理注销登记,股东或者第三人在公司登记机关办理注销登记时承诺对公司债务承担责任,债权人主张其对公司债务承担相应民事责任的,人民法院应依法予以支持。

工资与个税

015

工资总额由哪几部分构成?

答:工资总额是指各单位在一定时期内直接支付给本单位全部职工的劳动报酬总额。它由六个部分组成:计时工资、计件工资、奖金、津贴和补贴、加班加点工资、特殊情况下支付的工资。

案　　例

周某于2020年7月入职某汽车服务公司,双方订立的劳动合同约定月工资为4000元(含加班费)。2021年2月,周某因个人原因提出解除劳动合同,并认为即使按照当地最低工资标准认定其法定标准工作时间工资,某汽车服务公司亦未足额支付加班费,要求支付差额。某汽车服务公司认可周某加班事实,但以劳动合同中约定的月工资中已含加班费为由拒绝支付。周某向劳动人事争议仲裁委员会申请仲裁,请求裁决某汽车服务公司支付加班费差额17,000元。最终劳动人事争议仲裁委员会裁决某汽车服务公司支付周某加班费差额17,000元(裁决为终局裁决)。

引　　申

哪些项目不列入工资总额的范围?

以下项目不列入工资总额范围:

(1)根据国务院发布的有关规定颁发的发明创造奖、自然科学奖、科学技术进步奖和支付的合理化建议和技术改进奖以及支付给

运动员、教练员的奖金;

(2)有关劳动保险和职工福利方面的各项费用;

(3)有关离休、退休、退职人员待遇的各项支出;

(4)劳动保护的各项支出;

(5)稿费、讲课费及其他专门工作报酬;

(6)出差伙食补助费、误餐补助、调动工作的差旅费和安家费;

(7)对自带工具、牲畜来企业工作职工所支付的工具、牲畜等的补偿费用;

(8)实行租赁经营单位的承租人的风险性补偿收入;

(9)对购买本企业股票和债券的职工所支付的股息(包括股金分红)和利息;

(10)劳动合同制职工解除劳动合同时由企业支付的医疗补助费、生活补助费等;

(11)因录用临时工而在工资以外向提供劳动力单位支付的手续费或管理费;

(12)支付给家庭工人的加工费和按加工订货办法支付给承包单位的发包费用;

(13)支付给参加企业劳动的在校学生的补贴;

(14)计划生育独生子女补贴。

相关规定

《关于工资总额组成的规定》第4条 工资总额由下列六个部分组成:(一)计时工资;(二)计件工资;(三)奖金;(四)津贴和补贴;(五)加班加点工资;(六)特殊情况下支付的工资。

016

工资和劳务报酬的区别是什么?

答:(1)主体适用不同

适用工资的主体双方仅能是用人单位和劳动者。此处的用人单位是指在中国境内的企业、个体经济组织、民办非企业等组织单位,也可以是国家机关、事业单位、社会团体等。此处的劳动者是指年满16周岁,未达到法定退休年龄、具有劳动能力、从事劳动获得合法工资收入的人。而劳务报酬的用工主体范围相当广泛,可以是自然人、法人或其他组织,但雇员(也即受雇人)一方只能为具有民事行为能力的自然人。

(2)存在关系不同

前者存在劳动关系,后者存在劳务关系。在劳动关系中,劳动者与用人单位双方地位不平等,不仅存在财产关系,还存在领导与被领导的行政隶属关系。劳动者作为用人单位的成员,除提供劳动之外,还要接受用人单位的管理,遵守其规章制度,从事用人单位分配的工作和服从用人单位的人事安排等,反映的是一种稳定、持续的生产资料、劳动者与劳动对象相结合的关系。而在劳务关系中,双方是平等的民事权利义务关系,劳动者提供劳务服务,用人单位支付劳务报酬,彼此之间只体现财产关系,不存在行政隶属关系。且二者关系往往呈“临时性、辅助性、替代性”等特点。

(3)解决争议程序不同

工资薪金受《劳动法》及《劳动合同法》的调整,工资薪金的争议适用仲裁前置程序，对仲裁裁决不服的一方可向法院提起诉讼。而劳务报酬受民法调整，适用民事争议处理程序，当事人可根据《仲裁法》在劳务关系建立时明确仲裁协议或仲裁条款向仲裁机构申请仲裁，也可直接向人民法院起诉，仲裁并非诉讼的前置程序。

(4)支付报酬的方式不同

工资薪金多为定期支付报酬；而劳务报酬多为一次性的即时清结或按阶段、按批次支付报酬。

(5)个人所得税的扣除方法不同

目前，工资薪金采取的是累计预扣法：累计预扣预缴应纳税所得额 = 累计收入 - 累计减除费用(5000 元/月) - 累计专项扣除 - 累计专项附加扣除 - 累计依法确定的其他扣除。而劳务报酬目前采取预扣预缴的方式计算应纳税所得额，即每次收入不超过 4000 元的，减除费用按 800 元计算；每次收入 4000 元以上的，减除费用按 20% 计算。

案　例

2021 年 4 月，张某某、姚某某、周某等人为泸州某装饰公司的装饰装修业务提供临时劳务，但相关劳务完工后，该公司一直未支付劳务报酬。经多次催收无果后，张某某、姚某某、周某先后向南溪区劳动人事争议仲裁委员会申请仲裁。经仲裁调解约定泸州某装饰公司于 2021 年 6 月向 3 人支付工资共计约 2 万元。但调解到期后，该公司经多次催收一直未向 3 人支付劳务报酬，3 人遂向南溪区法院申请强制执行。但一个月后，3 名申请执行人仍未得到劳务报酬，执行法官再次向被执行公司负责人电话询问，该公司负责人只表示尽快处理。为切实督促被执行公司履行义务，执行法官再次赶到泸州，向被执行公司发出预处罚通知书，限令被执行公司在 3 日内将涉及 3 案劳务报酬支付到 3 名申请执行人指定账户。若逾期未履行，法院将依照相关法律规定对被执行人处以每案 5 万元共计 15 万元的罚款。

收到预处罚通知书后的第二日，被执行公司将3名申请执行人应得劳务报酬分别转到了指定账户，至此，3案全部执行完毕。

引　申

工资的目的有哪些？

(1)奖励优秀者

优质资源永远向优秀人才倾斜，好的薪酬机制要让强者更强，鼓励弱者跟上强者的步伐。很多企业都有工龄工资的设计，每年加个一二百元，以示对员工长期服务的肯定，笔者认为其必要性并不大。有能力的员工通过长期在企业服务，必然已经得到相应的升迁、薪酬调整的机会，已经获得了相应的回报。对于市场替代性较强的员工，每年增加工龄工资反而导致了普通岗位人工成本的上升。对于长期服务的员工，可以考虑设立相应的长期服务奖。

(2)吸引关键人才

在薪酬体系设计时有三项基本原则：对外具备竞争力，对内具备公平性，对个体具备激励性。比如工业企业，一个核心技术人员外部市场水平普遍是20万元年薪，那么5万元年薪能不能挖过来？肯定不行，回报太低。在设计员工薪酬时，企业必须尊重市场规律，以确定薪酬的标准。

(3)基本的安全保障

员工与企业的关系中，员工相对处于弱势，是风险较大的一方，所以员工本身具备不安全感，希望企业能与其签订劳动合同，为其缴纳社会保险，及时发放工资，这都是源于安全的保障需求。作为企业管理者必须重视这些需求，特别是在营销人员的薪酬设计中，首先让员工有安全感，员工才会愿意去为企业打拼。

(4)价值肯定

很多企业的薪酬方案相对简单，一般分为四级，员工级、主管级、经理级、总监级,这样不甚合理。同为部门经理,技术研发的经理和财务经理对企业的贡献度是否一样呢?肯定不一样,但他们拿的薪酬却一样,这就是忽略了岗位的价值。企业给员工的薪酬绝对不是单纯基于职级,而是必须基于岗位价值,回归到该岗位对企业的贡献上来。

(5)结成利益共同体

很多企业的员工对公司是否挣钱并不在意和关心,因为不管公司赚多少钱员工拿的工资都是一样的。某公司的财务总监,公司赚了2000万元,他非常不高兴,为什么呢?因为公司赚200万元时,他拿12万元年薪;公司赚了2000万元,他还是拿12万元年薪,他觉得分红不均,这就是利益共享出了问题。员工在什么时候最拼命呢?通常是在为自己挣钱的时候。员工如果感觉钱都给企业挣走了,自己什么好处都没有,会影响工作积极性。所以,在设计高管人员薪酬时,要考虑分红甚至股权激励的设计,都是为了将员工与企业的中长期利益结合起来,形成利益共同体。

相关规定

《个人所得税法》第2条 下列各项个人所得,应当缴纳个人所得税:(一)工资、薪金所得;(二)劳务报酬所得;(三)稿酬所得;(四)特许权使用费所得……居民个人取得前款第一项至第四项所得(以下称综合所得),按纳税年度合并计算个人所得税。

第11条 居民个人取得综合所得,按年计算个人所得税;有扣缴义务人的,由扣缴义务人按月或者按次预扣预缴税款;需要办理汇算清缴的,应当在取得所得的次年三月一日至六月三十日内办理汇算清缴。预扣预缴办法由国务院税务主管部门制定。

《国家税务总局关于印发〈征收个人所得税若干问题的规定〉的通知》(国税发〔1994〕089号,部分失效[①])第19条 工资、薪金所得是属于非独立个人劳务活动,即在机关、团体、学校、部队、企事业单位及其他组织中任职、受雇而得到的报酬;劳务报酬所得则是个人独立从事各种技艺、提供各项劳务取得的报酬。

《国家税务总局关于个人兼职和退休人员再任职取得收入如何计算征收个人所得税问题的批复》(国税函〔2005〕382号) 个人兼职取得的收入应按照'劳务报酬所得'应税项目缴纳个人所得税。

017

提成工资是工资吗?

答:提成工资制是一种工资制度,又称"拆账工资制"或"分成工资制",指对职工个人或小集体按实现固定的比例对其所创纯收入(或毛收入)拆账分成支付劳动报酬的一种工资制度,既可以对职工个人提供超过某个技术的纯收入分成支付奖金,也可以用于个人独立操作、以提供劳务为主、劳动成果能够以价值量直接考核到个人的餐饮服务业或美容美发业或某些小型手工作坊(如来料加工服装的工厂)。如对职工小集体(班组)实行提成工资制,则还需解决小集体内部的按劳分配问题。

案　例

2004年10月至2014年1月,姚某在上海某建筑设计股份有限

① 现本规定第12条所附税率表一、税率表二,第13条,第15条已失效。

公司工作，任总工程师一职。2014年1月，姚某与公司解除劳动合同，并签订解除劳动合同协议一份。

由于姚某曾负责公司承接的某医院设计项目，双方在解除劳动合同协议中约定，公司在收到该医院的工程款后7个工作日内应将上述项目经理费支付给姚某，但公司迟迟未予支付，故姚某向公司所在地的上海市静安区劳动人事争议仲裁委员会申请劳动仲裁，要求公司支付医院项目经理费190,610元。

公司认可项目经理费就是提成，但辩称姚某主张的190,610元是依据公司与该医院通过邮件确认的未付项目经理费544,600元，但之后公司与该医院签订了建设工程设计合同，该合同中确认医院应支付公司296,000元。最终上海市静安区劳动人事争议仲裁委员会作出静劳人仲(2018)办字第1225号裁决书，裁决被告支付原告项目经理费103,500元。

姚某不服裁决，向上海市静安区人民法院提起诉讼，法院从解决劳动争议应根据合法、公正、及时处理和依法维护当事人合法权益的角度，认为仲裁委从合理性角度按比例折算原告可获得的项目经理费金额为103,600元并无不妥之处，予以采信。

引　申

劳动者与用人单位解除劳动合同后，提成工资会受到影响吗？

劳动者主张业绩提成或项目提成这类的奖金报酬，不因劳动者与用人单位已经解除劳动合同而受到影响，相应地，在签订解除劳动合同时，劳动者可与用人单位明确业绩提成的相关计算方法、支付时间等，以便后续申请劳动仲裁时作为一个明确的支付依据；就业绩提成等内容，劳动者和用人单位无法达成和解时，劳动者对业绩提成的支付依据负有要求较高的举证责任，如劳动合同中关于业绩提成的相关约定、业绩提成的收款记录等，而用人单位应当对业绩提成款支付情况承担举证责任;业绩提成是工资的重要组成部分,劳动者要努力维护自身的合法权益。

相关规定

《关于工资总额组成的规定》第3条 工资总额是指各单位在一定时期内直接支付给本单位全部职工的劳动报酬总额。工资总额的计算应以直接支付给职工的全部劳动报酬为根据。

018

企业发放工资必须是货币方式吗?

答:企业工资必须按时以货币形式发放给劳动者,不得以实物及有价证券替代货币支付,相关规定已在《劳动法》第50条和《工资支付暂行规定》第5条予以明确。

案 例

小莫于2019年8月入职某市电力系统的一家国有设备维护公司,劳动合同约定月薪为6000元。入职时公司人事部还告诉小莫,公司有一项特殊的福利制度,即正式职工的家庭可以每月享受一定的免费电力供应,超过限度之后,还能以低于市场电力价格的标准支付电费。工作几个月之后,小莫就在工资单里发现了相应的扣款。劳动合同中约定的月工资是6000元,但工资条里则反映出实际发放的金额需扣除电力价款,这也就意味着小莫每月实际的应发工资都不足6000元。

过了不久,在公司上级部门的年度检查中,公司这样的做法被明确指出不符合相关法律法规规定,一定程度上侵害了职工的工资权利,更是损害了国家利益。

引 申

企业的"内部非货币福利",是否可以代替工资支付呢?

通常认为,职工工资是企业对职工劳动补偿的主要形式,而职工福利则是企业对职工劳动补偿的辅助形式。企业应当参照历史一般水平合理控制职工福利费在职工总收入中的比重。从这个意义上说,职工的"福利"和"工资"应当是有明显区别和界限的。将"福利"混同于"工资"之中,或将"福利"当作"工资"来发,实际上是对"工资"发放形式的曲解,也是一种违规的行为。

在财政部发布的《关于企业加强职工福利费财务管理的通知》(财企〔2009〕242号)中,对于企业为职工提供的福利进行了比较详细的规定,其中明确:"企业为职工提供的交通、住房、通讯待遇,已经实行货币化改革的,按月按标准发放或支付的住房补贴、交通补贴或者车改补贴、通讯补贴,应当纳入职工工资总额,不再纳入职工福利费管理;尚未实行货币化改革的,企业发生的相关支出作为职工福利费管理,但根据国家有关企业住房制度改革政策的统一规定,不得再为职工购建住房。"这些"车贴、房贴、通讯补贴"项目,大家都比较熟悉,大多都以货币形式发放,只要是按一定标准发放的,其实也早就规定为工资总额的内容,支付时应当按照工资性收入的法律、法规进行操作。

相关规定

《劳动法》第50条 工资应当以货币形式按月支付给劳动者本人。不得克扣或者无故拖欠劳动者的工资。

《工资支付暂行规定》第 5 条 工资应当以法定货币支付。不得以实物及有价证券替代货币支付。

019

企业按时发放工资中的“按时”如何理解？哪些情形下法律会认定为属于拖欠工资的情形？

答：依据我国工资支付相关规定，工资应当以货币形式按月支付给劳动者本人。按时支付包括按照法定时间支付和约定时间支付，但约定的支付时间不得迟于法定的支付时间标准。工资必须在用人单位与劳动者约定的日期支付，如遇节假日或休息日，则应提前在最近的工作日支付。工资至少每月支付一次，实行周、日、小时工资制的可按周、日、小时支付工资。对完成一次性临时劳动或者某项具体工作的劳动者，用人单位应按有关协议或合同规定在其完成劳动任务后即支付工资。

拖欠工资全称是无故拖欠工资，没有法定原因拖欠工资的都是无故拖欠工资，是违法的。拖欠工资的法定情形包括：(1)用人单位遇到非人力所能抗拒的自然灾害、战争等原因，无法按时支付工资；(2)用人单位确因生产经营困难、资金周转受到影响，在征得本单位工会同意后，可暂时延期支付劳动者工资。

案　例

2016 年 9 月初，钱某到劳动保障监察机构投诉，反映他在某管理咨询公司工作，约定每月工资 6000 元，但该公司拖欠他 7 月份工资，至今未发。

经查,该公司与劳动者约定每月15日发放上月工资。该公司表示,最近资金周转比较紧张,暂时无力支付包括钱某在内的所有员工的工资,所以直到9月初也没能发放7月份工资;但近期将有几笔应收款入账,到账后就能支付员工工资。该公司决定延期支付工资一事,没有与工会或员工代表进行协商,也没有告知全体员工,只是向个别前来询问的员工进行了解释。

该管理咨询公司存在无故拖欠工资的情形,延期支付工资的行为不合法。根据《昆明市工资支付条例》第14条的规定:“用人单位确因生产经营困难,资金周转受到影响,暂时无法按时支付工资的,经与本单位工会或者劳动者代表协商一致,可以延期在30日内支付劳动者工资,并报人力资源社会保障部门备案。”

在本案中,钱某与某管理咨询公司约定每月15日发放上月工资。该公司拖欠他7月份工资至今未发。该公司表示,最近资金周转比较紧张,暂时无力支付包括钱某在内的所有员工的工资,所以直到9月初也没能发放7月份工资;但近期将有几笔应收款入账,到账后就能支付员工工资。公司虽然符合延期支付工资的客观情形,也处在延期一个月内的期限内,但不符合程序要求,没有就延期支付事宜与工会或员工代表进行协商,又没有履行告知全体员工的义务,还没有按规定向人力资源社会保障部门备案。

因此,该管理咨询公司存在拖欠劳动者工资的行为,应当向包括钱某在内的劳动者支付拖欠的工资。

经验启示:劳动成本是企业各种成本的基础,而工资收入是员工生存的基础,是员工价值的体现。工资关系是员工与企业之间关系稳定的经济纽带,按时发放工资,会被视为管理者高效能领导力的体现。管理者只有在保障员工的基本生存基础之上,才能展开其他的工作。工资不能按时发放,是管理者的失信行为,会导致员工丧失对管理者的信心，降低管理者的领导力。管理者不仅是依靠职位的高低开展工作，还应具备高效能的领导力，而高效能的领导力一定要建立在管理者的良好形象之上，管理者在员工中建立了良好的信誉形象，才能更顺利、更高效地开展工作。所以，管理者必须重视自己的信誉。如果员工工资不能按时发放，不仅会降低管理者的良好形象，还会导致员工降低对管理者的信任，不利于管理者的领导行为。

引　申

公司在特殊期间不能按时发放工资应如何妥善处理？

因疫情假期延长和复工延迟属于企业无法预见的客观情况，延迟复工的企业可以在复工后的最近工作日发放工资。同时，企业应注意告知员工延迟发放事宜，确保程序的合规性。

据《人力资源社会保障部办公厅关于妥善处理新型冠状病毒感染的肺炎疫情防控期间劳动关系问题的通知》的相关规定，文件明确了企业因受疫情影响导致生产经营困难的，可以通过与职工协商一致采取调整薪酬、轮岗轮休、缩短工时等方式稳定工作岗位，尽量不裁员或者少裁员。符合条件的企业，可按规定享受稳岗补贴。企业停工停产在一个工资支付周期内的，企业应按劳动合同规定的标准支付职工工资。超过一个工资支付周期的，若职工提供了正常劳动，企业支付给职工的工资不得低于当地最低工资标准。职工没有提供正常劳动的，企业应当发放生活费，生活费标准按各省、自治区、直辖市规定的办法执行。

因疫情影响导致无法及时发放工资的，用人单位应当主动向员工说明相关情况，并协商在后期进行补发处理，如果对相关情况的处理不清楚，还可以咨询人力资源和社会保障部门，涉及用人单位拒不支付的，可以申请劳动争议仲裁或诉讼处理。

相关规定

《劳动合同法》第38条 用人单位有下列情形之一的,劳动者可以解除劳动合同:(一)未按照劳动合同约定提供劳动保护或者劳动条件的;(二)未及时足额支付劳动报酬的;(三)未依法为劳动者缴纳社会保险费的;(四)用人单位的规章制度违反法律、法规的规定,损害劳动者权益的;(五)因本法第二十六条第一款规定的情形致使劳动合同无效的;(六)法律、行政法规规定劳动者可以解除劳动合同的其他情形。用人单位以暴力、威胁或者非法限制人身自由的手段强迫劳动者劳动的,或者用人单位违章指挥、强令冒险作业危及劳动者人身安全的,劳动者可以立即解除劳动合同,不需事先告知用人单位。

第85条 用人单位有下列情形之一的,由劳动行政部门责令限期支付劳动报酬、加班费或者经济补偿;劳动报酬低于当地最低工资标准的,应当支付其差额部分;逾期不支付的,责令用人单位按应付金额百分之五十以上百分之一百以下的标准向劳动者加付赔偿金:(一)未按照劳动合同的约定或者国家规定及时足额支付劳动者劳动报酬的;(二)低于当地最低工资标准支付劳动者工资的;(三)安排加班不支付加班费的;(四)解除或者终止劳动合同,未依照本法规定向劳动者支付经济补偿的。

《昆明市工资支付条例》第7条 集体合同和劳动合同中约定的工资支付内容应当包括:(一)支付项目;(二)支付标准;(三)支付形式;(四)支付周期和日期;(五)延长工作时间工资支付计算基数;(六)特殊情况下的工资支付标准;(七)其他工资支付内容。

第32条 市、县(市、区)人民政府应当建立完善工资支付监控机制、失信联合惩戒机制、欠薪预警系统和应急保障制度。市、县(市、区)人力资源社会保障部门应当加强对工资支付情况的日常监管,完善用人单位守法诚信管理制度和拖欠工资企业“黑名单”制度。

020

什么是计时工资?

答:计时工资是指按计时工资标准(包括地区生活费补贴)和工作时间支付给个人的劳动报酬,包括对已做工作按计时工资标准支付的工资;实行结构工资制的单位支付给职工的基础工资和职务(岗位)工资;新参加工作职工的见习工资(学徒的生活费);运动员体育津贴。

案例

北京某外资机械制造企业,因订单较多且不均衡,无法安排员工实行标准工时制度,经区劳动行政部门审批,对部分工段员工实行以年为周期的综合计算工时制度。2009 年度,因订单量一直较大,该企业安排压铸工段员工连续生产,每天工作 10 小时,除春节期间统一放假一周外,该企业一直未安排员工倒休。2010 年年初,压铸工段员工李某等经咨询“12333”热线后,向企业提出安排倒休和支付加班费的申请。但该企业人事部门则这样答复:综合工时制是弹性工作制度,在生产任务没有完成前,任何员工不得休息;企业已经按照实际出勤发放了工资,不同意补发加班费。李某等遂向区劳动行政部门投诉,要求企业保障其相应休息休假权利并支付加班费。

引 申

综合计算工时工作制,企业还存在什么误区?

综合计算工时工作制,是指单位以标准工作时间为基础,以一定的期限为周期,综合计算工作时间的工时制度。实行综合计算工时工作制的岗位,需企业报经当地区县劳动保障局批准,未经批准,不能任意扩大范围。对于实行不定时工作制和综合计算工时工作制等其他工作和休息办法的职工,企业应根据《劳动法》第一章、第四章有关规定,在保障职工身体健康并充分听取职工意见的基础上,采用集中工作、集中休息、轮休调休、弹性工作时间等适当方式,确保职工的休息休假权利和生产、工作任务的完成。

实务中,许多企业对于实行综合计算工时工作制存在认识误区,认为综合计算工时工作制是万能的,只要实行综合计算工时工作制度,企业就可以任意安排加班,不必支付加班费。实际上,企业不能利用这种"弹性工作制","弹掉"职工的休息时间和职工应得的加班费。对于实行综合计算工时工作制的岗位,企业应当采取增加轮班班次和人员等措施,保障职工休息休假的权利。

相关规定

《劳动和社会保障部[①]关于职工全年月平均工作时间和工资折算问题的通知》(劳社部发〔2008〕3号)第2条 按照《劳动法》第五十一条的规定,法定节假日用人单位应当依法支付工资,即折算日工资、小时工资时不剔除国家规定的11天法定节假日。据此,日工资、小时工资的折算为:日工资=月工资收入÷月计薪天数;小时工资=月工资收入÷(月计薪天数×8小时)。月计薪天数=(365天-104天)÷12月=21.75天。

---

① 现为人力资源和社会保障部。

021

什么是计件工资?

答:计件工资是指对已做工作按计件单价支付的劳动报酬,包括实行超额累进计件、直接无限计件、限额计件、超定额计件等工资制,按劳动部门或主管部门批准的定额和计件单价支付给个人的工资;按工作任务包干方法支付给个人的工资;按营业额提成或利润提成办法支付给个人的工资等。

案　例

李某在一家私营服装企业从事缝纫工作,公司对缝纫岗位实行的是综合计算工时工作制和计件工资制度,规定职工轮班作业,每做好一件服装发给工资 20 元。李某一般每月工资为 1200 元左右,效率高时可以得到 1600 元左右。有一段时间,公司由于需要赶制一批时装,在李某已经达到规定的工作时间的情况下,经与工会和职工本人协商,安排李某等人在休息日加班。过后,公司以李某每月工资 1200 元为基数,折算出其平均小时工资标准,并据此向其发放加班工资。李某觉得公司的做法不合理,因为在加班期间,她急公司之所急,工作十分努力,工作效率较高,因此她认为公司应该以每月 1600 元为基数计算加班工资,或者至少以平均月工资 1400 元为基数,计算加班工资才合理,而不应以 1200 元为基数计算加班工资。而单位认为淡季时李某的计件工资还达不到 1200 元,以 1200 元作为加班工资的计算基数比较妥当。

如果发生计件工资算下来低于最低工资标准时如何处理呢？

《劳动合同法》第85条规定："用人单位有下列情形之一的，由劳动行政部门责令限期支付劳动报酬、加班费或者经济补偿；劳动报酬低于当地最低工资标准的，应当支付其差额部分；逾期不支付的，责令用人单位按应付金额百分之五十以上百分之一百以下的标准向劳动者加付赔偿金：（一）未按照劳动合同的约定或者国家规定及时足额支付劳动者劳动报酬的；（二）低于当地最低工资标准支付劳动者工资的；（三）安排加班不支付加班费的；（四）解除或者终止劳动合同，未依照本法规定向劳动者支付经济补偿的。"因此，当计件工资折算低于最低工资标准时，用人单位应当支付其差额部分，逾期不支付时可能会面临相应的法律处罚。

此外，《劳动法》第77条第1款规定："用人单位与劳动者发生劳动争议，当事人可以依法申请调解、仲裁、提起诉讼，也可以协商解决。"李某可以通过与单位协商、向劳动部门投诉、申请劳动仲裁或是提起诉讼的方式维护自身的劳动权益。

引　申

根据《劳动法》第36条、第37条的规定，对实行计件制工作的劳动者，用人单位应该根据标准工时制度合理确定劳动定额和计件报酬标准。劳动定额，通常是指在特定的生产技术和组织条件下，为生产一定数量的产品或完成一定量的工作所规定的劳动消耗量的标准。劳动定额基本表现形式有两种：一是生产单位产品消耗的时间，即时间定额；二是单位时间内应当完成的合格产品的数量，即产量定额。计件报酬标准，又称为计件单价。企业实行计件工资制，应合理确定计件单价。计件单价按照工人在规定的工时内应完成的劳动定额、与工作物等级相应的计时标准工资，并结合工人现行工资水平确定。工作物等级根据各种工作物的技术复杂程度、劳动繁重程度、责任大小和不同的生产设备状况等条件确定。劳动定额修改时，计件单价应作相应的修改。

除计时工资、提成工资、计件工资外，基本工资制度还有哪些？

(1)岗位工资

指在对劳动技能、劳动强度、劳动责任和劳动条件等基本劳动要素进行全面测评的基础上，以岗位工资(包括职务工资，下同)和技能工资为主要形式来规定职工劳动报酬的一种结构工资制，属基本工资制度的范畴。其中岗位工资是按劳动强度大小、劳动责任轻重和劳动条件好差对岗位划类分等规定工资；职工进入什么岗位，就拿什么岗位工资，"薪随岗变"。技能工资是按考核职工所达到的劳动技能等级所确定的工资。岗位技能工资既适用于企业中的技术工、熟练工和普通工，也适用于企业中的管理人员、技术人员和行政人员，具有劳动测评全面、"一制通用"的长处。

(2)结构工资

又称"分解工资制"，指按照制约职工劳动提供量的各个因素，或者按照工资承担的不同职能把工资分解为几个部分分别计发报酬的一种基本工资制度。前者如突出技术复杂因素的工资结构中的技能工资部分，突出劳动强度和劳动条件因素的工资结构中的岗位工资部分，突出职务高低、责任大小因素的工资结构中的职务工资部分等。后者如承担保障职能的工资结构中的基础工资部分，承担共享社会经济发展成果职能的工资结构中的工龄工资部分，承担补偿在特殊时间、地点、条件下劳动超常耗费职能的工资结构中的津贴部分，承担超额劳动报酬职能的工资结构中的奖金部分等。它们既相对独立、各有自己的运行规则，又互相制约，以符合客观要求的合理比例组合成一份完整的职工工资。这是中国广大工资工作者在全国第三次工资改革中的一个创举。它使按劳分配更有针对性，使工资的各种职能普遍得到加强，故已被机关、事业单位和企业普遍接受。

(3)定额工资

指所有以劳动定额或岗位职责为依据,在考核职工实际成果基础上计发报酬的各种工资形式的总称,包括计件付酬、计分付酬、分成付酬、承包付酬等。由于各类具体劳动一般都可以通过劳动定额或岗位职责进行考核,所以定额工资制的适用范围比较广泛。实行各种形式的定额工资制是加强按劳分配、克服平均主义、深化企业内部分配改革的基本方向。

(4)承包工资

指通过承包合同把某项生产、经营(或作业)任务的完成时间、产品质量要求、经济技术指标以及完成合同后规定支付的工资数额一起承包给职工个人或班组集体,然后依据合同履行情况支付工资而不管其用工多少的一种工资制度。实行这种工资制度,劳动成果同报酬之间联系的直观性强,能更好地激励职工提高劳动效率。承包工资制适用于建筑、煤炭、地质勘探等行业,也适用于生产经营中那些限时限刻要拿到成果或有所突破的薄弱环节或攻关任务。

(5)最低工资

最低工资标准是指劳动者在法定工作时间或依法签订的劳动合同约定的工作时间内提供了正常劳动的前提下,用人单位依法应支付的最低劳动报酬。

最低工资标准一般采取月最低工资标准和小时最低工资标准两种形式,月最低工资标准适用于全日制就业劳动者,小时最低工资标准适用于非全日制就业劳动者。

最低工资标准不包含各种实物的发放。最低工资的标准为发放现金的最低标准。

相关规定

《劳动法》第36条 国家实行劳动者每日工作时间不超过八小

时、平均每周工作时间不超过四十四小时的工时制度。

第 37 条 对实行计件工作的劳动者,用人单位应当根据本法第三十六条规定的工时制度合理确定其劳动定额和计件报酬标准。

022

奖金包括哪些?离职人员还要发放年终奖金吗?

答一:奖金是指支付给职工的超额劳动报酬和增收节支的劳动报酬。其包括:(1)生产奖;(2)节约奖;(3)劳动竞赛奖;(4)机关、事业单位的奖励工资;(5)其他奖金。

答二:不一定。如果符合领取年终奖的条件,员工有权领取年终奖,一般情况下不给离职员工发放年终奖有违同工同酬的原则,对于"不在册"或者离职的员工,条件是只要在这一年度中为单位付出了劳动,用人单位就应按照同工同酬的原则,根据员工的相应工作时间折算,发放年终奖金。但是对于已经规章制度明确规定年终奖在离职后不予发放的企业来讲,就要按企业的规章制度进行。

案　例

王某入职旅行社,负责电子售票,双方签订为期 3 年的劳动合同,其中约定王某每月固定工资为 3000 元,年底视旅行社效益及员工表现发放年终奖。2020 年 7 月,王某因个人职业规划问题向该旅行社提出离职,旅行社按王某当月出勤天数支付其工资,但王某认为旅行社为客户提供门票后都会按月进行计算抽成,作为计算年终奖的依据。因此旅行社应按工作的时间比例向其发放年终奖。该旅行社以年终奖属于特殊福利、年底前离职员工不应享受上年度年终奖为由拒绝，故王某向仲裁委提起劳动仲裁，仲裁委不予受理后，王某将旅行社起诉至法院要求其支付部分年终奖。法院审理认为，《劳动法》第 47 条规定："用人单位根据本单位的生产经营特点和经济效益，依法自主确定本单位的工资分配方式和工资水平。"年终奖发放属于用人单位自主管理范畴，用人单位有权自主决定年终奖发放的条件、数额、时间等具体事宜。该旅行社在招录王某时曾向其提及过年终奖视旅行社整年的效益决定，且劳动合同中的工资条款最后一项载明"年终奖属于单位福利待遇，是否发放及发放数额视旅行社当年效益及个人表现决定，不纳入员工工资的范围"。王某本人在该劳动合同上签字，视为认可旅行社年终奖发放的规定，现其于年底前离职，旅行社无法整体衡量、计算整年的效益，且其中途离职的行为短期内给旅行社效益带来不利影响，不符合旅行社发放年终奖的条件，故对王某主张旅行社发放其年终奖的诉请不予支持。

引　申

企业在发放年终奖时应当注意哪些点？

（1）需要注意确认奖金的性质：一般情况下，对于职工取得的奖金而言，不同的奖金，如季度奖、全勤奖、年终奖等，它们的纳税方式均是有所差异的。因此，对奖金发放性质进行明确是十分必要的。所谓全年一次性"年终奖"，实际上指的是到了年底，公司会参照员工的业绩或者是企业全年的效益情况等给出一定的奖金。因此，只有在对年终奖性质进行明确的基础上，才能够选择更合适的筹划方法进行操作。

（2）注意年终奖金的计税形式：关于年终奖的计税形式，其既可以选择单独计税，也可以选择合并计税（根据《个人所得税法》规定，单独计算与合并到综合所得计算是需要看全年一次性奖金的取得时间，在 2021 年 12 月 31 日之前的并不计入综合所得，单独计算纳税；

自2022年1月1日起,并入综合所得,与一般工资薪金合并计税)。首先,就单独计税的方式来说,计算的公式是:应纳税额=全年一次性奖金收入×适用税率-速算扣除数。此外,另一种便是合并计税的方式,个人所取得的年终奖,同样也可以选择并入一年收入的综合所得税的方式进行纳税。不同的计税形式职工所需缴纳的个人所得税税款存在一定的差别。

(3)确定奖金发放的年度:除上述两方面外,进行全年一次性奖金个人所得税筹划还需要注意的一点是,对于不同的企业来讲,年终奖发放的时间也是不同的。比如有的企业会以一年为单位,然后在年底进行计算发放年终奖;而有的企业便是在来年再发放。这样一来,年度不同当然纳税的时间和周期也是有所不同的,所以,在进行申报的时候,与个人所取得的薪资周期上也是有所区别的。

相关规定

国家统计局发布的《关于工资总额组成的规定》第7条 奖金是指支付给职工的超额劳动报酬和增收节支的劳动报酬。包括:(一)生产奖;(二)节约奖;(三)劳动竞赛奖;(四)机关、事业单位的奖励工资;(五)其他奖金。

023

什么是津贴和补贴?

答:津贴和补贴是指为了补偿职工特殊或额外的劳动消耗和因其他特殊原因支付给职工的辅助性工资。津贴包括:补偿职工特殊或额外劳动消耗的津贴,保健性津贴,技术性津贴,年功性津贴及其他津贴。补贴包括:为保证职工工资水平不受物价上涨或变动影响而支付的各种补贴,比如物价补贴。

案　例

某中医医院原党委副书记、院长沈某某违规发放津补贴问题。2018 年 1 月至 2019 年 12 月,某中医医院违规发放奖励性绩效奖金 1435 万元。其中,沈某某个人领取 7.96 万元。此外,沈某某还存在其他违纪违法问题。2021 年 5 月,沈某某受到开除党籍、开除公职处分,违规发放的奖励性绩效奖金已收缴。

引　申

根据《违规发放津贴补贴行为处分规定》的规定,违规发放津贴补贴的具体行为包括:

(1)违反规定自行新设项目或者继续发放已经明令取消的津贴补贴的;

(2)超过规定标准、范围发放津贴补贴的;

(3)违反中共中央组织部、人力资源和社会保障部有关公务员奖励的规定,以各种名义向职工普遍发放各类奖金的;

(4)在实施职务消费和福利待遇货币化改革并发放补贴后,继续开支相关职务消费和福利费用的;

(5)违反规定发放加班费、值班费和未休年休假补贴的;

(6)违反《中共中央纪委、中共中央组织部、监察部、财政部、人事部、审计署关于规范公务员津贴补贴问题的通知》(中纪发〔2006〕17 号)等规定,擅自提高标准发放改革性补贴的;

(7)超标准缴存住房公积金的;

(8)以有价证券、支付凭证、商业预付卡、实物等形式发放津贴补贴的；

(9)违反规定使用工会会费、福利费及其他专项经费发放津贴补贴的；

(10)借重大活动筹备或者节日庆祝之机，变相向职工普遍发放现金、有价证券或者与活动无关的实物；

(11)违反规定向关联单位(企业)转移好处，再由关联单位(企业)以各种名目给机关职工发放津贴补贴的；

(12)其他违反规定发放津贴补贴的。

相关规定

《个人所得税法》第4条第1款第3项 按照国家统一规定发给的补贴、津贴免征个人所得税。

《个人所得税法实施条例》第10条 个人所得税法第四条第一款第三项所称按照国家统一规定发给的补贴、津贴，是指按照国务院规定发给的政府特殊津贴、院士津贴，以及国务院规定免予缴纳个人所得税的其他补贴、津贴。

024

工资总额不包括哪些项目？

答：详见本书第15问“工资总额由哪儿部分构成？”的“引申”部分列举的14项。

案 例

刘先生是某公司的员工，该公司对员工的工资分配实行结构工资形式,即将工资分解成基础工资、奖金、津贴、补贴等几部分,根据具体考核计算每月工资。由于企业生产经营随着市场情况不断调整变化,刘先生的每月工资收入变化也较大。为了确定社会保险费的缴费基数,公司与刘先生约定,以基础工资的标准作为缴纳社会保险费的基数。刘先生虽然对公司的说法有异议,但为了能够在公司长期工作下去,因此也就同意了公司的做法。于是,公司就按双方约定的数额为刘先生缴纳社会保险费。

三年后,公司在合同终止时通知刘先生不再续订劳动合同,刘先生对公司不再续用自己感到失望。在办理离职手续时,刘先生向公司提出了社会保险费缴费基数与自己工资收入不符的问题,希望公司予以解决。公司表示双方对社会保险费缴费基数已有约定,公司按约定为刘先生缴费不存在问题,对刘先生的要求予以拒绝。双方发生争议。

本案中,公司与刘先生双方都依法负有按规定缴纳社会保险费的义务,当事人以约定缴费基数的方式缴纳社会保险费,违反了按工资总额核定缴费基数的规定,因此该约定因不符合规定而无效;公司缴费基数统计中未列入奖金、津贴、补贴等几部分劳动报酬,而这几部分均不属于可以不列入工资总额统计的范围,因此,这几部分均属于应当计入缴费基数的统计范围,由此产生的社会保险费少缴部分,应当按规定补缴。据此,刘先生可以要求公司补缴未足额缴纳社会保险费的差额部分。

引　申

工资基数与社会保险之间的关系?

(1)不纳入工资范畴的,就不纳入社会保险缴费基数。工资基数就是我们的社会保险缴纳基数,也叫社会保险缴费基数,是参保单位和参保人员缴纳社会保险费的依据。社会保险缴费基数×缴费比例=应缴社会保险费,工资总额是指各单位在一定时期内直接支付给本单位全部职工的劳动报酬总额，所有的企业单位在职职工要按照自己本人工资标准来缴纳社会保险，如此一来，实际上相应地提高了员工的社会保险缴费基数。

(2)参保单位缴纳基本医疗保险、失业保险、工伤保险、生育保险费的基数为职工工资总额。基本医疗保险、失业保险职工个人缴费基数为本人工资，为便于征缴可以以上一年度个人月平均工资为缴费基数。目前，一些地方整合经办资源，实行社会保险费的统一征收和统一稽核，并将各险种单位和个人的缴费基数统一为单位和个人缴纳基本养老保险费的基数，这种做法方便了参保企业和参保人员，有利于提高稽核效率。

相关规定

《关于工资总额组成的规定》第11条 下列各项不列入工资总额的范围：(一)根据国务院发布的有关规定颁发的发明创造奖、自然科学奖、科学技术进步奖和支付的合理化建议和技术改进奖以及支付给运动员、教练员的奖金；(二)有关劳动保险和职工福利方面的各项费用；(三)有关离休、退休、退职人员待遇的各项支出；(四)劳动保护的各项支出；(五)稿费、讲课费及其他专门工作报酬；(六)出差伙食补助费、误餐补助、调动工作的旅费和安家费；(七)对自带工具、牲畜来企业工作职工所支付的工具、牲畜等的补偿费用；(八)实行租赁经营单位的承租人的风险性补偿收入；(九)对购买本企业股票和债券的职工所支付的股息(包括股金分红)和利息；(十)劳动合同制职工解除劳动合同时由企业支付的医疗补助费、生活补助费等；(十一)因录用临时工而在工资以外向提供劳动力单位支付的手续费或管理费；(十二)支付给家庭工人的加工费和按加工订货办法支付给承包单位的发包费用；(十三)支付给参加企业劳动的在校学生的补贴；(十四)计划生育独生子女补贴。

025

什么是工资、薪金所得?

答:工资、薪金所得是指个人因任职或者受雇而取得的工资、薪金、奖金、年终加薪、劳动分红、津贴、补贴以及与任职或者受雇有关系的其他所得。可以看出工资、薪金所得税涵盖范围较广。工资、薪金个人所得税的纳税筹划就是在遵守法律、政策的前提下,采用合法手段,在不增加企业员工工资、薪金总额的基础上,通过对员工工资、薪金所得进行筹划和安排,最大限度地降低企业员工税负的财税管理活动,目的是增加员工实际收入,增强企业员工依法纳税的意识,提高依法纳税的能力。

案　　例

2014年360公司“360Reboot,突围2014”年会上对员工的奖励,尤其是奖励了某员工保时捷卡宴1辆(价值200万元),最终因公司奖励给员工的汽车属于因任职或者受雇而取得的工资、薪金、奖金等与任职或者受雇有关的所得,公司应在发放的时候按凭证上所注明的价格代扣代缴个人所得税。如果个人所得税由公司承担,应将不含税的应纳税所得额换算成含税的应纳税所得额,然后再计算应缴纳的个人所得税,对该项奖励如果作为全年一次性奖金,对上述应纳税所得额,公司应按照《国家税务总局关于调整个人取得全年一次性奖金等计算征收个人所得税方法问题的通知》(国税发〔2005〕9号,部分失效)文件规定的方法计算应代付的税款。

引 申

哪些工资、薪金所得不需要缴纳个人所得税?

(1)按照国家统一规定发放的补贴、津贴;(2)离、退休人员工资薪金所得;(3)延长离退休年龄的高级专家从所在单位取得的工资、补贴等;(4)个人福利费;(5)独生子女补贴、托儿补助费;(6)差旅费津贴;(7)误餐补助;(8)执行公务员工资制度未纳入基本工资总额的补贴、津贴差额和家属成员的副食品补贴;(9)军人的转业费、复员费;(10)残疾、孤老人员和烈属的工资薪金所得;(11)个人因公务用车和通信制度改革而取得的公务用车、通信补贴收入;(12)个人因与用人单位解除劳动关系而取得的一次性补偿收入①;(13)从破产企业取得的安置费收入;(14)股权激励所得;(15)低价出售本单位职工的住房;(16)"五险一金";(17)企业年金、职业年金;(18)个人捐赠;(19)"特殊党费;"(20)远洋运输船员工资薪金所得②;(21)附加减除费用等。

---

① 《财政部、国家税务总局关于个人所得税法修改后有关优惠政策衔接问题的通知》(财税〔2018〕164 号):"五、关于解除劳动关系、提前退休、内部退养的一次性补偿收入的政策:(一)个人与用人单位解除劳动关系取得一次性补偿收入(包括用人单位发放的经济补偿金、生活补助费和其他补助费),在当地上年职工平均工资 3 倍数额以内的部分,免征个人所得税;超过 3 倍数额的部分,不并入当年综合所得,单独适用综合所得税率表,计算纳税。"

② 《财政部、税务总局关于延续实施远洋船员个人所得税政策的公告》规定:"现就远洋船员个人所得税政策公告如下:一、一个纳税年度内在船航行时间累计满 183 天的远洋船员,其取得的工资薪金收入减按 50% 计入应纳税所得额,依法缴纳个人所得税。二、本公告所称的远洋船员是指在海事管理部门依法登记注册的国际航行船舶船员和在渔业管理部门依法登记注册的远洋渔业船员。三、在船航行时间是指远洋船员在国际航行或作业船舶和远洋渔业船舶上的工作天数。一个纳税年度内的在船航行时间为一个纳税年度内在船航行时间的累计天数。四、远洋船员可选择在当年预扣预缴税款或者次年个人所得税汇算清缴时享受上述优惠政策。五、海事管理部门、渔业管理部门同税务部门建立信息共享机制,定期交换远洋船员身份认定、在船航行时间等有关涉税信息。六、本公告执行至 2027 年 12 月 31 日。"

相关规定

《个人所得税法实施条例》第6条 工资、薪金所得，是指个人因任职或者受雇取得的工资、薪金、奖金、年终加薪、劳动分红、津贴、补贴以及与任职或者受雇有关的其他所得。

《企业所得税法实施条例》第34条 企业发生的合理的工资薪金支出，准予扣除。前款所称工资薪金，是指企业每一纳税年度支付给在本企业任职或者受雇的员工的所有现金形式或者非现金形式的劳动报酬，包括基本工资、奖金、津贴、补贴、年终加薪、加班工资，以及与员工任职或者受雇有关的其他支出。

026

演员参与本单位组织的演出取得的报酬是否属于工资薪金？

答：电影制片厂导演、演职人员参加本单位的影视拍摄所取得的报酬，属于工资薪金，应按“工资、薪金所得”应税项目计征个人所得税。

如果参加非本单位组织的演出取得的报酬，根据《演出市场个人所得税征收管理暂行办法》第6条“演职员参加非任职单位组织的演出取得的报酬为劳务报酬所得，按次缴纳个人所得税”的规定，属于劳务报酬，按次缴纳个人所得税。

案　例

2018年6月初，群众举报范某“阴阳合同”涉税问题后，国家税务总局高度重视,即责成江苏等地税务机关依法开展调查核实,目前案件事实已经查清。从调查核实情况看,范某在电影《大轰炸》剧组拍摄过程中实际取得片酬3000万元,其中1000万元已经申报纳税,其余2000万元以拆分合同方式偷逃个人所得税618万元,少缴增值税及附加112万元,合计730万元。此外,还查出范某及其担任法定代表人的企业少缴各项税款合计2.48亿元,其中偷逃税款1.34亿元。对于上述违法行为,根据国家税务总局指定管辖,江苏省税务局依据《税收征收管理法》第32条、第52条的规定,对范某及其担任法定代表人的企业追缴税款2.55亿元,加收滞纳金0.33亿元;依据《税收征收管理法》第63条的规定,对范某采取拆分合同手段隐瞒真实收入偷逃税款处4倍罚款计2.4亿元,对其利用工作室账户隐匿个人报酬的真实性质偷逃税款处3倍罚款计2.39亿元;对其担任法定代表人的企业少计收入偷逃税款处1倍罚款计94.6万元;依据《税收征收管理法》第69条和《税收征收管理法实施细则》第93条的规定,对其担任法定代表人的两户企业未代扣代缴个人所得税和非法提供便利协助少缴税款各处0.5倍罚款,分别计0.51亿元、0.65亿元。

依据《刑法》第201条的规定,由于范某属于首次被税务机关按偷税予以行政处罚且此前未因逃避缴纳税款受过刑事处罚,上述定性为偷税的税款、滞纳金、罚款在税务机关下达追缴通知后在规定期限内缴纳的,依法不予追究刑事责任。超过规定期限不缴纳税款和滞纳金、不接受行政处罚的,税务机关将依法移送公安机关处理。

同时,国家税务总局已部署开展规范影视行业税收秩序工作。对在2018年12月31日前自查自纠并到主管税务机关补缴税款的影视企业及相关从业人员,免予行政处罚,不予罚款;对个别拒不纠正的依法严肃处理;对出现严重偷逃税行为且未依法履职的地区税务机关负责人及相关人员,将根据不同情形依法依规严肃问责或追究法律责任。①

引　申

劳务报酬所得与工资、薪金所得等非独立个人劳动取得的报酬是有区别的,根据《征收个人所得税若干问题的规定》(国税发〔1994〕089号,部分失效)第19条的规定:工资、薪金所得是属于非独立个人劳务活动,即在机关、团体、学校、部队、企事业单位及其他组织中任职、受雇而得到的报酬;劳务报酬所得则是个人独立从事各种技艺、提供各项劳务所取得的报酬。两者的主要区别在于,前者存在雇佣与被雇佣关系,后者则不存在这种关系。

因此,判断劳务报酬所得的关键词是"独立"和"非雇佣",而工资、薪金所得的关键词是"非独立"和"雇佣"。通常情况下,劳务报酬一般指从事一次性、临时性工作获得的收入,劳资双方若签订合同则多为劳务合同。

针对影视演职人员,还有专门的规定。《国家税务总局关于影视演职人员个人所得税问题的批复》(国税函〔1997〕385号)(本批复第3条已失效)规定:"凡与单位存在工资、人事方面关系的人员,其为本单位工作所取得的报酬,属于'工资、薪金所得'应税项目征税范围;而其因某一特定事项临时为外单位工作所取得报酬,不属于税法中所说的'受雇',应是'劳务报酬所得'应税项目征税范围。因此,对电影制片厂导演、演职人员参加本单位的影视拍摄所取得的报酬,应按'工资、薪金所得'应税项目计征个人所得税。对电影制片厂为了拍摄影视片而临时聘请非本厂导演、演职人员,其所取得的报酬,应按'劳务报酬所得'应税项目计征个人所得税。"对于明星等影视

① 参见《税务部门依法查处范某"阴阳合同"等偷逃税问题》,载国家税务总局2018年10月3日,https://www.chinatax.gov.cn/n810219/n810724/c3789033/content.html。

演职人员，提供形象代言取得的报酬，《广告市场个人所得税征收管理暂行办法》（2018年修正）第5条规定："纳税人在广告设计、制作、发布过程中提供名义、形象而取得的所得，应按劳务报酬所得项目计算纳税。纳税人在广告设计、制作、发布过程中提供其他劳务取得的所得，视其情况分别按照税法规定的劳务报酬所得、稿酬所得、特许权使用费所得等应税项目计算纳税。扣缴人的本单位人员在广告设计、制作、发布过程中取得的由本单位支付的所得，按工资、薪金所得项目计算纳税。"

自新《个人所得税法》出台实施以后，无论是"工资薪金所得"还是"劳务报酬所得"，都是属于综合所得的一部分，应当根据相关政策文件，每年以"综合所得"项目进行居民个人所得税汇算清缴。在国家税务法律及政策体系不断完善、细化的背景下，利用"阴阳合同"和"虚假发票"等违法行为进行避税的手段已经被纳入税收重点监控管理之中。

相关规定

《个人所得税法实施条例》第6条 个人所得税法规定的各项个人所得的范围：（一）工资、薪金所得，是指个人因任职或者受雇取得的工资、薪金、奖金、年终加薪、劳动分红、津贴、补贴以及与任职或者受雇有关的其他所得。（二）劳务报酬所得，是指个人从事劳务取得的所得，包括从事设计、装潢、安装、制图、化验、测试、医疗、法律、会计、咨询、讲学、翻译、审稿、书画、雕刻、影视、录音、录像、演出、表演、广告、展览、技术服务、介绍服务、经纪服务、代办服务以及其他劳务取得的所得。……

第8条第1款第1项 工资、薪金所得，是指个人因任职或者受雇而取得的工资、薪金、奖金、年终加薪、劳动分红、津贴、补贴以及与任职或者受雇有关的其他所得。

027

个人担任公司董事、监事取得的收入是否属于工资薪金?

答:个人担任公司董事、监事,且不在公司任职、受雇取得的董事费、监事费,属于劳务报酬,应按“劳务报酬所得”项目征收个人所得税;个人在公司(包括关联公司)任职、受雇,同时兼任董事、监事的,属于工资薪金,应将董事费、监事费与个人工资收入合并,统一按“工资、薪金所得”项目计征个人所得税。

案　　例

王某和陈某均为一家私营有限公司的董事兼投资者,两人都不在该私营企业任职,2017年12月王某从该公司取得董事费收入7万元,将其中2万元通过民政部门捐赠给贫困地区,陈某取得董事费7万元,向中国教育发展基金会捐款3万元。王某和陈某不在该私营企业任职,取得的董事费收入应按“劳务报酬所得”项目缴纳个人所得税。另外,若王某在另外一家公司任职并兼任该公司董事,工资每月为3万元,陈某在另一家公司任职并兼任该公司董事,工资为每月4万元,依据《国家税务总局关于明确个人所得税若干政策执行问题的通知》(国税发〔2009〕121号)规定的董事费按“劳务报酬所得”项目征税方法,仅适用于个人担任公司董事、监事,且不在公司任职、受雇的情形;个人在公司(包括关联企业)任职、受雇,同时兼任董事、监事的,应将董事费、监事费与个人工资收入合并,统一按工资、薪金所得项目缴纳个人所得税，王某、陈某该部分工资收入应当按“工资、薪金所得”项目缴纳个人所得税。

引 申

自然人代开发票注意事项：

根据《国家税务总局云南省税务局关于自然人申请代开发票个人所得税有关问题的公告》（国家税务总局云南省税务局公告2019年第5号）的规定，从2019年4月12日起，对自然人纳税人取得劳务报酬所得在代开发票环节不再征收个人所得税，而应由支付劳务报酬的单位或个人预扣预缴。

根据《国家税务总局云南省税务局关于自然人申请代开发票个人所得税有关问题的公告》（国家税务总局云南省税务局公告2019年第5号）的规定：“一、对自然人纳税人取得劳务报酬所得、稿酬所得和特许权使用费所得需要代开发票的，在代开发票环节不再征收个人所得税。代开发票单位在开具发票时，应在发票备注栏内统一注明‘个人所得税由支付方依法预扣预缴（或代扣代缴）’。二、自然人纳税人取得综合所得，个人所得税由扣缴义务人按照《国家税务总局关于发布〈个人所得税扣缴申报管理办法（试行）〉的公告》（国家税务总局公告2018年第61号）规定预扣预缴（或代扣代缴）和办理全员全额扣缴申报。”此外，《个人所得税扣缴申报管理办法（试行）》第2条规定：“扣缴义务人，是指向个人支付所得的单位或者个人。扣缴义务人应当依法办理全员全额扣缴申报。全员全额扣缴申报，是指扣缴义务人应当在代扣税款的次月十五日内，向主管税务机关报送其支付所得的所有个人的有关信息、支付所得数额、扣除事项和数额、扣缴税款的具体数额和总额以及其他相关涉税信息资料。”第19条规定：“扣缴义务人有未按照规定向税务机关报送资料和信息、未按照纳税人提供信息虚报虚扣专项附加扣除、应扣未扣税款、不缴或少缴已扣税款、借用或冒用他人身份等行为的，依照《中华人民共和国税收征收管理法》等相关法律、行政法规处理。”代开发票单位在开具发票时，应在发票备注栏内统一注明“个人所得税由支付方依法预扣预缴（或代扣代缴）”。如果支付劳务报酬的单位或个人没有为自然人纳税人预扣预缴税款，需要由其自行办理纳税申报。对于支付所得的单位或个人没有预扣预缴税款的行为，税务机关要按照相关规定追究法律责任。

相关规定

《征收个人所得税若干问题的规定》（国税发〔1994〕089号，部分失效）第8条 个人由于担任董事职务所取得的董事费收入，属于劳务报酬所得性质，按照劳务报酬所得项目征收个人所得税。

《国家税务总局关于明确个人所得税若干政策执行问题的通知》（国税发〔2009〕121号）第2条 （二）个人在公司（包括关联公司）任职、受雇，同时兼任董事、监事的，应将董事费、监事费与个人工资收入合并，统一按工资、薪金所得项目缴纳个人所得税。

028

单位为职工个人购买商业健康保险的支出是否属于工资薪金？

答：属于工资薪金。《财政部、税务总局、保监会①关于将商业健

① 现为国家金融监督管理总局。

康保险个人所得税试点政策推广到全国范围实施的通知》(财税〔2017〕39 号)第 4 条规定:“(一)单位统一组织为员工购买或者单位和个人共同负担购买符合规定的商业健康保险产品,单位负担部分应当实名计入个人工资薪金明细清单,视同个人购买,并自购买产品次月起,在不超过 200 元/月的标准内按月扣除……”

案　例

A 公司是一家商业银行企业,主要负责吸收公众存款、发放贷款以及办理票据贴现等业务的运营。日前,税务人员利用内部税务审计平台,对 A 公司的职工薪酬数据、个人所得税申报数据进行日常风险扫描,根据公司员工每月工资薪金和职工福利,测算企业应代扣代缴的个人所得税税额,发现 A 公司应缴额与实缴额存在一定差异。税务人员进一步分析后发现,这主要是因为 A 公司为员工购买商业健康保险,却并未计算缴纳相应的个人所得税,由此引发税务风险。

税务人员在分析 A 公司个人所得税申报表、金融企业支出明细表等资料,并与相关负责人沟通后发现,企业在计算应代扣代缴个人所得税时认为,根据《财政部、国家税务总局关于基本养老保险费、基本医疗保险费、失业保险费、住房公积金有关个人所得税政策的通知》(财税〔2006〕10 号)第 1 条的规定:“企事业单位按照国家或省(自治区、直辖市)人民政府规定的缴费比例或办法实际缴付的基本养老保险费、基本医疗保险费和失业保险费,免征个人所得税……”企业同时认为,商业健康保险等补充医疗保险可以视同基本医疗保险,无须缴纳个人所得税,因此错误地计算了应代扣代缴税额,少缴了个人所得税,引发了单位未能将健康商业保险代扣代缴个人所得税的风险。

因此,企业在代扣代缴员工个人所得税时,为员工个人购买的商业健康保险不能全额在员工个人所得税税前扣除,只能在限定额度内按年或按月扣除。值得注意的是,前述财税〔2017〕39号文件第3条列举了个人税收优惠型商业健康保险产品的相关条件,企业所购买的商业健康保险应满足相应的规范和条件。企业统一组织为员工购买符合规定的商业健康保险产品,保单凭证上须注明税优识别码①,方可享受一年2400元的税前扣除限额。

经纳税辅导,A公司对2017年至2019年为员工购买的商业健康保险进行了数据核对,并按照前述财税〔2017〕39号文件的规定,计算缴纳相应个人所得税,补缴税款近800万元。

引　　申

合规纳税的重要性。

本案例中,A公司之所以出现税务风险,主要原因在于混淆了基本医疗保险与补充商业医疗保险的性质,对商业健康保险的相关个人所得税政策不了解以及未执行商业健康保险的有效扣除政策。随着金融产品的创新,保险类产品多种多样,企业很容易混淆不同的保险产品所对应的税收优惠政策,从而错误操作给企业和员工带来税务风险。

建议企业财税部门进一步加强与企业人力资源部门的沟通,在向员工发放福利的同时,也要特别注意个人所得税的政策规定。企业在面对新业务时,也应该积极主动与主管税务机关进行沟通,加强内部涉税政策学习,提高政策解读能力,避免税务风险。

---

① 为确保税收优惠商业健康保险保单的唯一性、真实性和有效性,由商业健康保险信息平台按照"一人一单一码"的原则对投保人进行校验后,下发给保险公司,并在保单凭证上打印的数字识别码。

相关规定

《财政部、税务总局、保监会关于将商业健康保险个人所得税试点政策推广到全国范围实施的通知》(财税〔2017〕39号)第1条

对个人购买符合规定的商业健康保险产品的支出,允许在当年(月)计算应纳税所得额时予以税前扣除,扣除限额为2400元/年(200元/月)。单位统一为员工购买符合规定的商业健康保险产品的支出,应分别计入员工个人工资薪金,视同个人购买,按上述限额予以扣除……

《国家税务总局关于推广实施商业健康保险个人所得税政策有关征管问题的公告》(国家税务总局公告2017年第17号)第5条

保险公司销售符合规定的商业健康保险产品,及时为购买保险的个人开具发票和保单凭证,并在保单凭证上注明税优识别码。个人购买商业健康保险未获得税优识别码的,其支出金额不得税前扣除。

第6条 本公告所称税优识别码,是指为确保税收优惠商业健康保险保单的唯一性、真实性和有效性,由商业健康保险信息平台按照"一人一单一码"的原则对投保人进行校验后,下发给保险公司,并在保单凭证上打印的数字识别码。

029

单位以误餐补助名义发给职工的补贴、津贴,是否属于工资薪金?

答:按规定不征税的误餐补助,是指按财政部门规定,个人因公在城区、郊区工作，不能在工作单位或返回就餐，确实需要在外就餐的，根据实际误餐顿数，按规定的标准领取的误餐费。除上述情形外，单位以误餐补助名义发给职工的补贴、津贴，属于工资薪金，应当并入当月工资、薪金所得计征个人所得税。

案　　例

在某次审计检查过程中，审计人员发现某市公办学校在2011年至2014年发放误餐费共计140万元，审计人员查阅会计凭证、报销单时发现大部分的误餐费报销无事前审批、无详细加班事由、详细加班人员名单及加班时间段，真实性存疑。后期通过审计人员与学校领导、财务人员及当事人的对话中了解到该学校存在以误餐费名义变相发津贴补贴的情况，并将该问题线索反映至相关部门。最终该学校的领导、财务人员及相关当事人受到党内违纪处分，相应的误餐费被追回。

引　　申

在误餐补助方面，会计人员应从下列几点提高财务风险意识：

（1）建议单位领导及时建立健全单位误餐费内部控制制度，以制度管人管事，确定各项标准，报销流程，报销手续等，明确各业务环节风险点及责任人；

（2）要严把审核关，身为单位财务审核“看门人”应当时刻保持清醒，严格审核误餐费包括其事前审批表、发票、误餐人员、误餐时间、误餐事由等是否合理，资料是否齐全；

（3）加强对单位其他人员的警示教育及法律法规学习，提升其财务风险意识。

相关规定

《财政部、国家税务总局关于误餐补助范围确定问题的通知》(财税字〔1995〕82号) 不征税的误餐补助,是指按财政部门规定,个人因公在城区、郊区工作,不能在工作单位或返回就餐,确实需要在外就餐的,根据实际误餐顿数,按规定的标准领取的误餐费。一些单位以误餐补助名义发给职工的补贴、津贴,应当并入当月工资、薪金所得计征个人所得税。

030

工资可以按日、按月、按季度、按年发放吗?

答:工资可以按日发放,根据《工资支付暂行规定》《关于职工全年月平均工作时间和工资折算问题的通知》(劳社部发〔2008〕3号)的相关规定,实行周、日、小时工资制的可按周、日、小时支付工资,日工资、小时工资的计算标准也有相关法律规定。

工资可以按月发放,《劳动法》及《劳动合同法》均规定了工资至少应当按月发放,根据上述法律规定,工资应当按时、足额支付,不能附加任何不合理条件。

此外,绩效工资包括基础性绩效工资和奖励性绩效工资,其中基础性绩效工资在绩效工资中的占比较高,一般应当在每月发放工资的时候,随同月工资一起进行发放。基础性绩效工资相对比较固定,级别越高,则拿到的绩效工资越多;奖励性绩效工资考核的标准是本人本年度的表现情况,也就是能者多得,一般是和个人履职情况、工作贡献挂钩，在绩效工资中的占比不太大，通常并不是按月进行发放的。

案　例

王女士与一家公司签订的劳动合同中即约定其年薪为30万元。不久，王女士的父亲被查出患有胃癌，医至2012年3月，王女士的所有积蓄均已花光，无奈，她只好要求公司按月支付薪水。不料公司表示，必须干够一年才能支付，因为年薪就是一年一付。

年薪是一个人工作一年的总收入，是以年固定报酬额为基数分月发放的劳动报酬，在表现形式与实质上均等同于月薪，只不过体现着一种激励机制。《工资支付暂行规定》规定，工资必须在用人单位与劳动者约定的日期支付。工资至少每月支付一次，实行周、日、小时工资制的可按周、日、小时支付工资。上述规定均明确表明：无论何种工资，均必须"按月支付"或"至少每月支付一次"。

本案中，公司称年薪就是每年一次性给付且必须到对应之日才能付清的做法，不仅是对年薪的曲解，也是对法律的违反。因此，公司虽然实行年薪制，但仍必须按月付。

引　申

拖欠工资企业可能面临的法律责任？

（1）《劳动法》第91条和《工资支付暂行规定》第18条均规定："用人单位克扣或者无故拖欠劳动者工资的；拒不支付劳动者延长工作时间工资报酬的；低于当地最低工资标准支付劳动者工资的，由劳动行政部门责令其支付劳动者工资和经济补偿，并可责令其支付赔偿金。"

（2）《劳动合同法》第85条规定："用人单位有下列情形之一的，由劳动行政部门责令限期支付劳动报酬、加班费或者经济补偿；劳动报酬低于当地最低工资标准的,应当支付其差额部分;逾期不支付的,责令用人单位按应付金额百分之五十以上百分之一百以下的标准向劳动者加付赔偿金:(一)未按照劳动合同的约定或者国家规定及时足额支付劳动者劳动报酬的……"根据上述法律规定,无故拖欠劳动者工资会受到相应的法律规制与处罚。

相关规定

《劳动法》第50条 工资应当以货币形式按月支付给劳动者本人。不得克扣或者无故拖欠劳动者的工资。

《工资支付暂行规定》第7条 工资必须在用人单位与劳动者约定的日期支付。如遇节假日或休息日,则应提前在最近的工作日支付。工资至少每月支付一次,实行周、日、小时工资制的可按周、日、小时支付工资。

《关于职工全年月平均工作时间和工资折算问题的通知》(劳社部发〔2008〕3号)第2条 按照《劳动法》第五十一条的规定,法定节假日用人单位应当依法支付工资,即折算日工资、小时工资时不剔除国家规定的11天法定节假日。据此,日工资、小时工资的折算为:日工资:月工资收入÷月计薪天数;小时工资:月工资收入÷(月计薪天数×8小时)。月计薪天数=(365天-104天)÷12月=21.75天。

031

员工可以从多处获得工资吗?

答:个人可以同时从两处(含)以上任职受雇单位取得工资薪金

所得，但需注意预扣预缴个人所得税处理：

（1）两个（含）以上任职受雇单位都扣除每月5000元的减除费用；

（2）工资可以多处获得，社会保险是唯一的，仅能由一家用人单位缴纳，并告知其他单位不再扣除。

案　　例

某居民个人在集团公司下属A、B两家公司同时任职。2019年A、B公司每月各向其发放工资15,000元和12,000元，其社会保险和公积金选择在A公司缴纳，且个人承担部分为每月2000元，每月专项附加扣除合计3600元，选择在A单位扣除。

分析：在实际操作中，2019年度该居民的个人所得税申报应该按照如下情况操作：

A公司全年累计预扣预缴应纳税所得额＝（15000×12－5000×12－2000×12－3600×12）×10%－2520＝2760元。

B公司全年累计预扣预缴应纳税所得额＝（12000×12－5000×12）×10%－2520＝5880元。

该居民个人全年合并应纳税所得额＝{（15000＋12000）×12－5000×12－2000×12－3600×12}×20%－16920＝22440元。

那么不考虑其他情况，该居民个人需要在2020年3月1日至6月30日内办理汇算清缴并补税，即22440－（2760＋5880）＝13800元。

引　　申

“工资、薪金所得”与“劳务报酬所得”的区别：

（1）从税法概念分析：两者区别的关键词在于前者是“任职或者受雇”，后者是“个人从事劳务”。于前者，劳动者和用工单位是任职或者受雇关系,双方签订劳动合同。劳动者要服从用工单位劳动时间、劳动地点、劳动标准等方面的管理,用工单位一般应为劳动者缴纳社会保险。劳动报酬计算以劳动时间为基础(一般按月),根据劳动绩效作上下浮动。于后者,劳动者和用工单位是平等的劳务合同关系。劳动者按约定提供符合要求的劳动成果,用工单位按约定给付报酬;用工单位无须为劳动者缴纳社会保险。劳动报酬计算以合同约定价款为基础,违反约定者承担违约责任。

(2)从收入额的确认方式分析:《个人所得税法》规定,劳务报酬所得以收入减除20%的费用后的余额为收入额;而工资、薪金所得以全部收入为收入额。可以反观两者的区别在于,取得劳务报酬的对价除了消耗的劳动力以外,一般伴随着附随成本,比如自行购买辅助材料的成本、自备劳动工具的损耗等,所以税法规定了20%的费用扣除;而取得工资薪金则除了消耗的劳动力以外基本没有其他成本发生,所以税法没有规定费用扣除,而是全额计入收入。

相关规定

《个人所得税自行纳税申报办法(试行)》第2条第2项 从中国境内两处或者两处以上取得工资、薪金所得的,应当按照本办法的规定办理纳税申报。

第3条第2款 本办法第二条第二项至第四项情形的纳税人,均应当按照本办法的规定,于取得所得后向主管税务机关办理纳税申报。

第11条第1项 从两处或者两处以上取得工资、薪金所得的,选择并固定向其中一处单位所在地主管税务机关申报。

032

加班工资如何计算?

答:加班工资是劳动者按照用人单位生产和工作的需要在规定工作时间之外继续生产劳动或者工作所获得的劳动报酬。劳动者加班,延长了工作时间,增加了额外的劳动量,应当得到合理的报酬。具体如下:

(1)工作日加班:小时加班工资标准 = 劳动合同规定的月工资标准 ÷ (月计薪天数 21.75 × 8 小时) × 150%;

(2)休息日加班:小时加班工资标准 = 劳动合同规定的月工资标准 ÷ (月计薪天数 21.75 × 8 小时) × 200%;

(3)法定休假日:小时加班工资标准 = 劳动合同规定的月工资标准 ÷ (月计薪天数 21.75 × 8 小时) × 300%。

案　　例

张某于2020年6月入职某科技公司,月工资20,000元。某科技公司在与张某订立劳动合同时,要求其订立一份协议作为合同附件,协议内容包括“我自愿申请加入公司奋斗者计划,放弃加班费”。半年后,张某因个人原因提出解除劳动合同,并要求支付加班费。某科技公司认可张某加班事实,但以其自愿订立放弃加班费协议为由拒绝支付。张某向劳动人事争议仲裁委员会申请仲裁,请求裁决某科技公司支付2020年6月至12月加班费24,000元。最终劳动人事争议仲裁委员会裁决某科技公司支付张某2020年6月至12月加班费24,000元。

引　申

企业如何做到工资合规?

(1)试用期工资保障两个不低于,即不低于最低工资标准,不低于同岗位工资的80%,标准工资正常计算、不克扣、不拖欠。

(2)加班工资在需要打卡等足以证明劳动者加班的情形下须予以发放;在双休日加班但能安排补休的可以不发放加班工资;加班工资的金额要严格按照法律规定,但基数可以有所调整,即选择采用劳动者到手的工资或不算补贴与绩效等加成的基本工资。

(3)每个劳动者都有带薪年休假的权利,但带薪年休假怎么放,是一次性休完还是一次只能休一天,都是由用人单位的规章制度确定的,企业的用工自主权要充分利用。

在此次新冠肺炎疫情的冲击下,就体现出企业规章制度的重要性。好的规章制度不仅制定了正常时期的工资待遇,还包括了非正常时期的特殊待遇。规章制度不完备就会导致企业在面对突发情况时不知所措,盲目地寻求帮助,进行一些烦琐的程序,最终的效果还不理想,如要劳动者签一些企业单方面意思表示的文书,因为无法进行面对面的交流沟通,劳动者是否同意签订以及是否已经完成签订具有不确定性,不利于用人单位用工手续证据的保存,又容易成为今后劳动者提起仲裁索要赔偿的证据,会进一步加剧企业用工成本的增加与风险。

相关规定

《劳动法》第40条　用人单位在下列节日期间应当依法安排劳动者休假:(一)元旦;(二)春节;(三)国际劳动节;(四)国庆节;(五)法律、法规规定的其他休假节日。

第41条　用人单位由于生产经营需要,经与工会和劳动者协商后可以延长工作时间,一般每日不得超过一小时;因特殊原因需要延长工作时间的,在保障劳动者身体健康的条件下延长工作时间每日不得超过三小时,但是每月不得超过三十六小时。

第42条 有下列情形之一的,延长工作时间不受本法第四十一条规定的限制:(一)发生自然灾害、事故或者因其他原因,威胁劳动者生命健康和财产安全,需要紧急处理的;(二)生产设备、交通运输线路、公共设施发生故障,影响生产和公众利益,必须及时抢修的;(三)法律、行政法规规定的其他情形。

第44条 有下列情形之一的,用人单位应当按照下列标准支付高于劳动者正常工作时间工资的工资报酬:(一)安排劳动者延长工作时间的,支付不低于工资的百分之一百五十的工资报酬;(二)休息日安排劳动者工作又不能安排补休的,支付不低于工资的百分之二百的工资报酬;(三)法定休假日安排劳动者工作的,支付不低于工资的百分之三百的工资报酬。

《劳动合同法》第31条 用人单位应当严格执行劳动定额标准,不得强迫或者变相强迫劳动者加班。用人单位安排加班的,应当按照国家有关规定向劳动者支付加班费。

第62条 用工单位应当履行支付加班费义务。

第85条 用人单位有安排加班不支付加班费的情形的,由劳动行政部门责令限期支付劳动报酬、加班费或者经济补偿;劳动报酬低于当地最低工资标准的,应当支付其差额部分;逾期不支付的,责令用人单位按应付金额百分之五十以上百分之一百以下的标准向劳动者加付赔偿金。

033

带薪年休假工资的具体规定是什么?

答:带薪年休假,以下简称"年休假",是国家根据劳动者工作年限和劳动繁重紧张程度,每年给予一定期间的带薪连续休假。换言之,在该假期内,劳动者可享受与正常工作期间相同的工资收入。

属机关、团体、企业、事业单位、民办非企业单位、有雇工的个体工商户等单位的职工连续工作1年以上的,享受年休假,可见该制度的适用面非常之广,但对特殊行业,法律另有规定的从其规定。如从事水上交通工作的船员,依对该特定人群的管理规定计算年休假,即船员在船舶上每工作2个月可享受不少于5日的年休假。船员用人单位应当在船员年休假期间,向其支付不低于该船员在船工作期间平均工资的报酬。

一般情况下,职工累计工作已满1年不满10年的,年休假5天;已满10年不满20年的,年休假10天;已满20年的年休假15天。法律对于年休假天数的规定属于下限性设置,若劳动合同、劳动集体合同、单位规章制度中对于年休假设置的天数高于法定标准的,则以约定或规定的年休假标准执行。

职工不应当享受年休假的情形:(1)职工依法享受寒暑假,其休假天数多于年休假天数的;(2)职工请事假累计20天以上且单位按照规定不扣工资的;(3)累计工作满1年不满10年的职工,请病假累计2个月以上的;(4)累计工作满10年不满20年的职工,请病假累计3个月以上的;(5)累计工作满20年以上的职工,请病假累计4个月以上的。

职工在不同单位的工作时间可以累计,但对不同单位的人员在计算方式上略有区别,主要区分为以下两类:一是属企业、民办非企业单位、有雇工的个体工商户等单位的,并与其建立劳动关系的职工(A类),职工在同一或者不同用人单位工作期间,以及依照法律、行政法规或者国务院规定视同工作期间,应当计为累计工作时间。二是属机关、事业单位工作人员的(B类),其累计工作时间按工作年限计算,即一般按照周年计算工作年限。对于工作人员受过开除处分或刑事处分的,应当从重新参加工作之日起计算工作年限;但情节较轻,并且经过任免机关批准的,其受处分以前工作的时间也可以合并计算工作年限。不同性质单位间的工作时间并不一定相互累计。B类情况下计算累计工作时间,一般不认可该工作人员在A类单位中的工作时间;而A类情况下计算累计工作时间,则可包容B类工作时间。

劳动者离职时,如折算后有剩余年休假,用人单位应按照其日工资收入的300%(包括正常工资中已支付的100%,需再另行支付200%)支付未休年休假工资报酬,不足1整天的部分不再支付未休年休假工资报酬。职工在离职前已休年休假多于折算应休年休假的天数,法律规定不能扣回。为了避免年休假纠纷,用人单位可以通过放假等方式安排即将离职的员工休满当年度应休年假。

案　　例

案例一:王先生于2007年7月入职某物业公司任电工一职,双方于2017年10月签订无固定期限劳动合同。2019年6月,王先生被确诊为腰椎间盘突出,此后开始休病假至2020年1月。2020年4月公司以王先生未在规定时间内补交病休证明、补办请假手续视为旷工为由向王先生送达了《解除劳动关系通知书》。双方因此发生劳动争议,王先生除主张公司应支付违法解除劳动合同赔偿金外,还要求支付2019年未休年休假工资。

法院认为,王先生累计工作已满10年,在2019年已经累计休病假近6个月,按照法律规定,其不符合享受2019年年休假的条件,故对王先生要求支付其2019年未休年休假工资的请求不予支持。

职工享有年休假的权利受法律保护,但是应满足一定条件:(1)对于未连续工作满12个月的劳动者,其不享有年休假;(2)对于连续工作满12个月的劳动者,需排除《职工带薪年休假条例》第4条及《企业职工带薪年休假实施办法》第8条所列情形才能享受年休假。根据上述条例和办法的规定,职工存在下列情形之一的,不享受当年的年休假:(1)职工依法享受寒暑假,其休假天数多于年休假天数的;(2)职工请事假累计20天以上且单位按照规定不扣工资的;(3)累计工作满1年不满10年的职工,请病假累计2个月以上的;(4)累计工作满10年不满20年的职工,请病假累计3个月以上的;(5)累计工作满20年以上的职工,请病假累计4个月以上的。

本案中,王先生于2007年参加工作,2019年其休病假时工龄不满20年,其请病假时间已经超过3个月,不再享受2019年年休假,故法院对王先生的请求未予支持。

案例二:吴某通过社会招聘进入某金融公司(以下简称公司),2011年6月10日与公司签订劳动合同,作为新疆营业部负责人开展工作,其劳动合同系与乌鲁木齐营业部签订,社会保险和公积金都在乌鲁木齐缴纳,2019年5月岗位为乌鲁木齐营业部副总经理,因其未能完成公司的业绩考核目标,2022年1月15日经公司研究,决定对吴某作出免职、调岗降薪处理。吴某于2022年1月23日将《解除劳动关系通知书》邮寄至公司(长沙总部),2022年1月25日向劳动人事争议仲裁院提交《劳动仲裁申请书》,请求事项包括请求裁决公司支付解除劳动合同经济补偿20万元;请求裁决公司支付2011年至

2019 年及 2021 年至 2022 年的未休年休假工资报酬 30 万元等。仲裁院审理后认为,吴某在 2020 年休了年休假,对之前的年休假已经超过仲裁时效,对之后的年休假工资予以支持,吴某不服向人民法院提起诉讼。

年休假工资报酬不是真正意义上与劳动者提供正常劳动时间相挂钩的工资报酬,而是一种由于单位的原因致使劳动者未享受法定福利假日,由用人单位支付劳动者的一种福利性补偿,基于该福利所发生的争议,仲裁时效不应适用《劳动争议调解仲裁法》第 27 条第 4 款关于劳动关系存续期间因拖欠劳动报酬发生争议的仲裁时效之特别规定,而应适用劳动争议仲裁时效期间为 1 年的一般规定。吴某对于 2019 年度及之前的应休未休年休假工资报酬的主张已超过仲裁时效期间,不应得到法院支持。

引　申

年休假的个人所得税如何缴纳?

年休假补贴的个人所得税计算,是用应税额乘以 3% 至 45% 的超额累进税率。应税额则是员工每年的收入额减除费用 6 万元以及各项法定的扣除后的余额。《个人所得税法》第 2 条规定:“下列各项个人所得,应当缴纳个人所得税:(一)工资、薪金所得;(二)劳务报酬所得;(三)稿酬所得;(四)特许权使用费所得;(五)经营所得……”《职工带薪年休假条例》第 2 条规定:“机关、团体、企业、事业单位、民办非企业单位、有雇工的个体工商户等单位的职工连续工作 1 年以上的,享受带薪年休假(以下简称年休假)。单位应当保证职工享受年休假。职工在年休假期间享受与正常工作期间相同的工资收入。”根据该规定,职工在休年休假期间的工资、津贴(不含中夜班津贴、保健津贴)、效益工资按正常出勤发放,并且年休假工资补贴属于工资的组成部分,应当纳入缴纳个人所得税的计算基数。该月总计工资总额扣除社会保险费用、住房公积金等费用，超过5000元的，应当缴纳个人所得税。

相关规定

《劳动法》第45条 国家实行带薪年休假制度。劳动者连续工作一年以上的，享受带薪年休假。具体办法由国务院规定。

然而自《劳动法》公布至今国务院仍未根据该条的规定制定职工享受带薪年休假的具体办法。

《职工带薪年休假条例》第2条 机关、团体、企业、事业单位、民办非企业单位、有雇工的个体工商户等单位的职工连续工作1年以上的，享受带薪年休假(以下简称年休假)。单位应当保证职工享受年休假。职工在年休假期间享受与正常工作期间相同的工资收入。

第3条 职工累计工作已满1年不满10年的，年休假5天；已满10年不满20年的，年休假10天；已满20年的，年休假15天。国家法定休假日、休息日不计入年休假的假期。

034

未休年休假应当如何发放年休假期间的工资？

答：如果是用人单位提出不安排休假的，那么按日工资300%支付给劳动者，如果是劳动者提出不愿意休假的，可协商按正常期间工资支付。劳动者日工资按照本人月工资除以月计薪天数(21.75天)进行折算。应休未休年休假工资报酬主要分为两大部分：一部分为日常工作期间的日工资(日平均工资的100%)，该部分收入随日常工资支付；另一部分为日平均工资的 200% 为未休年休假实际工资，该部分报酬用人单位应在解除（终止）劳动合同时或者在当年度 12 月 31 日前支付。带薪年休假一般应在一个年度内安排，用人单位确因工作需要跨 1 个年度安排年休假的，应征得职工本人同意，并保留其同意的证据。

案　　例

吴先生 1962 年出生。早在 1981 年，其入职淮南市某汽车运输有限公司（以下简称汽车运输公司）工作。2020 年 11 月，汽车运输公司与吴先生解除劳动合同。离职后，吴先生认为这么多年来他没有享受年休假，所以公司应该支付一笔费用，作为未休年休假的回报。因此，他将汽车运输公司起诉至法院，要求公司支付其 2008 年至 2020 年 11 月未休年休假工资 3.8 万余元。

汽车运输公司辩称，吴先生 2019 年之前带薪年休假报酬超过诉讼时效。"带薪年休假工资"是一种福利待遇，并非劳动报酬，仲裁时效是 1 年，从知道或者应当知道其权利被侵害之日起计算。吴先生于 2021 年 11 月申请仲裁，其 2019 年以前的年休假工资诉请已超过 1 年的仲裁时效，不应该支持。

法院审理认为，《职工带薪年休假条例》规定，对职工应休未休的年休假天数，单位应当按照该职工日工资收入的 300% 支付年休假工资报酬。该 300% 未休年休假工资中的 100% 是正常的工资收入，另 200% 是因用人单位未安排年休假而应当承担的一种法定责任，具有惩罚性赔偿性质，并非劳动报酬，适用 1 年仲裁时效规定。另规定，单位可以跨 1 个年度安排年休假。吴先生 2020 年 11 月解除劳动合同，2021 年 11 月提起劳动仲裁，其 2008 年至 2018 年的未休年休假工资诉请，已超过 1 年仲裁时效，丧失了胜诉权，其 2019 年、2020 年的未休年休假工资诉请，未超过仲裁时效。吴先生 1981 年参加工作,自2008年起即应享受带薪年休假。针对吴先生2019年、2020年带薪年休假问题,汽车运输公司既未举证证明已安排吴先生休假或者已支付吴先生未休年休假工资,也未举证证明吴先生具有不享受年休假的法定情形,应承担举证不利后果。汽车运输公司应按照吴先生应休未休的年休假天数,向吴先生支付未休年休假工资报酬。吴先生累计工作时间满20年,其2019年应享受带薪年休假天数为15天,2020年则应折算为13天。

据此,法院作出判决,汽车运输公司支付吴先生未休年休假工资5000余元。

引　申

员工离职时的年休假工资计算:

用人单位与职工解除或者终止劳动合同时,未安排职工休满应休年休假的,应当按照职工当年已工作时间折算应休未休年休假天数并支付未休年休假工资报酬,但折算后不足1整天的部分不支付未休年休假工资报酬。

折算方法为:(当年度在本单位已过日历天数÷365天)×职工本人全年应当享受的年休假天数－当年度已安排年休假天数。

若用人单位当年已安排职工年休假的,多于折算应休年休假的天数不再扣回。

相关规定

《职工带薪年休假条例》第5条第3款　单位确因工作需要不能安排职工休年休假的,经职工本人同意,可以不安排职工休年休假。对职工应休未休的年休假天数,单位应当按照该职工日工资收入的300%支付年休假工资报酬。

035

经济补偿金是否属于工资构成部分?

答:经济补偿金不属于工资的组成部分。经济补偿金是在劳动合同解除或终止后,用人单位依法一次性支付给劳动者的经济上的补偿,不属于工资的构成部分。

案例

郑某于 1995 年 12 月入职某物业公司任保安,双方签订有劳动合同,最后一期劳动合同的期限自 2002 年 9 月 1 日起至 2004 年 12 月 31 日止,郑某的工资为 800 元/月。2004 年 11 月 20 日,物业公司口头通知郑某因其年龄问题不再适合保安工作;当月 30 日,物业管理公司出具“临工办理辞退通知”,内容是:“总务科:科室郑某临工因工作离职需要办理辞退手续。(如期约未满者,按规定扣押金伍佰元)请给予办理。终止期约时间:2004 年 11 月 30 日。使用科室签名:保卫科科长唐某。”通知落款有物业管理公司名称及日期,并备注有“因保卫科根据有关规定辞退,暂不扣押金”。郑某于当日正常完成工作并在总务科办理了离职手续后离开物业公司,物业公司未支付郑某经济补偿金。郑某与物业公司双方在签订的劳动合同第 27 条约定了“合同期内一方违反合同约定的应向对方支付违约金 5000 元”。物业公司未支付郑某违约金。处理结果:劳动争议仲裁委员会裁决物业公司在裁决书生效之日起 10 日内一次性支付郑某经济补偿金 7200 元和违约金 5000 元(《劳动合同法》出台前违约金条款是有效的)。

本案中,物业公司与郑某的劳动合同于2004年12月31日期满,物业公司在2004年11月30日辞退郑某,显然属于违约行为,同时也是违法解除劳动合同的行为,双方在合同中约定了合同期内一方违反合同的应向对方支付违约金5000元属于双方真实意思的表示,因此劳动争议仲裁委员会裁决物业公司在裁决书生效之日起10日内一次性支付郑某经济补偿金7200元和违约金5000元。值得注意的是,在《劳动合同法》施行后,如果双方在合同中约定"合同期内一方违反合同的应向对方支付违约金5000元",该违约金条款对劳动者将不具有法律效力,但对用人单位还是同样有约束力。《劳动合同法》明确规定劳动者支付违约金仅适用于违反培训服务期协议和竞业限制协议,但对用人单位则无限制,双方可以自由约定用人单位违反合同所应承担的违约责任。

引　申

《劳动合同法》规定劳动者承担违约金仅限于劳动者违反培训服务期协议和竞业限制协议这两种情形,这是法律为了限制用人单位随意约定违约金而侵害劳动者权益而作出的全新规定。但《劳动合同法》并未限制双方当事人在劳动合同中约定用人单位违反劳动合同的违约责任,用人单位支付违约金的情形可由双方自由约定,不受培训服务期协议和竞业限制协议这两种情形的限制。

当支付竞业限制补偿金时,作为代扣代缴义务人,用人单位应当为劳动者办理个人所得税的扣缴申报并向税务机关缴付扣缴的税款,但是该笔款项应按哪个标准代扣个人所得税实务中却有地区差异。对于竞业限制补偿金应该如何纳税这一问题,因缺乏国家层面的明确规定,目前存在不同的口径。

观点一:竞业限制补偿金按照"偶然所得"计征个人所得税。

《财政部、国家税务总局关于企业向个人支付不竞争款项征收个人所得税问题的批复》(财税〔2007〕102号)中规定:不竞争款项属于个人因偶然因素取得的一次性所得,应按照"偶然所得"项目计算缴纳个人所得税。该观点认为"竞业限制补偿金"与前述财税〔2007〕102号文件中的"不竞争款项"法律性质类似,实质上均是因竞业限制而支付的款项,故应参照前述财税〔2007〕102号文件的规定,按照"偶然所得"计算个人所得税,税率为20%。

观点二:按照"解除劳动关系取得一次性补偿收入"计征个人所得税。《财政部、国家税务总局关于个人所得税法修改后有关优惠政策衔接问题的通知》(财税〔2018〕164号)第5条规定:个人与用人单位解除劳动关系取得一次性补偿收入(包括用人单位发放的经济补偿金、生活补助费和其他补助费),在当地上年职工平均工资3倍数额以内的部分,免征个人所得税;超过3倍数额的部分,不并入当年综合所得,单独适用综合所得税率表,计算纳税。该观点理由为,该文件虽未明确规定"竞业限制补偿金"属于"解除劳动关系取得一次性补偿收入",但也未明确规定不属于,又未明确"其他补助"包括什么内容。这样一来,在两者实质上均为劳动关系解除或者终止而对劳动者的经济补偿且支付目的和支付前提类似的情况下,可充分延展理解政策本身留有"其他补助费"的敞口,如此,竞业补偿金便可理解为文件中的"其他补助费用",适用"解除劳动合同一次性补偿收入"的税收政策,即使并非"一次性"取得的收入,但"实质重于形式",也理应按照"解除劳动关系一次性补偿金"来对待。换个角度来看,政策精神旨在让取得较少补偿金的劳动者可享受到"在当地上年职工平均工资3倍数额以内的部分,免征个人所得税"的优惠同时,也可做到使得取得较高补偿金的劳动者就超出"平均工资3倍数额以外"的补偿金从高适用综合所得税率缴纳税款,兼顾了税收公平原理。

观点三:按照“工资薪金”所得计征个人所得税。《个人所得税法实施条例》第6条规定:“工资、薪金所得,是指个人因任职或者受雇取得的工资、薪金、奖金、年终加薪、劳动分红、津贴、补贴以及与任职或者受雇有关的其他所得。”其理由为:竞业限制补偿金虽大多发生在解除劳动关系之后一定期限内对劳动者的补偿,但究其根本也是因原“劳动关系”而产生的一种附属结果,从因果关系上来看,两者存在内在逻辑上的从属性,况且以上文中存在“以及与任职或者受雇有关的其他所得”的开放式界定,如此,竞业限制补偿金被理解为文件中规定的“与任职或受雇有关的其他所得”。

由于没有统一的政策要求,具体按照什么项目缴纳个人所得税,各地还需要与当地税务机关进行沟通后再行确定。

相关规定

《关于工资总额组成的规定》第4条 工资总额由下列六个部分组成:(一)计时工资;(二)计件工资;(三)奖金;(四)津贴和补贴;(五)加班加点工资;(六)特殊情况下支付的工资。

《劳动合同法》第46条 有下列情形之一的,用人单位应当向劳动者支付经济补偿:(一)劳动者依照本法第三十八条规定解除劳动合同的;(二)用人单位依照本法第三十六条规定向劳动者提出解除劳动合同并与劳动者协商一致解除劳动合同的;(三)用人单位依照本法第四十条规定解除劳动合同的;(四)用人单位依照本法第四十一条第一款规定解除劳动合同的;(五)除用人单位维持或者提高劳动合同约定条件续订劳动合同,劳动者不同意续订的情形外,依照本法第四十四条第一项规定终止固定期限劳动合同的;(六)依照本法第四十四条第四项、第五项规定终止劳动合同的;(七)法律、行政法规规定的其他情形。

第47条 经济补偿按劳动者在本单位工作的年限,每满一年支付一个月工资的标准向劳动者支付。六个月以上不满一年的,按一年计算;不满六个月的,向劳动者支付半个月工资的经济补偿。劳动者月工资高于用人单位所在直辖市、设区的市级人民政府公布的本地区上年度职工月平均工资三倍的,向其支付经济补偿的标准按职工月平均工资三倍的数额支付,向其支付经济补偿的年限最高不超过十二年。本条所称月工资是指劳动者在劳动合同解除或者终止前十二个月的平均工资。

036

缴付的"五险一金"是否要并入当期工资薪金计算缴纳个人所得税?

答:根据《个人所得税法》的规定,社会保险费用和住房公积金即"五险一金"不需缴纳个人所得税,因此在计算个人所得税时需要将五险一金的费用扣除,但单位超过规定比例和标准为个人缴付的,超过部分应并入个人当期的工资、薪金收入,计征个人所得税。

案　例

余某于2012年7月入职北京某广告公司,并签订劳动合同,2017年10月,从该公司离职。余某在职期间,公司一直为其缴纳社会保险,但是并没有缴纳公积金,对此余某也没有过多在意。2019年12月,一次偶然的机会,余某了解到"公司不缴纳社会保险和公积金,损害劳动者利益"的情况,才开始关注自己的五险一金问题。余某发现,原单位在给自己缴纳社会保险时,确实存在社会保险基数差的问题(未按照余某的实际工资进行缴纳),而且也没有按照规定给自己缴纳公积金。随后,余某通过了解,就向原单位所在地的社会保险部门和公积金中心申请,要求补缴社会保险基数差和公积金。

社会保险部门和公积金中心受理后,核实了公司的违法行为,并责令公司进行补缴。公司在收到通知后,并不认可这个结果,认为余某与公司解除劳动关系已经两年有余,已经过了主张权益的诉讼时效,随后公司向相关部门提请行政复议,但是,并没有得到公司想要的结果。之后,公司对社会保险部门和公积金中心提起了行政诉讼,要求撤销为余某补缴社会保险和公积金的决定,余某作为第三人参与庭审。公司认为“五险一金”问题属于劳动争议,应当适用并遵循“劳动争议申请仲裁的时效期间为1年”的法律规定。但经过审理法院驳回了公司的诉讼请求。

引　申

现实生活中,有住房公积金和没有住房公积金的区别(住房公积金的作用)?

(1)购房贷款

公积金贷款买房是比较常见的一种方式,并且公积金贷款的利息远低于商业贷款,所以更多的人愿意使用公积金贷款买房。

(2)提取

第一,使用公积金购房可以提取公积金来偿还本息,如果不用公积金进行贷款而使用商业贷款的时候,还可以提取公积金贷款账户的金额来作为购房的首付款,也可以提取公积金来偿还本息,另外如果购房过程中不需要贷款,也可以一次性取出公积金。

第二,租房者可以申请提取公积金用于支付房租,减轻自己的生活压力。

第三,住房公积金还可以在装修的时候使用。

第四,建造翻修住房使用。

第五,重大疾病支付。在医疗保险和公积金的双重保障下,医疗费用的负担也被大大减轻了。

相关规定

《财政部、国家税务总局关于基本养老保险费、基本医疗保险费、失业保险费、住房公积金有关个人所得税政策的通知》(财税〔2006〕10 号) 企事业单位按照国家或省(自治区、直辖市)人民政府规定的缴费比例或办法实际缴付的基本养老保险费、基本医疗保险费和失业保险费,免征个人所得税;个人按照国家或省(自治区、直辖市)人民政府规定的缴费比例或办法实际缴付的基本养老保险费、基本医疗保险费和失业保险费,允许在个人应纳税所得额中扣除。企事业单位和个人超过规定的比例和标准缴付的基本养老保险费、基本医疗保险费和失业保险费,应将超过部分并入个人当期的工资、薪金收入,计征个人所得税。单位和个人分别在不超过职工本人上一年度月平均工资 12% 的幅度内,其实际缴存的住房公积金,允许在个人应纳税所得额中扣除。单位和职工个人缴存住房公积金的月平均工资不得超过职工工作地所在设区城市上一年度职工月平均工资的 3 倍,具体标准按照各地有关规定执行。单位和个人超过上述规定比例和标准缴付的住房公积金,应将超过部分并入个人当期的工资、薪金收入,计征个人所得税。个人实际领(支)取原提存的基本养老保险金、基本医疗保险金、失业保险金和住房公积金时,免征个人所得税。

037

与单位解除劳动关系取得的一次性补偿收入如何计税？要并入综合所得吗？

答：个人与用人单位解除劳动合同一次性补偿收入在当地上年职工平均工资3倍数额以内的部分，免征个人所得税；超过3倍数额的部分适用税率单独计税，不并入当年个人所得税综合所得计税。

案　例

北京鸿图贸易公司高管肖先生在公司任职16年，2019年11月依法与公司解除劳动关系，获得公司一次性补偿收入（包括用人单位发放的经济补偿金、生活补助费和其他补助费）480,000元，肖先生离职前12个月的月平均工资为30,000元，当地上年度职工年平均工资60,000元。

根据《劳动合同法》的规定，劳动者月工资高于用人单位所在直辖市、设区的市级人民政府公布的本地区上年度职工月平均工资3倍的，向其支付经济补偿的年限最高不超过12年。其中月工资是指劳动者在劳动合同解除或者终止前12个月的平均工资。由于肖先生在劳动合同解除或者终止前12个月的平均工资为30,000元，而当地政府规定的上年度职工月平均工资为60000÷12＝5000元。因此，肖先生与公司解除劳动关系应获得的经济补偿金标准为当地上年职工的月平均工资3倍，即为60000÷12×3＝15000元。

根据以上分析,肖先生应按 15,000 元的补偿金标准计算经济补偿总金额,由于肖先生工作年限超过 12 年,则按照工作年限 12 年计算支付经济补偿金。因此,肖先生获得的免征个人所得税的经济补偿总金额为:60000 ÷ 12 × 3 × 12 = 15000 × 12 = 180000 元。

《财政部、国家税务总局关于个人所得税法修改后有关优惠政策衔接问题的通知》(财税〔2018〕164 号)第 5 条第 1 项规定,肖先生因解除劳动合同而获得的一次性补偿收入(包括用人单位发放的经济补偿金、生活补助费和其他补助费)480,000 元当中,在当地上年职工平均工资 3 倍数额以内的部分,免征个人所得税。即在计算个人所得税时,可税前扣除的经济补偿金(免个人所得税的应纳税所得额) = 60000 × 3 = 180000 元。应纳税所得额 = 480000 − 180000 = 300000 元。对照年综合所得税率表,肖先生因解除劳动合同获得的一次性补偿收入,应纳个人所得税 = 36000 × 3% + (144000 − 36000) × 10% + (300000 − 36000 − 144000) × 20% = 1080 + 10800 + 24000 = 35880 元。

引　申

很多企业将工资拆分为工资 + 补偿金的方式的妥当性?

首先,劳动者和用人单位签订书面劳动合同,表明双方自愿受该劳动合同内容约束,在不违反法律规定的情况下,该劳动合同为有效合同。工资标准或者数额是劳动合同的重要内容,也是劳动合同的必备条款。当然,如果工资低于当地最低工资标准,则单位违法,发放给劳动者的实际工资,必须至少补足至最低工资。根据《关于工资总额组成的规定》的相关规定,单位将工资拆分为各种补贴方式来发放,也属于工资总额的组成部分,也不违反法律规定。但不管如何,发放的工资最低都不能低于当地最低工资标准。

但是,需要注意的是,有些用人单位将基本工资设定得很低,比如就是当地最低工资标准,而将其他一些工资设定与绩效考核挂钩,达到绩效才有绩效工资,否则没有绩效工资。在实务中,这种拆分方式被较多企业所采用,它看似简单,实际却存在太多风险。若从管理人员到普通员工发放的月工资基本相同,这种现象并不合理,时间一长极易引起税务机关的注意。

其次,关键在于如何合法合规地拆分,具体拆分分析在《企业用工成本战略控制与合规管理》一书中有详尽阐述。

相关规定

《财政部、国家税务总局关于个人所得税法修改后有关优惠政策衔接问题的通知》(财税〔2018〕164号)第5条第1项 个人与用人单位解除劳动关系取得一次性补偿收入(包括用人单位发放的经济补偿金、生活补助费和其他补助费),在当地上年职工平均工资3倍数额以内的部分,免征个人所得税;超过3倍数额的部分,不并入当年综合所得,单独适用综合所得税率表,计算纳税。

038

企业发放的劳保费用是否计入员工个人所得税基数?

答:个人因工作需要,从单位取得并实际属于工作条件的劳保用品,不属于个人所得,不征收个人所得税。但对企业以"劳动保护"名义向职工发放的实物以及货币性资金,应当并入当月工资、薪金,计算缴纳个人所得税。所以企业发放的劳保费用属于货币性资金,应当计入员工个人所得税基数。

案　　例

某机床制造企业2013年至2015年向当地大型商超分多次支付劳保用品款合计1670万余元,借记“劳动保护费”,贷记“银行存款”“应付账款”等。通过到相关大型商超查询销售数据,证实该公司在当地超市购买的1670万余元劳保用品实际为向员工发放的购物卡,应计入职工福利费用,存在少缴所得税风险。机械行业属于人员密集型行业,福利费用、劳保费用发生额往往较大。根据《企业所得税法》相关规定,企业发生的职工福利费支出,不超过工资、薪金总额14%的部分,准予扣除。企业可能存在将福利费用列入劳保费用税前扣除的风险。

引　　申

劳保费与职工福利费的区分?

(1)看发放的是物品还是现金

《劳动防护用品配备标准(试行)》规定,劳动防护用品是指在劳动过程中为保护劳动者的安全和健康,由用人单位提供的必需物品,用人单位应指导、督促劳动者在作业时正确使用。因此,劳动保护费支出只能是企业为员工发放的物品,而不能是现金。福利费则不限于物品。

(2)看发放的是防护用品还是生活用品

劳动保护费是要求特定岗位员工必须在工作期间使用的用品,具有特定性,用于保护劳动者的健康安全。因此,为工作而发放的用品支出属于劳保费,需专岗专用。而福利费是为了提高职工生活质量,是具有普惠性的各种补贴待遇支出。

(3)企业购买劳保用品取得的专用发票能否抵扣进项税

《增值税暂行条例》第10条规定:“下列项目的进项税额不得从

销项税额中抵扣:(一)用于简易计税方法计税项目、免征增值税项目、集体福利或者个人消费的购进货物、劳务、服务、无形资产和不动产;(二)非正常损失的购进货物,以及相关的劳务和交通运输服务;(三)非正常损失的在产品、产成品所耗用的购进货物(不包括固定资产)、劳务和交通运输服务;(四)国务院规定的其他项目。"

因此,企业取得劳保用品进项发票,不属于上述不得从销项税额中抵扣的范围,可以按规定抵扣进项税额。

相关规定

《个人所得税法实施条例》第6条第1款第1项 工资、薪金所得,是指个人因任职或者受雇取得的工资、薪金、奖金、年终加薪、劳动分红、津贴、补贴以及与任职或者受雇有关的其他所得。

039

单位发放的通信费用是否计入员工个税基数?

答:关于通信费补贴,如果所在省市地方税务局报经省级人民政府批准后,规定了通信费免税标准的,可以不征收个人所得税。如果所在省市未规定通信费免税标准,单位发放此项津贴,应予以征收个人所得税。

案　　例

张某是公司财务总监,可以从公司获得10,000元的工资(注:已经扣除社保、公积金),另外可获得通信费补贴500元。张某的工资和应纳个人所得税情况如下：

张某的税前收入为10,500元，个人所得税340元，税后净收入10,160元，针对工资和通信费合计缴纳个税，对于这种情况，可进行如下的纳税筹划：张某作为公司对外联系业务通信费可向电信部门索要发票，并在公司规定的额度500元内报销；或由公司统一购买手机话费充值卡，在福利费中列支。那么，进行如上纳税筹划以后张某每月的工资情况如下：

10,000元的工资交纳个人所得税290元，税后净收入10,210元，张某每个月少缴纳的个人所得税为10210－10160＝50元，每年张某少缴纳的个人所得税为50×12＝600元。进行了这样的纳税筹划后，企业报销的通信费可作为职工福利费列支，且职工福利费在工资总额的14%以内是允许扣除的。

引　　申

对企业通信费用在税前扣除的财税处理建议如下：

（1）企业财会人员要熟悉当地具体的税前扣除条款，严格按照当地税法条款的扣除标准在税前扣除（若当地文件与国家税务总局的文件发生冲突，建议向国家税务总局反映）。

（2）企业要依据当地税法条款的规定，建章建制，制定自己的通信费用补助制度，加强内部控制；在扣除时要票证齐全，手续完备、合法。

（3）企业要准确核算通信费用。通信费用属于企业的一个费用指标，而任何指标都应准确核算。

相关规定

《国家税务总局关于个人所得税有关政策问题的通知》（国税发〔1999〕58号）（本法第3条于2019年废止）第2条　个人因公务用

车和通讯制度改革而取得的公务用车、通讯补贴收入,扣除一定标准的公务费用后,按照"工资、薪金"所得项目计征个人所得税。按月发放的,并入当月"工资、薪金"所得计征个人所得税;不按月发放的,分解到所属月份并与该月份"工资、薪金"所得合并后计征个人所得税。公务费用的扣除标准,由省级地方税务局根据纳税人公务交通、通讯费用的实际发生情况调查测算,报经省级人民政府批准后确定,并报国家税务总局备案。

040

单位发放的手机是否计入员工个税基数?

答:单位给员工买的手机奖励属于发放给职工的非货币福利,不并入工资、薪金所得缴纳个人所得税,以职工福利列支。但如果是企业发的通信补贴,要计入个税和社会保险缴纳基数。

引　申

现实生活中将类似于手机之类的实物送客户需要纳税吗?

需分客户对象,区别对待:

(1)送个人客户,如属于税法规定的不缴情形,可以不扣个税。《财政部、国家税务总局关于企业促销展业赠送礼品有关个人所得税问题的通知》(财税〔2011〕50号)(本法第2条第1项、第2项于2019年废止)第1条规定:"企业在销售商品(产品)和提供服务过程中向个人赠送礼品,属于下列情形之一的,不征收个人所得税:1. 企业通过价格折扣、折让方式向个人销售商品(产品)和提供服务;2. 企业在向个人销售商品(产品)和提供服务的同时给予赠品,如通信企业对个人购买手机赠话费、入网费,或者交话费赠手机等;3.企业对累积消费达到一定额度的个人按消费积分反馈礼品。"

(2)送非客户的其他个人,按"其他所得—偶然所得",扣缴个税。财税〔2011〕50号文件第2条规定,企业向个人赠送礼品,属于下列情形之一的,取得该项所得的个人应依法缴纳个人所得税,税款由赠送礼品的企业代扣代缴:企业对累积消费达到一定额度的顾客,给予额外抽奖机会,个人的获奖所得,按照"偶然所得"项目,全额适用20%的税率缴纳个人所得税。同时财税〔2011〕50号文件第3条规定,企业赠送的礼品是自产产品(服务)的,按该产品(服务)的市场销售价格确定个人的应税所得;是外购商品(服务)的,按该商品(服务)的实际购置价格确定个人的应税所得。

(3)实物送单位客户,不需要扣缴个人所得税。

相关规定

《个人所得税法实施条例》第6条第1款第1项 工资、薪金所得,是指个人因任职或者受雇取得的工资、薪金、奖金、年终加薪、劳动分红、津贴、补贴以及与任职或者受雇有关的其他所得。

第8条 个人所得的形式,包括现金、实物、有价证券和其他形式的经济利益;所得为实物的,应当按照取得的凭证上所注明的价格计算应纳税所得额,无凭证的实物或者凭证上所注明的价格明显偏低的,参照市场价格核定应纳税所得额;所得为有价证券的,根据票面价格和市场价格核定应纳税所得额;所得为其他形式的经济利益的,参照市场价格核定应纳税所得额。

041

单位发放的午餐补助是否计入个税基数?

答:如果公司直接以现金的方式发放工作餐补,或者以中餐补助名义发给职工的补贴、津贴,应当并入当月工资、薪金所得计征个人所得税。

案　例

A公司2013年1月至7月以误餐补助的名义向公司员工发放午餐补贴,金额高达10万余元,但A公司却未依法履行代扣代缴个人所得税的义务。税务机关在稽查中发现问题,要求该企业补缴税款,但A公司却辩称误餐补助不应计征个人所得税。税务机关工作人员详细向A公司解释了误餐补助与午餐补助的区别及相关税收政策,依法补征了A公司应扣未扣"工资、薪金所得"个人所得税2万余元,并处以50%的罚款。

引　申

误餐补助与午餐补助在个税缴纳问题上有何区别?

(1)误餐补助是按照员工实际的误餐次数和企业的补助标准计算发放的。午餐补助是单位因午餐问题而定期发放给员工的补贴,一般根据员工实际工作天数计算并按月发放,实际是企业支付给职工一定金额的货币补贴,是已经实行货币化改革,具有工资性质,应并入工资、薪金所得,属于职工工资总额范畴。

(2)虽然这两种补助都作为企业的费用能够在企业所得税前扣除,但两者在员工个税缴纳问题上的规定却截然不同。《征收个人所得税若干问题的规定》(国税发〔1994〕089号,部分失效)第2条中明确规定了,误餐补助不属于工资、薪金性质的补贴、津贴或者不属于纳税人本人工资、薪金所得项目的收入,不征税。

(3)实践中却有一些单位以误餐补贴的名义给职工发放补贴、津贴,以逃避应履行的纳税义务,针对此类情况《财政部、国家税务总局关于误餐补助范围确定问题的通知》(财税字〔1995〕82号)规定一些单位以误餐补助名义发给职工的补贴、津贴,应当并入当月工资、薪金所得计征个人所得税。午餐补助作为一种餐费补贴,是应当计算在员工的工资薪金所得中缴纳个税。

相关规定

《征收个人所得税若干问题的规定》(国税发〔1994〕089号,部分失效) “误餐补助”不属于工资、薪金性质的补贴、津贴或者不属于纳税人本人工资、薪金所得项目的收入,不征个人所得税。

《财政部、国家税务总局关于误餐补助范围确定问题的通知》(财税字〔1995〕82号) 不征税的误餐补助,是指按财政部门规定,个人因公在城区、郊区工作,不能在工作单位或返回就餐,确实需要在外就餐的,根据实际误餐顿数,按规定的标准领取的误餐费。一些单位以误餐补助名义发给职工的补贴、津贴,应当并入当月工资、薪金所得计征个人所得税。

042

单位发放的差旅补贴是否计入个税基数？

答：凭出差人员实际发生的交通费作为公司费用予以报销，可以不作为个人所得征收个人所得税。但对于单位以差旅费名义发放的工资性质的津贴、补贴，应纳入工资薪金所得缴纳个人所得税。

案例

于某于2006年7月15日到某股份有限公司处从事售后服务工作，双方签有劳动合同，2016年8月1日，双方签订无固定期限劳动合同，劳动合同中未约定工资标准。2016年12月23日，经某股份有限公司提出，双方协商一致于当日解除劳动合同。

于某每月基本工资2450元，另发放出差补贴和差旅费报销款，每年还发放年终奖金。出差补贴的标准为省内每日70元，省外每日80元，根据出差地点、出差天数计发，差旅费报销款需凭票报销。出差补贴与差旅费报销款同时同笔发放，发放时间与基本工资不同日，但出差补贴计入于某的月工资总额中作为纳税基数缴纳个人所得税。

于某主张出差补贴需缴纳个人所得税，系其工资构成，应被列入计算经济补偿的工资基数，某股份有限公司不认可，主张出差补贴并非于某的工资构成。某股份有限公司的原始财务台账中分别列有部门工资汇总表和差旅费记账凭证，出差补贴和差旅费报销款两笔款项共同列为销售费用，属于差旅费项目，其后均附有于某填写的差旅费报销单，报销单中有出差人、到达地点、事由、乘车船、出差补贴、报销单据张数金额等项目。根据差旅费报销单，于某2016年出差共计201.5天，应计发出差补贴16,045元。

某股份有限公司未提交有效的工资构成规定，双方也未有工资构成的约定。双方对于经济补偿的计算基数未能达成一致，于某向烟台市劳动人事争议仲裁委员会提起仲裁申请，请求某股份有限公司支付解除劳动合同经济补偿48,077元以及为于某办理社会保险及档案关系转移手续，最终烟台市劳动人事争议仲裁委员会支持了于某的仲裁请求。

引　申

各企业差旅费发放标准不一，各地税务机关的个税处理不一，主要有以下几种方式：

(1)企业发放的差旅费津贴不超过各地财政部门制定的《党政机关和事业单位差旅费管理办法》规定的标准，不征收个人所得税；

(2)企业能够证明其自行应建立的《差旅费管理办法》中规定的差旅费津贴标准符合企业实际经营需要的，在标准内实际支付出差人员的差旅费津贴允许税前扣除；

(3)纳税人按照所在单位规定的标准取得的差旅费津贴，不征收个人所得税。所在单位没有相关规定的，按各地财政部门制定的《党政机关和事业单位差旅费管理办法》规定的差旅费津贴标准执行；

(4)税务机关直接规定明确的不征收个人所得税差旅费津贴标准，超过部分计入"工资、薪金"所得征收个人所得税。

相关规定

《征收个人所得税若干问题的规定》(国税发〔1994〕089号，部分失效)　差旅费津贴不属于工资、薪金性质的补贴、津贴或者不属于纳税人本人工资、薪金所得项目的收入，不征税。但企业以差旅费津贴名义发放其他补贴、津贴的，应当并入工资薪金所得中计征个人所得税。

043

员工报销的差旅费是否计入个税基数？

答：不一定。员工正常出差报销差旅费、员工因公报销发生的经营性费用和管理性费用等，无须缴纳个人所得税。但是，若是员工为了逃避工资薪金、奖金提成等高额个税，而找票以报销费用的形式来变相拿走薪金，则企业应履行扣缴个税的义务，员工报销的这部分费用也需要并入工资薪金纳税。

案　　例

某省某区行政单位安排两名领导干部参加本省在北戴河举办的培训班，培训时间201×年8月7日至12日，通知明确：7日报到，12日结束，学习培训期间食宿、培训费由举办单位负责，往返交通、食宿费用由学员所在单位负责。

【具体行程】

8月6日，单位派车将二人从驻地送至机场，两人乘飞机抵达北京后，在北京住宿一晚；

8月7日，二人在北京参观某博物馆之后，乘火车抵达北戴河培训地点报到；

8月12日，结束培训后，根据省带队领导提议，二人又乘公共汽车前往承德市考察学习；

8月13日，二人从承德市乘车至北京机场，住宿一晚；

8月14日，乘飞机抵达本地机场，单位派车将二人接回。

返回单位，出差人员将报销单据交由单位办公室副主任兼出纳代为填报，经办公室主任签字审批后报销差旅费用10,474元，其中包括报销培训期间(8月8日至11日)的伙食补助费800元和参观博物馆门票119元、餐费213元，计1132元。因接送二人往返机场时，与司机在机场用餐，又填报了8月6日、8月14日2天的伙食补助费400元，用于冲抵用餐费用。

之后，所在市开展落实中央八项规定精神情况专项督查，督查组在查账时发现，二人到北京、承德市等地参加培训，差旅费报销单中未附有关文件通知，经调查核实差旅费报销的填报、审批过程，并按有关规定对应报销差旅费进行核算，最终确认二人多报销伙食补助费、市内交通费及应由个人承担的费用共计1132元。随后，市纪委党风政风监督室将此问题线索移交给市纪检监察部门立案调查，最后市纪检监察部门根据调查结果分别给予二人党内警告处分，违规报销的差旅费1132元退回单位财务；办公室主任对票据审核不严，负有重要领导责任，进行提醒谈话；经办人办公室副主任违规填报和审签，负有直接责任和重要领导责任，进行诫勉谈话。

引 申

员工在报销时应当注意以下几点：

(1)员工通过虚开发票来报销费用，属于虚开发票行为，情节严重的将面临刑事责任。

(2)员工的参加学历提升而报销的社会学历费用，属于职工教育经费列支范畴，所需费用应由个人承担。报销学历费用属于职工从任职或者受雇的单位取得的其他形式的经济利益，应当并入取得当月工资薪金计算缴纳个人所得税。

(3)非员工报销的费用，若是属于因提供劳务而发生的费用，则按照劳务报酬来申报个税。若是没有提供劳务而报销的费用，按照“偶然所得”来申报个税。

相关规定

《征收个人所得税若干问题的规定》(国税发〔1994〕089号，部分失效) “差旅费津贴”不属于工资、薪金性质的补贴、津贴或者不属于纳税人本人工资、薪金所得项目的收入，不征个人所得税。

044

员工报销的电话费用是否计入个税基数?

答:不一定。若是员工为了逃避工资薪金、奖金提成等高额个税，而找票以报销费用的形式来变相拿走薪金，则企业应履行扣缴个税的义务；单位为个人通信工具负担通讯费，采取发放补贴形式，也应当并入当月工资、薪金所得作为个税基数；员工正常因公报销发生的通信费，通信费采取金额实际报销或限额实报实销部分，可以不并入当月工资、薪金所得征收个人所得税。

案　　例

2002年12月高某进入统一公司工作，2014年5月7日高某(乙方)与统一公司(甲方)签订劳动合同记载“合同期以及工资标准1260元/月，绩效工资等按照甲方的工资分配制度和乙方实际劳动贡献确定”。

2017年5月17日高某离开公司,主张关于通信费,按照《财政部关于企业加强职工福利费财务管理的通知》第2条规定:"企业为职工提供的交通、住房、通讯待遇,已经实行货币化改革的,按月按标准发放或支付的住房补贴、交通补贴或者车改补贴、通讯补贴,应当纳入职工工资总额,不再纳入职工福利费管理;尚未实行货币化改革的,企业发生的相关支出作为职工福利费管理,但根据国家有关企业住房制度改革政策的统一规定,不得再为职工购建住房。"

法院经审理认为,高某提交的证据中虽能显示出统一公司向高某发放了年终激励奖500元以及按月报销通信费100元,但上述费用均不包含在双方劳动合同约定的劳动报酬范围以及薪资构成范围,不能证明上述费用属于用人单位自主管理的法定福利范畴,所以高某主张的上述通信费用纳入工资范畴依据不足。

引 申

各企业通信费补贴发放标准不一,各地税务机关的个税处理不一,需要注意以下几个问题:

(1)企业发放的通信费补贴不超过各地财政部门制定的《通讯费补贴管理办法》规定的标准,不征收个人所得税;

(2)企业内部能够证明其自行建立的《通讯费管理办法》中规定的差旅费津贴标准符合企业实际经营需要的,在标准内实际支付出差人员的差旅费津贴允许税前扣除;

(3)企业在与劳动者签订劳动合同中明确规定工资构成以及通信等其他费用的报销标准,以及是采用报销还是补贴发放的形式;

(4)纳税人按照所在单位规定的标准取得的差旅费津贴,不征收个人所得税。所在单位没有相关规定的,按各地财政部门根据《国家税务总局关于个人所得税有关政策问题的通知》制定的相关《通讯费管理办法》规定的移动电话通信费补贴标准执行;

(5)个人因公务用车和通信制度改革而取得的公务用车、通信补贴收入,扣除一定标准的公务费用后,按照工资、薪金所得项目计征个人所得税。

相关规定

《企业所得税法》第8条 企业实际发生的与取得收入有关的、合理的支出,包括成本、费用、税金、损失和其他支出,准予在计算应纳税所得额时扣除。

《国家税务总局关于个人所得税有关政策问题的通知》第2条 个人因公务用车和通讯制度改革而取得的公务用车、通讯补贴收入,扣除一定标准的公务费用后,按照'工资、薪金'所得项目计征个人所得税。

《北京市地方税务局关于对公司员工报销手机费征收个人所得税问题的批复》第1条 单位为个人通讯工具(因公需要)负担通讯费采取全额实报实销或限额实报实销部分的,可不并入当月工资、薪金征收个人所得税。

045

员工报销的哪些费用会被法律认定为工资收入?

答:按月报销的午餐费、差旅费、通信费以及按月定额发放的通信补贴、住房补贴,都可能被认定为工资收入。

案 例

许某于2020年2月入职上海某公司,双方签订的劳动合同约定,许某月工资 8000 元,每月 9 日发放。同时,结合许某岗位实际情况,公司给予其每月不超过 18,000 元的报销额度,报销款需由许某提交正规发票经公司财务部门审批后发放。2020 年 3 月至 9 月,该公司于每月 9 日向许某发放了 2020 年 2 月至 8 月的工资各 8000 元,又于 2020 年 3 月 25 日、5 月 20 日、8 月 28 日分别审批发放了 2020 年 2 月、3 月、4 月的报销款各 18,000 元。后许某于 2020 年 9 月离职。双方因 2020 年 5 月至 8 月的工资差额及解除劳动关系赔偿金等发生争议。

许某最终将公司告上了法院,争议焦点为“报销款”的性质认定。报销一般是指企业对职工因履行工作职责而产生合理花费的核销。报销需具备两个条件,一为履行工作职责,二应遵循企业有效的报销制度。而根据法院审理查明的事实,许某“报销款”发放时间相对固定,报销金额固定为每月 18,000 元,报销凭证也与实际工作不相符。经对比可看出,许某每月 18,000 元的报销款实质上就是实业公司对其工资的一种拆分,变换一种形式,将工资以报销款的名义发放。

故而结合本案其他证据,上海奉贤法院最终认定该“报销款”的性质为工资的组成部分。对许某要求工资差额的诉请予以支持。

引　申

报销款能否被认定为工资需要在实务中具体分析:

(1)根据《关于工资总额组成的规定》第 11 条相关规定中关于不纳入工资总额的几项规定一般不应认定为工资。若用人单位与劳动者约定的薪资收入中包含报销款项,就应当约定明确。

(2)员工报销提供的发票来源及形式,员工报销是否为实报实销。若用人单位对员工报销所提供的发票不进行审查,不要求必须与工作有关,则可以说明该报销不符合实报实销的特点,属于工资的可能性较大。

(3)每月报销金额是否为固定金额。发票实报实销的特点决定了每月报销不可能固定不变,若用人单位给予员工的报销额度每月都保持一致,也可反映出该报销更符合工资的特点。需注意的是,不能因用人单位设置了报销费用的最高额,就一律将其认定为工资报酬,还需结合发票形式、报销流程等多方面考量。

(4)用人单位在固定报销额度以外,又根据员工实际发生费用进行实报实销的,则前面的固定报销额度很可能被认定为工资。

相关规定

《关于贯彻执行〈中华人民共和国劳动法〉若干问题的意见》第53条 劳动法中的"工资"是指用人单位依据国家有关规定或劳动合同的约定,以货币形式直接支付给本单位劳动者的劳动报酬,一般包括计时工资、计件工资、奖金、津贴和补贴、延长工作时间的工资报酬以及特殊情况下支付的工资等。

《〈关于工资总额组成的规定〉若干具体范围的解释》第1条 工资总额的计算原则应以直接支付给职工的全部劳动报酬为根据。各单位支付给职工的劳动报酬以及其他根据有关规定支付的工资,不论是计入成本的还是不计入成本的,不论是按国家规定列入计征奖金税项目的还是未列入计征奖金税项目的,不论是以货币形式支付的还是以实物形式支付的,均应列入工资总额的计算范围。

046

困难补助是否计入工资个税计算基数?

答:企业向困难职工发放的生活补助费符合规定的可免征个人

所得税,若不符合规定,需要并入当月的“工资、薪金所得”合并计征个人所得税。

案　　例

南京某商贸公司效益不错,职工收入也不菲。近日市地税局稽查局对其进行纳税检查时却发现这家公司的员工人人生活困难,且年年困难。原来这家公司近几年每年春节前都会给全体员工发放1000元至10,000元的生活困难补助,按照税法规定生活困难补助是免纳个人所得税的,这笔补贴自然没有扣缴个人所得税。

稽查人员追问究竟有何困难,公司领导只能坦承以此名义发放奖金。最终税务机关依法责令该公司补扣个人所得税4万余元,并对未按规定履行扣缴义务行为处以少扣税款50%罚款。

引　　申

根据我国《个人所得税法》及《个人所得税法实施条例》的规定,从企业、事业单位、国家机关、社会组织提留的福利费或者工会经费中支付给个人的生活补助费免纳个人所得税。那为何这家公司发放的“困难补助费”却要补缴个税呢?

(1)关于补助对象的认定。可参考残疾人、下岗职工、退伍军人等的认定方法,并充分考虑特殊事件的偶然性,由当地民政部门或居委会、村委会出具生活困难证明,确保困难补助享受对象的真实性。

(2)关于补助金额。困难补助应该有合理的金额限制,困难人员也有比例考虑。

(3)关于支付方式。对于补助款是否落实到个人的审核,目前存在不少困难。为杜绝现金支付的隐蔽性和不确定性,暂时可参考工资发放的模式,由单位以转账方式发放到个人账户上,以增加补助发放的透明性,便于税务机关对往来款的审查及金额的核定。

对于普适性的“困难补助”,实践中一般不予认定为可以免纳个税的困难补助。

相关规定

《个人所得税法》第4条第1款第4项　福利费、抚恤金、救济金免征个人所得税。

《个人所得税法实施条例》第11条　个人所得税法第四条第一款第四项所称福利费,是指根据国家有关规定,从企业、事业单位、国家机关、社会组织提留的福利费或者工会经费中支付给个人的生活补助费;所称救济金,是指各级人民政府民政部门支付给个人的生活困难补助费。

《国家税务总局关于生活补助费范围确定问题的通知》(国税发〔1998〕155号)第1条　上述所称生活补助费,是指由于某些特定事件或原因而给纳税人本人或其家庭的正常生活造成一定困难,其任职单位按国家规定从提留的福利费或者工会经费中向其支付的临时性生活困难补助。

047

企业为员工购买的商业保险的支出是否计入工资收入,纳入个税基数?

答:不一定。除企业依照国家有关规定为特殊工种职工支付的人身安全保险费和国务院财政、税务主管部门规定可以扣除的其他商业保险费外,企业为投资者或者职工支付的商业保险费,不得扣除。企业依照国务院有关主管部门或者省级人民政府规定的范围和标准为职工缴纳的基本养老保险费、基本医疗保险费、失业保险费、工伤保险费、生育保险费等基本社会保险费和住房公积金,准予扣除。企业为投资者或者职工支付的补充养老保险费、补充医疗保险费,在国务院财政、税务主管部门规定的范围和标准内,准予扣除。

企业为职工缴纳的除上述保险以外的其他类商业保险不得在企业所得税前扣除,需要在年度汇算清缴时做纳税调增处理。

案 例

某企业于2016年3月统一组织为员工购买符合文件规定的健康保险产品,年保费为3600元,保期为2016年4月1日至2017年3月31日。某员工4月工资为10,000元,不考虑其他社保公积金等。

《财政部、税务总局、保监会〈关于将商业健康保险个人所得税试点政策推广到全国范围实施的通知〉》(财税〔2017〕39号)第4条第1项规定:"单位统一组织为员工购买或者单位和个人共同负担购买符合规定的商业健康保险产品,单位负担部分应当实名计入个人工资薪金明细清单,视同个人购买,并自购买产品次月起,在不超过200元/月的标准内按月扣除。一年内保费金额超过2400元的部分,不得税前扣除。以后年度续保时,按上述规定执行。个人自行退保时,应及时告知扣缴单位。个人相关退保信息保险公司应及时传递给税务机关。"

该员工4月个人所得税应纳税额 = (10000 + 300 − 5000 − 200) × 20% − 555 = 465元。

引　申

企业为员工购买商业险需要注意的诸多问题如下：

(1)意外险等商业保险无法取代社保,不能以购买了商业意外险为由拒绝为员工购买工伤保险。

(2)单位为员工购买和员工自行购买健康保险产品的个人所得税计算不同,前者需要将单位负担的部分实名计入个人工资薪金明细清单,即增加个人所得税应纳税所得额后,再减除准予扣除的金额。而后者则直接从应纳税所得额中扣除。

(3)需要明确提供投保员工人数、职业或工种等各项信息,明确受益人。

(4)投保其他的商业保险,企业需向员工明示。

相关规定

《企业所得税法实施条例》第35条　企业依照国务院有关主管部门或者省级人民政府规定的范围和标准为职工缴纳的基本养老保险费、基本医疗保险费、失业保险费、工伤保险费、生育保险费等基本社会保险费和住房公积金,准予扣除。企业为投资者或者职工支付的补充养老保险费、补充医疗保险费,在国务院财政、税务主管部门规定的范围和标准内,准予扣除。

第36条　除企业依照国家有关规定为特殊工种职工支付的人身安全保险费和国务院财政、税务主管部门规定可以扣除的其他商业保险费外,企业为投资者或者职工支付的商业保险费,不得扣除。

048

企业为员工购买的购物卡的支出是否计入工资收入,纳入个税基数?

答:单位发放给员工的包括实物、购物卡等各种形式的经济利益,都需要按照相关规定合并员工的工资、薪金所得并且扣缴员工的个人所得税。个人取得的应纳税所得,包括现金、实物、有价证券和其他形式的经济利益。所得为实物的,应当按照取得的凭证上所注明的价格计算应纳税所得额。

案　　例

重庆某外国语学校于2018年至2020年,购买了167,300元的超市购物卡用于员工福利发放,未代扣代缴个人所得税,该项业务共计少代扣代缴个人所得税33,460元。

2018年购买112,600元超市购物卡用于福利发放,未代扣代缴个人所得税22,520元;

2019年购买30,400元超市购物卡用于福利发放,未代扣代缴个人所得税6080元;

2020年购买24,300元超市购物卡用于福利发放,未代扣代缴个人所得税4860元。

根据《税收征收管理法》第69条之规定,对该单位应扣未扣的个人所得税33,460元处以50%的罚款,计16,730元。

引 申

企业在向员工发放购买的购物卡时应当注意：

(1)明晰个税缴纳范围，预防未代扣代缴事件发生；

(2)在实务中预防出现利用购物卡等形式贪污现象，以及变相虚开发票的问题；

(3)个税扣除时要按环节处理，购物卡实际使用后才按相关用途进行税务处理。

相关规定

《个人所得税法实施条例》第6条第1款第1项 工资、薪金所得，是指个人因任职或者受雇取得的工资、薪金、奖金、年终加薪、劳动分红、津贴、补贴以及与任职或者受雇有关的其他所得。

049

企业发放给员工的节日福利慰问费是否计入工资收入，纳入个税基数？

答：节日福利慰问费属于工资、薪金所得中的其他所得，属于工资福利的一种，所以节日福利慰问费计入工资，并纳入个税基数。

案 例

李某与被上诉人四川某学校劳动争议案的争议焦点为：上诉人李某要求被上诉人四川某学校补发工资及以补发后的工资为计算基

础要求补发解除劳动合同经济补偿金的诉请是否成立。

首先，对于上诉人李某主张的应当补发的工资（实际系各种节日慰问金），依据收集在卷的有效证据可以认定，其中的部分款项被上诉人四川某学校向上诉人李某出具了领款单，并加盖了单位印章，对于这部分款项应当视为被上诉人四川某学校同意发放，上诉人李某该部分主张，依法应予支持。

其次，对于上诉人李某主张的以补发节日慰问费为基础，补发解除劳动合同补偿金的问题。因节日慰问费系职工福利方面的费用，依照《国家统计局关于认真贯彻执行〈关于工资总额组成的规定〉的通知》的规定，作为职工福利的节日慰问费不属于工资的范畴，其依法不能作为计算解除劳动合同补偿金的基础数据，故上诉人李某的该项诉请，本院依法不予支持。

引　申

1. 某企业在节假日给员工发放米、面、油、现金等福利，请问：这些福利的价值是否需要缴纳个人所得税？如何确定福利价值？具体规定如下：

《个人所得税法实施条例》第 6 条规定："个人所得税法规定的各项个人所得的范围：（一）工资、薪金所得，是指个人因任职或者受雇取得的工资、薪金、奖金、年终加薪、劳动分红、津贴、补贴以及与任职或者受雇有关的其他所得……"

《个人所得税法实施条例》第 8 条规定："个人所得的形式，包括现金、实物、有价证券和其他形式的经济利益；所得为实物的，应当按照取得的凭证上所注明的价格计算应纳税所得额。"按照上述税法规定，发放职工米、面、油等职工福利，应当按照实物取得时的凭证上所注明的价格计算应纳税所得额，并入发放当月工资薪金所得，计算缴纳个人所得税。

2. 工资、薪金所得的认定,发放节日福利应注意的问题

(1)根据案例,司法实务中认为节日慰问费不属于工资总额的构成,在个税实施细则中节日慰问费等均归于工资、薪金所得中的其他所得,所以企业不能片面以工资总额构成认定个税是否缴纳。

(2)《个人所得税法》规定,福利费免征个人所得税。所称福利费,是指根据国家有关规定,从企业、事业单位、国家机关、社会组织提留的福利费或者工会经费中支付给个人的生活补助费。

相关规定

《国家税务总局关于生活补助费范围确定问题的通知》(国税发〔1998〕155号)第2条 下列收入不属于免税的福利费范围,应当并入纳税人的工资、薪金收入计征个人所得税:(一)从超出国家规定的比例或基数计提的福利费、工会经费中支付给个人的各种补贴、补助;(二)从福利费和工会经费中支付给本单位职工的人人有份的补贴、补助;(三)单位为个人购买汽车、住房、电子计算机等不属于临时性生活困难补助性质的支出。

《关于工资总额组成的规定》第4条 工资总额由下列六个部分组成:(一)计时工资;(二)计件工资;(三)奖金;(四)津贴和补贴;(五)加班加点工资;(六)特殊情况下支付的工资。

050

企业对员工工资个税违反代扣代缴义务后的法律责任是什么?

答:在行政法律责任方面,从《税收征收管理法》来看是责令限期改正、罚款,虽然罚款不是很大,但需要注意的是在承担行政法律责任以外还要承担刑事法律责任,即税收征管两次行政处罚以后可能就会构成刑事法律责任,所以大家不要小瞧行政处罚,勿以恶小而为之。

案　　例

2019年8月小黄人公司被主管税务机关查到,2017年企业所得税汇算清缴中列支的"劳务费"50,000元是支付给个人的,未按"劳务报酬所得"代扣代缴个人所得税;业务招待费中20,000元属于"业务宣传、广告、会会、座谈会、庆典以及其他活动中向本单位以外的个人赠送的礼品",未按"其他所得"代扣代缴个人所得税。对未按规定代扣代缴"劳务报酬所得"和"其他所得"个人所得税的行为补缴相应税款,并处以少代扣代缴个人所得税税款50%的罚款。

引　　申

预扣预缴和代扣代缴的区别?

(1)预扣预缴和代扣代缴的区别可以根据收缴的对象和所得区分,预扣预缴针对居民个人的综合所得,代扣代缴针对居民个人和非居民个人的除综合所得以及经营所得以外的其他所得。

(2)预扣预缴是指当且仅当居民个人取得综合所得时,才存在预扣预缴的情形。既强调居民个人,又强调综合所得。因为非居民个人取得综合所得中工资、薪金所得,劳务报酬所得,稿酬所得和特许权使用费所得不按年计算,由扣缴义务人按月或者按次代扣代缴税款,无须办理汇算清缴。居民个人取得综合所得的应纳税额的计算方式是综合全年所得计算,而扣缴义务人是按月或按次计算扣缴的,只能称之为预扣预缴,而不是最终的应该扣缴结果。代扣代缴是指当个人取得综合所得以及经营所得以外的其他所得时,有扣缴义务人的,扣缴义务人应按月或按次代扣代缴税款。

相关规定

《税收征收管理法》第61条 扣缴义务人未按照规定设置、保管代扣代缴、代收代缴税款帐簿或者保管代扣代缴、代收代缴税款记帐凭证及有关资料的,由税务机关责令限期改正,可以处二千元以下的罚款;情节严重的,处二千元以上五千元以下的罚款。

第62条 纳税人未按照规定的期限办理纳税申报和报送纳税资料的,或者扣缴义务人未按照规定的期限向税务机关报送代扣代缴、代收代缴税款报告表和有关资料的,由税务机关责令限期改正,可以处二千元以下的罚款;情节严重的,可以处二千元以上一万元以下的罚款。

051

员工未缴纳个税的法律责任有哪些?

答:未缴纳个人所得税有以下后果:纳税人未在规定期限内,即纳税年度终了后 3 个月内办理纳税申报和报送纳税资料的,由税务机关责令限期改正,可以处 2000 元以下的罚款;情节严重的,可以处 2000 元以上 10,000 元以下的罚款。根据相关法律规定可知,如果纳税人不进行纳税申报,因此造成不缴或者少缴税款的,由税务机关追缴其不缴或者少缴的税款、滞纳金,并处不缴或者少缴的税款 50% 以上 5 倍以下的罚款。

案　例

被执行人冯某,广东省广州市海珠区人,住江西省九江市。申请执行机关分宜县地方税务局稽查局于 2016 年 12 月 29 日向本院申请强制执行分地税稽处字〔2016〕1 号税务处理决定,法院受理后,依法组成合议庭对本案进行了审查。本案现已审查终结。

经审查查明,申请执行机关分宜县地方税务局稽查局于 2016 年 1 月 25 日作出分地税稽处字〔2016〕1 号税务处理决定,认定被执行人冯某转让股权未缴纳个人所得税和印花税的行为,违反了《个人所得税法》与《印花税暂行条例》(已失效)规定的纳税规定,根据《税收征收管理法》第 32 条、第 64 条第 2 款、第 69 条与《国家税务总局关于贯彻〈中华人民共和国税收征收管理法〉及其实施细则若干具体问题的通知》(本法第 1 条被废止)第 5 条及《国家税务总局关于行政机关应扣未扣个人所得税问题的批复》(国税函〔2004〕1199 号)第 3 条之规定,作出对被执行人追缴个人所得税 9,198,696.80 元与印花税 40,000.00 元及自滞纳印花税款之日起至实际缴纳印花税款之日止按日加收滞纳税款万分之五滞纳金的税务处理决定。

法院认为申请执行机关作出的具体行政行为,认定事实清楚,适用法律正确,程序合法。申请执行机关在向法院申请强制执行前,已依法进行了催告。裁定如下:对申请执行机关分宜县地方税务局稽查局于 2016 年 1 月 25 日作出的分地税稽处字〔2016〕1 号税务处理决定,准予强制执行。

引　申

员工个人所得税要怎么缴纳?

(1)如果是公司的职工,工资薪金所得税是实行扣缴制。员工在收到工资以前,员工所在的单位会先到税务机关办理代扣代缴的手续,会先把税缴纳之后再将工资发放给员工。公司的财务人员会在发放工资之前先根据每个人的工资,算出需要缴纳的税款。

(2)我国目前个人所得税的起征点是每个月5000元,如果公民每个月的收入超过5000元的话,就需要纳税,如果没有达到起征点,就不需要纳税。不同的工资收入,对应的税率也不同,收入越高的话,所要缴纳的税也越多,适用的税率也比较大;收入比较低的,需要缴纳的税也比较少。

相关规定

《税收征收管理法》第25条　纳税人必须依照法律、行政法规规定或者税务机关依照法律、行政法规的规定确定的申报期限、申报内容如实办理纳税申报,报送纳税申报表、财务会计报表以及税务机关根据实际需要要求纳税人报送的其他纳税资料。扣缴义务人必须依照法律、行政法规规定或者税务机关依照法律、行政法规的规定确定的申报期限、申报内容如实报送代扣代缴、代收代缴税款报告表以及税务机关根据实际需要要求扣缴义务人报送的其他有关资料。

第61条　扣缴义务人未按照规定设置、保管代扣代缴、代收代缴税款帐簿或者保管代扣代缴、代收代缴税款记帐凭证及有关资料的,由税务机关责令限期改正,可以处二千元以下的罚款;情节严重的,处二千元以上五千元以下的罚款。

第62条 纳税人未按照规定的期限办理纳税申报和报送纳税资料的,或者扣缴义务人未按照规定的期限向税务机关报送代扣代缴、代收代缴税款报告表和有关资料的,由税务机关责令限期改正,可以处二千元以下的罚款;情节严重的,可以处二千元以上一万元以下的罚款。

052

补缴个税涉及的行政责任有哪些?

答:根据《税收征收管理法》规定,纳税人不按照规定期限办理纳税申报,不缴或者少缴应纳税款的,将由税务机关追缴其未缴或者少缴的税款及滞纳金,并处不缴或者少缴税款50%以上5倍以下的罚款。

案 例

河南省税务部门在对个人所得税综合所得汇算清缴办理情况开展事后抽查时,发现河南省郑州市某人力资源服务公司员工孙某某未办理2020年度个人所得税综合所得汇算清缴,遂依法对其进行立案检查。经查,纳税人孙某某未在法定期限内办理2020年度个人所得税综合所得汇算清缴,少缴个人所得税。经税务部门提示提醒、督促整改、约谈警示,孙某某拒不申报。税务部门对其立案检查后,孙某某申报补缴了税款。依据《个人所得税法》《税收征收管理法》《行政处罚法》等相关法律法规规定,河南省税务局稽查局对孙某某追缴税款、加收滞纳金并处罚款共计58,222.19元。目前,税务部门已依法送达《税务处理决定书》和《税务行政处罚决定书》,孙某某已按规定缴清税款、滞纳金和罚款。

引　申

企业私设个人账户发工资存在的涉税风险:

(1)代扣代缴个税,是企业的法定义务,应扣未扣、应收未收会受到不缴或者少缴的税款50%以上3倍以下的罚款。企业用个人账户给员工发工资本身不属于违法行为,但是如果不符合财务流程,没有代扣代缴个税,那么就违反法律规定了。案例中正是因为没有代扣代缴个税,所以要依法缴纳滞纳金。

(2)"私转私"是税务稽查的重点对象之一,通过私户发工资、奖金等,今后一定不能再有了,一旦发现,必会重罚。

(3)遇到税务检查,确实违法的,建议配合税务机关积极整改,主动补缴税款。此外,企业需要做好自查工作。

相关规定

《税收征收管理法》第25条　纳税人必须依照法律、行政法规规定或者税务机关依照法律、行政法规的规定确定的申报期限、申报内容如实办理纳税申报,报送纳税申报表、财务会计报表以及税务机关根据实际需要要求纳税人报送的其他纳税资料。

第62条　纳税人未按照规定的期限办理纳税申报和报送纳税资料的,或者扣缴义务人未按照规定的期限向税务机关报送代扣代缴、代收代缴税款报告表和有关资料的,由税务机关责令限期改正,可以处二千元以下的罚款;情节严重的,可以处二千元以上一万元以下的罚款。

053

补缴个税后还会被追究刑事责任吗?

答:通常情况下,补了所得税不会被追究刑事责任。但是根据《刑法》的相关规定,5年内因逃避缴纳税款受过刑事处罚或者被税务机关予以二次以上行政处罚的除外。

案　　例

朱某逃税罪再审审查。朱某因单位及本人犯逃税罪一案,不服滁州市中级人民法院作出的(2014)滁刑终字第00227号刑事裁定,以已经缴纳税款、滞纳金和行政处罚罚款,根据《刑法》第201条第4款规定不应追究刑事责任为主要理由,向安徽省高级人民法院提出申诉。

经安徽高院审查认为,《刑法》第201条第1款规定:"纳税人采取欺骗、隐瞒手段进行虚假纳税申报或者不申报,逃避缴纳税款数额较大并且占应纳税额百分之十以上的,处三年以下有期徒刑或者拘役,并处罚金;数额巨大并且占应纳税额百分之三十以上的,处三年以上七年以下有期徒刑,并处罚金。"第4款规定:"有第一款行为,经税务机关依法下达追缴通知后,补缴应纳税款,缴纳滞纳金,已受行政处罚的,不予追究刑事责任;但是,五年内因逃避缴纳税款受过刑事处罚或者被税务机关给予二次以上行政处罚的除外。"

根据审理查明的事实,明光市地税局稽查局于2014年1月24日向明光市锦上休闲用品有限公司下达税务处理决定书,限该公司5

日内到税务局补缴税款及滞纳金。由于该公司未按照决定要求缴纳税款,2014 年 2 月 25 日,明光市地税局稽查局作出涉嫌犯罪案件移送书,决定将该公司涉嫌犯罪案件移送明光市公安局。2014 年 3 月 3 日,明光市地税局稽查局作出行政处罚决定书,对该公司未申报缴纳印花税、土地使用税、房产税合计 527,259.48 元的行为,决定处以少申报缴纳税款 2 倍罚款(计 1,054,518.96 元)的行政处罚。2014 年 4 月 21 日和 4 月 25 日,该公司向明光市地税局缴纳税款及滞纳金共计 656,894.74 元。对照上述《刑法》第 201 条第 4 款规定,该公司在公安机关立案后仅将应缴纳税款及滞纳金补缴,未接受行政处罚缴纳罚款,不符合该条款规定的情形。原审判决、裁定认定事实清楚,证据确实充分,适用法律正确,审判程序合法,量刑并无不当。据此,朱某的申诉理由不能成立。

引　申

企业的哪些行为会被认定为偷税漏税?

(1)伪造、变造、隐匿、擅自销毁账簿和记账凭证。

(2)在账簿上多列支出或者不列、少列收入,行为人通过此举以图减少应税数额,达到偷税目的。主要方法有:明销暗记;将产品直接作价抵债款后不记销售;已经销售而不开发票或以白条抵库不记销售;用罚款、滞纳金、违约金、赔偿金冲减销售收入等。

(3)进行虚假的纳税申报。

国家制定的各种税收方面的法律制度不是单纯地为了调节社会贫富差距,身为中华人民共和国的公民,在政府部门保障我们各项基本权利的同时,应拒绝出现上述行为,应尽纳税的基本义务。

相关规定

《刑法》第 201 条　纳税人采取欺骗、隐瞒手段进行虚假纳税申报或者不申报,逃避缴纳税款数额较大并且占应纳税额百分之十以上的,处三年以下有期徒刑或者拘役,并处罚金;数额巨大并且占应纳税额百分之三十以上的,处三年以上七年以下有期徒刑,并处罚金。扣缴义务人采取前款所列手段,不缴或者少缴已扣、已收税款,数额较大的,依照前款的规定处罚。对多次实施前两款行为,未经处理的,按照累计数额计算。有第一款行为,经税务机关依法下达追缴通知后,补缴应纳税款,缴纳滞纳金,已受行政处罚的,不予追究刑事责任;但是,五年内因逃避缴纳税款受过刑事处罚或者被税务机关给予二次以上行政处罚的除外。

054

用工领域涉及的刑事责任有哪些?

答:对违反刑法相关规定的个人或集体是需要依法接受相应的刑事处罚的。根据《刑法》的规定,刑事处罚包括主刑和附加刑两部分。主刑有管制、拘役、有期徒刑、无期徒刑和死刑。附加刑有罚金、剥夺政治权利和没收财产;此外还有适用于犯罪的外国人的驱逐出境。行为人应该接受何种处罚是由其自身的犯罪情节决定的。在员工被追究刑事责任的情况下,企业可以解除与该员工的劳动关系。对于被追究刑事责任的国有企业公职人员,具有公务员身份或者参照公务员管理的国有企业公职人员,被依法追究刑事责任判处刑罚的,给予开除处分,自处分决定生效之日,解除与单位的人事关系,且不得再担任公务员职务;一旦开除,其人事关系解除,社会保险关系自然随之终止。不具有公务员身份的国有企业公职人员,构成犯罪被判处刑罚的,终身不得担任国有企业的领导职务,其劳动关系是否必然解除法律层面并未明确规定,法律层面规定的均系可以解除。

除劳动者作为正常社会人士可能触犯的非单位犯罪与企业非正常经营的单位犯罪外,在此主要论述劳动者与用人单位之间因为劳动用工关系所引发的刑事罪名。

第一类——拒不支付劳动报酬案件

涉嫌罪名:拒不支付劳动报酬罪

法律依据:

《刑法》第276条之一:"以转移财产、逃匿等方法逃避支付劳动者的劳动报酬或者有能力支付而不支付劳动者的劳动报酬,数额较大,经政府有关部门责令支付仍不支付的,处三年以下有期徒刑或者拘役,并处或者单处罚金;造成严重后果的,处三年以上七年以下有期徒刑,并处罚金。单位犯前款罪的,对单位判处罚金,并对其直接负责的主管人员和其他直接责任人员,依照前款的规定处罚。有前两款行为,尚未造成严重后果,在提起公诉前支付劳动者的劳动报酬,并依法承担相应赔偿责任的,可以减轻或者免除处罚。"

此外还有民事责任,具体规定:

《劳动法》第91条:用人单位有下列侵害劳动者合法权益情形之一的,由劳动行政部门责令支付劳动者的工资报酬、经济补偿,并可以责令支付赔偿金。

(1)克扣或者无故拖欠劳动者工资的

《劳动合同法》第85条:用人单位有下列情形之一的,由劳动行政部门责令限期支付劳动报酬、加班费或者经济补偿;劳动报酬低于当地最低工资标准的,应当支付其差额部分;逾期不支付的,责令用人单位按应付金额百分之五十以上百分之一百以下的标准向劳动者加付赔偿金。

(2)未按照劳动合同的约定或者国家规定及时足额支付劳动者劳动报酬的

《劳动保障监察条例》第26条:用人单位有下列行为之一的,由劳动保障行政部门分别责令限期支付劳动者的工资报酬、劳动者工资低于当地最低工资标准的差额或者解除劳动合同的经济补偿;逾期不支付的,责令用人单位按照应付金额50%以上1倍以下的标准计算,向劳动者加付赔偿金。

第二类——骗取社会保险待遇或者骗取社会保险基金支出案件

涉嫌罪名:诈骗罪

法律依据:

《社会保险法》第87条:"社会保险经办机构以及医疗机构、药品经营单位等社会保险服务机构以欺诈、伪造证明材料或者其他手段骗取社会保险基金支出的,由社会保险行政部门责令退回骗取的社会保险金,处骗取金额二倍以上五倍以下的罚款;属于社会保险服务机构的,解除服务协议;直接负责的主管人员和其他直接责任人员有执业资格的,依法吊销其执业资格。"

《社会保险法》第88条:"以欺诈、伪造证明材料或者其他手段骗取社会保险待遇的,由社会保险行政部门责令退回骗取的社会保险费,处骗取金额二倍以上五倍以下的罚款。"

《社会保险法》第94条:"违反本法规定,构成犯罪的,依法追究刑事责任。"

《劳动保障监察条例》第27条:"……骗取社会保险待遇或者骗取社会保险基金支出的,由劳动保障行政部门责令退还,并处骗取金额1倍以上3倍以下的罚款;构成犯罪的,依法追究刑事责任。"

《刑法》第266条:"诈骗公私财物,数额较大的,处三年以下有期徒刑、拘役或者管制,并处或者单处罚金;数额巨大或者有其他严重情节的,处三年以上十年以下有期徒刑,并处罚金;数额特别巨大或者有其他特别严重情节的，处十年以上有期徒刑或者无期徒刑，并处罚金或者没收财产。本法另有规定的，依照规定。”

第三类——雇用童工从事危重劳动案件

涉嫌罪名：雇用童工从事危重劳动罪

法律依据：

《劳动法》第94条：“用人单位非法招用未满十六周岁的未成年人的，由劳动行政部门责令改正，处以罚款；情节严重的，由市场监督管理部门吊销营业执照。”

《禁止使用童工规定》第11条：“拐骗童工，强迫童工劳动，使用童工从事高空、井下、放射性、高毒、易燃易爆以及国家规定的第四级体力劳动强度的劳动，使用不满14周岁的童工，或者造成童工死亡或者严重伤残的，依照刑法关于拐卖儿童罪、强迫劳动罪或者其他罪的规定，依法追究刑事责任。”

《刑法》第244条之一：“违反劳动管理法规，雇用未满十六周岁的未成年人从事超强度体力劳动的，或者从事高空、井下作业的，或者在爆炸性、易燃性、放射性、毒害性等危险环境下从事劳动，情节严重的，对直接责任人员，处三年以下有期徒刑或者拘役，并处罚金；情节特别严重的，处三年以上七年以下有期徒刑，并处罚金。有前款行为，造成事故，又构成其他犯罪的，依照数罪并罚的规定处罚。”

第四类——强迫劳动案件

涉嫌罪名：强迫劳动罪

法律依据：

《劳动法》第96条：“用人单位有下列行为之一，由公安机关对责任人员处以十五日以下拘留、罚款或者警告；构成犯罪的，对责任人员依法追究刑事责任：

“（一）以暴力、威胁或者非法限制人身自由的手段强迫劳动的；

“（二）侮辱、体罚、殴打、非法搜查和拘禁劳动者的。”

《劳动合同法》第88条："用人单位有下列情形之一的，依法给予行政处罚；构成犯罪的，依法追究刑事责任；给劳动者造成损害的，应当承担赔偿责任：

"（一）以暴力、威胁或者非法限制人身自由的手段强迫劳动的；

"（二）违章指挥或者强令冒险作业危及劳动者人身安全的；

"（三）侮辱、体罚、殴打、非法搜查或者拘禁劳动者的；

"（四）劳动条件恶劣、环境污染严重，给劳动者身心健康造成严重损害的。"

《刑法》第244条："以暴力、威胁或者限制人身自由的方法强迫他人劳动的，处三年以下有期徒刑或者拘役，并处罚金；情节严重的，处三年以上十年以下有期徒刑，并处罚金。

"明知他人实施前款行为，为其招募、运送人员或者有其他协助强迫他人劳动行为的，依照前款的规定处罚。

"单位犯前两款罪的，对单位判处罚金，并对其直接负责的主管人员和其他直接责任人员，依照第一款的规定处罚。"

第五类——劳动者违反保密协议案件

涉嫌罪名：侵犯商业秘密罪

法律依据：

《劳动合同法》第90条："劳动者违反本法规定解除劳动合同，或者违反劳动合同中约定的保密义务或者竞业限制，给用人单位造成损失的，应当承担赔偿责任。"

《劳动法》第102条："劳动者违反本法规定的条件解除劳动合同或者违反劳动合同中约定的保密事项，对用人单位造成经济损失的，应当依法承担赔偿责任。"

《刑法》第219条："有下列侵犯商业秘密行为之一，情节严重的，处三年以下有期徒刑，并处或者单处罚金；情节特别严重的，处三年以上十年以下有期徒刑，并处罚金：

“(一)以盗窃、贿赂、欺诈、胁迫、电子侵入或者其他不正当手段获取权利人的商业秘密的;

“(二)披露、使用或者允许他人使用以前项手段获取的权利人的商业秘密的;

“(三)违反保密义务或者违反权利人有关保守商业秘密的要求,披露、使用或者允许他人使用其所掌握的商业秘密的。

“明知前款所列行为,获取、披露、使用或者允许他人使用该商业秘密的,以侵犯商业秘密论。

“本条所称权利人,是指商业秘密的所有人和经商业秘密所有人许可的商业秘密使用人。”

无论是作为劳动者还是用人单位,遵纪守法是基本要求,而刑法更是道德的底线,企业与劳动者之间产生争议是很正常的事情,但是因为一方犯罪而产生争议的话,那么所带来的伤害对双方都是很大的,并且其所争议的事项本身相比犯罪事实也没有太多意义。

第六类——劳动者虚假诉讼案件

涉嫌罪名:虚假诉讼罪

法律依据:

《刑法》第 307 条之一:“以捏造的事实提起民事诉讼,妨害司法秩序或者严重侵害他人合法权益的,处三年以下有期徒刑、拘役或者管制,并处或者单处罚金;情节严重的,处三年以上七年以下有期徒刑,并处罚金。

“单位犯前款罪的,对单位判处罚金,并对其直接负责的主管人员和其他直接责任人员,依照前款的规定处罚。

“有第一款行为,非法占有他人财产或者逃避合法债务,又构成其他犯罪的,依照处罚较重的规定定罪从重处罚。

“司法工作人员利用职权,与他人共同实施前三款行为的,从重处罚;同时构成其他犯罪的,依照处罚较重的规定定罪从重处罚。”

第七类——职务侵占案件

涉嫌罪名:职务侵占罪

法律依据:

《刑法》第 271 条:“公司、企业或者其他单位的工作人员,利用职务上的便利,将本单位财物非法占为己有,数额较大的,处三年以下有期徒刑或者拘役,并处罚金;数额巨大的,处三年以上十年以下有期徒刑,并处罚金;数额特别巨大的,处十年以上有期徒刑或者无期徒刑,并处罚金。”

第八类——虚开增值税发票案件

涉嫌罪名:虚开增值税专用发票、用于骗取出口退税、抵扣税款发票罪

法律依据:

《刑法》第 205 条:“虚开增值税专用发票或者虚开用于骗取出口退税、抵扣税款的其他发票的,处三年以下有期徒刑或者拘役,并处二万元以上二十万元以下罚金;虚开的税款数额较大或者有其他严重情节的,处三年以上十年以下有期徒刑,并处五万元以上五十万元以下罚金;虚开的税款数额巨大或者有其他特别严重情节的,处十年以上有期徒刑或者无期徒刑,并处五万元以上五十万元以下罚金或者没收财产。

“单位犯本条规定之罪的,对单位判处罚金,并对其直接负责的主管人员和其他直接责任人员,处三年以下有期徒刑或者拘役;虚开的税款数额较大或者有其他严重情节的,处三年以上十年以下有期徒刑;虚开的税款数额巨大或者有其他特别严重情节的,处十年以上有期徒刑或者无期徒刑。

“虚开增值税专用发票或者虚开用于骗取出口退税、抵扣税款的其他发票,是指有为他人虚开、为自己虚开、让他人为自己虚开、介绍他人虚开行为之一的。”

提醒企业管理人员注意,该类犯罪主要会出现在职员报销发票

事务方面。

第九类——虚开发票的案件

涉嫌罪名:虚开发票罪

法律依据:

《刑法》第205条之一:“虚开本法第二百零五条规定以外的其他发票,情节严重的,处二年以下有期徒刑、拘役或者管制,并处罚金;情节特别严重的,处二年以上七年以下有期徒刑,并处罚金。

“单位犯前款罪的,对单位判处罚金,并对其直接负责的主管人员和其他直接责任人员,依照前款的规定处罚。”

案　　例

虚开发票案例:某员工为了报销单位慰问老职工的费用近20万元,于是向A公司购买了20万元的增值税专用发票,该员工涉嫌虚开增值税专用发票,虽然最终免予追究刑事责任,但毕竟该行为已经涉嫌犯罪,单位可以随时解除其劳动关系。

虚假诉讼类案例:

案例一:一男子利用伪造的身份证明、学历证书、离职证明,谎称北京户口,清华大学毕业,在名企任职过,被猎头推荐给杭州某知名企业担任高管,月薪高达7万元。工作过程中因能力较差,被发现学历造假,该男子系小学学历。企业报警该高管涉嫌造假后,将该人员予以开除。

案例二:劳动者与某单位合谋提起劳动仲裁,请求确认劳动关系并要求补缴社会保险,后双方通过仲裁达成补缴社会保险的仲裁调解书,并进行了社会保险补缴,事后该单位负责人被追究刑事责任,且发现劳动者与该单位还涉嫌虚假诉讼。

偷、逃税案例:

2002年4月,经北京市地税局查证,北京××文化艺术有限责任公司自1996年以来采取不列、少列收入、多列支出、虚假申报等手段偷逃巨额税款。2002年6月,刘某被刑事拘留。422天后,刘某被取保候审。2004年4月6日下午,北京市朝阳区人民法院对××公司偷税案作出一审判决,以偷税罪①判处××公司罚金人民币710万元,以偷税罪判处被告人靖某有期徒刑3年。经法院审理查明,××公司作为纳税义务人,于1996年至2001年,违反税收征管规定,偷逃各种税款共计人民币6,679,069.6元。被告人靖某于1996年9月至2001年在被告单位任总经理职务,主管财务工作,对任职期间单位实施的偷税行为负有直接责任。

《刑法修正案(七)》第3条第4款:"有第一款行为,经税务机关依法下达追缴通知后,补缴应纳税款,缴纳滞纳金,已受行政处罚的,不予追究刑事责任;但是,五年内因逃避缴纳税款受过刑事处罚或者被税务机关给予二次以上行政处罚的除外。"

2022年4月,《最高人民检察院、公安部关于公安机关管辖的刑事案件立案追诉标准的规定(二)》第52条规定:"逃避缴纳税款,涉嫌下列情形之一的,应予立案追诉:

"(一)纳税人采取欺骗、隐瞒手段进行虚假纳税申报或者不申报,逃避缴纳税款,数额在十万元以上并且占各税种应纳税总额百分之十以上,经税务机关依法下达追缴通知后,不补缴应纳税款、不缴纳滞纳金或者不接受行政处罚的;

"(二)纳税人五年内因逃避缴纳税款受过刑事处罚或者被税务机关给予二次以上行政处罚,又逃避缴纳税款,数额在十万元以上并且占各税种应纳税总额百分之十以上的;

"(三)扣缴义务人采取欺骗、隐瞒手段,不缴或者少缴已扣、已收税款,数额在十万元以上的。

① 现为逃税罪。

“纳税人在公安机关立案后再补缴应纳税款、缴纳滞纳金或者接受行政处罚的,不影响刑事责任的追究。”

2002 年 11 月,《最高人民法院关于审理偷税抗税刑事案件具体应用法律若干问题的解释》(法释〔2002〕33 号,已失效)第 4 条规定:“两年内因偷税受过二次行政处罚,又偷税且数额在一万元以上的,应当以偷税罪定罪处罚。”本来是数额标准、次数标准满足其一就要追究刑事责任,这回改成了要同时满足数额标准、次数标准才追究刑事责任。

取保候审近 9 个月后即 2004 年 5 月,刘某收到检察机关的《不起诉决定书》。

法院认为,被告单位 × ×公司作为纳税义务人、代扣代缴义务人构成偷税罪。被告人靖某作为单位直接负责的主管人员,参与实施被告单位大部分偷税行为亦构成偷税罪。鉴于 × ×公司已在法院判决前将偷税款全部补缴之情节,故对被告单位予以从轻处罚,对被告人靖某可酌情予以从轻处罚。

引　　申

为了规避个税而使用灵活用工或虚假平台用工的注意事项?

灵活用工是这几年比较活跃的一种新型用工模式,尤其是新冠肺炎疫情过后,这种模式的市场前景似乎也很可观。在快速发展的巨大市场下,中国出现了成百上千的灵活用工平台,但是在运营过程中,一些虚开空壳公司披上“灵活用工”外衣,宣传代发工资、奖金、合理避税,在没有发生真实业务的情况下,“代发工资、合理避税”为假,掩饰虚开发票为真,以达到偷税漏税目的,这对用工企业来说无疑增加了涉税风险。

灵活用工平台需警惕五大风险:

(1)涉洗钱犯罪:不法分子利用灵活用工平台洗钱,导致平台部分服务供应商与业务合作伙伴的专属资金账户被冻结;

(2)虚开发票:没有发生真实业务,虚构场景,以“灵活用工、代发薪资、任务众包”等旗号为名干着倒卖发票和对私转账的生意;

(3)市场营销乱象:打着“灵活用工、共享经济结算平台”名义涉嫌“拉人头”式传销推广加盟服务商,一旦资金链断裂,平台方可能跑路;

(4)代征税风险:委托代征模式易出现代征平台未按期上缴税款、擅自决定少征税款等问题,将牵连用户被追缴税款和处罚;

(5)资金安全:客户资金先汇入灵活用工平台关联的委托代征公司账户,然后由委托代征公司分发给个人,如果委托代征公司挪用客户资金或平台系统账户被盗,客户资金将受损。

相关规定

(1)虚开增值税专用发票、用于骗取出口退税、抵扣税款发票罪,《刑法》第205条。

(2)非法出售增值税专用发票罪,《刑法》第207条。

(3)骗取出口退税罪,《刑法》第204条。

(4)伪造、出售伪造的增值税专用发票罪,《刑法》第206条。

(5)非法购买增值税专用发票、购买伪造的增值税专用发票罪,《刑法》第208条。

(6)非法制造、出售非法制造的用于骗取出口退税、抵扣税款发票罪,《刑法》第209条第1款。

(7)非法制造、出售非法制造的发票罪,《刑法》第209条第2款。

(8)非法出售用于骗取出口退税、抵扣税款发票罪,《刑法》第209条第3款。

(9)非法出售发票罪,《刑法》第209条第4款。

(10)持有伪造的发票罪,《刑法》第210条之一。

(11)提供虚假证明文件罪,《刑法》第229条。

(12)隐匿、故意销毁会计凭证、会计帐簿、财务会计报告罪,《刑

法》第 162 条之一。

（13）高利转贷罪，《刑法》第 175 条。

（14）骗取贷款、票据承兑、金融票证罪，《刑法》第 175 条之一。

（15）逃税罪，《刑法》第 201 条。

（16）抗税罪，《刑法》第 202 条。

（17）逃避追缴欠税罪，《刑法》第 203 条。

（18）私分国有资产罪，《刑法》第 396 条第 1 款。

（19）贪污罪，《刑法》第 382 条、第 383 条、第 394 条、第 183 条第 2 款。

（20）职务侵占罪，《刑法》第 271 条。

（21）挪用公款罪，《刑法》第 384 条、第 185 条第 2 款。

（22）受贿罪，《刑法》第 385 条、第 184 条第 2 款、第 387 条、第 163 条、第 388 条、第 388 条之一。

（23）非国家工作人员受贿罪，《刑法》第 163 条第 1 款。

055

员工构成逃税罪的条件和情形有哪些？

答：1. 逃税罪的构成要件

客体要件：逃税罪的客体是指逃税行为侵犯了我国的税收征收管理秩序。

客观方面表现为：纳税人采取欺骗、隐瞒手段，进行虚假纳税申报或者不申报，逃避缴纳税款数额较大且占应纳税额 10% 以上；扣缴义务人采取欺骗、隐瞒手段不缴或者少缴已扣、已收税款，数额较大的行为。

主体要件:本罪的犯罪主体包括纳税人和扣缴义务人,既可以是自然人,也可以是单位。

主观要件:本罪的主观要件是故意和过失。进行虚假纳税申报行为是在故意的心理状态下进行的。不进行纳税申报一般也是故意的行为,有时也存在过失的可能,对于确因疏忽而没有纳税申报,属于漏税,依法补缴即可,其行为不构成犯罪。因此,逃税罪的主观要件一般是故意。

2. 逃税罪的立案情形

(1)纳税人采取欺骗、隐瞒手段进行虚假纳税申报或者不申报,逃避缴纳税款,数额在10万元以上并且占各税种应纳税总额10%以上,经税务机关依法下达追缴通知后,不补缴应纳税款、不缴纳滞纳金或者不接受行政处罚的;

(2)纳税人5年内因逃避缴纳税款受过刑事处罚或者被税务机关给予二次以上行政处罚,又逃避缴纳税款,数额在10万元以上并且占各税种应纳税总额10%以上的;

(3)扣缴义务人采取欺骗、隐瞒手段,不缴或者少缴已扣、已收税款,数额在10万元以上的。

案　　例

2009年10月,被告人应某注册成立杭州某房地产公司,至2014年6月22日止,被告人应某为被告单位杭州某房地产公司法定代表人、实际控制人;2014年6月23日至今,杭州某房地产公司法定代表人变更为徐某(挂名),但实际控制人仍为被告人应某。2010年2月,杭州某房地产公司在江南窄溪大桥边地块开发建设“江南水乡”商住项目。2010年至2014年,杭州某房地产公司应纳税额为人民币16,064,194.06元,被告人应某采用少列收入的方式少缴营业税、城市维护建设税等，合计税款人民币 4,910,755.87 元。经桐庐县地方税务局催缴，被告单位杭州某房地产公司及被告人应某一直未补缴应缴税款。2016 年 7 月 28 日税务机关将案件移送公安机关，次日公安机关立案侦查。同年 9 月 18 日，杭州某房地产公司以退税抵缴欠税税款人民币 223,315.15 元，滞纳金 5917.84 元。同年 11 月 10 日 11 时许，被告人应某被公安机关抓获。2016 年 12 月 16 日至开庭前（2017 年 9 月 4 日），杭州某房地产公司缴纳税款、滞纳金共计人民币 4,178,165.14 元（其中滞纳金 3,180,765.94 元）。2017 年 8 月 9 日，被告人应某向桐庐县人民检察院退缴人民币 400 万元，8 月 17 日退缴人民币 487,439.85 元（公安机关立案后退缴税款、滞纳金共计人民币 8,894,837.98 元）。

原审以逃税罪，分别判处被告单位杭州某房地产公司罚金人民币 495 万元；判处被告人应某有期徒刑 3 年，缓刑 4 年，并处罚金人民币 90 万元；责令被告单位杭州某房地产公司补缴逃税税款人民币 4,910,755.87 元（含刑事立案后已补缴和退缴于桐庐县人民检察院的部分款项）。

二审认为，被告单位杭州某房地产公司采取欺骗、隐瞒等手段进行虚假纳税申报，逃避缴纳税款数额巨大并且占应纳税额 30% 以上，其行为已构成逃税罪；被告人应某系被告单位直接负责的主管人员，依法亦应以逃税罪定罪处罚。原判根据应某的犯罪事实、性质、情节及对社会的危害程度，依法确定其刑罚并无不当。出庭检察员建议驳回上诉，维持原判的理由成立。

引　申

单位逃税罪的责任人员认定：

（1）《刑法》第 211 条：“单位犯本节第二百零一条、第二百零三条、第二百零四条、第二百零七条、第二百零八条、第二百零九条规定之罪的，对单位判处罚金，并对其直接负责的主管人员和其他直接责任人员，依照各该条的规定处罚。”这意味着直接负责的主管人员和其他直接责任人员在单位犯逃税罪时，将会被立案追诉。

(2)根据最高人民法院印发的《全国法院审理金融犯罪案件工作座谈会纪要》的第二部分(一)“直接负责的主管人员，是在单位实施的犯罪中起决定、批准、授意、纵容、指挥等作用的人员，一般是单位的主管负责人，包括法定代表人。其他直接责任人员，是在单位犯罪中具体实施犯罪并起较大作用的人员，既可以是单位的经营管理人员，也可以是单位的职工，包括聘任、雇佣的人员”的规定，应当注意的是，在单位犯罪中，对于受单位领导指派或奉命而参与实施了一定犯罪行为的人员，一般不宜作为直接责任人员追究刑事责任。对单位犯罪中的直接负责的主管人员和其他直接责任人员，应根据其在单位犯罪中的地位、作用和犯罪情节，分别处以相应的刑罚，主管人员与直接责任人员，在个案中，不是当然的主、从犯关系，有的案件，主管人员与直接责任人员实施犯罪行为的主从关系不明显的，可不分主、从犯。但具体案件可以分清主、从犯，且不分清主、从犯，在同一法定刑档次、幅度内量刑无法做到罪刑相适应的，应当分清主、从犯，依法处罚。

相关规定

《刑法》第 201 条　纳税人采取欺骗、隐瞒手段进行虚假纳税申报或者不申报，逃避缴纳税款数额较大并且占应纳税额百分之十以上的，处三年以下有期徒刑或者拘役，并处罚金；数额巨大并且占应纳税额百分之三十以上的，处三年以上七年以下有期徒刑，并处罚金。扣缴义务人采取前款所列手段，不缴或者少缴已扣、已收税款，数额较大的，依照前款的规定处罚。对多次实施前两款行为，未经处理的，按照累计数额计算。有第一款行为，经税务机关依法下达追缴通知后，补缴应纳税款，缴纳滞纳金，已受行政处罚的，不予追究刑事责任；但是，五年内因逃避缴纳税款受过刑事处罚或者被税务机关给予二次以上行政处罚的除外。

056

员工构成虚开发票罪的情形有哪些？

答：(1)为他人开具与实际经营业务情况不符的发票；(2)为自己开具与实际经营业务情况不符的发票；(3)让他人为自己开具与实际经营业务情况不符的发票；(4)介绍他人开具与实际经营业务情况不符的发票。包括虚开增值税专用发票或者虚开用于骗取出口退税、抵扣税款的其他发票的；虚开的税款数额较大或者有其他严重情节的；虚开的税款数额巨大或者有其他特别严重情节的(虚开发票100份以上且票面金额在30万元以上的或者虚开金额累计50万元以上的)。

案　例

2015年10月，被告人万某借用安徽某市政建设有限公司的资质，承建安徽省凤台县2015年县乡公路6标段9(殷王路)升级改造工程。2017年7月，安徽某市政建设有限公司因结算工程费用，要求实际承建人万某提供施工材料的成本发票。后万某安排他人联系开票人，在无实际商品交易的情况下，以支付价税合计1%的开票手续费，从“合肥某建材有限公司”开至“安徽某市政建设有限公司”的安徽省增值税普通发票15份，发票金额为1,456,310.67元，税额为

43,689.33元,价税合计1,500,000元。被告人万某将上述发票全部提供给安徽某市政建设有限公司入账。2017年12月4日,被告人万某主动至舒城县公安局投案,如实供述犯罪事实。

法院经审理认为,被告人万某作为承接项目的实际负责人,为获取非法利益,在无实际商品交易的情况下,让他人为自己虚开增值税普通发票,情节严重,其行为已构成虚开发票罪。案发后,被告人万某主动向公安机关投案,如实供述自己罪行,且当庭自愿认罪,其行为构成自首,依法可以从轻处罚。被告人万某系初犯、偶犯,且在犯罪后真诚悔罪,依法可酌情对其从轻处罚。

引　申

大环境下的部分企业开源节流措施:

(1)企业中的无票支出的处理方式,一般的做法是企业将该业务承包给个人,由个人开具发票处理,但这也会存在风险。

(2)还有一些企业让员工成立个体工商户进行"合理避税",若这种方式操作不当,也会触碰红线。

虽然前述节流措施有施展的空间,但是如果不合规同样会触犯逃税罪。所以,任何开源节流的方式必须是合法合规合理的。

相关规定

《刑法》第205条　虚开增值税专用发票或者虚开用于骗取出口退税、抵扣税款的其他发票的,处三年以下有期徒刑或者拘役,并处二万元以上二十万元以下罚金;虚开的税款数额较大或者有其他严重情节的,处三年以上十年以下有期徒刑,并处五万元以上五十万元以下罚金;虚开的税款数额巨大或者有其他特别严重情节的,处十年以上有期徒刑或者无期徒刑,并处五万元以上五十万元以下罚金或者没收财产。单位犯本条规定之罪的,对单位判处罚金,并对其直接负责的主管人员和其他直接责任人员,处三年以下有期徒刑或者拘役;虚开的税款数额较大或者有其他严重情节的,处三年以上十年以下有期徒刑;虚开的税款数额巨大或者有其他特别严重情节的,处十年以上有期徒刑或者无期徒刑。虚开增值税专用发票或者虚开用于骗取出口退税、抵扣税款的其他发票,是指有为他人虚开、为自己虚开、让他人为自己虚开、介绍他人虚开行为之一的。

《刑法修正案(八)》第 33 条 在刑法第二百零五条后增加一条,作为第二百零五条之一:"虚开本法第二百零五条规定以外的其他发票,情节严重的,处二年以下有期徒刑、拘役或者管制,并处罚金;情节特别严重的,处二年以上七年以下有期徒刑,并处罚金。单位犯前款罪的,对单位判处罚金,并对其直接负责的主管人员和其他直接责任人员,依照前款的规定处罚。"

057

企业构成虚开发票罪的情形有哪些?

答:(1)以单位的名义为他人开具与实际经营业务情况不符的发票;(2)以单位的名义开具与实际经营业务情况不符的发票;(3)以单位的名义让他人为自己开具与实际经营业务情况不符的发票;(4)以单位的名义介绍他人开具与实际经营业务情况不符的发票。

案　例

最初,高中同学告诉小陈,这份工作的内容是收发快递,每月工资 7000 元。小陈并未立刻答应,这么简单的工作却有如此高的工资,她本能地觉得其中有问题。但是,禁不住同学的再三劝说,2020年3月,小陈从深圳赴上海开始实习。

实习期间,小陈陆续收到装有许多企业法人营业执照、公司公章、法定代表人印章等材料的闪送包裹。这些企业法定代表人都不是公司人员,但实际都由公司控制。随同包裹一起寄来的还有很多空白发票,小陈判断出自己所在的公司正在从事违法犯罪活动。

正如小陈推测的那样,同学介绍的这家"公司"实则是一个专门从事虚开发票的犯罪团伙。该团伙从非法渠道买入公民个人身份证,用这些身份证注册了近 300 家空壳公司,然后通过这些公司套取正规发票并进行倒卖。团伙内部分工明确,有专门负责注册公司的,有专门负责套取空白发票的,也有负责出售发票给他人用于虚开发票的。在这个团伙中,小陈被称为"仓库管理员",负责管理存放在她那里的身份证、公司执照、空白发票等,有需要核税的公司就由她发给下面指定的领票员去核税。

2020 年 5 月 19 日,小陈在上海被抓获并被刑事拘留。案发后,民警在小陈的租住地搜出身份证 32 张、空白发票 75 张、公章 10 枚、空壳公司资料 143 套。

小陈到案后表示,自己没有实际参与注册公司、虚开发票等行为,只是听从老板指挥做杂务。殊不知,经过查证,由小陈负责管理的空壳公司为他人开具增值税普通发票价税合计超过 3 亿元。虹口区检察院审查后认为,小陈与他人结伙,为他人虚开增值税普通发票,情节特别严重,应当以虚开发票罪追究刑事责任。日前,法院作出一审判决,以虚开发票罪判处小陈有期徒刑 2 年,罚金 5 万元。小陈所在学校得知她犯罪行为后,按规定将其开除学籍。

引　申

如何防范虚开发票？

(1)知己知彼，防患未然。纳税人购进货物时，一定要提高防范意识，从思想上重视虚开发票问题，有意识地规避取得虚开发票的风险。纳税人在交易前应该对交易方做必要的了解，通过对交易方经营范围、经营规模、企业资质等相关情况的考察，评估相应的风险。一旦发现供货企业提供的货物有异常，就应当引起警惕，并做进一步的追查，可以要求供货企业提供有关的证明材料，对有重大疑点的货物，尽量不要购进。

(2)财务正规，银行转账。纳税人应尽量通过银行账户，将货款划拨到对方的银行账户。在这个过程中，纳税人可再次对购进业务进行监督审查，如果对方提供的银行账户与发票上注明的信息不符，就应当引起警惕，暂缓付款，对购货业务进行进一步审查。

(3)提高警惕，防范风险。建议纳税人仔细比对发票信息。要求开票方提供有关资料，并仔细比对相关信息。一是审查税务登记证、出库单、开具的发票、银行账户上的企业名称是否一致；二是通过对方的一般纳税人登记相关凭证，审查对方是否具备一般纳税人资格；三是通过对方的发票领购簿，审查开具的发票是否确实是对方领购的发票；四是通过库存商品账、生产成本账和有关凭证，审查购进的货物是否是对方购进或生产的货物。如果对取得的发票存在疑问，应当暂缓付款和申报抵扣有关进项税金，及时向税务机关求助查证。尤其是对大额购进货物，或者是长期供货的单位，更应当作重点审查。

(4)留存证据，保护自己。企业在购进货物时要重视取得和保存有关的证据，一旦对方故意隐瞒有关销售和开票的真实情况，恶意提供增值税专用发票，给自身造成了经济损失，可以依法向对方追偿由于提供虚开发票而带来的经济损失。

相关规定

《发票管理办法》第35条 违反本办法的规定虚开发票的,由税务机关没收违法所得;虚开金额在1万元以下的,可以并处5万元以下的罚款;虚开金额超过1万元的,并处5万元以上50万元以下的罚款;构成犯罪的,依法追究刑事责任。非法代开发票的,依照前款规定处罚。

《刑法》第205条之一 虚开本法第二百零五条规定以外的其他发票,情节严重的,处二年以下有期徒刑、拘役或者管制,并处罚金;情节特别严重的,处二年以上七年以下有期徒刑,并处罚金。单位犯前款罪的,对单位判处罚金,并对其直接负责的主管人员和其他直接责任人员,依照前款的规定处罚。

058

企业和员工构成虚开增值税专用发票罪的情形有哪些?

答:虚开增值税专用发票是指为他人虚开,为自己虚开,让他人为自己虚开,介绍他人虚开。很多企业误以为只要不是自己开出来的,就不涉及虚开增值税发票行为。这种认识大错特错,刑法规定只要是介绍为他人虚开,或者是为自己虚开,以及让别人为自己虚开,这些模式都属于"虚开",具体分为:

(1)没有货物购销或者没有提供或接受应税劳务而为他人、为自

己、让他人为自己、介绍他人开具增值税专用发票;

(2)有货物购销或者提供或接受了应税劳务但为他人、为自己、让他人为自己、介绍他人开具数量或者金额不实的增值税专用发票;

(3)进行了实际经营活动,但让他人为自己代开增值税专用发票。

虚开增值税专用发票定罪量刑标准:(1)虚开的税款数额在 5 万元以上的,处 3 年以下有期徒刑或拘役,并处 2 万元以上 20 万元以下罚金;(2)虚开的税款数额在 50 万元以上的为数额较大,处 3 年以上 10 年以下有期徒刑,并处 5 万元以上 50 万元以下罚金;(3)虚开的税款数额在 250 万元以上的为数额巨大,处 10 年以上有期徒刑或无期徒刑,并处 5 万元以上 50 万元以下罚金或者没收财产。

案　例

由寻甸县检察院提起公诉的樊某某、朱某某虚开增值税专用发票、用于抵扣税款发票案,经过一审、二审诉讼程序,以虚开增值税专用发票、用于抵扣税款发票罪判处樊某某有期徒刑 6 年,并处罚金人民币 20 万元;以虚开增值税专用发票、用于抵扣税款发票罪判处朱某某有期徒刑 3 年,缓刑 5 年,并处罚金人民币 6 万元。同时,没收冻结在案的 60 万元予以抵缴税款上缴国库。

基本情况:2012 年至 2013 年,为了虚开发票贩卖牟利,樊某某与他人合伙注册了两家有限责任公司,并雇请朱某某使用非法手段收集公民个人身份信息(数量不足以追究侵犯公民个人信息罪)、伪造出库单,以两家公司名义开具了普通收购发票 1000 余份,可以抵扣税款 500 余万元;通过虚假的菊花茶销售合同,虚开了 200 余份增值税专用发票,抵扣税款 300 余万元。检察机关审查认为,樊某某伙同他人在无任何实质交易的情况下,虚开用于抵扣税款的普通收购发票和增值税专用发票用于抵消两家“公司”经营成本和贩卖牟利,严重扰乱经济秩序和国家税收征管秩序,其行为已构成虚开增值税专用发票、用于抵扣税款发票罪;朱某某虽领取固定工资,但帮助樊某某等人非法使用公民个人信息并伪造了大量虚假出库单等记账凭证,虚开增值税专用发票、用于抵扣税款发票罪的帮助犯成立。鉴于二人均系主动投案并如实供述,朱某某认罪认罚,可以建议法院对二人从轻或者减轻处罚。

引　申

查处虚开增值税发票行为的主要审计方法?

(1)从“货物流”的角度,核实增值税发票内容的真实性。通过分析销货方(或购货方)生产报表中的原材料消耗量、耗电量等指标,推算企业的产品产量(或入库商品)是否属实。将货物出库单(或入库单)、货运单据等与企业留存的发票各联相核对,确认增值税发票中的内容是否属实。

(2)从“资金流”的角度,核实增值税发票内容的真实性。将银行存款账、销售收入账、生产成本账、往来账相核对,核实增值税发票的金额是否与实际情况相符。

(3)从“发票流”的角度,核实增值税发票内容的真实性。将销货方存根联、记账联与购货方的发票联、抵扣联相核对,看发票中的项目是否一致.将购销双方的会计账目以及货物出库单、入库单、货运单等相核对,从时间、数量、金额等方面,检查有无异常情况。

(4)从“税务监控”的角度,核实增值税发票内容的真实性。将销货方或购货方留存的增值税发票、纳税申报表与税务机关的税控系统内的数据相核对,重点核实发票号、缴税时间、数量、金额等项目是否与税务机关系统内的相关内容相吻合。

相关规定

《最高人民法院关于虚开增值税专用发票定罪量刑标准有关问题的通知》 对虚开增值税专用发票刑事案件定罪量刑的数额标准，可以参照《最高人民法院关于审理骗取出口退税刑事案件具体应用法律若干问题的解释》(法释〔2002〕30号)[①]第三条的规定执行，即虚开的税款数额在五万元以上的，以虚开增值税专用发票罪处三年以下有期徒刑或者拘役，并处二万元以上二十万元以下罚金；虚开的税款数额在五十万元以上的，认定为刑法第二百零五条规定的“数额较大”；虚开的税款数额在二百五十万元以上的，认定为刑法第二百零五条规定的“数额巨大”。

059

什么是劳务报酬所得?

答:劳务报酬是指个人从事劳务取得的所得，包括从事设计、装潢、安装、制图、化验、测试、医疗、法律、会计、咨询、讲学、翻译、审稿、书画、雕刻、影视、录音、录像、演出、表演、广告、展览、技术服务、介绍服务、经纪服务、代办服务以及其他劳务取得的所得。

案　　例

某单位位于吴江某实验中学(以下简称某中学)内，实际上系某中学国际班性质，非独立的教育培训机构。检查发现某单位临时外

---

① 已失效。

聘教师未按劳务报酬所得代扣代缴个人所得税。

某单位上述行为未按“劳务报酬所得”税目代扣代缴个人所得税,违反了《个人所得税法》第 1 条、第 2 条、第 3 条、第 6 条、第 8 条的规定,造成应扣未扣个人所得税 110,993.80 元。某单位在检查过程中明确表示无法将应扣未扣的个人所得税税款补扣入库。因某单位将上述支付的劳务报酬作为应付工资入账,但未取得相应发票,2018 年度入账 155,615 元并列支管理费用,2019 年度入账 153,000 元并列支管理费用,2020 年度入账 390,417 元,应付工资借记 382,694.32 元,列支管理费用 7722.68 元。

根据《税收征收管理法》第 69 条及《企业所得税税前扣除凭证管理办法》(国家税务总局公告 2018 年第 28 号)第 12 条之规定,2018 年度纳税调增 155,615 元,某单位 2018 年度申报应纳税所得额 -26,146.21 元,某单位 2018 年度可补亏损 1,148,270.80 元,故本次调减亏损 155,615 元,结转 2019 年度可弥补亏损 1,018,802.01 元;2019 年度纳税调增 153,000 元,2019 年度可弥补亏损 1,018,802.01 元,某单位 2019 年度申报应纳税所得额 71,519.63 元,本次调减亏损 153,000 元,结转 2020 年度可弥补亏损 794,282.38 元,2020 年度纳税调增 7722.68 元,某单位 2020 年申报应纳税所得额 1,595,751.21 元,弥补亏损 794,282.38 元,对小型微利企业不超过 100 万元的部分,减按 25% 计入应纳税所得额,按 20% 税率缴纳企业所得税,故本次少缴 2020 年度企业所得税 15,816.89 元。

引　　申

劳务报酬所得缴纳个税需要注意的问题:

(1)劳务报酬所得、稿酬所得、特许权使用费所得以每次收入减除费用后的余额为收入额,收入额扣除其他允许扣除的项目后的余额为预扣预缴应纳税所得额,稿酬所得的收入额减按 70% 计算。

(2)预扣预缴环节,劳务报酬所得、稿酬所得、特许权使用费所得每次收入不超过 4000 元的,费用按 800 元计算;每次收入 4000 元以上的，费用按20%计算。

(3)劳务报酬所得应预扣预缴税额（按次加成法）应预扣预缴税额＝预扣预缴应纳税所得额×预扣率－速算扣除数。

(4)取得劳务报酬所得、稿酬所得、特许权使用费所得中一项或者多项所得，且综合所得年收入额减去专项扣除的余额超过6万元的需要年终办理汇算清缴。

(5)居民个人取得综合所得，按年计算个人所得税；有扣缴义务人的，由扣缴义务人按月或者按次预扣预缴税款。

相关规定

《个人所得税法实施条例》第6条 个人所得税法规定的各项个人所得的范围：(一)工资、薪金所得，是指个人因任职或者受雇取得的工资、薪金、奖金、年终加薪、劳动分红、津贴、补贴以及与任职或者受雇有关的其他所得。(二)劳务报酬所得，是指个人从事劳务取得的所得，包括从事设计、装潢、安装、制图、化验、测试、医疗、法律、会计、咨询、讲学、翻译、审稿、书画、雕刻、影视、录音、录像、演出、表演、广告、展览、技术服务、介绍服务、经纪服务、代办服务以及其他劳务取得的所得……

060

什么是稿酬所得，如何缴纳个税？

答：稿酬所得，是指个人因其作品以图书、报刊等形式出版、发表而取得的所得。将稿酬所得独立划归一个征税项目，面对不以图书、报刊形式出版、发表的翻译、审稿、书画所得归为劳务报酬所得，主要是考虑了出版、发表作品的特殊性。稿酬所得应当与一般劳务报酬相区别，并给予适当优惠照顾。

案　　例

王小二为吉祥公司员工，为我国居民，业余时间写了一本《财务管理制度建设及内控指南》，于2019年4月由如意大学出版社出版发行，6月取得稿酬20,000.00元；10月取得稿酬80,000.00元，10月加印取得稿酬100,000.00元；12月取得稿酬3000.00元，同时再版取得稿酬150,000.00元。问：如意大学出版社应预扣预缴王小二多少个人所得税？

(1)王小二2019年6月取得稿酬20,000.00元，收入大于4000.00元，扣除费用20%。

预扣预缴应纳税所得额＝20000.00×(1－20%)×70%＝11200.00元。

应预扣预缴税额＝11200.00×20%＝2240.00元。

(2)王小二2019年10月取得稿酬80,000.00元，加印取得稿酬100,000.00元，应合并为一次稿酬所得预扣预缴个税。10月取得稿酬180,000.00元，收入大于4000.00元，扣除费用20%。

预扣预缴应纳税所得额＝180000.00×(1－20%)×70%＝100800.00元。

应预扣预缴税额＝100800.00×20%＝20160.00元。

(3)王小二2019年12月取得稿酬3000.00元，再版取得稿酬150,000.00元，根据《个人所得税法实施条例》第14条第1款规定，应分别按一次稿酬所得预扣预缴个税。

①12月取得稿酬3000.00元，收入小于4000.00元，扣除费用800.00元。

预扣预缴应纳税所得额＝(3000.00－800.00)×70%＝1540.00

元。应预扣预缴税额 = 1540.00 × 20% = 308.00 元。

②12 月再版取得稿酬 150,000.00 元，收入大于 4000.00 元，扣除费用 20%。

预扣预缴应纳税所得额 = 150000.00 ×（1 - 20%）× 70% = 84000.00 元。

应预扣预缴税额 = 84000.00 × 20% = 16800.00 元。

如意大学出版社 2019 年 12 月应预扣预缴个税 17,108.00 元。

(4)如意大学出版社 2019 年应预扣预缴王小二稿酬所得个税 39,508.00 元。

引 申

稿酬所得计算个人所得税时应注意：

(1)个人每次以图书、报刊方式出版、发表同一作品，不论出版单位是预付还是分笔支付稿酬，或者加印该作品后再付稿酬，均应合并为一次征税。

(2)在两处或两处以上出版、发表或再版同一作品而取得的稿酬，则可以分别各处取得的所得或再版所得分次征税。

(3)个人的同一作品在报刊上连载，应合并其因连载而取得的所得为一次征税；连载之后又出书取得稿酬的，或先出书后连载取得稿酬的，应视同再版稿酬分次征税。

(4)作者去世后，对取得其遗作稿酬的个人，按稿酬所得征税。

相关规定

《个人所得税法实施条例》第 6 条第 1 款第 3 项 稿酬所得，是指个人因其作品以图书、报刊等形式出版、发表而取得的所得。

061

什么是特许权使用费所得,如何缴纳个人所得税?

答:特许权使用费所得是个人提供专利权、商标权、著作权、非专利技术以及其他特许权的使用权取得的所得。特许权使用费所得属于个人所得税的征收项目。

案 例

2019年9月,丙公司因使用居民张某拥有的一项专利权而支付其特许权使用费30万元。那么,丙公司针对支付给张某的特许权使用费该如何履行个人所得税预扣预缴义务呢?张某又该如何处理呢?

根据《个人所得税法实施条例》第6条第1款第4项规定:“特许权使用费所得,是指个人提供专利权、商标权、著作权、非专利技术以及其他特许权的使用权取得的所得;提供著作权的使用权取得的所得,不包括稿酬所得。”

丙公司的税务处理如下:

根据《个人所得税扣缴申报管理办法(试行)》第8条规定:“扣缴义务人向居民个人支付劳务报酬所得、稿酬所得、特许权使用费所得时,应当按照以下方法按次或者按月预扣预缴税款:劳务报酬所得、稿酬所得、特许权使用费所得以收入减除费用后的余额为收入额;其中,稿酬所得的收入额减按百分之七十计算。减除费用:预扣预缴税款时,劳务报酬所得、稿酬所得、特许权使用费所得每次收入不超过四千元的,减除费用按八百元计算;每次收入四千元以上的,减除费用按收入的百分之二十计算。应纳税所得额:劳务报酬所得、稿酬所得、特许权使用费所得,以每次收入额为预扣预缴应纳税所得额,计算应预扣预缴税额……稿酬所得、特许权使用费所得适用百分之二十的比例预扣率。”

张某取得的特许权使用费所得属于综合所得项目的税务处理如下:

《国家税务总局关于个人所得税自行纳税申报有关问题的公告》(国家税务总局公告2018年第62号)第1条规定:“取得综合所得且符合下列情形之一的纳税人,应当依法办理汇算清缴:(一)从两处以上取得综合所得,且综合所得年收入额减除专项扣除后的余额超过6万元;(二)取得劳务报酬所得、稿酬所得、特许权使用费所得中一项或者多项所得,且综合所得年收入额减除专项扣除的余额超过6万元;(三)纳税年度内预缴税额低于应纳税额;(四)纳税人申请退税。

需要办理汇算清缴的纳税人,应当在取得所得的次年3月1日至6月30日内,向任职、受雇单位所在地主管税务机关办理纳税申报,并报送《个人所得税年度自行纳税申报表》。纳税人有两处以上任职、受雇单位的,选择向其中一处任职、受雇单位所在地主管税务机关办理纳税申报;纳税人没有任职、受雇单位的,向户籍所在地或经常居住地主管税务机关办理纳税申报。

纳税人办理综合所得汇算清缴,应当准备与收入、专项扣除、专项附加扣除、依法确定的其他扣除、捐赠、享受税收优惠等相关的资料,并按规定留存备查或报送。”

引　申

特许权使用费的界定一直是国际税收实务中的难点,关键问题在于对其范畴的把握。应根据业务实质结合《中·新(新加坡共和国税收协定和议定书》(以下简称《中新协定》)中关于特许权使用费的适用范围进行判定，重点要关注交易实质是让渡知识产权使用权还是转让所有权；是转让专有技术使用权还是提供技术服务；是使用软件产品还是使用软件相关著作权；技术服务是否与专有技术使用权转让相关，技术服务是否构成常设机构等。实务中，应根据合同中双方的权利义务关系涉及标的的性质，结合相关法律、法规、解释作深入分析，不应局限于合同、协议等文字性的条款描述。在适用协定特许权使用费条款限制性税率时，还需注意只有缔约国居民符合受益所有人身份才能享受协定优惠。

相关规定

《个人所得税扣缴申报管理办法(试行)》第8条第3款 减除费用：预扣预缴税款时，劳务报酬所得、稿酬所得、特许权使用费所得每次收入不超过四千元的，减除费用按八百元计算；每次收入四千元以上的，减除费用按收入的百分之二十计算。

《个人所得税法实施条例》第6条第1款第4项 特许权使用费所得，是指个人提供专利权、商标权、著作权、非专利技术以及其他特许权的使用权取得的所得；提供著作权的使用权取得的所得，不包括稿酬所得。

062

哪些所得项目是综合所得，如何缴纳个人所得税？

答：工资薪金所得、劳务报酬所得、稿酬所得、特许权使用费所得这四项，称为居民个人综合所得，按纳税年度合并计算个人所得税。

综合所得,适用3%至45%的超额累进税率。

免于汇算清缴的三种情形:

(1)纳税人需要补税但综合所得年收入不超过12万元的;

(2)纳税人年度汇算需补税金额不超过400元的;

(3)纳税人已预缴税额与年度应纳税额一致或不申请年度汇算退税的。

案　　例

王某(居民个人,下同)在甲公司任职受雇,2019年1月至12月取得工资薪金收入65,635元(税前应发工资,下同),个人负担缴纳"三险一金"11,875元,专项附加扣除39,600元,依法确定的其他扣除(商业健康保险)2400元;甲公司按照累计预扣法已预扣预缴个人所得税0元,计算过程如下:2019年工资薪金所得应纳税所得额=65635-60000-11875-39600-2400=-48240元,小于0,即不需要预缴税金。假设王某未取得其他综合所得。

分析:王某2019年综合所得收入额为65,635元,2019年综合所得年收入额减除专项扣除的余额=65635-11875=53760元,小于6万元,不属于需要办理汇算清缴的情形,也不存在免除汇算清缴义务的问题。

引　　申

综合所得缴纳个人所得税注意事项:

(1)提前进行网上申报。2019年个人所得税实施新政策后,个人所得税的缴税义务人一定要按照税务局的要求和通知,及时到网上或手机上进行税务扣减申报,依法纳税,是公民的应尽义务,因为只有及时申报了,你才能享受到扣减的福利。

(2)大病医疗费扣减有金额限制。个人所得税的扣减中有一项是针对大病医疗费扣减的，这一项要注意，扣减的单人金额不超过 8 万元，夫妻二人一起不超过 16 万元，在这个范围内按照实际的花费进行扣除。未成年子女的医疗费可以选择一方父母进行个人所得税扣除。

（3）赡养老人扣减有上限。个人所得税扣减中，有一项赡养老人的扣减项，这一项无论你是独生子女还是非独生子女，最高扣减额不超过 3000 元。

（4）提供扣减信息要真实。个人所得税申报人在进行个人所得税申报时，一定要秉持真实的原则，不隐瞒，不夸大，真实地提供相应的资料和信息。

（5）租房和房贷扣减不能同时享受。在个人所得税的扣减项中有关于首套房的贷款扣除和租房扣除项，这两项是排斥的，只要享受了一项，就不能享受第二项。

（6）赡养老人扣减只针对有血缘的老人。个人所得税扣减的赡养老人项目中，只能扣减和自己有血缘关系的老人，没有血缘关系的就不行，比如丈夫的岳父母、妻子的公婆就不在他们自己的扣减序列中。

（7）子女教育支出有特别的规定。在孩子年满 3 岁至上小学前，无论其是否进入学校上学，都可以享受扣除；在上小学后到本科教育时，就只有进入学校接受教育才能享受扣除。

（8）3 岁以下婴幼儿照护专项附加扣除标准，为每月 2000 元。

相关规定

依据《个人所得税法》第 2 条的规定，个人综合所得，是指个人工资、薪金所得，劳务报酬所得，稿酬所得和特许权使用费所得四项。

063

综合所得适用的税率是什么?

答:(1)居民个人综合所得,以每一纳税年度的收入额减除费用6万元以及专项扣除、专项附加扣除和依法确定的其他扣除后的余额为应纳税所得额。

应纳个人所得税税额 = 应纳税所得额 × 适用税率 - 速算扣除数。

应纳税所得额 = 年度收入额 - 准予扣除额。

准予扣除额 = 基本扣除费用 60,000 元 + 专项扣除 + 专项附加扣除 + 依法确定的其他扣除。

(2)非居民个人的工资薪金所得,以每月收入额减除费用 5000 元后的余额为应纳税所得额。

应纳个人所得税税额 = 应纳税所得额 × 适用税率 - 速算扣除数。

应纳税所得额 = 月度收入额 - 准予扣除额。

准予扣除额 = 基本扣除费用 5000 元 + 专项扣除 + 专项附加扣除 + 依法确定的其他扣除。

(3)劳务报酬所得、稿酬所得、特许权使用费所得,以每次收入额为应纳税所得额。劳务报酬所得、稿酬所得、特许权使用费所得以收入减除 20% 的费用后的余额为收入额。稿酬所得的收入额减按 70% 计算。

劳务报酬所得、稿酬所得、特许权使用费所得,属于一次性收入的,以取得该项收入为一次;属于同一项目连续性收入的,以一个月内取得的收入为一次。

案　例

张某在甲公司任职受雇,2019 年 1 月至 12 月在甲公司取得工资薪金收入 55,635 元(每月均为 4636.25 元),个人负担缴纳“三险一金”11,375 元,专项附加扣除 24,000 元;甲公司按照累计预扣法已经预扣预缴个人所得税 0 元,即 2019 年全年工资薪金所得应纳税所得额 = 55635 - 60000 - 11375 - 24000 = -39740(元),小于 0,平时预缴个人所得税为 0。另外,张某同时还在乙公司任职受雇,2019 年 1 月至 12 月从乙公司取得工资薪金 57,600 元(每月均为 4800 元),乙公司按照累计预扣法已经预扣预缴个人所得税 0 元。假设张某未取得其他综合所得。(1)2019 年张某综合所得年收入 = 55635 + 57600 = 113235(元),小于 12 万元;(2)2019 年度综合所得应纳税所得额 = 113235 - 60000 - 11375 - 24000 = 17860(元),应纳税额 = 17860 × 3% = 535.8(元);(3)这种情形属于纳税人从两处以上取得综合所得,且综合所得年收入额 113,235 元减除专项扣除 11,375 元后的余额 101,860 元超过 6 万元,需要办理汇算清缴的情形,但张某综合所得年收入 113,235 元小于 12 万元,虽然汇算清缴需要补税 535.8 元超过了 400 元,但按照《财政部、税务总局关于个人所得税综合所得汇算清缴涉及有关政策问题的公告》(财政部、税务总局公告 2019 年第 94 号,以下简称“94 号公告”)第 1 条规定:“2019 年 1 月 1 日至 2020 年 12 月 31 日居民个人取得的综合所得,年度综合所得收入不超过 12 万元且需要汇算清缴补税的,或者年度汇算清缴补税金额不超过 400 元的,居民个人可免于办理个人所得税综合所得汇算清缴。”属于第一种情形,可免除其汇算清缴义务且不需要补缴税款 535.8 元。

引　申

取得综合所得需要办理汇算清缴的情形包括：

(1)从两处以上取得综合所得,且综合所得年收入额减除专项扣除的余额超过6万元;

(2)取得劳务报酬所得、稿酬所得、特许权使用费所得中一项或者多项所得,且综合所得年收入额减除专项扣除的余额超过6万元;

(3)纳税年度内预缴税额低于应纳税额;

(4)纳税人申请退税。

相关规定

《个人所得税法》第3条　个人所得税的税率:(一)综合所得,适用百分之三至百分之四十五的超额累进税率(税率表附后);……

第6条　应纳税所得额的计算:(一)居民个人的综合所得,以每一纳税年度的收入额减除费用六万元以及专项扣除、专项附加扣除和依法确定的其他扣除后的余额,为应纳税所得额。(二)非居民个人的工资、薪金所得,以每月收入额减除费用五千元后的余额为应纳税所得额;劳务报酬所得、稿酬所得、特许权使用费所得,以每次收入额为应纳税所得额……本条第一款第一项规定的专项扣除,包括居民个人按照国家规定的范围和标准缴纳的基本养老保险、基本医疗保险、失业保险等社会保险费和住房公积金等;专项附加扣除,包括子女教育、继续教育、大病医疗、住房贷款利息或者住房租金、赡养老人等支出,具体范围、标准和实施步骤由国务院确定,并报全国人民代表大会常务委员会备案。

第22条　本法自公布之日起施行。

附:

个人所得税税率表(一)

(综合所得适用)

级数	全年应纳税所得额	税率(%)
1	不超过36,000元的	3
2	超过36,000元至144,000元的部分	10
3	超过144,000元至300,000元的部分	20
4	超过300,000元至420,000元的部分	25
5	超过420,000元至660,000元的部分	30
6	超过660,000元至960,000元的部分	35
7	超过960,000元的部分	45

(注1:本表所称全年应纳税所得额是指依照本法第六条的规定,居民个人取得综合所得以每一纳税年度收入额减除费用六万元以及专项扣除、专项附加扣除和依法确定的其他扣除后的余额。

注2:非居民个人取得工资、薪金所得,劳务报酬所得,稿酬所得和特许权使用费所得,依照本表按月换算后计算应纳税额。)

……

064

居民个人的综合所得应纳税所得额如何确定?

答:居民个人综合所得,以每一纳税年度的收入额减除费用6万元以及专项扣除、专项附加扣除和依法确定的其他扣除后的余额,为应纳税所得额。

综合所得应纳税所得额 = 每一纳税年度的收入额 - 6万元/年 - 专项扣除 - 专项附加扣除 - 其他扣除

工资、薪金所得全额计入收入额；而劳务报酬所得、特许权使用费所得的收入额为实际取得劳务报酬、特许权使用费收入的 80%；此外，稿酬所得的收入额在扣除 20% 费用基础上，再减按 70% 计算，即稿酬所得的收入额为实际取得稿酬收入的 56%。

案 例

中国公民金某为境内企业白天公司的职员。其 2019 年的收入情况如下：全年取得公司发放的工资薪金 180,000 元，无其他特殊性工资薪金所得。3 月给昊天公司提供培训收入 20,000 元；6 月给盛大公司提供培训收入 30,000 元。3 月出版一本专著，9 月获得稿酬 50,000 元，12 月获得稿酬 100,000 元。10 月将其拥有的一项非专利技术提供给白云公司使用，一次性收取使用费 300,000 元。

其 2019 年发生的支出如下：(1) 按国家规定标准缴纳的三险一金共计 50,000 元。(2) 发生符合扣除标准的住房贷款利息 12,000 元、子女教育支出 10,000 元。(3) 发生符合扣除标准的企业年金 6000 元。(4) 通过红十字会向教育事业捐赠 150,000 元。金某 2019 年度综合所得应缴个人所得税如何计算？

(1)2019 年综合所得收入额的计算：工资、薪金所得收入额为 180,000 元。劳务报酬所得收入额 = (20000 + 30000) × (1 − 20%) = 40000 元。稿酬所得收入额 = (50000 + 100000) × (1 − 20%) × 70% = 84000 元。特许权使用费所得收入额 = 300000 × (1 − 20%) = 240000 元。综合所得收入额 = 180000 + 40000 + 84000 + 240000 = 544000 元。

(2)2019 年公益慈善捐赠扣除额的计算：扣除捐赠额之前的应纳税所得额 = 544000 − 60000 − 50000 − 12000 − 10000 − 6000 = 406000 元。准予扣除公益慈善捐赠限额 = 406000 × 30% = 121800 元。实际捐赠 150,000 元 > 121,800 元，准予扣除的捐赠额为 121,800 元。

(3)2019年综合所得应纳税额的计算:应纳税所得额＝406000－121800＝284200元。适用税率20%,速算扣除数16920。应缴个人所得税＝284200×20%－16920＝39920元。

引　申

国家税务总局发布的《个人所得税扣缴申报指引》特别说明事项关于汇算清缴相关事项提道:"上述三项所得预扣预缴税款的计算,和年度汇算清缴税款的计算方法是有区别的。主要差别为:一是收入额的计算方法不同。年度汇算清缴时,收入额为收入减除百分之二十的费用后的余额;预扣预缴时收入额为每次收入减除费用后的余额,其中,'收入不超过四千元的,费用按八百元计算;每次收入四千元以上的,费用按百分之二十计算'。二是可扣除的项目不同。居民个人的上述三项所得和工资、薪金所得属于综合所得,年度汇算清缴时以四项所得的合计收入额减除费用六万元以及专项扣除、专项附加扣除和依法确定的其他扣除后的余额,为应纳税所得额。而根据个人所得税法及实施条例规定,上述三项所得日常预扣预缴税款时暂不减除专项附加扣除。三是适用的税率/预扣率不同。年度汇算清缴时,各项所得合并适用百分之三至百分之四十五的超额累进税率;预扣预缴时,劳务报酬所得适用个人所得税预扣率表二,稿酬所得、特许权使用费所得适用百分之二十的比例预扣率。"

相关规定

《个人所得税法》第6条　应纳税所得额的计算:(一)居民个人的综合所得,以每一纳税年度的收入额减除费用六万元以及专项扣除、专项附加扣除和依法确定的其他扣除后的余额,为应纳税所得额……

065

新个人所得税法下，年度汇算时，劳务报酬、稿酬、特许权使用费所得如何计算收入额？

答：(1)收入额的确定：劳务报酬所得、稿酬所得、特许权使用费所得以收入减除费用后的余额为收入额。其中，稿酬所得的收入额减按70%计算（与修订前一样，继续保持对稿酬所得的优惠政策）。

(2)减除费用标准：劳务报酬所得、稿酬所得、特许权使用费所得每次收入不超过4000元的，减除费用按800元计算；每次收入4000元以上的，减除费用按20%计算。

(3)预扣率和预扣预缴税额计算公式：应纳税所得额为劳务报酬所得、稿酬所得、特许权使用费所得，以每次收入额为预扣预缴应纳税所得额。劳务报酬所得适用20%至40%的超额累进预扣率，稿酬所得、特许权使用费所得适用20%的比例预扣率。劳务报酬所得应预扣预缴税额＝预扣预缴应纳税所得额×预扣率－速算扣除数。稿酬所得、特许权使用费所得应预扣预缴税额＝预扣预缴应纳税所得额×20%。

案　例

案例一：(1)单位支付某居民个人劳务报酬收入30,000元（一次）：劳务报酬所得预扣预缴应纳税所得额＝每次收入×(1－20%)＝30000×(1－20%)＝24000元。

劳务报酬所得预扣预缴税额 = 预扣预缴应纳税所得额 × 预扣率 − 速算扣除数 = 24000 × 30% − 2000 = 5200 元。

（2）支付某居民个人稿酬 2000 元：稿酬所得预扣预缴应纳税所得额 =（每次收入 − 800）× 70% =（2000 − 800）× 70% = 840 元。

稿酬所得预扣预缴税额 = 预扣预缴应纳税所得额 × 预扣率 = 840 × 20% = 163 元。

（3）支付某居民个人特许权使用费 2000 元：特许权使用费所得预扣预缴应纳税所得额 = 每次收入 − 800 = 2000 − 800 = 1200 元。

特许权使用费所得预扣预缴税额 = 预扣预缴应纳税所得额 × 预扣率 = 1200 × 20% = 240 元。

案例二：某税务局披露的某网红偷逃税，其偷逃税手法正是将从有关企业获得的工资薪金、劳务报酬综合所得收入，转换为个人独资企业的经营所得，从而实现偷逃税款。虽然形式上好像是符合规定，但税务实质是不妥当的，系以合法形式掩盖非法目的。

引　申

自然人代开发票，如果所得项目为劳务报酬、稿酬、特许权使用费，税务机关不再预征个人所得税，相关个人所得税由支付方履行代扣代缴义务，在发票备注栏内统一打印“个人所得税由支付方依法预扣预缴（或代扣代缴）”字样。扣缴义务人向居民个人支付劳务报酬所得、稿酬所得、特许权使用费所得时，应当按照以下方法按次或者按月预扣预缴税款：

劳务报酬所得、稿酬所得、特许权使用费所得以收入减除费用后的余额为收入额；其中，稿酬所得的收入额减按 70% 计算。

减除费用：预扣预缴税款时，劳务报酬所得、稿酬所得、特许权使用费所得每次收入不超过 4000 元的，减除费用按 800 元计算；每次收入4000元以上的,减除费用按收入的20%计算。

应纳税所得额:劳务报酬所得、稿酬所得、特许权使用费所得,以每次收入额为预扣预缴应纳税所得额,计算应预扣预缴税额。劳务报酬所得适用《个人所得税法》中规定的个人所得税预扣率表一,稿酬所得、特许权使用费所得适用20%的比例预扣率。

其中劳务报酬的预扣率分别为以下3档(见表3):

表3 居民个人劳务报酬所得预扣预缴适用

级数	预扣预缴应纳税所得额	预扣率(%)	速算扣除数
1	不超过20,000元的	20	0
2	超过20,000元至50,000元的部分	30	2000
3	超过50,000元的部分	40	7000

注:稿酬及特许权使用费预扣率为20%。

相关规定

《个人所得税法》第6条 应纳税所得额的计算:(一)居民个人的综合所得,以每一纳税年度的收入额减除费用六万元以及专项扣除、专项附加扣除和依法确定的其他扣除后的余额,为应纳税所得额……劳务报酬所得、稿酬所得、特许权使用费所得以收入减除百分之二十的费用后的余额为收入额。稿酬所得的收入额减按百分之七十计算……

066

扣缴义务人或纳税人自行申报全年一次性奖金个人所得税时,如何缴纳个人所得税?是否可以选择并入综合所得或不并入综合所得计算?

答:全年一次性奖金是指行政机关、企事业单位等扣缴义务人根据其全年经济效益和对雇员全年工作业绩的综合考核情况,向雇员发放的一次性奖金。上述奖金也包括年终加薪、实行年薪制和绩效工资办法的单位根据考核情况兑现的年薪和绩效工资。采用全年一次性奖金计税方法,也包括年底双薪。使用该计税办法,应注意的前提是发放奖金的性质要符合全年一次性奖金的界定,是基于全年经济效益和对雇员全年工作业务的综合考核情况发放的。

计税方式有两种选择:

(1)单独计税

即不并入当年综合所得,以全年一次性奖金收入除以12个月得到的数额,按照按月换算后的综合所得税率表(月度税率表),确定适用税率和速算扣除数,单独计算纳税。

计算公式为:应纳税额 = 全年一次性奖金收入 × 适用税率 - 速算扣除数。

(2)合并计税

居民个人取得全年一次性奖金,也可以选择并入当年综合所得计算纳税。

自2022年1月1日起,居民个人取得全年一次性奖金,应并入当年综合所得计算缴纳个人所得税。

案 例

假设企业职工小王2020年每月工资收入为7000元,不考虑社会保险和公积金,每月允许扣除的专项附加扣除额为1000元,没有其他收入和扣除项目,2020年2月,企业发放上年度全年一次性奖金42,000元。

预扣预缴时假如企业预扣预缴环节选择单独计税:

全年一次性奖金应纳税额计算步骤:(1)将全年一次性奖金除以12,即42000 ÷ 12 = 3500元;(2)查找税率,参照按月换算后的综合所得税率表,3500元适用的税率为10%,速算扣除数为210元;(3)全年一次性奖金应纳税额 = 全年一次性奖金收入 × 适用税率 - 速算扣除数 = 42000 × 10% - 210 = 3990元;(4)综合所得应纳税额 = (累计收入 - 累计免税收入 - 累计减除费用 - 累计专项扣除 - 累计专项附加扣除 - 累计依法确定的其他扣除) × 适用税率 - 速算扣除 = (7000 × 12 - 0 - 5000 × 12 - 0 - 1000 × 12 - 0) × 3% - 0 = 360元。

全年综合所得预扣预缴个人所得税 = 3990 + 360 = 4350元。

次年年度汇算时:

(1)纳税人选择该笔奖金单独计税,则:由于全年一次性奖金已在预扣预缴时申报纳税,年度汇算时不涉及补(退)税。

(2)纳税人选择将该笔奖金并入全年综合所得计税,则:并入后的年度综合所得应纳税所得额 = 累计收入 - 累计免税收入 - 累计减除费用 - 累计专项扣除 - 累计专项附加扣除 - 累计依法确定的其他扣除 = (7000 × 12 + 42000) - 0 - 5000 × 12 - 0 - 1000 × 12 - 0 = 54000元。全年合计应缴纳个人所得税 = 并入后的年度综合所得应纳税所得额 × 适用税率 - 速算扣除数 = 54000 × 10% - 2520 = 2880元。

两种计税方法计算出来的结果会有差别,纳税人可以自行比较,选择适用全年一次性奖金优惠政策或选择并入当年综合所得计算缴纳个人所得税。

引　申

由于每个人的收入情况不同,适用哪种计税方式更优需要具体计算分析,建议纳税人可以登录个人所得税手机 App,点击“奖金计税方式选择”,查看不同计税方式下的应纳税额。若预扣预缴时选择将全年一次性奖金并入工资薪金收入,那么,次年 3 月至 6 月办理个人所得税综合所得年度汇算时不可以将该笔奖金从综合所得收入中拆分出来。

相关规定

2021 年 12 月 30 日,国务院常务会议召开,会议决定延续实施部分个人所得税优惠政策,将全年一次性奖金不并入当月工资薪金所得、实施按月单独计税的政策延至 2023 年年底。为减轻个人所得税负担,缓解中低收入群体压力,会议还决定,将全年一次性奖金不并入当月工资薪金所得、实施按月单独计税的政策延至 2023 年年底;将年收入不超过 12 万元且需补税或年度汇算补税额不超过 400 元的免予补税政策延至 2023 年年底;将上市公司股权激励单独计税政策延至 2022 年年底。

《财政部、税务总局关于个人所得税法修改后有关优惠政策衔接问题的通知》(财税〔2018〕164 号)　为贯彻落实修改后的《中华人民共和国个人所得税法》,现将个人所得税优惠政策衔接有关事项通知如下:

一、关于全年一次性奖金、中央企业负责人年度绩效薪金延期兑现收入和任期奖励的政策

(一)居民个人取得全年一次性奖金,符合《国家税务总局关于

调整个人取得全年一次性奖金等计算征收个人所得税方法问题的通知》(国税发〔2005〕9号)规定的,在2021年12月31日前,不并入当年综合所得,以全年一次性奖金收入除以12个月得到的数额,按照本通知所附按月换算后的综合所得税率表(以下简称月度税率表),确定适用税率和速算扣除数,单独计算纳税。计算公式为:

应纳税额 = 全年一次性奖金收入 × 适用税率 – 速算扣除数

居民个人取得全年一次性奖金,也可以选择并入当年综合所得计算纳税。

自2022年1月1日起,居民个人取得全年一次性奖金,应并入当年综合所得计算缴纳个人所得税。

(二)中央企业负责人取得年度绩效薪金延期兑现收入和任期奖励,符合《国家税务总局关于中央企业负责人年度绩效薪金延期兑现收入和任期奖励征收个人所得税问题的通知》(国税发〔2007〕118号)规定的,在2021年12月31日前,参照本通知第一条第(一)项执行;2022年1月1日之后的政策另行明确……

067

个人办理内部退养手续后从原任职单位取得的一次性收入该如何计税?

答:根据《财政部、税务总局关于个人所得税法修改后有关优惠政策衔接问题的通知》(财税〔2018〕164号)第5条第3项的规定:个人办理内部退养手续而取得的一次性补贴收入,按照《国家税务总局关于个人所得税有关政策问题的通知》(国税发〔1999〕58号)规定计算纳税。

根据《国家税务总局关于个人所得税有关政策问题的通知》（国税发〔1999〕58 号）的规定："一、关于企业减员增效和行政、事业单位、社会团体在机构改革过程中实行内部退养办法人员取得收入征税问题

"实行内部退养的个人在其办理内部退养手续后至法定离退休年龄之间从原任职单位取得的工资、薪金，不属于离退休工资，应按'工资、薪金所得'项目计征个人所得税。

"个人在办理内部退养手续后从原任职单位取得的一次性收入，应按办理内部退养手续后至法定离退休年龄之间的所属月份进行平均，并与领取当月的'工资、薪金'所得合并后减除当月费用扣除标准，以余额为基数确定适用税率，再将当月工资、薪金加上取得的一次性收入，减去费用扣除标准，按适用税率计征个人所得税。

"个人在办理内部退养手续后至法定离退休年龄之间重新就业取得的'工资、薪金'所得，应与其从原任职单位取得的同一月份的'工资、薪金'所得合并，并依法自行向主管税务机关申报缴纳个人所得税。"

案　　例

李某 2021 年每月取得工资 7000 元。2021 年 5 月李某办理了内部退养手续，从单位取得了一次性内部退养收入 10 万元。李某离正式退休时间还有 20 个月，假定李某 2021 年度没有其他综合所得，可享受 12,000 元子女教育专项附加扣除，李某应缴纳的个人所得税为：

1. 李某离正式退休时间还有 20 个月，平均分摊一次性收入 100000 ÷ 20 = 5000 元。

2. 5000 元与当月工资 7000 元合并，减除当月费用扣除标准 5000 元，以其余额为基数确定适用税率和速算扣除数：(5000 + 7000) - 5000 = 7000 元，应适用税率 10%，速算扣除数 210。

3. 将当月工资 7000 元加上当月取得的一次性收入 100,000 元，减去费用扣除标准 5000 元，计算税款(7000 + 100000 - 5000) × 10% - 210 = 9990 元。

模拟计算单月工资应计算的税款：(7000 - 5000) × 3% = 60 元，内部退养应缴纳的税款为 9990 - 60 = 9930 元。

4. 李某 2021 年度取得内部退养一次性收入不并入当月外，其他月份另行累计预扣预缴税款(7000 × 12 - 5000 × 12 - 12000) × 3% = 360 元。

5. 李某 2021 年全年应缴纳个人所得税为 9930 + 360 = 10290 元。

引　　申

个人在办理内部退养手续后从原任职单位取得的一次性收入，应将办理内部退养手续后至法定离退休年龄之间的所属月份进行平均，并与领取当月的“工资、薪金”所得合并后减除当月费用扣除标准，以余额为基数确定适用税率，再将当月工资、薪金加上取得的一次性收入，减去费用扣除标准，按适用税率计征个人所得税。

个人在办理内部退养手续后至法定离退休年龄之间重新就业取得的“工资、薪金所得”，应与其从原任职单位取得的同一月份的“工资、薪金所得”合并，并依法自行向主管税务机关申报缴纳个人所得税。

相关规定

《财政部、税务总局关于个人所得税法修改后有关优惠政策衔接问题的通知》(财税〔2018〕164 号)第 5 条　关于解除劳动关系、提前退休、内部退养的一次性补偿收入的政策:(一)个人与用人单位解除劳动关系取得一次性补偿收入(包括用人单位发放的经济补偿金、生活补助费和其他补助费),在当地上年职工平均工资3倍数额以内的部分,免征个人所得税;超过3倍数额的部分,不并入当年综合所得,单独适用综合所得税率表,计算纳税。(二)个人办理提前退休手续而取得的一次性补贴收入,应按照办理提前退休手续至法定离退休年龄之间实际年度数平均分摊,确定适用税率和速算扣除数,单独适用综合所得税率表,计算纳税。计算公式:应纳税额={[(一次性补贴收入÷办理提前退休手续至法定退休年龄的实际年度数)-费用扣除标准]×适用税率-速算扣除数}×办理提前退休手续至法定退休年龄的实际年度数。(三)个人办理内部退养手续而取得的一次性补贴收入,按照《国家税务总局关于个人所得税有关政策问题的通知》(国税发〔1999〕58号)规定计算纳税。

068

提前退休一次性收入个人所得税如何计算?需要进行年度汇算吗?

答:个人办理提前退休手续而取得的一次性补贴收入,应按照办理提前退休手续至法定离退休年龄之间实际年度数平均分摊,确定适用税率和速算扣除数,单独适用综合所得税率表,计算纳税,不需并入综合所得进行年度汇算。

计算公式:应纳税额={[(一次性补贴收入÷办理提前退休手续至法定退休年龄的实际年度数)-费用扣除标准]×适用税率-速

算扣除数}×办理提前退休手续至法定退休年龄的实际年度数。

案　例

杨某2019年7月因身体原因经社会保险部门批准而提前20个月退休,企业按照统一标准给予杨某一次性补贴120,000元。问题:杨某提前退休领取的一次性补贴应缴纳个人所得税是多少?

杨某提前退休一次性补贴收入应纳税额={[120000÷20/12-60000]×适用税率-速算扣除数}×20/12={12000×3%-0}×20/12=600元。

引　申

财税〔2018〕164号文件所称的"个人办理提前退休手续"是指纳税人在法定退休年龄之前就按照规定办理了退休手续的情况,具体就包括了国发〔1978〕104号文件列举的四种可以办理退休情况中后三种情况,也就是人们常说的特殊工种、因病、因公致残等三种提前退休的情况。

特别需要注意提前退休与内部退养的区别,办理提前退休就意味着得到了社会保险部门的批准并且可以从社会保险部门领取基本养老金等,而内部退养仅仅是单位内部的处理办法,虽然职工跟退休一样离开了工作岗位,但是并没有获得社会保险部门的批准,其内部退养人员也暂时没有在社会保险部门领取基本养老金的资格。

相关规定

《财政部、税务总局关于个人所得税法修改后有关优惠政策衔接问题的通知》(财税〔2018〕164号)第5条第2项　个人办理提前退休手续而取得的一次性补贴收入,应按照办理提前退休手续至法定离退休年龄之间实际年度数平均分摊,确定适用税率和速算扣除数,单独适用综合所得税率表,计算纳税。计算公式:应纳税额 = {〔(一次性补贴收入 ÷ 办理提前退休手续至法定退休年龄的实际年度数) - 费用扣除标准〕× 适用税率 - 速算扣除数} × 办理提前退休手续至法定退休年龄的实际年度数。

069

离退休人员取得返聘工资和奖金补贴如何计税?需要进行年度汇算吗?

答:根据国家税务总局发布的《个人所得税综合所得年度汇算政策百问百答》的规定,按照国家统一规定发给干部、职工的安家费、退职费、基本养老金或者退休费、离休费、离休生活补助费,免征个人所得税。离退休人员除按规定领取离退休工资或养老金外,另从原任职单位取得的各类补贴、奖金、实物,不属于《个人所得税法》第 4 条规定可以免税的退休工资、离休工资、离休生活补助费,应在减除按《个人所得税法》规定的费用扣除标准后,按“工资、薪金所得”应税项目缴纳个人所得税。需要办理年度汇算的,按照规定办理年度汇算。

引　申

《劳动合同法》第 44 条规定:“有下列情形之一的,劳动合同终止:……(二)劳动者开始依法享受基本养老保险待遇的;……”及《劳动合同法实施条例》第 21 条规定:“劳动者达到法定退休年龄的,劳动合同终止。”开始依法享受基本养老保险待遇的劳动者,劳动合同终止;而且劳动者达到法定退休年龄的,劳动合同终止,不能再与用人单位签署劳动合同。因此,退休人员不可能再与用人单位签署劳动合同,只能签署雇佣协议或者聘用协议。所以,在《个人所得税法》修订前,聘用的退休人员只有严格满足税法的条件才需要按"工资、薪金所得"计算缴纳个人所得税,否则应按"劳务报酬所得"计算缴纳个人所得税。

在《个人所得税法》修订后,按两种不同项目计税差别在于:按"工资、薪金所得"每月可以扣除5000元的费用,但是收入额不能扣除20%;按"劳务报酬所得"每月不能扣除5000元费用,但是收入额可以打8折,如果次年再按照综合所得进行汇算的话,比按"工资、薪金所得"税负还低。

相关规定

《国家税务总局关于个人兼职和退休人员再任职取得收入如何计算征收个人所得税问题的批复》(国税函〔2005〕382号) 个人兼职取得的收入应按照'劳务报酬所得'应税项目缴纳个人所得税;退休人员再任职取得的收入,在减除按个人所得税法规定的费用扣除标准后,按'工资、薪金所得'应税项目缴纳个人所得税。

《国家税务总局关于离退休人员再任职界定问题的批复》(国税函〔2006〕526号) "退休人员再任职",应同时符合下列条件:一、受雇人员与用人单位签订一年以上(含一年)劳动合同(协议),存在长期或连续的雇用与被雇用关系;二、受雇人员因事假、病假、休假等原因不能正常出勤时,仍享受固定或基本工资收入;三、受雇人员与单位其他正式职工享受同等福利、社保、培训及其他待遇;四、受雇人员的职务晋升、职称评定等工作由用人单位负责组织。

070

高级专家延长离退休期间取得的工资需要缴纳个人所得税吗？

答：达到离休、退休年龄，但确因工作需要，适当延长离休退休年龄的高级专家（指享受国家发放的政府特殊津贴的专家、学者或者中国科学院、中国工程院院士），其在延长离休退休期间，从其劳动人事关系所在单位取得的，单位按国家有关规定向职工统一发放的工资、薪金、奖金、津贴、补贴等收入，视同离休、退休工资，免征个人所得税；取得其他各种名目的津补贴收入等，以及高级专家从其劳动人事关系所在单位之外的其他地方取得的培训费、讲课费、顾问费、稿酬等各种收入，依法计征个人所得税。

案　　例

甲是中国科学院测量与地球物理研究所的一名研究员，从1993年10月起获得国务院政府特殊津贴。甲于2016年2月退休，每月领取退休工资3200元，按照我国相关法律法规及政策规定，对于甲的这部分退休工资收入应当免征个人所得税。甲又于2016年4月被一家公司聘用，待遇为月工资4600元，对于甲的这部分工资收入，根据《国家税务总局关于个人所得税有关问题的公告》（国家税务总局公告2011年第27号）规定："二、关于离退休人员再任职的界定条件问题《国家税务总局关于离退休人员再任职界定问题的批复》（国税函〔2006〕526号）第三条中，单位是否为离退休人员缴纳社会保险费,不再作为离退休人员再任职的界定条件。本公告自 2011 年 5 月 1 日起执行。”以及《国家税务总局关于个人兼职和退休人员再任职取得收入如何计算征收个人所得税问题的批复》(国税函〔2005〕382 号)规定:“……退休人员再任职取得的收入,在减除按个人所得税法规定的费用扣除标准后,按‘工资、薪金所得’应税项目缴纳个人所得税。”应当按照工资薪金缴纳个人所得税,应纳税额 =(4600 - 3500)× 3% =33 元。

引　申

退休人员的福利待遇:(1)退休工资,免征个人所得税。(2)基本养老金,免征个人所得税。(3)各类“××费”,免征个人所得税。(4)其他补贴、奖金、实物,按“工资薪金”缴税。(5)再任职收入,按“工资薪金”缴税。(6)延长离退休期间的工资,免征个人所得税。

相关规定

2008 年 7 月 1 日,《财政部、国家税务总局关于高级专家延长离休退休期间取得工资薪金所得有关个人所得税问题的通知》(财税〔2008〕7 号,以下简称《通知》)对高级专家延长离休退休期间取得的工资、薪金所得,有关征免个人所得税政策口径问题做了进一步明确。

一、延长离休退休年龄的高级专家的范围

《通知》第 1 条指出:“《财政部、国家税务总局关于个人所得税若干政策问题的通知》(财税字〔1994〕20 号)第二条第(七)项中所称延长离休退休年龄的高级专家是指:(一)享受国家发放的政府特殊津贴的专家、学者;(二)中国科学院、中国工程院院士。”

符合本《通知》规定的“高级专家”是指获得高级专业技术职务的专业技术人员,主要包括:中国科学院院士,中国工程院院士,享受政府特殊津贴专家、学者。

二、免征个人所得税政策口径标准

《通知》第2条规定:“高级专家延长离休退休期间取得的工资薪金所得,其免征个人所得税政策口径按下列标准执行:(一)对高级专家从其劳动人事关系所在单位取得的,单位按国家有关规定向职工统一发放的工资、薪金、奖金、津贴、补贴等收入,视同离休、退休工资,免征个人所得税;(二)除上述第(一)项所述收入以外各种名目的津补贴收入等,以及高级专家从其劳动人事关系所在单位之外的其他地方取得的培训费、讲课费、顾问费、稿酬等各种收入,依法计征个人所得税。”也就是说,本《通知》界定了免征个人所得税政策口径标准,其中高级专家在延长离休退休期间从其劳动人事关系所在单位取得的工资、薪金所得,可以视同离休、退休工资,免征个人所得税。但除此之外的其他各种收入,不属于免征个人所得税范围,应依法缴纳个人所得税。

三、高级专家从两处以上取得应税工资、薪金应缴纳个人所得税

《通知》第3条规定:“高级专家从两处以上取得应税工资、薪金所得以及具有税法规定应当自行纳税申报的其他情形的,应在税法规定的期限内自行向主管税务机关办理纳税申报。”也就是说,高级专家从两处以上取得应税工资、薪金所得的,可选择并固定在其中一地税务机关进行申报纳税。

071

居民个人取得股票期权、股票增值权、限制性股票、股权奖励等股权激励，如何计算缴纳个人所得税？是否并入综合所得？

答：居民个人取得股票期权、股票增值权、限制性股票、股权奖励等股权激励（以下简称股权激励），符合有关规定条件的，在2022年12月31日前，不并入当年综合所得，全额单独适用综合所得税率表。一个纳税年度内取得两次以上（含两次）股权激励的，应按规定合并计算纳税。计算公式为：应纳税额＝股权激励收入×年度适用税率－速算扣除数。

案　例

股票增值权所得的个人所得税计算：2019年1月，居民个人邹某某从其任职的某上市公司取得股票增值权10,000股。根据该公司股权激励制度规定，邹某某在公司工作满一年后，可取得股票从年初到年末增值的现金奖励。假定该公司股票2019年初价为5元/股（2018年年末收盘价），2019年收盘价为9元/股。邹某某在2020年1月底前收到了2019年度的股票增值权奖励40,000元。

邹某某在取得股票增值权和增值权奖励时应缴纳的个人所得税为：

邹某某在取得股票增值权时，并无实际所得，故不存在缴纳个人所得税的问题。邹某某2020年1月取得股票增值权奖励40,000元应按照"工资、薪金所得"计算纳税，按照《财政部、国家税务总局关于个人所得税法修改后有关优惠政策衔接问题的通知》（财税〔2018〕164号）第2条"关于上市公司股权激励的政策"规定：应纳税额 = 股权激励收入 × 适用税率 − 速算扣除数 = 40000 × 10% − 2520 = 1480元。

股票差价乘以被授权股数后直接向被授权人支付现金，上市公司应于向股票增值权被授权人兑现时依法扣缴其个人所得税。被授权人股票增值权应纳税，股票增值权被授权人获取的收益，是由上市公司根据授权日与行权日所得额计算的，公式为：

股票增值权某次行权应纳税所得额 =（行权日股票价格 − 授权日股票价格）× 行权股票份数。

引　申

工资转化成股权分红的可行性及注意事项。

在创业初期，很多公司的现金流都不是很充裕。为了缓解现金流压力，很多公司都会通过"工资、奖金、股权激励"等多种方式搭建薪酬体系。其中，最常见的就是"用工资换股权"。通俗来说，就是公司用一部分股权，替换员工的一部分薪酬。在现实中，员工的工资标准和实发工资之间是存在一定差额的。这个差额，就是公司代扣代缴的社会保险、个人所得税等费用。但是，如果这个差额明显高于或者低于公司应当代扣代缴的社会保险、个人所得税等费用，那就不合常理。这时，公司就要进行解释，并提供相关的证据证明。如果不能作出合理解释，那就要承担法律责任了。如果公司允许员工用工资换股权，应当注意保存相关证据，比如减发工资明细和股权授予协议等。否则，当发生纠纷时，公司将无法提供证据，陷入非常不利的位置，并赔偿不必要的费用。其中，证明"用工资换股权"的相关证据，包括但不限于：职务等级工资阶梯表、调薪及奖金明细、工资明细表、工资打卡明细等。

相关规定

《财政部、国家税务总局关于完善股权激励和技术入股有关所得税政策的通知》第4条第1项 个人从任职受雇企业以低于公平市场价格取得股票(权)的,凡不符合递延纳税条件,应在获得股票(权)时,对实际出资额低于公平市场价格的差额,按照“工资、薪金所得”项目,参照《财政部 国家税务总局关于个人股票期权所得征收个人所得税问题的通知》(财税〔2005〕35号)有关规定计算缴纳个人所得税。

072

个人领取企业年金、职业年金如何计算个人所得税?需要进行年度汇算吗?

答:个人达到国家规定的退休年龄,按照规定领取的企业年金、职业年金,不并入综合所得进行年度汇算,全额单独计算应纳税款。其中按月领取的,适用月度税率表计算纳税;按季领取的,平均分摊计入各月,按每月领取额适用月度税率表计算纳税;按年领取的,适用综合所得税率表计算纳税。

案 例

张某所任职的单位从2020年1月开始设立企业年金,假定年金计划中未设领取额度限制,张某将于2030年退休,届时其年金个人账户金额为312,000元。张某达到法定年龄退休时领取的312,000

元年金应缴个人所得税计算:

(1)假设张某分10年领完,每月领2600元。查找月度所得税率,税率为3%,每月应缴个人所得税为2600×3%=78元。

(2)假设张其分10年领完,每季领7800元,即每月领2600元。查找月度所得税率,税率为3%,每季应缴个人所得税为2600×3%×3=234元。

(3)假设张某分10年领完,每年领31,200元,查找综合所得税率,税率为3%。每年应缴个人所得税为31200×3%=936元。

(4)假设张某因出国定居一次性领完312,000元。查找综合所得税率,税率为25%,速算扣除数31,920。应缴个人所得税为312000×25%-31920=46080元。

(5)假设没有特殊原因,张某一次性领完312,000元。查找月度所得税率,税率为45%,速算扣除数15,160。应缴个人所得税为312000×45%-15160=125240元。

引　申

企业年金不仅是劳动者退休生活保障的重要补充形式,也是企业调动职工积极性,吸引高素质人才,稳定职工队伍,增强企业竞争力和凝聚力的重要手段。它的主要作用体现如下:(1)延迟支付职工工资收入分配;(2)最大限度调动职工劳动积极性和创造性;(3)保障基本养老金替代率逐年下降的情况下退休职工的基本生活。

哪种领取方式有利于劳动者降低成本,需要具体问题具体分析。

《企业年金办法》第24条规定:"符合下列条件之一的,可以领取企业年金:(一)职工在达到国家规定的退休年龄或者完全丧失劳动能力时,可以从本人企业年金个人账户中按月、分次或者一次性领取企业年金,也可以将本人企业年金个人账户资金全部或者部分购买商业养老保险产品,依据保险合同领取待遇并享受相应的继承权;

（二）出国（境）定居人员的企业年金个人账户资金，可以根据本人要求一次性支付给本人；（三）职工或者退休人员死亡后，其企业年金个人账户余额可以继承。”也就是说，主要的领取方式有三种：一是跟养老金一样按月领取，和养老保险相似，有利于发挥企业年金长期养老保险的作用。二是可以分几次来领取，有利于退休人员根据本人企业年金个人账户资金额，结合企业年金个人所得税政策和自己的需要，选择合适的领取次数。三是一次性领取，有利于退休人员合理利用资金，但也容易造成花销太大进而造成养老困难等。

除此之外，也可以将本人企业年金个人账户资金全部或者部分购买商业养老保险产品，依据保险合同领取待遇并享受相应的继承权。另外，出国（境）定居人员的企业年金个人账户资金，可以根据本人要求一次性支付给本人。按季领取的，平均分摊计入各月，按每月领取额适用月度税率表计算纳税；按年领取的，适用综合所得税率表计算纳税。个人因出境定居而一次性领取的年金个人账户资金，或个人死亡后，其指定的受益人或法定继承人一次性领取的年金个人账户余额，适用综合所得税率表计算纳税。对个人除上述特殊原因外一次性领取年金个人账户资金或余额的，适用月度税率表计算纳税。

相关规定

《财政部、国家税务总局关于个人所得税法修改后有关优惠政策衔接问题的通知》（财税〔2018〕164号）第4条 个人达到国家规定的退休年龄，领取的企业年金、职业年金，符合《财政部 人力资源社会保障部 国家税务总局关于企业年金 职业年金个人所得税有关问题的通知》（财税〔2013〕103号）规定的，不并入综合所得，全额单独计算应纳税款。其中按月领取的，适用月度税率表计算纳税；按季领取的，平均分摊计入各月，按每月领取额适用月度税率表计算纳税；

按年领取的,适用综合所得税率表计算纳税。个人因出境定居而一次性领取的年金个人账户资金,或个人死亡后,其指定的受益人或法定继承人一次性领取的年金个人账户余额,适用综合所得税率表计算纳税。对个人除上述特殊原因外一次性领取年金个人账户资金或余额的,适用月度税率表计算纳税。

073

领取税收递延型商业养老保险如何计算个人所得税?需要进行年度汇算吗?

答:税收递延养老险,全称“个人税收递延型养老保险”,所谓“税延”,指的是投保人可以在税前列支保费,在领取保险金时再缴纳个人所得税。个人按照规定领取的税延养老保险金收入,其中 25% 部分予以免税,其余 75% 部分按照 10% 的比例税率计算缴纳个人所得税,由保险机构代扣代缴后,在个人购买税延养老保险的机构所在地办理全员全额扣缴申报,不需并入综合所得进行年度汇算。

案　　例

小明月收入 10,000 元,假设小明包括“五险一金”在内的税前扣除项目共计约 2100 元。购买前,小明每月应纳税所得额为 10000 - 2100 - 3500 = 4400 元。适用工资、薪金所得税率表:4400 × 10% - 105(速算扣除数) = 335 元。小明每月需缴纳个人所得税 335 元。假设小明每个月按享受个人所得税税前扣除最大化的角度购买 600 元个人税收递延型商业养老保险(税前扣除限额按照 10000 元 × 6%、

1000 元孰低确定)。

购买后,小明每月应纳税所得额为 4400 − 600 = 3800 元,每月需缴纳个人所得税 275 元,和购买前相比,小明每月少缴纳个人所得税 60 元(减少税款约 18%),这样小明一年可少缴个人所得税 720 元。等到小明 2050 年退休时开始领取商业养老金,假设每月领取 600 元,按领取时“25% 部分予以免税,其余 75% 部分按照 10% 的比例税率计算缴纳个人所得税”原则,退休后小明每月因商业养老金需缴个人所得税为 600 × 75% × 10% = 45 元。2018 年少缴个人所得税,递延到 2050 年领取商业养老金时缴纳个人所得税。从金额来看,每月节省税金 15 元,一年实际可节省 180 元,按照“领取期限原则上为终身或不少于 15 年”,小明 15 年可节省税金 2700 元。

引　申

按照监管的规定,参保人在开始领取养老年金前,可以在不同种类税延险产品之间任意转换,不仅可以在同一家保险公司的税延养老险产品之间切换资金配置,而且可以跨保险公司转换。这就给投保人的投资选择提供了灵活的处理空间。不过要注意,进行产品转换时,需要缴纳一定的手续费用。同一家公司内产品转换,费用比例一般是 0.5%;跨公司转换,前三个保单年度扣费比例分别是 3%、2%、1%,第四个保单年度起不再收取。

相关规定

《财政部、税务总局关于个人取得有关收入适用个人所得税应税所得项目的公告》(财政部、税务总局公告 2019 年第 74 号)　四、个人按照《财政部 税务总局 人力资源社会保障部 中国银行保险监督管理委员会 证监会关于开展个人税收递延型商业养老保险试点的通知》(财税〔2018〕22 号)的规定,领取的税收递延型商业养老保险的养老金收入,其中25%部分予以免税,其余75%部分按照10%的比例税率计算缴纳个人所得税,税款计入“工资、薪金所得”项目,由保险机构代扣代缴后,在个人购买税延养老保险的机构所在地办理全员全额扣缴申报。

074

保险代理人取得佣金收入应如何计税?需并入综合所得进行年度汇算吗?

答:保险代理人与保险营销员属于同一类人员。保险代理人取得的佣金收入,属于劳务报酬所得,以不含增值税的收入减除20%的费用后的余额为收入额,收入额减去展业成本以及附加税费后,并入当年综合所得,计算缴纳个人所得税。保险营销员、证券经纪人展业成本按照收入额的25%计算。

案　例

居民个人小李是某保险公司营销员,2021年1月取得保险营销佣金收入20,600元,该保险公司接受税务机关委托代征税款,向个人保险代理人支付佣金费用后,代个人保险代理人统一向主管税务机关申请汇总代开增值税普通发票。保险公司应代扣小李2021年1月的个人所得税计算:月收入低于10万元,免征增值税,应代扣小李2021年1月的个人所得税为[20600×(1-20%)×(1-25%)-5000]×3%=220.8元。

引　申

在保险代理人取得佣金收入进行纳税时应注意以下几个问题：(1)是否代扣代缴增值税及附加；(2)是否按期确认代扣代缴税金；(3)互动代理业务是否合并计税；(4)成本扣除及税率计算是否正确。

相关规定

《国家税务总局关于个人保险代理人税收征管有关问题的公告》(国家税务总局公告2016年第45号)(2018年已修订)第2条　个人保险代理人以其取得的佣金、奖励和劳务费等相关收入(不含增值税)减去地方税费附加及展业成本，按照规定计算个人所得税。展业成本，为佣金收入减去地方税费附加余额的40%……

第7条　个人保险代理人和证券经纪人其他个人所得税问题，按照《国家税务总局关于证券经纪人佣金收入征收个人所得税问题的公告》(国家税务总局公告2012年第45号，已失效)执行。

《财政部、国家税务总局关于个人所得税法修改后有关优惠政策衔接问题的通知》(财税〔2018〕164号)第3条　关于保险营销员、证券经纪人佣金收入的政策　保险营销员、证券经纪人取得的佣金收入，属于劳务报酬所得，以不含增值税的收入减除20%的费用后的余额为收入额，收入额减去展业成本以及附加税费后，并入当年综合所得，计算缴纳个人所得税。保险营销员、证券经纪人展业成本按照收入额的25%计算。扣缴义务人向保险营销员、证券经纪人支付佣金收入时，应按照《个人所得税扣缴申报管理办法(试行)》(国家税务总局公告2018年第61号)规定的累计预扣法计算预扣税款。

075

医疗机构临时聘请坐诊的专家取得收入如何计税？需要进行年度汇算吗？

答:受医疗机构临时聘请坐堂门诊及售药,由该医疗机构支付报酬,或收入与该医疗机构按比例分成的人员,其取得的所得,按照“劳务报酬所得”应税项目缴纳个人所得税。以一个月内取得的所得为一次,税款由该医疗机构预扣预缴,并入综合所得进行年度汇算。

引　申

兼职人员的群体以及兼职人员收入个人所得税的申报及汇算清缴注意事项:

第一种情况,聘用兼职员工,如果是劳动关系是否需要缴纳以及如何办理社会保险,需要根据劳动关系的不同类型来看。《劳动和社会保障部关于非全日制用工若干问题的意见》(2003年5月30日发布并施行):非全日制员工可自行缴纳养老保险和医疗保险,用人单位应当为其缴纳的只有工伤保险。

第二种情况,依照《最高人民法院关于审理劳动争议案件适用法律问题的解释(一)》第32条规定:“用人单位与其招用的已经依法享受养老保险待遇或者领取退休金的人员发生用工争议而提起诉讼的,人民法院应当按劳务关系处理。企业停薪留职人员、未达到法定退休年龄的内退人员、下岗待岗人员以及企业经营性停产放长假人员,因与新的用人单位发生用工争议而提起诉讼的,人民法院应当按劳动关系处理。”如果和这些离退休人员签订的是劳动合同与他们建立了劳动关系，不管是作为正式员工还是兼职员工都可以不缴纳社会保险。法院在处理这种关系时，也是按照劳务关系来处理的。

第三种情况，企业停薪留职人员，未达到法定退休年龄、下岗、待岗人员以及企业经营性停产放长假人员，与新的用人单位发生用工争议，人民法院应当按照劳动关系处理。

假如说一个人跟两个单位同时存在劳动关系，是不是两个单位都要给他交社会保险，在目前有关社会保险文件中没有明确规定，但是一般来说，有一个单位交了社会保险就可以了，社保负责单位也不会让一个人交两份社会保险。不像《个人所得税法》里面有明确规定，如果和两个单位都有劳动关系，在两处取得工资薪金都要按照工资薪金缴纳个人所得税。

第四种情况，劳务派遣单位在用工单位所在地设立分支机构的，由分支机构为被派遣员工办理参保手续，缴纳社会保险费。劳务派遣单位未在用工单位所在地设立分支机构的，由用工单位代劳务派遣单位为被派遣员工办理参保手续，缴纳社会保险费。

相关规定

《个人所得税法实施条例》第6条第2项 劳务报酬所得包含个人从事医疗服务取得的所得。

《国家税务总局关于个人从事医疗服务活动征收个人所得税问题的通知》(国税发〔1997〕178号)(2018年已修订)第3条 受医疗机构临时聘请坐堂门诊及售药，由该医疗机构支付报酬，或收入与该医疗机构按比例分成的人员，其取得所得，按照“劳务报酬所得”应税项目缴纳个人所得税，以一个月内取得的所得为一次，税款由该医疗机构代扣代缴。

076

单位以免费旅游方式对非本单位员工的营销人员进行奖励的,怎么计算缴纳个人所得税?需要并入综合所得进行年度汇算吗?

答:单位以免费旅游方式对非本单位员工的营销人员进行奖励的,应作为当期劳务收入,按照“劳务报酬所得”项目征收个人所得税,需要并入综合所得进行年度汇算。

案　　例

某地税稽查人员在某保险公司检查时发现,该公司 2013 年对业绩较好的业务员奖励免费旅游,费用全部由公司承担,在职工福利费中列支,2013 年企业所得税汇算清缴时,已税前扣除。税务稽查人员在仔细核对后,确认免费旅游的业务员共应补缴个人所得税 15, 223 元。

《财政部、国家税务总局关于企业以免费旅游方式提供对营销人员个人奖励有关个人所得税政策的通知》(财税〔2004〕11 号)规定:“对商品营销活动中,企业和单位对营销业绩突出人员以培训班、研讨会、工作考察等名义组织旅游活动,通过免收差旅费、旅游费对个人实行的营销业绩奖励(包括实物、有价证券等),应根据所发生费用全额计入营销人员应税所得,依法征收个人所得税,并由提供上述费用的企业和单位代扣代缴。其中,对企业雇员享受的此类奖励,应与当期的工资薪金合并,按照‘工资、薪金所得’项目征收个人所得税;

对其他人员享受的此类奖励，应作为当期的劳务收入，按照‘劳务报酬所得’项目征收个人所得税。”

因此，企业和单位在奖励员工免费旅游的同时，勿忘做好个人所得税的代扣代缴工作。

引　申

员工获取的资产不论是货币性的还是非货币性的，是否可以明确归集到特定个体，要看涉及利益的归属方是否确定，涉及的金额是否明确可确定，如果满足这两点一般就应该涉及个人所得税。实务中是否要代扣代缴个人所得税，除了要参考两个判断条件外，主要看涉及的员工规模和是否放弃旅游可兑换为工资，如果全员参与，放弃的不可获得现金补偿，那就算福利，不涉及个人所得税。

单位发放免费手机是否需要缴纳个人所得税？给员工买的手机奖励属于发放给职工的非货币福利，要并入工资薪金缴纳个人所得税。职工福利是指企业为职工举办的集体福利以及建立的某些补助和补贴，其目的在于保证职工身体健康，便利职工生产和生活，解决职工生活的特殊困难。职工福利不同于工资和奖金。职工享受集体福利待遇的高低，并不取决于职工劳动的数量和质量，而是根据他们的实际需要与生活困难程度，以及社会劳动生产率和企业的经营成果。广义的福利泛指在支付工资、奖金之外的所有待遇，包括社会保险在内。狭义的福利是指企业根据劳动者的劳动对劳动者在工资、奖金，以及社会保险之外的其他待遇。

相关规定

《财政部、国家税务总局关于个人提供非有形商品推销、代理等服务活动取得收入征收营业税和个人所得税有关问题的通知》(财税字〔1997〕103 号)(第 1 条有关营业税的规定被废止)第 2 条　非本企业雇员为企业提供非有形商品推销、代理等服务活动取得的佣金、奖励和劳务费等名目的收入，无论该收入采用何种计取方法和支付方式，均应计入个人从事服务业应税劳务的营业额，按照《中华人民共和国营业税暂行条例》及其实施细则和其他有关规定计算征收营业税；上述收入扣除已缴纳的营业税税款后，应计入个人的劳务报酬所得，按照《中华人民共和国个人所得税法》及其实施条例和其他有关规定计算征收个人所得税。

《财政部、国家税务总局关于企业以免费旅游方式提供对营销人员个人奖励有关个人所得税政策的通知》（财税〔2004〕11 号） 对商品营销活动中，企业和单位对营销业绩突出人员以培训班、研讨会、工作考察等名义组织旅游活动，通过免收差旅费、旅游费对个人实行的营销业绩奖励（包括实物、有价证券等），应根据所发生费用全额计入营销人员应税所得，依法征收个人所得税，并由提供上述费用的企业和单位代扣代缴。其中，对企业雇员享受的此类奖励，应与当期的工资薪金合并，按照“工资、薪金所得”项目征收个人所得税；对其他人员享受的此类奖励，应作为当期的劳务收入，按照“劳务报酬所得”项目征收个人所得税。

077

个人通过出版社出版小说取得的收入应如何计税？需要进行年度汇算吗？

答：个人通过出版社出版小说取得的收入，按照“稿酬所得”项目计缴个人所得税，并入综合所得进行年度汇算。稿酬所得，是指个人因其作品以图书、报刊形式出版、发表而取得的所得。这里所说的“作品”，是指包括中外文字、图片、乐谱等能以图书、报刊方式出版、发表的作品；“个人作品”，包括本人的著作、翻译的作品等。

案　例

2019年8月某出版社要出版作者的一本小说，由作者提供书稿，出版社支付给作者25,000元。2019年8月出版社应预扣作者个人所得税为25000×(1－20%)×70%×20%＝2800元。案例中收入25,000元超过4000元，减除费用按收入的20%计算，即25000×20%＝5000元，对稿酬所得的收入额减计的30%部分，即25000×(1－20%)×30%＝6000元。年度终了后，作者取得的该笔稿酬按照14000元[25000×(1－20%)×70%]的收入额与当年本人取得的其他综合所得合并后办理年度汇算。

引　申

(1)稿酬所得属于一次性收入的，以取得该项收入为一次；属于同一项目连续性收入的，以一个月内取得的收入为一次。

(2)个人每次以图书、报刊方式出版、发表同一作品(文字作品、书画作品、摄影作品以及其他作品)，不论出版单位是预付还是分笔支付稿酬，或者加印该作品后再付稿酬，均应合并其稿酬所得按一次计征个人所得税。在两处或两处以上出版、发表或再版同一作品而取得稿酬所得，则可以分别各处取得的所得或再版所得按分次所得计征个人所得税。

(3)个人的同一作品在报刊上连载，应合并其因连载而取得的所有稿酬所得为一次，按税法法规计征个人所得税。在其连载之后又出书取得稿酬所得，或先出书后连载取得稿酬所得，应视同再版稿酬分次计征个人所得税。

相关规定

《个人所得税法》第2条 下列各项个人所得,应当缴纳个人所得税:(一)工资、薪金所得;(二)劳务报酬所得;(三)稿酬所得;(四)特许权使用费所得;(五)经营所得;(六)利息、股息、红利所得;(七)财产租赁所得;(八)财产转让所得;(九)偶然所得。居民个人取得前款第一项至第四项所得(以下称综合所得),按纳税年度合并计算个人所得税;非居民个人取得前款第一项至第四项所得,按月或者按次分项计算个人所得税。纳税人取得前款第五项至第九项所得,依照本法规定分别计算个人所得税。

第3条 个人所得税的税率:(一)综合所得,适用百分之三至百分之四十五的超额累进税率(税率表附后)……

第6条 应纳税所得额的计算:……(二)非居民个人的工资、薪金所得,以每月收入额减除费用五千元后的余额为应纳税所得额;劳务报酬所得、稿酬所得、特许权使用费所得,以每次收入额为应纳税所得额……劳务报酬所得、稿酬所得、特许权使用费所得以收入减除百分之二十的费用后的余额为收入额。稿酬所得的收入额减按百分之七十计算……

078

个人的书画作品、摄影作品在杂志上发表取得的所得,应如何计税?需要并入综合所得进行年度汇算吗?

答:个人的书画作品、摄影作品在杂志上发表取得的所得,应按

“稿酬所得”项目计缴个人所得税,并入综合所得进行年度汇算。适用税率是比例税率。对个人的稿酬所得,劳务报酬所得,特许权使用费所得,利息、股息、红利所得,财产租赁所得,财产转让所得,偶然所得和其他所得,按次计算征收个人所得税,适用20%的比例税率。其中,对稿酬所得适用20%的比例税率,并按应纳税额减征30%;对劳务报酬所得一次性收入畸高的,除按20%征税外,应纳税所得额超过2万元至5万元的部分,依照税法规定计算应纳税额后再按照应纳税额加征五成;超过5万元的部分,加征十成。

根据《个人所得税法实施条例》第6条第1款第3项规定,稿酬所得,是指个人因其作品以图书、报刊等形式出版、发表而取得的所得。

另外,根据《个人所得税法》第2条和第11条规定,综合所得具体包括工资薪金所得、劳务报酬所得、稿酬所得、特许权使用费所得,按纳税年度合并计算个人所得税。有扣缴义务人的,由扣缴义务人按月或者按次预扣预缴税款;需要办理汇算清缴的,应当在取得所得的次年3月1日至6月30日内办理汇算清缴。

案　　例

某出版社的沈编辑于2014年9月取得如下收入:(1)工资5200元,三季度奖金3000元;(2)在出版社出版个人摄影专辑取得报酬18,000元;(3)在当地晚报上刊登摄影作品取得报酬500元;(4)业余时间为其他单位审稿取得报酬2000元。那么沈编辑出版个人摄影专辑应缴纳的个人所得税计算为:$18000 \times (1-20\%) \times 20\% \times (1-30\%) = 2016$元。

相关规定

《个人所得税法》第2条　下列各项个人所得,应当缴纳个人所得税:(一)工资、薪金所得;(二)劳务报酬所得;(三)稿酬所得;

(四)特许权使用费所得;(五)经营所得;(六)利息、股息、红利所得;(七)财产租赁所得;(八)财产转让所得;(九)偶然所得。居民个人取得前款第一项至第四项所得(以下称综合所得),按纳税年度合并计算个人所得税;非居民个人取得前款第一项至第四项所得,按月或者按次分项计算个人所得税。纳税人取得前款第五项至第九项所得,依照本法规定分别计算个人所得税。

第11条 居民个人取得综合所得,按年计算个人所得税;有扣缴义务人的,由扣缴义务人按月或者按次预扣预缴税款;需要办理汇算清缴的,应当在取得所得的次年三月一日至六月三十日内办理汇算清缴。预扣预缴办法由国务院税务主管部门制定。居民个人向扣缴义务人提供专项附加扣除信息的,扣缴义务人按月预扣预缴税款时应当按照规定予以扣除,不得拒绝。非居民个人取得工资、薪金所得,劳务报酬所得,稿酬所得和特许权使用费所得,有扣缴义务人的,由扣缴义务人按月或者按次代扣代缴税款,不办理汇算清缴。

《个人所得税法实施条例》第6条 个人所得税法规定的各项个人所得的范围:……(三)稿酬所得,是指个人因其作品以图书、报刊等形式出版、发表而取得的所得……

079

杂志社职员在本单位刊物上发表作品取得所得按什么项目计缴个人所得税?

答:任职、受雇于报纸、杂志等单位的记者、编辑等专业人员,因在本单位的报纸、杂志上发表作品取得的所得,属于因任职、受雇而取得的所得,应与其当月工资收入合并,按“工资、薪金所得”项目征收个人所得税。

案　例

甲是某杂志社的一名编辑,他的作品在其任职的杂志社的周刊上发表取得一部分所得,后该杂志社又将其作品出书取得一部分所得,甲应如何计算应缴纳的个人所得税?

《国家税务总局关于个人所得税若干业务问题的批复》(国税函〔2002〕146 号)(本法第 2 条已失效)第 3 条规定:“(一)任职、受雇于报刊、杂志等单位的记者、编辑等专业人员,因在本单位的报刊、杂志上发表作品取得的所得,属于因任职、受雇而取得的所得,应与其当月工资收入合并,按‘工资、薪金所得’项目征收个人所得税。除上述专业人员以外,其他人员在本单位的报刊、杂志上发表作品取得的所得,应按‘稿酬所得’项目征收个人所得税。(二)出版社的专业作者撰写、编写或翻译的作品,由本社以图书形式出版而取得的稿费收入,应按‘稿酬所得’项目计算缴纳个人所得税。”因此,甲在其任职的杂志社的报刊上发表作品所得,应并入到当月工资收入中,按“工资、薪金所得”缴纳个人所得税;后甲对该作品以图书形式出版而取得的收入,应按“稿酬所得”项目计算缴纳个人所得税。

相关规定

《个人所得税法》第 2 条　下列各项个人所得,应当缴纳个人所得税:(一)工资、薪金所得;(二)劳务报酬所得;(三)稿酬所得;(四)特许权使用费所得;(五)经营所得;(六)利息、股息、红利所得;(七)财产租赁所得;(八)财产转让所得;(九)偶然所得。居民个人取得前款第一项至第四项所得(以下称综合所得),按纳税年度合并计算个人所得税;非居民个人取得前款第一项至第四项所得,按月或者按次分项计算个人所得税。纳税人取得前款第五项至第九项所得,依照本法规定分别计算个人所得税。

第 11 条 居民个人取得综合所得,按年计算个人所得税;有扣缴义务人的,由扣缴义务人按月或者按次预扣预缴税款;需要办理汇算清缴的,应当在取得所得的次年三月一日至六月三十日内办理汇算清缴。预扣预缴办法由国务院税务主管部门制定。居民个人向扣缴义务人提供专项附加扣除信息的,扣缴义务人按月预扣预缴税款时应当按照规定予以扣除,不得拒绝。非居民个人取得工资、薪金所得,劳务报酬所得,稿酬所得和特许权使用费所得,有扣缴义务人的,由扣缴义务人按月或者按次代扣代缴税款,不办理汇算清缴。

《个人所得税法实施条例》第 6 条 个人所得税法规定的各项个人所得的范围:……(三)稿酬所得,是指个人因其作品以图书、报刊等形式出版、发表而取得的所得……

《国家税务总局关于个人所得税若干业务问题的批复》(国税函〔2002〕146 号)(本法第 2 条已失效) 关于报刊、杂志、出版等单位的职员在本单位的刊物上发表作品、出版图书取得所得征税的问题的规定。

080

大学期间参军，学校保留学籍，是否可以按子女教育扣除？

答：服兵役是公民的义务，大学期间参军是积极响应国家的号召，休学保留学籍期间，属于高等教育阶段，可以申报子女教育专项附加扣除。

相关规定

《国务院关于印发个人所得税专项附加扣除暂行办法的通知》（国发〔2018〕41号）第5条第1款、第2款 纳税人的子女接受全日制学历教育的相关支出，按照每个子女每月1000元的标准定额扣除。学历教育包括义务教育（小学、初中教育）、高中阶段教育（普通高中、中等职业、技工教育）、高等教育（大学专科、大学本科、硕士研究生、博士研究生教育）。

第6条 父母可以选择由其中一方按扣除标准的100%扣除，也可以选择由双方分别按扣除标准的50%扣除，具体扣除方式在一个纳税年度内不能变更。

《国家税务总局关于修订发布〈个人所得税专项附加扣除操作办法（试行）〉的公告》（国家税务总局公告2022年第7号）第3条第1项 纳税人享受子女教育专项附加扣除的计算时间为：学前教育阶段，为子女年满3周岁当月至小学入学前一月。学历教育，为子女接受全日制学历教育入学的当月至全日制学历教育结束的当月。

国家税务总局所得税司在“减税降费政策及问答库”中关于“个人所得税改革”问题“大学期间参军,学校保留学籍,是否可以按子女教育扣除?”的解答中明确,服兵役是公民的义务,大学期间参军是积极响应国家的号召,休学保留学籍期间,属于高等教育阶段,可以申报子女教育专项附加扣除。

081

继续教育的扣除范围和扣除标准是什么?

答:继续教育专项附加扣除是指《个人所得税专项附加扣除暂行办法》规定的专项附加扣除之一。纳税人在中国境内接受学历(学位)继续教育的支出,在学历(学位)教育期间按照每月400元定额扣除。同一学历(学位)继续教育的扣除期限不能超过48个月。纳税人接受技能人员职业资格继续教育、专业技术人员职业资格继续教育的支出,在取得相关证书的当年,按照3600元定额扣除。

继续教育专项附加扣除的扣除标准是:(1)纳税人在中国境内接受学历(学位)继续教育的支出,在学历(学位)教育期间按照每月400元定额扣除。(2)纳税人接受技能人员职业资格继续教育、专业技术人员职业资格继续教育的支出,在取得相关证书的当年,按照3600元定额扣除。

案　例

张先生夫妇二人育有两个女儿,大女儿15岁,正就读某公立中学高中一年级,小女儿4岁,正就读某私立幼儿园小班。针对这一事项，张先生夫妇二人在计算个人所得税综合所得时，应当如何选择专项附加扣除？

1. 符合专项附加扣除政策，可以按每人每月 1000 元的标准定额扣除，合计每月 2000 元标准定额扣除。

2. 经张先生夫妇约定，双方可以分别按每名子女每月 500 元标准定额扣除；也可以由父母其中一方按每月 1000 元扣除。因此，夫妻双方可以选择由一方按每月 2000 元标准定额扣除；也可以选择夫妻双方均按每月 1000 元标准定额扣除；还可以选择由其中一方按每月 1500 元标准定额扣除、另一方按每月 500 元标准定额扣除。同时须提醒注意的是，扣除方式一经选择，一个纳税年度内不得变更。

引　申

目前，继续教育专项附加扣除的范围限定学历（学位）继续教育、技能人员职业资格继续教育和专业技术人员职业资格继续教育的支出。未纳入职业目录的个人兴趣爱好培训，与职业技能关联度不高，未纳入此次扣除范围。

相关规定

《个人所得税专项附加扣除暂行办法》第 8 条　纳税人在中国境内接受学历（学位）继续教育的支出，在学历（学位）教育期间按照每月 400 元定额扣除。同一学历（学位）继续教育的扣除期限不能超过 48 个月。纳税人接受技能人员职业资格继续教育、专业技术人员职业资格继续教育的支出，在取得相关证书的当年，按照 3600 元定额扣除。

第 9 条　个人接受本科及以下学历（学位）继续教育，符合本办法规定扣除条件的，可以选择由其父母扣除，也可以选择由本人扣除。

第 10 条　纳税人接受技能人员职业资格继续教育、专业技术人员职业资格继续教育的，应当留存相关证书等资料备查。

082

个人获得的专利赔偿款应按什么项目计算缴纳个人所得税？

答：根据国税函〔2000〕257号文件规定，专利赔偿款应按"特许权使用费所得"项目计缴个人所得税，并入综合所得进行年度汇算。

引　申

根据《个人所得税法》和《个人所得税法实施条例》有关规定，特许权使用费所得应当缴纳个人所得税（见表4）。特许权使用费所得，是指个人提供专利权、商标权、著作权、非专利技术以及其他特许权的使用权取得的所得；提供著作权的使用权取得的所得，不包括稿酬所得。居民个人取得特许权使用费所得属于综合所得，按纳税年度合并计算个人所得税。

表4　特许权使用费所得

一般规定					特殊规定		
专利权	商标权	著作权（不包括稿酬所得）	非专利技术	其他特许权	拍卖文稿所得	剧本使用费	专利赔款所得
中华人民共和国主席令第9号					国税发〔1994〕089号部分失效	国税发〔2002〕52号	国税函〔2000〕257号

相关规定

《个人所得税法》第2条 下列各项个人所得,应当缴纳个人所得税:(一)工资、薪金所得;(二)劳务报酬所得;(三)稿酬所得;(四)特许权使用费所得;(五)经营所得;(六)利息、股息、红利所得;(七)财产租赁所得;(八)财产转让所得;(九)偶然所得。居民个人取得前款第一项至第四项所得(以下称综合所得),按纳税年度合并计算个人所得税;非居民个人取得前款第一项至第四项所得,按月或者按次分项计算个人所得税。纳税人取得前款第五项至第九项所得,依照本法规定分别计算个人所得税。

第11条 居民个人取得综合所得,按年计算个人所得税;有扣缴义务人的,由扣缴义务人按月或者按次预扣预缴税款;需要办理汇算清缴的,应当在取得所得的次年三月一日至六月三十日内办理汇算清缴。预扣预缴办法由国务院税务主管部门制定。居民个人向扣缴义务人提供专项附加扣除信息的,扣缴义务人按月预扣预缴税款时应当按照规定予以扣除,不得拒绝。非居民个人取得工资、薪金所得,劳务报酬所得,稿酬所得和特许权使用费所得,有扣缴义务人的,由扣缴义务人按月或者按次代扣代缴税款,不办理汇算清缴。

《国家税务总局关于个人取得专利赔偿所得征收个人所得税问题的批复》(国税函〔2000〕257号) 安徽省地方税务局《关于个人取得专利赔偿所得征收个人所得税问题的请示》收悉,经研究,现批复如下:安徽省“三相组合式过压保护器”专利的所有者王某,因其该项专利权被安徽省电气研究所使用而取得的经济赔偿收入,应按照个人所得税法及其实施条例的规定,按“特许权使用费所得”应税项目缴纳个人所得税,税款由支付赔款的安徽省电气研究所代扣代缴。

083

个人将小说手稿进行拍卖取得所得，应按什么项目计算缴纳个人所得税？

答：作者将自己的文字作品手稿原件或复印件拍卖取得的所得，按照“特许权使用费”所得项目缴纳个人所得税，并入综合所得进行年度汇算。

引　申

（1）公开拍卖别人的手稿原件或者复印件按财产转让所得缴纳个人所得税；（2）作者以图书报刊形式出版前后取得的所有所得按稿酬所得缴纳个人所得税，不包括作品影视化、动漫化、游戏化的所得，文学作品影视化、动漫化、游戏化的所得为特许权使用费所得。

相关规定

《个人所得税法》第2条　下列各项个人所得，应当缴纳个人所得税：（一）工资、薪金所得；（二）劳务报酬所得；（三）稿酬所得；（四）特许权使用费所得；（五）经营所得；（六）利息、股息、红利所得；（七）财产租赁所得；（八）财产转让所得；（九）偶然所得。居民个人取得前款第一项至第四项所得（以下称综合所得），按纳税年度合并计算个人所得税；非居民个人取得前款第一项至第四项所得，按月或者按次分项计算个人所得税。纳税人取得前款第五项至第九项所得，依照本法规定分别计算个人所得税。

第 11 条 居民个人取得综合所得,按年计算个人所得税;有扣缴义务人的,由扣缴义务人按月或者按次预扣预缴税款;需要办理汇算清缴的,应当在取得所得的次年三月一日至六月三十日内办理汇算清缴。预扣预缴办法由国务院税务主管部门制定。居民个人向扣缴义务人提供专项附加扣除信息的,扣缴义务人按月预扣预缴税款时应当按照规定予以扣除,不得拒绝。非居民个人取得工资、薪金所得,劳务报酬所得,稿酬所得和特许权使用费所得,有扣缴义务人的,由扣缴义务人按月或者按次代扣代缴税款,不办理汇算清缴。

《征收个人所得税若干问题的规定》(国税发〔1994〕089 号,部分失效)第 5 条 作者将自己的文字作品手稿原件或复印件公开拍卖(竞价)取得的所得,应按特许权使用费所得项目征收个人所得税。

084

子女教育专项附加的扣除主体、范围和扣除标准是什么?

答:子女教育专项附加的扣除主体是子女的监护人,包括生父母、继父母、养父母,父母之外的其他人担任未成年人的监护人的,比照执行。子女的范围包括婚生子女、非婚生子女、养子女、继子女,也包括未成年但受到本人监护的非子女。子女教育按照每个子女每年 24,000 元(每月 2000 元)的标准定额扣除。

引　申

自己已采集好全年子女教育信息,报税时却发现只有部分月份参与扣除如何处理?

需要核实如下信息:同一个纳税年度内,同一子女是否发生了升学、转学等情形,是否将之前采集的信息作了删除。如果存在上述情形,系统只能获取修改后的子女教育信息。可通过更正的方式修改专项采集信息,汇缴时就可以扣除全年数据了。

特别注意,享受子女教育专项附加扣除政策起止时间的计算,包含因病或其他非主观原因休学但学籍继续保留的期间,以及施教机构按规定组织实施的寒暑假等假期。

相关规定

《国务院关于印发个人所得税专项附加扣除暂行办法的通知》(国发〔2018〕41 号)第 5 条 纳税人的子女接受全日制学历教育的相关支出,按照每个子女每月 1000 元的标准定额扣除。学历教育包括义务教育(小学、初中教育)、高中阶段教育(普通高中、中等职业、技工教育)、高等教育(大学专科、大学本科、硕士研究生、博士研究生教育)。年满 3 岁至小学入学前处于学前教育阶段的子女,按本条第一款规定执行。

第 6 条 父母可以选择由其中一方按扣除标准的 100% 扣除,也可以选择由双方分别按扣除标准的 50% 扣除,具体扣除方式在一个纳税年度内不能变更。

第 7 条 纳税人子女在中国境外接受教育的,纳税人应当留存境外学校录取通知书、留学签证等相关教育的证明资料备查。

第 29 条 本办法所称父母,是指生父母、继父母、养父母。本办法所称子女,是指婚生子女、非婚生子女、继子女、养子女。父母之外的其他人担任未成年人的监护人的,比照本办法规定执行。

《国家税务总局关于修订发布〈个人所得税专项附加扣除操作办法(试行)〉的公告》(国家税务总局公告 2022 年第 7 号)第 3 条 纳税人享受符合规定的专项附加扣除的计算时间分别为:(一)子女教育。学前教育阶段,为子女年满 3 周岁当月至小学入学前一月。

学历教育,为子女接受全日制学历教育入学的当月至全日制学历教育结束的当月。……前款第一项、第二项规定的学历教育和学历(学位)继续教育的期间,包含因病或其他非主观原因休学但学籍继续保留的休学期间,以及施教机构按规定组织实施的寒暑假等假期。

第12条 纳税人享受子女教育专项附加扣除,应当填报配偶及子女的姓名、身份证件类型及号码、子女当前受教育阶段及起止时间、子女就读学校以及本人与配偶之间扣除分配比例等信息。纳税人需要留存备查资料包括:子女在境外接受教育的,应当留存境外学校录取通知书、留学签证等境外教育佐证资料。

085

有多子女的父母,可以对不同的子女选择不同的扣除方式吗?

答:可以。有多子女的父母,可以对不同的子女选择不同的扣除方式,即对子女甲可以选择由一方按照每月2000元的标准扣除,对子女乙可以选择由双方分别按照每月1000元的标准扣除。

引 申

同一个子女,能在一年内几个月由父亲全额扣除,几个月由母亲全额扣除吗?

不能。对同一个子女,具体扣除方式一个纳税年度内不得变更。

相关规定

《国务院关于印发个人所得税专项附加扣除暂行办法的通知》(国发〔2018〕41号)第5条 纳税人的子女接受全日制学历教育的相关支出,按照每个子女每月1000元的标准定额扣除。学历教育包括义务教育(小学、初中教育)、高中阶段教育(普通高中、中等职业、技工教育)、高等教育(大学专科、大学本科、硕士研究生、博士研究生教育)。年满3岁至小学入学前处于学前教育阶段的子女,按本条第一款规定执行。

第6条 父母可以选择由其中一方按扣除标准的100%扣除,也可以选择由双方分别按扣除标准的50%扣除,具体扣除方式在一个纳税年度内不能变更。

第7条 纳税人子女在中国境外接受教育的,纳税人应当留存境外学校录取通知书、留学签证等相关教育的证明资料备查。

第29条 本办法所称父母,是指生父母、继父母、养父母。本办法所称子女,是指婚生子女、非婚生子女、继子女、养子女。父母之外的其他人担任未成年人的监护人的,比照本办法规定执行。

《国家税务总局关于修订发布〈个人所得税专项附加扣除操作办法(试行)〉的公告》(国家税务总局公告2022年第7号)第3条 纳税人享受符合规定的专项附加扣除的计算时间分别为:(一)子女教育。学前教育阶段,为子女年满3周岁当月至小学入学前一月。学历教育,为子女接受全日制学历教育入学的当月至全日制学历教育结束的当月。……前款第一项、第二项规定的学历教育和学历(学位)继续教育的期间,包含因病或其他非主观原因休学但学籍继续保留的休学期间,以及施教机构按规定组织实施的寒暑假等假期。

第12条 纳税人享受子女教育专项附加扣除,应当填报配偶及子女的姓名、身份证件类型及号码、子女当前受教育阶段及起止时间、子女就读学校以及本人与配偶之间扣除分配比例等信息。纳税人需要留存备查资料包括：子女在境外接受教育的，应当留存境外学校录取通知书、留学签证等境外教育佐证资料。

086

就存在离异重组等情况的家庭而言，如何享受子女教育扣除政策？

答：具体扣除方法由父母双方协商决定，一个孩子扣除总额不能超过每月 2000 元，扣除主体不能超过两人。

引　申

不是孩子亲生父母，但是承担了孩子的抚养和教育义务，这种情况下可以享受子女教育扣除吗？

一般情况下，父母负有抚养和教育未成年子女的义务，可依法享受子女教育扣除；对情况特殊、未由父母抚养和教育的未成年子女，相应的义务会转移到其法定监护人身上。因此，假如是孩子的法定监护人，对其负有抚养和教育的义务，就可以依法申报享受子女教育扣除。

相关规定

《国务院关于印发个人所得税专项附加扣除暂行办法的通知》(国发〔2018〕41 号)第 5 条　纳税人的子女接受全日制学历教育的相关支出，按照每个子女每月 1000 元的标准定额扣除。学历教育包括义务教育(小学、初中教育)、高中阶段教育(普通高中、中等职业、技工教育)、高等教育(大学专科、大学本科、硕士研究生、博士研究生教育)。年满3岁至小学入学前处于学前教育阶段的子女,按本条第一款规定执行。

第6条 父母可以选择由其中一方按扣除标准的100%扣除,也可以选择由双方分别按扣除标准的50%扣除,具体扣除方式在一个纳税年度内不能变更。

第7条 纳税人子女在中国境外接受教育的,纳税人应当留存境外学校录取通知书、留学签证等相关教育的证明资料备查。

第29条 本办法所称父母,是指生父母、继父母、养父母。本办法所称子女,是指婚生子女、非婚生子女、继子女、养子女。父母之外的其他人担任未成年人的监护人的,比照本办法规定执行。

《国家税务总局关于修订发布〈个人所得税专项附加扣除操作办法(试行)〉的公告》(国家税务总局公告2022年第7号)第3条 纳税人享受符合规定的专项附加扣除的计算时间分别为:(一)子女教育。学前教育阶段,为子女年满3周岁当月至小学入学前一月。学历教育,为子女接受全日制学历教育入学的当月至全日制学历教育结束的当月。……前款第一项、第二项规定的学历教育和学历(学位)继续教育的期间,包含因病或其他非主观原因休学但学籍继续保留的休学期间,以及施教机构按规定组织实施的寒暑假等假期。

第12条 纳税人享受子女教育专项附加扣除,应当填报配偶及子女的姓名、身份证件类型及号码、子女当前受教育阶段及起止时间、子女就读学校以及本人与配偶之间扣除分配比例等信息。纳税人需要留存备查资料包括:子女在境外接受教育的,应当留存境外学校录取通知书、留学签证等境外教育佐证资料。

087

残障儿童接受的特殊教育，父母是否可以享受子女教育专项附加扣除？

答：特殊教育属于义务教育，同时拥有学籍，因此父母可以享受扣除。

引　申

孩子前两年在中国读书，后两年在国外读书，现在填写信息选择中国还是境外？证书由境外发放，没有学籍号，怎样填写信息，是否可以扣除？

目前，子女教育允许扣除境内外教育支出，继续教育专项附加扣除仅限于境内教育，不包括境外教育。如符合子女教育扣除的相关条件，子女前两年在国内读书，父母作为纳税人应按照规定填写子女接受教育的相关信息；后两年在境外接受教育，无学籍的，可以按照接受境外教育相关规定填报信息，没有学籍号可以不填写，但纳税人应当按规定留存相关证书、子女接受境内外合作办学的招生简章、出入境记录等。

相关规定

《国务院关于印发个人所得税专项附加扣除暂行办法的通知》（国发〔2018〕41号）第5条　纳税人的子女接受全日制学历教育的相关支出，按照每个子女每月1000元的标准定额扣除。学历教育包括义务教育(小学、初中教育)、高中阶段教育(普通高中、中等职业、技工教育)、高等教育(大学专科、大学本科、硕士研究生、博士研究生教育)。年满3岁至小学入学前处于学前教育阶段的子女,按本条第一款规定执行。

第6条 父母可以选择由其中一方按扣除标准的100%扣除,也可以选择由双方分别按扣除标准的50%扣除,具体扣除方式在一个纳税年度内不能变更。

第7条 纳税人子女在中国境外接受教育的,纳税人应当留存境外学校录取通知书、留学签证等相关教育的证明资料备查。

第29条 本办法所称父母,是指生父母、继父母、养父母。本办法所称子女,是指婚生子女、非婚生子女、继子女、养子女。父母之外的其他人担任未成年人的监护人的,比照本办法规定执行。

《国家税务总局关于修订发布〈个人所得税专项附加扣除操作办法(试行)〉的公告》(国家税务总局公告2022年第7号)第3条 纳税人享受符合规定的专项附加扣除的计算时间分别为:(一)子女教育。学前教育阶段,为子女年满3周岁当月至小学入学前一月。学历教育,为子女接受全日制学历教育入学的当月至全日制学历教育结束的当月。……前款第一项、第二项规定的学历教育和学历(学位)继续教育的期间,包含因病或其他非主观原因休学但学籍继续保留的休学期间,以及施教机构按规定组织实施的寒暑假等假期。

第12条 纳税人享受子女教育专项附加扣除,应当填报配偶及子女的姓名、身份证件类型及号码、子女当前受教育阶段及起止时间、子女就读学校以及本人与配偶之间扣除分配比例等信息。纳税人需要留存备查资料包括:子女在境外接受教育的,应当留存境外学校录取通知书、留学签证等境外教育佐证资料。

088

参加自学考试,纳税人应当如何享受扣除?

答:按照《高等教育自学考试暂行条例》的有关规定,高等教育自学考试应考者取得一门课程的单科合格证书后,省考委即应为其建立考籍管理档案。具有考籍管理档案的考生,可以按照《个人所得税专项附加扣除暂行办法》的规定,享受继续教育专项附加扣除。

案　例

张先生夫妇二人育有一个儿子小张,小张高中毕业后参加工作,2019年开始参加成人本科继续教育。针对这一事项,张先生一家三口在计算个人所得税综合所得时,可否选择专项附加扣除?有两种选择:一是可以选择由张先生夫妇计算个人所得税综合所得时扣除子女教育专项附加扣除。张先生、王女士可以分别按1000元/月标准扣除;也可以经双方约定,由其中一方按2000元/月标准扣除。需要注意的是,扣除方式一个纳税年度内不得变更。二是也可以选择由小张计算个人所得税综合所得时扣除继续教育专项附加扣除。依据政策,小张在接受本科继续教育期间,按照每月400元定额扣除。这里需要注意的是,同一学历继续教育的扣除期限不能超过48个月。

引　申

继续教育专项扣除需要准备的资料:

学历(学位)继续教育:不需要纳税人提供。教育部门负责提供有关学生学籍信息[包括学历(学位)继续教育学生学籍、考籍信息]、在相关部门备案的境外教育机构资质信息。

技能人员、专业技术人员职业资格继续教育:应当留存相关证书等资料备查。技能人员职业资格继续教育和专业技术人员职业资格继续教育可通过《人力资源社会保障部关于公布〈国家职业资格目录(2021 年版)〉的公告》的标准来区分:属于技能人员资格的,为技能人员职业资格继续教育;属于专业技术人员职业资格的,则为专业技术人员职业资格继续教育。

相关规定

《高等教育自学考试暂行条例》第 24 条 高等教育自学考试应考者取得一门课程的单科合格证书后,省考委即应为其建立考籍管理档案。应考者因户口迁移或工作变动需要转地区或转专业参加考试的,按考籍管理办法办理有关手续。

第 25 条 高等教育自学考试应考者符合下列规定,可以取得毕业证书:(一)考完专业考试计划规定的全部课程,并取得合格成绩;(二)完成规定的毕业论文(设计)或其他教学实践任务;(三)思想品德鉴定合格。获得专科(基础科)或本科毕业证书者,国家承认其学历。

第 26 条 符合相应学位条件的高等教育自学考试本科毕业人员,由有学位授予权的主考学校依照《中华人民共和国学位条例》的规定,授予相应的学位。

《个人所得税专项附加扣除暂行办法》第 8 条 纳税人在中国境内接受学历(学位)继续教育的支出,在学历(学位)教育期间按照每月 400 元定额扣除。同一学历(学位)继续教育的扣除期限不能超过 48 个月。纳税人接受技能人员职业资格继续教育、专业技术人员职业资格继续教育的支出,在取得相关证书的当年,按照 3600 元定额扣除。

第 9 条 个人接受本科及以下学历(学位)继续教育,符合本办法规定扣除条件的,可以选择由其父母扣除,也可以选择由本人扣除。

第 10 条 纳税人接受技能人员职业资格继续教育、专业技术人员职业资格继续教育的,应当留存相关证书等资料备查。

089

纳税人参加夜大、函授、现代远程教育、广播电视大学等教育,是否可以享受继续教育扣除?

答:纳税人参加夜大、函授、现代远程教育、广播电视大学等教育,所读学校为其建立学籍档案的,可以享受学历(学位)继续教育扣除。

相关规定

《个人所得税专项附加扣除暂行办法》第 8 条 纳税人在中国境内接受学历(学位)继续教育的支出,在学历(学位)教育期间按照每月 400 元定额扣除。同一学历(学位)继续教育的扣除期限不能超过 48 个月。纳税人接受技能人员职业资格继续教育、专业技术人员职业资格继续教育的支出,在取得相关证书的当年,按照 3600 元定额扣除。

090

如果在国外进行的学历(学位)继续教育,或者是拿到了国外颁发的技能证书,能否享受继续教育扣除?

答:根据《个人所得税专项附加扣除暂行办法》的规定,纳税人在中国境内接受的学历(学位)继续教育支出,以及接受技能人员职业资格继续教育、专业技术人员职业资格继续教育支出,可以按规定享受扣除。对于纳税人在国外接受的学历(学位)继续教育和国外颁发的技能证书,不符合"中国境内"的规定,不能享受继续教育专项附加扣除①。

案　　例

张先生的妻子就读于美国某州立大学。针对这一事项,张先生的妻子在计算个人所得税综合所得时,可否选择专项附加扣除?在符合"中国境内"的规定下,可以享受继续教育专项附加扣除。需要注意的是,扣除方式一个纳税年度内不得变更。同时,张先生的妻子应当留存境外学校录取通知书、留学签证等境外教育佐证资料。

引　　申

学历(学位)继续教育的扣除期限最长不得超过 48 个月。48

① 来源于 12366 纳税服务平台。

个月包括纳税人因病、因故等原因休学且学籍继续保留的休学期间,以及施教机构按规定组织实施的寒暑假期连续计算。此外,人们所熟知的教师资格、法律职业资格、注册会计师资格、医师资格、翻译专业资格、导游资格、航空人员资格等都属于职业资格的一部分,考取这些领域的资格是可以在获得证书的当年享受定额扣除的。

相关规定

《个人所得税专项附加扣除暂行办法》第7条 纳税人子女在中国境外接受教育的,纳税人应当留存境外学校录取通知书、留学签证等相关教育的证明资料备查。

第8条 纳税人在中国境内接受学历(学位)继续教育的支出,在学历(学位)教育期间按照每月400元定额扣除。同一学历(学位)继续教育的扣除期限不能超过48个月。纳税人接受技能人员职业资格继续教育、专业技术人员职业资格继续教育的支出,在取得相关证书的当年,按照3600元定额扣除。

第9条 个人接受本科及以下学历(学位)继续教育,符合本办法规定扣除条件的,可以选择由其父母扣除,也可以选择由本人扣除。

第10条 纳税人接受技能人员职业资格继续教育、专业技术人员职业资格继续教育的,应当留存相关证书等资料备查。

091

如果纳税人在接受学历(学位)继续教育的同时取得技能人员职业资格证书或者专业技术人员职业资格证书,如何享受扣除?

答:根据《个人所得税专项附加扣除暂行办法》,纳税人接受学历(学位)继续教育,可以按照每月400元的标准扣除,全年共计4800元;在同年又取得技能人员职业资格证书或者专业技术人员职业资格证书的,且符合扣除条件的,可按照3600元的标准定额扣除。但是,只能同时享受一个学历(学位)继续教育和一个职业资格继续教育。因此,对同时符合此类情形的纳税人,该年度可叠加享受两个扣除,当年其继续教育共计可扣除8400元(4800+3600)。

案　　例

学历(学位)继续教育与职业资格继续教育的扣除是可以同时享受的。也就是说,可以分别扣除3600元和4800元。赵某2019年就读在职博士研究生,同时取得注册会计师(CPA)证书。情况分析:在职博士属于继续教育中的学历教育;取得CPA证书,属于继续教育的职业资格教育。因此,2019年赵某可以同时享受4800元(400×12)的学历教育扣除和3600元的职业资格教育扣除。

引　　申

继续教育专项扣除的期限:(1)学历(学位)继续教育,在学历

(学位)教育期间每月定额扣除;(2)技能人员、专业技术人员职业资格,在取得相关证书的当年,定额扣除。

由于专项扣除政策是2019年1月1日开始执行,因此取得相关资格继续教育证书上载明的发证(批准日期)的所属年度应为2019年之后取得。

相关规定

《个人所得税专项附加扣除暂行办法》第8条 纳税人在中国境内接受学历(学位)继续教育的支出,在学历(学位)教育期间按照每月400元定额扣除。同一学历(学位)继续教育的扣除期限不能超过48个月。纳税人接受技能人员职业资格继续教育、专业技术人员职业资格继续教育的支出,在取得相关证书的当年,按照3600元定额扣除。

第9条 个人接受本科及以下学历(学位)继续教育,符合本办法规定扣除条件的,可以选择由其父母扣除,也可以选择由本人扣除。

第10条 纳税人接受技能人员职业资格继续教育、专业技术人员职业资格继续教育的,应当留存相关证书等资料备查。

092

住房贷款利息的扣除主体、范围和扣除标准是什么?

答:住房贷款利息的扣除主体:经夫妻双方约定,可以选择由其中一方扣除,具体扣除方式在一个纳税年度内不能变更。

范围:纳税人本人或其配偶单独或共同使用商业银行或住房公积金个人住房贷款为本人或其配偶购买中国境内住房,发生的首套住房贷款利息支出。

扣除标准:在实际发生贷款利息的年度,按照每月 1000 元标准定额扣除,扣除期限最长不超过 240 个月。纳税人只能享受一次首套住房贷款的利息扣除。

案 例

甲和乙是夫妻,甲在婚前购买商品房一套(享受首套住房贷款利率),贷款期限 10 年;乙在婚前购买商品房一套(享受首套住房贷款利率),贷款期限 25 年。甲和乙如何享受住房贷款利息专项扣除?(1)结婚前,甲和乙可以各自扣除住房贷款利息专项扣除 1000 元/月,理论上甲可以扣除 10 年,乙可以扣除 20 年。(2)结婚后,甲和乙可以选择一个人扣除 1000 元/月,也可以选择每人各扣除 500 元/月,理论上最高扣除 20 年。

引 申

“住房”仅指自住房,商铺等投资类房屋以及商住两用房的贷款利息支出不可以扣除,对拥有 1 套住房并已结清相应购房贷款的家庭,为改善居住条件再次申请贷款购买普通商品住房的,银行业金融机构执行首套房贷款政策。据此推论,首套住房“贷款”应指境内商业银行提供的购房贷款,向个人或者财务公司等非银行金融机构贷款买房的,不在此列。此外,银行应包括在境内注册经营的外资商业银行。

相关规定

《个人所得税专项附加扣除暂行办法》第 14 条 纳税人本人或

者配偶单独或者共同使用商业银行或者住房公积金个人住房贷款为本人或者其配偶购买中国境内住房,发生的首套住房贷款利息支出,在实际发生贷款利息的年度,按照每月1000元的标准定额扣除,扣除期限最长不超过240个月。纳税人只能享受一次首套住房贷款的利息扣除。本办法所称首套住房贷款是指购买住房享受首套住房贷款利率的住房贷款。

第15条 经夫妻双方约定,可以选择由其中一方扣除,具体扣除方式在一个纳税年度内不能变更。夫妻双方婚前分别购买住房发生的首套住房贷款,其贷款利息支出,婚后可以选择其中一套购买的住房,由购买方按扣除标准的100%扣除,也可以由夫妻双方对各自购买的住房分别按扣除标准的50%扣除,具体扣除方式在一个纳税年度内不能变更。

第16条 纳税人应当留存住房贷款合同、贷款还款支出凭证备查。

《国家税务总局关于修订发布〈个人所得税专项附加扣除操作办法(试行)〉的公告》(国家税务总局公告2022年第7号)第3条 纳税人享受符合规定的专项附加扣除的计算时间分别为:……(四)住房贷款利息。为贷款合同约定开始还款的当月至贷款全部归还或贷款合同终止的当月,扣除期限最长不得超过240个月……

第14条 纳税人享受住房贷款利息专项附加扣除,应当填报住房权属信息、住房坐落地址、贷款方式、贷款银行、贷款合同编号、贷款期限、首次还款日期等信息;纳税人有配偶的,填写配偶姓名、身份证件类型及号码。纳税人需要留存备查资料包括:住房贷款合同、贷款还款支出凭证等资料。

093

父母和子女共同购房,房屋产权证明、贷款合同均登记为父母和子女,住房贷款利息专项附加扣除如何享受?

答:父母和子女共同购买一套房子,不能既由父母扣除,又由子女扣除,应该由主贷款人扣除。主贷款人为子女的,由子女享受贷款利息专项附加扣除;主贷款人为父母中一方的,由父母任一方享受贷款利息专项附加扣除。

案　例

纳税人本人在结婚前与其父亲或母亲共同持有一套房产,且没有使用贷款,结婚后使用商业银行或者住房公积金个人住房贷款发生的贷款利息,按照每月1000元的标准定额扣除,扣除期限最长不超过240个月。

实务中,按照"认贷不认房"的标准界定。即2019年起,实际发生的住房贷款利息支出,只要享受的是"首套住房贷款利率"即可享受扣除。纳税人可通过住房贷款合同自行判断是否享受"首套住房贷款利率";无法从贷款合同自行判断的,应向贷款银行或住房公积金中心查询,贷款银行和住房公积金中心有义务为贷款人提供查询信息服务。

引　申

2014年9月,《中国人民银行、中国银行业监督管理委员会[①]关

① 现为国家金融监督管理总局。

于进一步做好住房金融服务工作的通知》发布，文件明确对拥有一套住房并已结清相应购房贷款的家庭，再次申请贷款购买普通商品住房执行首套房贷款政策。简单来说，就是不管房本写谁的名字、也不管贷款合同谁签字，只要没超出夫妻二人，而发生首套住房贷款利息支出的，即属此项扣除范围。所以，父母为子女买房，房屋产权证明登记为子女，贷款合同贷款人为父母的，则不符合上述规定，父母和子女均不可以享受住房贷款利息扣除。

相关规定

《个人所得税专项附加扣除暂行办法》第14条 纳税人本人或者配偶单独或者共同使用商业银行或者住房公积金个人住房贷款为本人或者其配偶购买中国境内住房，发生的首套住房贷款利息支出，在实际发生贷款利息的年度，按照每月1000元的标准定额扣除，扣除期限最长不超过240个月。纳税人只能享受一次首套住房贷款的利息扣除。本办法所称首套住房贷款是指购买住房享受首套住房贷款利率的住房贷款。

第15条 经夫妻双方约定，可以选择由其中一方扣除，具体扣除方式在一个纳税年度内不能变更。夫妻双方婚前分别购买住房发生的首套住房贷款，其贷款利息支出，婚后可以选择其中一套购买的住房，由购买方按扣除标准的100%扣除，也可以由夫妻双方对各自购买的住房分别按扣除标准的50%扣除，具体扣除方式在一个纳税年度内不能变更。

第16条 纳税人应当留存住房贷款合同、贷款还款支出凭证备查。

094

如何理解纳税人只能享受一次住房贷款利息扣除?

答:只要纳税人申报扣除过一套住房贷款利息,在个人所得税专项附加扣除的信息系统里存有扣除住房贷款利息的记录,无论扣除时间长短,也无论该住房的产权归属情况,纳税人不得再就其他房屋享受住房贷款利息扣除。如纳税人此前未享受过住房贷款利息扣除,那么其按照首套住房贷款利率贷款购买的第二套住房,可以享受住房贷款利息扣除。如纳税人的第一套住房已享受了贷款利息扣除,那么再次申请贷款购买普通商品住房,即便可以享受首套房贷政策,也不可以再享受贷款利息专项附加扣除。

案　　例

李先生 2018 年贷款购房,符合住房贷款利息扣除条件,2018 年 1 月开始还款。由于专项附加扣除从 2019 年 1 月 1 日起执行,在此时间之前的 2018 年 1 月至 12 月的贷款利息支出不追补扣除,所以最早可以开始享受扣除的时间为 2019 年 1 月。在具体扣除时,又分为两种情形。

情形一:如果合同约定贷款期限为 30 年(360 个月),在不提前还款的情况下,贷款将于 2047 年 12 月终止,则李先生可以从 2019 年 1 月起开始享受扣除,按 240 个月计算享受截止时间,也就是扣除至 2038 年 12 月,可以享受满 240 个月的扣除。余下的 108 个月不再享受扣除。

情形二：如果合同约定贷款期限为 20 年（240 个月），在不提前还款的情况下，贷款将于 2037 年 12 月终止，则李先生可以从 2019 年 1 月起开始扣除，扣除截止时间是 2037 年 12 月，即享受扣除为 228 个月。如果出现提前还款情况，则按实际终止贷款的月份来计算，例如，李先生提前 5 年偿还全部贷款，则享受扣除的月份数为 168 个月（$228-5\times12$）。

如果没享受满 240 个月，如情形二，在首套房的贷款还清后再贷款购买第二套房屋时，银行仍旧按照首套房贷款利率发放贷款，之前剩余 12 个月（$240-228$）按照现有的法律政策规定，不可以再继续享受住房贷款利息扣除。但是，纳税人如果之前的首套房完全没有享受过扣除，则第二套房屋（银行依旧按照首套房贷款利率发放贷款的）可以享受住房贷款利息扣除。

引　申

在享受住房贷款利息扣除时，纳税人需要判断是否符合扣除条件。首先，政策适用对象“首套住房贷款利息支出”，指购买住房享受首套住房贷款利率的住房贷款。纳税人可以查阅住房贷款合同（协议），或者向办理贷款的银行、住房公积金中心进行咨询确认。由于专项附加扣除从 2019 年 1 月 1 日起执行，那么对于 2019 年及以后还处在还款期的住房贷款利息，纳税人只要符合相关条件，就可以进行扣除。

在扣除时间上，《个人所得税专项附加扣除暂行办法》第 14 条规定，扣除期限最长不超过 240 个月。具体起止时间为：贷款合同约定开始还款的当月至贷款全部归还或贷款合同终止的当月。

相关规定

《中国人民银行、中国银行业监督管理委员会关于进一步做好住房金融服务工作的通知》 二、积极支持居民家庭合理的住房贷款需

求　对于贷款购买首套普通自住房的家庭,贷款最低首付款比例为30%,贷款利率下限为贷款基准利率的 0.7 倍,具体由银行业金融机构根据风险情况自主确定。对拥有 1 套住房并已结清相应购房贷款的家庭,为改善居住条件再次申请贷款购买普通商品住房,银行业金融机构执行首套房贷款政策。在已取消或未实施'限购'措施的城市,对拥有 2 套及以上住房并已结清相应购房贷款的家庭,又申请贷款购买住房,银行业金融机构应根据借款人偿付能力、信用状况等因素审慎把握并具体确定首付款比例和贷款利率水平。银行业金融机构可根据当地城镇化发展规划,向符合政策条件的非本地居民发放住房贷款。银行业金融机构要缩短放贷审批周期,合理确定贷款利率,优先满足居民家庭贷款购买首套普通自住房和改善型普通自住房的信贷需求。

《个人所得税专项附加扣除暂行办法》第 14 条第 1 款　纳税人本人或者配偶单独或者共同使用商业银行或者住房公积金个人住房贷款为本人或者其配偶购买中国境内住房,发生的首套住房贷款利息支出,在实际发生贷款利息的年度,按照每月 1000 元的标准定额扣除,扣除期限最长不超过 240 个月。纳税人只能享受一次首套住房贷款的利息扣除。

095

住房租金的扣除主体、范围和扣除标准是什么?

答:住房租金支出由签订租赁住房合同的承租人扣除。夫妻双方主要工作城市相同的,只能由一方(承租人)扣除住房租金支出。

夫妻双方主要工作城市不相同的,且各自在其主要工作城市都没有住房的,可以分别扣除住房租金支出。夫妻双方不得同时分别享受住房贷款利息扣除和住房租金扣除。

纳税人及配偶在主要工作城市没有自有住房而发生的住房租金支出,可以按照规定进行扣除。

住房租金专项附加扣除按照以下标准定额扣除:(1)直辖市、省会(首府)城市、计划单列市以及国务院确定的其他城市,扣除标准为每月1500元。(2)除上述所列城市以外,市辖区户籍人口超过100万的城市,扣除标准为每月1100元;市辖区人口不超过100万(含)的城市,扣除标准为每月800元。纳税人的配偶在纳税人的主要工作城市有自有住房的,视同纳税人在主要工作城市有自有住房。市辖区户籍人口,以国家统计局公布的数据为准。

案　例

小谢的主要工作地点在天津,没有自有的房子只能租房住,因为地方较偏所以租金低廉只需每月1000元,则小谢申报个人所得税进行专项扣除时应该按实际租金扣除还是规定定额扣除?由于小谢主要工作地和租房所在地是在天津,属于我国直辖市,按照规定住房租金依据每月标准定额1500元扣除,与实际支付租金无关。因为根据相关规定,纳税人在主要工作城市没有自有住房而发生的住房租金支出,直辖市、省会(首府)城市、计划单列市以及国务院确定的其他城市,扣除标准为每月1500元。除此以外,市辖区户籍人口超过100万的城市,扣除标准为每月1100元;市辖区户籍人口不超过100万(含)的城市,扣除标准为每月800元。因此,个人所得税的住房租金的专项附加扣除是根据所在工作城市的不同而定额扣除,和实际支付的租金无关。

引 申

住房租金扣除争议问题在很多地方都已出现,甚至也因该法律规定而加剧房东与租客的矛盾。租客认为,这是法律规定,理应享受个人所得税专项扣除带来的红利。而房东则担心因租客在住房租金专项扣除过程中填写自己的身份信息会导致未纳税房东的个人信息呈现在税务部门面前,后续面临房东纳税的境地进而不租给要求扣除的房客,或是对房客涨房租。而从目前来看,实施专项扣除的一年来,房东担心的问题并未出现,税务机关的做法也在一定程度上缓和了租房市场的矛盾。个人所得税专项附加扣除制度之后会如何发展,唯有合规才是最终之道。建议房屋租赁的双方本着合同约定精神,进行事先约定,以避免因住房租金专项扣除而引发纠纷诉讼至法院,减少诉累。

相关规定

《个人所得税专项附加扣除暂行办法》第17条 纳税人在主要工作城市没有自有住房而发生的住房租金支出,可以按照以下标准定额扣除:(一)直辖市、省会(首府)城市、计划单列市以及国务院确定的其他城市,扣除标准为每月1500元;(二)除第一项所列城市以外,市辖区户籍人口超过100万的城市,扣除标准为每月1100元;市辖区户籍人口不超过100万的城市,扣除标准为每月800元。纳税人的配偶在纳税人的主要工作城市有自有住房的,视同纳税人在主要工作城市有自有住房。市辖区户籍人口,以国家统计局公布的数据为准。

第18条 本办法所称主要工作城市是指纳税人任职受雇的直辖市、计划单列市、副省级城市、地级市(地区、州、盟)全部行政区域范围;纳税人无任职受雇单位的,为受理其综合所得汇算清缴的税务机关所在城市。夫妻双方主要工作城市相同的，只能由一方扣除住房租金支出。

第19条 住房租金支出由签订租赁住房合同的承租人扣除。

第20条 纳税人及其配偶在一个纳税年度内不能同时分别享受住房贷款利息和住房租金专项附加扣除。

第21条 纳税人应当留存住房租赁合同、协议等有关资料备查。

096

合租住房可以分别享受扣除政策吗？

答：住房租金支出由签订租赁合同的承租人扣除。因此，合租租房的个人（非夫妻关系），若都与出租方签署了规范租房合同，可根据租金定额标准各自扣除。

案　例

我国税法规定的个人所得税专项扣除中的租金扣除，必须由签订租赁合同的一方来进行申报。也就是说，个人所得税扣除以签订的租赁合同为准。在合租的情况下，合租的这些人都想去填专项扣除的话，就需要所有的合租人共同去和出租方签订合同。假如说合同上签的是小张的名字，那个人所得税就从小张的个人所得税里进行扣除；如果说小张是和小李合租的，那租房合同上就需要签订小张和小李的名字，这样才算是两人共同承担了个人所得税的扣除。具体填报方法以小张为例，如果小张是第一次享受住房租赁扣除，那小张的住房租赁扣除时间就是租赁合同约定的租房日期当月,结束的时间则是在租房合同结束的当月。

引　申

夫妻双方的主要工作城市相同,只能由一方享受个人所得税抵扣,主要工作城市不相同,则双方都可以享受个人所得税抵扣。纳税人的配偶在纳税人的主要工作城市有自有住房的,视同纳税人在主要工作城市有自有住房,纳税人就无法享受租房个人所得税抵扣。纳税人及配偶在一个纳税年度不能同时分别享受住房贷款利息专项附加扣除和住房租金专项附加扣除。只要符合个人所得税专项附加扣除的有关要求,合租住房也可以按正常标准享受个人所得税抵扣。住房租金扣除是不能和住房贷款利息扣除一起享受的,住房租金扣除和住房贷款利息扣除只能二选一,如果选择住房租金扣除就不能再选择住房贷款利息扣除,选择住房贷款利息扣除就不能再选择住房租金扣除。

相关规定

《个人所得税专项附加扣除暂行办法》第 17 条　纳税人在主要工作城市没有自有住房而发生的住房租金支出,可以按照以下标准定额扣除:(一)直辖市、省会(首府)城市、计划单列市以及国务院确定的其他城市,扣除标准为每月 1500 元;(二)除第一项所列城市以外,市辖区户籍人口超过 100 万的城市,扣除标准为每月 1100 元;市辖区户籍人口不超过 100 万的城市,扣除标准为每月 800 元。纳税人的配偶在纳税人的主要工作城市有自有住房的,视同纳税人在主要工作城市有自有住房。市辖区户籍人口,以国家统计局公布的数据为准。

第 18 条　本办法所称主要工作城市是指纳税人任职受雇的直

辖市、计划单列市、副省级城市、地级市(地区、州、盟)全部行政区域范围;纳税人无任职受雇单位的,为受理其综合所得汇算清缴的税务机关所在城市。夫妻双方主要工作城市相同的,只能由一方扣除住房租金支出。

第19条 住房租金支出由签订租赁住房合同的承租人扣除。

097

公租房是公司与保障房公司签的协议，但员工是需要付房租的,这种情况下员工是否可以享受专项附加扣除？需要留存什么资料备查？

答:纳税人在主要工作城市没有自有住房而发生的住房租金支出,可以按照标准定额扣除。员工租用公司与保障房公司签订的保障房,并支付租金的,可以申报扣除住房租金专项附加扣除。纳税人应当留存与公司签订的公租房合同或协议等相关资料备查。

相关规定

《国家税务总局关于修订发布〈个人所得税专项附加扣除操作办法(试行)〉的公告》(国家税务总局公告2022年第7号)第15条 纳税人享受住房租金专项附加扣除,应当填报主要工作城市、租赁住房坐落地址、出租人姓名及身份证件类型和号码或者出租方单位名称及纳税人识别号(社会统一信用代码)、租赁起止时间等信息;纳税人有配偶的,填写配偶姓名、身份证件类型及号码。纳税人需要留存备查资料包括:住房租赁合同或协议等资料。

098

赡养老人的扣除主体、范围和扣除标准是什么?

答:赡养老人专项附加扣除的扣除主体包括:一是负有赡养义务的所有子女。《民法典》规定:婚生子女、非婚生子女、养子女、继子女有赡养扶助父母的义务。二是祖父母、外祖父母的子女均已经去世,负有赡养义务的孙子女、外孙子女。

纳税人赡养年满 60 周岁父母以及子女均已去世的年满 60 周岁祖父母、外祖父母的赡养支出,可以税前扣除。

纳税人为独生子女的,按照每月 3000 元的标准定额扣除。纳税人为非独生子女的,应当与其兄弟姐妹分摊每月 3000 元的扣除额度,分摊的扣除额最高不得超过每月 1500 元。

案　　例

小财的朋友小朱是独生子,在一家公司做业务,小朱的父亲已离世(且小朱的父亲也是独生子),母亲今年 58 周岁,家中还有一位年过古稀的祖母,2 位长辈均由小朱独自负责赡养,小朱每个月是否无法享受赡养老人的专项附加扣除?答案是可以扣除,赡养老人专项附加扣除的扣除主体包括:一是负有赡养义务的所有子女。我国法律规定婚生子女、非婚生子女、养子女、继子女有赡养扶助父母的义务。二是祖父母、外祖父母的子女均已经去世,负有赡养义务的孙子女、外孙子女。只要祖父母、外祖父母中的任何一方,没有纳税人以外的其他孙子女、外孙子女共同赡养,则纳税人可以按照独生子女扣除。如果还有其他的孙子女、外孙子女与纳税人共同赡养祖父母、外祖父母,则纳税人不能按照独生子女扣除。

因此,虽然母亲没有满60周岁,但是祖母的子女已去世,并且由小朱独自负责赡养,所以小朱每个月还是可以按照定额3000元的标准扣除赡养老人的专项附加。

引　申

独生子女父母60周岁(含)以上以及其他法定赡养人的支出,按照每月3000元,每年36,000元的标准定额扣除。非独生子女父母60周岁(含)以上以及其他法定赡养人的支出,与兄弟姐妹分摊每月3000元,每年36,000元的标准定额扣除。其中分摊的个人,每月最高不得超过1500元,每年不得超过18,000元。

其他法定赡养人指祖父母、外祖父母的子女均已去世,孙子女或者是外孙独生子女应该承担赡养的义务。夫妻双方只扣除赡养自己父母的开支。比如夫妻二人均为独生子女,那么女方和男方会每月分别扣除3000元进行赡养老人专项附加扣除。

相关规定

《个人所得税专项附加扣除暂行办法》第22条　纳税人赡养一位及以上被赡养人的赡养支出,统一按照以下标准定额扣除:(一)纳税人为独生子女的,按照每月2000元的标准定额扣除;(二)纳税人为非独生子女的,由其与兄弟姐妹分摊每月2000元的扣除额度,每人分摊的额度不能超过每月1000元。可以由赡养人均摊或者约定分摊,也可以由被赡养人指定分摊。约定或者指定分摊的须签订书面分摊协议,指定分摊优先于约定分摊。具体分摊方式和额度在一个纳税年度内不能变更。

第23条　本办法所称被赡养人是指年满60岁的父母,以及子女均已去世的年满 60 岁的祖父母、外祖父母。

099

双胞胎是否可以按照独生子女的标准享受扣除?

答:双胞胎不可以按照独生子女享受赡养老人扣除。双胞胎兄弟姐妹需要共同赡养父母,双胞胎中任何一方都不是父母的唯一赡养人,因此每个子女不能独自享受 3000 元的扣除额度。

案　　例

甲和乙是一对双胞胎兄弟,父母均已年满 60 周岁,且无其他子女,并且由甲和乙共同赡养。根据《个人所得税专项附加扣除暂行办法》规定,纳税人为非独生子女的,由其与兄弟姐妹分摊每月 3000 元的扣除额度,每人分摊的额度不能超过每月 1500 元。所以甲和乙每人每月最多可以扣 1500 元。

引　　申

双胞胎不属于独生子女的范畴,他们共同对其父母承担赡养的义务,我国相关法律及政策规定,专项附加扣除赡养老人非独生子女不可以不分摊,非独生子女赡养老人的分摊方式有平均分摊、被赡养人指定分摊或者赡养人约定分摊三种方式,并且规定每个子女的扣除额不能高于每月 1500 元。这也就意味着非独生子女的情况下,是不能完全由一人进行全额分摊的。

相关规定

《个人所得税专项附加扣除暂行办法》第22条 纳税人赡养一位及以上被赡养人的赡养支出,统一按照以下标准定额扣除:(一)纳税人为独生子女的,按照每月2000元的标准定额扣除;(二)纳税人为非独生子女的,由其与兄弟姐妹分摊每月2000元的扣除额度,每人分摊的额度不能超过每月1000元。可以由赡养人均摊或者约定分摊,也可以由被赡养人指定分摊。约定或者指定分摊的须签订书面分摊协议,指定分摊优先于约定分摊。具体分摊方式和额度在一个纳税年度内不能变更。

第23条 本办法所称被赡养人是指年满60岁的父母,以及子女均已去世的年满60岁的祖父母、外祖父母。

《国务院关于提高个人所得税有关专项附加扣除标准的通知》

一、3岁以下婴幼儿照护专项附加扣除标准,由每个婴幼儿每月1000元提高到2000元。二、子女教育专项附加扣除标准,由每个子女每月1000元提高到2000元。三、赡养老人专项附加扣除标准,由每月2000元提高到3000元。其中,独生子女按照每月3000元的标准定额扣除;非独生子女与兄弟姐妹分摊每月3000元的扣除额度,每人分摊的额度不能超过每月1500元。四、3岁以下婴幼儿照护、子女教育、赡养老人专项附加扣除涉及的其他事项,按照《个人所得税专项附加扣除暂行办法》有关规定执行。五、上述调整后的扣除标准自2023年1月1日起实施。

100

非独生子女,父母指定或兄弟姐妹协商,能否以某位子女按每月 3000 元扣除?

答:根据《个人所得税专项附加扣除暂行办法》规定,纳税人为非独生子女的,由其与兄弟姐妹分摊每月 3000 元的扣除额度,每人分摊的额度不能超过每月 1500 元。因此,非独生子女是不能通过父母指定或兄弟姐妹协商享受 3000 元扣除标准的。

案　　例

熊大和熊二是一对双胞胎兄弟,还有一个姐姐,父母均已满 60 周岁,并且由姐弟三人共同赡养。如何计算三人赡养老人专项附加扣除额度?方式一:由姐弟三人平均分摊每月的额度(3000 ÷ 3)。方式二:由姐弟三人约定,但是三人每月扣除的合计数不得超过 3000 元,且每人每月不得超过 1500 元,同时需要签订书面约定协议。例如,姐姐每月扣 2000 元,熊大和熊二每月各扣 750 元等。方式三:由父母指定 3 个子女各自的扣除金额,这种方式也需要父母和 3 个子女共同签订一份指定分摊的书面协议,且姐弟三人各自分摊的扣除额每月最高不得超过 1500 元。

引　　申

在分摊额度方面,可以自由约定,但是每个人分摊的额度最高不能超过每月 1500 元。因此,非独生子女赡养老人专项附加扣除每月最高是1500元，无法达到3000元的额度，并不可以扣除3000元，只有独生子女才能每月扣除3000元。这一点是需要特别注意的，有人觉得，自己的兄弟姐妹不缴纳个人所得税，就想要自己独享3000元的额度，这是行不通的，非独生子女限高1500元，不能进行虚假申报，否则就要承担法律责任，影响纳税信用，这是得不偿失的。

相关规定

《个人所得税专项附加扣除暂行办法》第22条 纳税人赡养一位及以上被赡养人的赡养支出，统一按照以下标准定额扣除：(一)纳税人为独生子女的，按照每月2000元的标准定额扣除；(二)纳税人为非独生子女的，由其与兄弟姐妹分摊每月2000元的扣除额度，每人分摊的额度不能超过每月1000元。可以由赡养人均摊或者约定分摊，也可以由被赡养人指定分摊。约定或者指定分摊的须签订书面分摊协议，指定分摊优先于约定分摊。具体分摊方式和额度在一个纳税年度内不能变更。

第23条 本办法所称被赡养人是指年满60岁的父母，以及子女均已去世的年满60岁的祖父母、外祖父母。

《国务院关于提高个人所得税有关专项附加扣除标准的通知》 一、3岁以下婴幼儿照护专项附加扣除标准，由每个婴幼儿每月1000元提高到2000元。二、子女教育专项附加扣除标准，由每个子女每月1000元提高到2000元。三、赡养老人专项附加扣除标准，由每月2000元提高到3000元。其中，独生子女按照每月3000元的标准定额扣除；非独生子女与兄弟姐妹分摊每月3000元的扣除额度，每人分摊的额度不能超过每月1500元。四、3岁以下婴幼儿照护、子女教育、赡养老人专项附加扣除涉及的其他事项，按照《个人所得税专项附加扣除暂行办法》有关规定执行。五、上述调整后的扣除标准自2023年1月1日起实施。

101

父母均要满 60 周岁还是只要一位满 60 周岁即可享受最高每月 3000 元的扣除额度?

答:随着个人所得税改革的进一步深入开展,个人所得税专项扣除的具体规定也随之出炉。个人所得税扣除范围:父母年满 60 周岁可以享最高每月 3000 元的免征额,父母一方年满 60 周岁就可以。不过相应的免征额,实际上是按照定额扣减的,只要是独生子女,可以直接享受每月 3000 元的免征额度。如果是多子女家庭,可以共同约定分担额度,但是每人每月不得超过 1500 元。赡养老人专项附加扣除的扣除主体包括两种,一种是负有赡养义务的所有子女。按照《民法典》规定:婚生子女、非婚生子女、养子女、继子女有赡养扶助父母的义务。另一种是祖父母、外祖父母的子女均已经去世,负有赡养义务的孙子女、外孙子女。符合上述两种情况的纳税主体,就可以申请个人所得税赡养老人免征额。

案　　例

李秦夫妇均年满 60 周岁,其 3 个子女分别为秦一、秦二和秦三。2020 年度,秦一的应纳税所得额为 100,000 元,秦二的应纳税所得额为 30,000 元,秦三的应纳税所得额为 0,以上数额均未考虑赡养老人专项附加扣除。如果 3 个子女因疏忽未申报赡养老人专项附加扣除,则 2020 年度,秦一应纳个人所得税:100000 × 10% − 2520 = 7480 元;秦二应纳个人所得税:30000 × 3% = 900 元;秦三应纳个人所得税为 0。如果由秦一一人申报赡养老人专项附加扣除 18,000 元,则 2020 年度,秦一应纳个人所得税:(100000 - 18000) × 10% - 2520 = 5680 元;秦二应纳个人所得税:30000 × 3% = 900 元;秦三应纳个人所得税为 0。通过纳税筹划,节税:7480 - 5680 = 1800 元。如果由秦二一人申报赡养老人专项附加扣除 18,000 元,则 2020 年度,秦一应纳个人所得税:100000 × 10% - 2520 = 7480 元;秦二应纳个人所得税:(30000 - 18000) × 3% = 360 元;秦三应纳个人所得税为 0。通过纳税筹划,节税:900 - 360 = 540 元。建议由秦一和秦二各申报赡养老人专项附加扣除 18,000 元,则 2020 年度,秦一应纳个人所得税:(100000 - 18000) × 10% - 2520 = 5680 元;秦二应纳个人所得税:(30000 - 18000) × 3% = 360 元;秦三应纳个人所得税为 0。通过纳税筹划,节税:(7480 - 5680) + (900 - 360) = 2340 元。

对秦家 3 个子女而言,36,000 元的赡养老人专项附加扣除抵税的最大额度就是 2340 元。

引　　申

独生子女有 3000 元的定额,非独生子女一人不得超过 1500 元。每月 3000 元的扣除额度这个标准是针对独生子女,如果你是非独生子女,那么只能与其他兄弟姐妹按照每月 3000 元的标准分摊扣除,每个人每月的分摊额度不能超过 1500 元。假如父母只有你们两个孩子,那么理论上来说,你们默认一人 1500 元的免征额。如果你们家是 3 个子女或者更多,则可以采取更加灵活的分摊额度方式,主要有均摊、约定分摊和指定分摊三种。均摊,顾名思义就是把 3000 元平均摊给每个人,比如 4 个子女一人 750 元;约定分摊就是兄弟姐妹一起商量,看看谁摊多,谁摊少,划分一个标准出来;指定分摊就是父母直接把分摊额度指定给谁。不管最终采用哪种分摊方法,都要遵守每一纳税人分摊的扣除额最高不得超过每月 1500 元。给出了具体的分摊方式,当然也要提供相应的证明。按规定,无论是指定分摊还是约定分摊,都要签订书面分摊协议,以备证明和核验。

赡养老人专项扣除申报方式:自主如实填报信息,留够证明资料。电子和纸质信息表都可以在税务局网站上下载。具体涉及的信息,如是否为独生子女、被赡养人个人信息、与被赡养人的关系、月免征额等。留资料就是上面谈到的书面分摊协议,这个不需要报送扣缴单位和税务机关,主要是方便后期税务部门查验。

相关规定

《个人所得税专项附加扣除暂行办法》第 22 条 纳税人赡养一位及以上被赡养人的赡养支出,统一按照以下标准定额扣除:(一)纳税人为独生子女的,按照每月 2000 元的标准定额扣除;(二)纳税人为非独生子女的,由其与兄弟姐妹分摊每月 2000 元的扣除额度,每人分摊的额度不能超过每月 1000 元。可以由赡养人均摊或者约定分摊,也可以由被赡养人指定分摊。约定或者指定分摊的须签订书面分摊协议,指定分摊优先于约定分摊。具体分摊方式和额度在一个纳税年度内不能变更。

第 23 条 本办法所称被赡养人是指年满 60 岁的父母,以及子女均已去世的年满 60 岁的祖父母、外祖父母。

《国务院关于提高个人所得税有关专项附加扣除标准的通知》 一、3 岁以下婴幼儿照护专项附加扣除标准,由每个婴幼儿每月 1000 元提高到 2000 元。二、子女教育专项附加扣除标准,由每个子女每月 1000 元提高到 2000 元。三、赡养老人专项附加扣除标准,由每月 2000 元提高到 3000 元。其中,独生子女按照每月 3000 元的标准定额扣除;非独生子女与兄弟姐妹分摊每月 3000 元的扣除额度,每人分摊的额度不能超过每月 1500 元。四、3 岁以下婴幼儿照护、子女教育、赡养老人专项附加扣除涉及的其他事项,按照《个人所得税专项附加扣除暂行办法》有关规定执行。五、上述调整后的扣除标准自2023 年 1 月 1 日起实施。

102

独生子女家庭，父母离异后再婚的，如何享受赡养老人专项附加扣除？

答：对于独生子女家庭，父母离异后重新组建家庭，在新组建的两个家庭中，如果纳税人对其亲生父母、继父母中的任何一人是唯一法定赡养人，则纳税人可以按照独生子女标准享受每月 3000 元赡养老人专项附加扣除。除上述情形外，不能按照独生子女享受扣除。在填写专项附加扣除信息表时，纳税人需注明与被赡养人的关系。

案　　例

李某月工资 2 万元，其父母离异后重新组建家庭并未生育或抚养其他(继)子女。在不考虑“三险一金”情况下，2018 年 10 月 1 日个人所得税改革前按每月 3500 元基本减除费用标准计算，李某每月应缴纳个人所得税 3120 元；2018 年 10 月 1 日以后取得工资，按每月 5000 元基本减除费用标准和调整后的税率表计算，应缴纳个人所得税 1590 元，税负水平降低近 50%。

在此基础上，2019 年 1 月 1 日后取得工资，李某享受专项附加扣除如下：其中子女教育专项附加扣除 1000 元，继续教育专项附加扣除 400 元，住房租金专项附加扣除 1500 元，赡养老人专项附加扣除 2000 元，共计扣除 4900 元。

如此计算,李某每月应缴纳的税款降为 800 元,比今年 10 月 1 日后的 1590 元个人所得税又减少 790 元,税负下降约 49.7%;比今年 10 月 1 日个人所得税改革前应缴纳的 3120 元个人所得税少缴 2320 元,税负水平降低约 74.4%。

2023 年 1 月 1 日后取得工资,李某享受专项附加扣除如下:子女教育专项附加扣除 2000 元,赡养老人专项附加扣除 3000 元,其余专项附加扣除项不变,共计扣除 6900 元。税负随着政策变化不断下降。

引　申

根据最新的个人所得税专项附加扣除有关规定,关于赡养老人的条件和标准可归纳为以下四点:第一,被赡养人为年满 60 周岁(含)的父母(生父母、继父母、养父母),以及子女均已去世的祖父母、外祖父母。第二,纳税人为独生子女的,每月可以扣除 3000 元。纳税人为非独生子女的,可以和兄弟姐妹分摊每月 3000 元的扣除额度,但每人分摊的额度最高不能超过每月 1500 元。第三,非独生子女之间的具体分摊方式包括:平均分摊、约定分摊和赡养人指定分摊。约定或指定分摊的,需签订书面分摊协议。具体分摊方式和额度一经确定,在一个纳税年度内保持不变。第四,赡养扣除的起止时间:被赡养人年满 60 周岁的当月开始,到赡养义务终止的年末结束。这一规定,符合人伦常理和生活实际,也有利于弘扬尊老敬老的优良传统,得到了大家的广泛好评。

相关规定

《个人所得税法》第 6 条　应纳税所得额的计算:……本条第一款第一项规定的专项扣除,包括居民个人按照国家规定的范围和标准缴纳的基本养老保险、基本医疗保险、失业保险等社会保险费和住房公积金等；专项附加扣除，包括子女教育、继续教育、大病医疗、住房贷款利息或者住房租金、赡养老人等支出，具体范围、标准和实施步骤由国务院确定，并报全国人民代表大会常务委员会备案。

《个人所得税专项附加扣除暂行办法》第 22 条 纳税人赡养一位及以上被赡养人的赡养支出，统一按照以下标准定额扣除：(一)纳税人为独生子女的，按照每月 2000 元的标准定额扣除；(二)纳税人为非独生子女的，由其与兄弟姐妹分摊每月 2000 元的扣除额度，每人分摊的额度不能超过每月 1000 元。可以由赡养人均摊或者约定分摊，也可以由被赡养人指定分摊。约定或者指定分摊的须签订书面分摊协议，指定分摊优先于约定分摊。具体分摊方式和额度在一个纳税年度内不能变更。

第 23 条 本办法所称被赡养人是指年满 60 岁的父母，以及子女均已去世的年满 60 岁的祖父母、外祖父母。

第 29 条 本办法所称父母，是指生父母、继父母、养父母。本办法所称子女，是指婚生子女、非婚生子女、继子女、养子女。父母之外的其他人担任未成年人的监护人的，比照本办法规定执行。

《国务院关于提高个人所得税有关专项附加扣除标准的通知》 一、3 岁以下婴幼儿照护专项附加扣除标准，由每个婴幼儿每月 1000 元提高到 2000 元。二、子女教育专项附加扣除标准，由每个子女每月 1000 元提高到 2000 元。三、赡养老人专项附加扣除标准，由每月 2000 元提高到 3000 元。其中，独生子女按照每月 3000 元的标准定额扣除；非独生子女与兄弟姐妹分摊每月 3000 元的扣除额度，每人分摊的额度不能超过每月 1500 元。四、3 岁以下婴幼儿照护、子女教育、赡养老人专项附加扣除涉及的其他事项，按照《个人所得税专项附加扣除暂行办法》有关规定执行。五、上述调整后的扣除标准自 2023 年 1 月 1 日起实施。

103

生父母有两个子女,将其中一个过继给养父母,养父母家没有其他子女,被过继的子女属于独生子女吗?留在原家庭的孩子,属于独生子女吗?如何享受相应的专项扣除政策?

答:被过继的子女,在新家庭中属于独生子女。留在原家庭的孩子,如没有兄弟姐妹与其一起承担赡养父母的义务,也可以按照独生子女标准享受扣除。个人所得税之所以要设置专项附加扣除,就是要根据纳税人在工作生活中的实际负担状况,来推断其应当缴纳的合理的个人所得税是多少。就赡养老人来说,如果老人只剩下了一个子女,那这显然就是一个人承担了全部赡养义务,其作为独生子女扣除3000元纳税合情合理。

引　申

对独生子女的定义,虽然在现行法律和条例中没有专门表述,但各省均在具体执行的文件中做了明确。独生子女一般指夫妇生育或者合法收养的唯一存活子女,即没有同父同母、同父异母、同母异父的兄弟姐妹,或者本人的兄弟姐妹均已死亡。

符合下列情形之一的,也可视为独生子女:

(1)本人14周岁前被收养,养父母无其他子女的。

(2)由社会福利机构抚养成人且没有兄弟姐妹的。

(3)夫妇只生育一个子女,该子女以及该夫妇依法收养的查找不到生父母和兄弟姐妹的弃婴或儿童。

(4)只生育一个子女的夫妇离异后,该子女经法院判决或协议由一方抚养并长期共同生活,且抚养方未再婚或再婚后未再生育的。

再婚夫妻,双方各有一个子女,原夫妻关系存续期间所生育子女已领取独生子女父母光荣证,再婚后未再生育或收养子女的,可以继续享受独生子女父母待遇。

再婚夫妻,一方未生育过,另一方生育过一个子女且领取独生子女父母光荣证,再婚后未再生育或收养子女的,继续享受独生子女父母待遇。

相关规定

《个人所得税法》第6条 ……本条第一款第一项规定的专项扣除,包括居民个人按照国家规定的范围和标准缴纳的基本养老保险、基本医疗保险、失业保险等社会保险费和住房公积金等;专项附加扣除,包括子女教育、继续教育、大病医疗、住房贷款利息或者住房租金、赡养老人等支出,具体范围、标准和实施步骤由国务院确定,并报全国人民代表大会常务委员会备案。

《个人所得税专项附加扣除暂行办法》第22条 纳税人赡养一位及以上被赡养人的赡养支出,统一按照以下标准定额扣除:(一)纳税人为独生子女的,按照每月2000元的标准定额扣除;(二)纳税人为非独生子女的,由其与兄弟姐妹分摊每月2000元的扣除额度,每人分摊的额度不能超过每月1000元。可以由赡养人均摊或者约定分摊,也可以由被赡养人指定分摊。约定或者指定分摊的须签订书面分摊协议,指定分摊优先于约定分摊。具体分摊方式和额度在一个纳税年度内不能变更。

第23条 本办法所称被赡养人是指年满60岁的父母,以及子女均已去世的年满 60 岁的祖父母、外祖父母。

按照上述法律规定,纳税人为独生子女的按照每月 2000 元的标准定额享受专项扣除。

104

大病医疗的扣除主体、范围和扣除标准是什么?

答:根据《个人所得税专项附加扣除暂行办法》的规定,在一个纳税年度内,纳税人发生的与基本医保相关的医药费用支出,扣除医保报销后个人负担(指医保目录范围内的自付部分)累计超过 15,000 元的部分,由纳税人在办理年度汇算清缴时,在 80,000 元限额内据实扣除。纳税人发生的医药费用支出可以选择由本人或者其配偶扣除;未成年子女发生的医药费用支出可以选择由其父母一方扣除。纳税人及其配偶、未成年子女发生的医药费用支出,按本办法第 11 条规定分别计算扣除额。

大病医疗扣除范围是每年 1 月 1 日至 12 月 31 日,医保目录范围内的医药费用支出,扣除医保报销后的个人自付部分。大病医疗扣除标准是医保报销后个人负担(指医保目录范围内的自付部分)累计超过 15,000 元的部分,在 80,000 元限额内据实扣除。

案　　例

甲和乙是夫妻,有两个未成年女儿。甲在 2019 年 11 月发生医疗支出自费部分 10 万元,大女儿 A 在 2019 年 11 月发生医疗支出自费部分 5 万元。则甲和乙在 2019 年 11 月预扣预缴时,可享受大病医疗专项附加扣除的情况如下：

（1）大病医疗在预扣预缴环节不得扣除，而应在年度汇算清缴时扣除。

（2）2019年，甲发生医疗支出自费部分10万元，超过政策规定的个人负担起扣线8.5万元（10－1.5），由于限额为8万元，甲的支出可以按照最高8万元扣除；大女儿A发生医疗支出自费部分5万元，超过政策规定的个人负担起扣线3.5万元（5－1.5），由于限额为8万元，A的支出可以按照3.5万元扣除。

（3）甲发生的大病医疗专扣可以选择由甲扣除，也可以选择由乙扣除；大女儿A的大病医疗专扣也是可以选择由甲扣除，或由乙扣除。

引　申

根据《个人所得税专项附加扣除暂行办法》的规定，纳税人发生的与基本医保相关的医药费用支出，扣除医保报销后个人负担（指医保目录范围内的自付部分）的部分准予扣除。本次医疗电子票据改革政策中，对可以扣除的支出项目进行了进一步的明确，即在医疗电子票据的“其他信息”栏次里，直接列示“个人自付”的金额。并明确个人自付费用明细为：患者本次就医所发生的医疗费用中由个人负担的属于基本医疗保险目录范围内自付部分的金额；开展按病种、病组、床日等打包付费方式且由患者定额付费的费用。

本次医疗电子票据改革明确，医疗收费票据中各项金额的勾稽关系为：金额合计＝医保统筹基金支付＋其他支付＋个人账户支付＋个人现金支付，其中仅“其他信息”中的“个人自付”金额为大病医疗可扣除金额。本次改革通过在医疗电子票据中直接列示“个人自付”金额的方式，明确了个人大病医疗的可扣除内容，为纳税人统计和计算扣除项目金额提供了便利，体现了国家“放管服”改革实质举措的落实。

相关规定

《个人所得税法》第6条 应纳税所得额的计算：……本条第一款第一项规定的专项扣除，包括居民个人按照国家规定的范围和标准缴纳的基本养老保险、基本医疗保险、失业保险等社会保险费和住房公积金等；专项附加扣除，包括子女教育、继续教育、大病医疗、住房贷款利息或者住房租金、赡养老人等支出，具体范围、标准和实施步骤由国务院确定，并报全国人民代表大会常务委员会备案。

《个人所得税专项附加扣除暂行办法》第11条 在一个纳税年度内，纳税人发生的与基本医保相关的医药费用支出，扣除医保报销后个人负担（指医保目录范围内的自付部分）累计超过15000元的部分，由纳税人在办理年度汇算清缴时，在80000元限额内据实扣除。

第12条 纳税人发生的医药费用支出可以选择由本人或者其配偶扣除；未成年子女发生的医药费用支出可以选择由其父母一方扣除。纳税人及其配偶、未成年子女发生的医药费用支出，按本办法第十一条规定分别计算扣除额。

第13条 纳税人应当留存医药服务收费及医保报销相关票据原件（或者复印件）等资料备查。医疗保障部门应当向患者提供在医疗保障信息系统记录的本人年度医药费用信息查询服务。

105

在私立医院就诊是否可以享受大病医疗扣除?

答:对于纳入医疗保障结算系统的私立医院,只要纳税人看病的支出在医保系统可以体现和归集,则纳税人发生的与基本医保相关的支出,可以按照规定享受大病医疗扣除。

案　　例

2019 年 2 月对于老刘来说是痛苦的,老刘的妻子得了白血病,需要很长一段时间的化疗。由于大医院离家太远,来回费用又是一笔不小的开支,所以就选择了离家近的一家私立医院进行定期诱导化疗来缓解病情。老刘一边工作一边照顾生病的妻子,为了减轻一些经济负担,老刘想着去申报“大病医疗”专项附加扣除,根据《国务院关于印发个人所得税专项附加扣除暂行办法的通知》的规定,2019 年起发生的大病医疗,对于纳入医疗保障结算系统的私立医院,只要纳税人看病的支出在医保系统可以体现和归集,则纳税人发生的与基本医保相关的支出,可以按照规定享受大病医疗扣除。

引　　申

手机下载官方“国家医保服务平台”,注册后,通过首页“年度费用汇总查询”模块查询。其中,查询信息中显示的“符合大病医疗个人所得税抵扣政策金额”即为可扣除金额。在扣除限额上,个人全年医疗收费电子票据中“个人自付”列示金额超过 15,000 元的部分,可以进行扣除,纳税人的配偶、未成年子女选择在纳税人一方进行扣除的,每人分别扣除 15,000 元后,总扣除限额为 80,000 元。如纳税人自身发生医疗支出自付部分为 60,000 元,其配偶发生医疗支出自付部分为 120,000 元,选择均在纳税人一方扣除,则纳税人自身可扣除金额为 60000 - 15000 = 45000 元,其配偶可扣除金额为 120000 - 15000 = 105000 元,总扣除额 = 45000 + 105000 = 150000 元,超过最高扣除限额 80,000 元,因此,纳税人当年应按照 80,000 元的扣除限额计算扣除。

相关规定

《个人所得税专项附加扣除暂行办法》第 11 条 在一个纳税年度内,纳税人发生的与基本医保相关的医药费用支出,扣除医保报销后个人负担(指医保目录范围内的自付部分)累计超过 15000 元的部分,由纳税人在办理年度汇算清缴时,在 80000 元限额内据实扣除。

第 12 条 纳税人发生的医药费用支出可以选择由本人或者其配偶扣除;未成年子女发生的医药费用支出可以选择由其父母一方扣除。纳税人及其配偶、未成年子女发生的医药费用支出,按本办法第十一条规定分别计算扣除额。

第 13 条 纳税人应当留存医药服务收费及医保报销相关票据原件(或者复印件)等资料备查。医疗保障部门应当向患者提供在医疗保障信息系统记录的本人年度医药费用信息查询服务。

106

夫妻同时有大病医疗支出，如果都在一方扣除，扣除限额是多少？

答：夫妻同时有符合条件的大病医疗支出，可以选择都在丈夫或妻子一方扣除，扣除限额分别计算，每人最高扣除限额为 8 万元，合计最高扣除限额为 16 万元。

案　例

李某与王某是夫妻，共同育有一儿一女。2019 年 3 月，儿子小松生了一场大病，发生的与基本医保相关的医药费用支出自付部分为 10.5 万元；2019 年 8 月李某的母亲也生了一场大病，发生的与基本医保相关的医药费用支出自付部分为 6.5 万元；同年 10 月，李某生了一场大病，发生的与基本医保相关的医药费用支出自付部分为 5.5 万元。则 2019 年李某和王某可扣除的大病医疗费用如何计算，有几种扣除方式？

纳税人及其配偶、未成年子女发生的医药费用支出，按规定分别计算扣除额，目前未将纳税人父母纳入大病医疗扣除范围，具体扣除如表 5 所示：

表 5　医药费用扣除

单位：元

费用发生人员	自付部分	起扣金额	扣除限额	可扣金额	扣除方式
李某儿子小松	105,000	15,000	80,000	80,000	李某或王某扣除
李某	55,000	15,000	80,000	40,000	李某或王某扣除

续表

费用发生人员	自付部分	起扣金额	扣除限额	可扣金额	扣除方式
李某的母亲	65,000	15,000	0	0	不能由李某和王某扣除

综上,共有4种扣除方式可选择,纳税人及其配偶需要选择好由谁来计算扣除大病医疗专项附加。如表6所示:

表6　扣除方式

单位:元

扣除人	第1种方式	第2种方式	第3种方式	第4种方式
李某	120,000	80,000	40,000	0
王某	0	40,000	80,000	120,000

相关规定

《个人所得税专项附加扣除暂行办法》第11条　在一个纳税年度内,纳税人发生的与基本医保相关的医药费用支出,扣除医保报销后个人负担(指医保目录范围内的自付部分)累计超过15000元的部分,由纳税人在办理年度汇算清缴时,在80000元限额内据实扣除。

第12条　纳税人发生的医药费用支出可以选择由本人或者其配偶扣除;未成年子女发生的医药费用支出可以选择由其父母一方扣除。纳税人及其配偶、未成年子女发生的医药费用支出,按本办法第十一条规定分别计算扣除额。

第13条　纳税人应当留存医药服务收费及医保报销相关票据原件(或者复印件)等资料备查。医疗保障部门应当向患者提供在医疗保障信息系统记录的本人年度医药费用信息查询服务。

107

享受大病医疗专项附加扣除时，纳税人需要注意什么？

答：纳税人日常看病时，应当留存医药服务收费及医保报销相关票据等资料备查，同时，可以通过医疗保障部门的医疗保障信息系统查询本人年度医药费用支出情况。

相关规定

《个人所得税专项附加扣除暂行办法》第11条　在一个纳税年度内，纳税人发生的与基本医保相关的医药费用支出，扣除医保报销后个人负担（指医保目录范围内的自付部分）累计超过15000元的部分，由纳税人在办理年度汇算清缴时，在80000元限额内据实扣除。

第12条　纳税人发生的医药费用支出可以选择由本人或者其配偶扣除；未成年子女发生的医药费用支出可以选择由其父母一方扣除。纳税人及其配偶、未成年子女发生的医药费用支出，按本办法第十一条规定分别计算扣除额。

第13条　纳税人应当留存医药服务收费及医保报销相关票据原件（或者复印件）等资料备查。医疗保障部门应当向患者提供在医疗保障信息系统记录的本人年度医药费用信息查询服务。

108

公益性捐赠扣除应当符合什么条件?

答:2020年5月13日,财政部、国家税务总局、民政部正式发布了《关于公益性捐赠税前扣除有关事项的公告》(财政部、税务总局、民政部公告2020年第27号),该公告被视为"公益性捐赠税前扣除"新规。前述27号文件进一步明确公益性捐赠税前扣除资格所需条件、确认程序、资格有效期、资格取消情形、捐赠票据等多项内容,并对多项内容进行了修改和调整(见表7)。

表7 公益性捐税扣除资格

序号	公益性捐赠税前扣除资格所需条件	是否具备
1	符合公益性社会团体定义	√
2	报送上年度专项信息报告	√
3	公募:前两年度的公益支出不得低于上年度总收入的70%; 非公募:前两年度的公益支出不得低于上年末净资产的8%	√
4	公募:前两年度的管理费用占当年总支出不高于10%; 非公募:前两年度的管理费用占当年总支出不高于12%	×
5	非营利组织免税资格在有效期内	√
6	前两年度没有行政处罚	√
7	前两年度未列入违法失信名单	√
8	社会组织等级评估为3A以上(含3A)	×

案　例

某企业2016年至2019年连续4年每年利润为1000万元，根据规定，捐赠年度利润总额的12%以内，当年扣除；超出部分，准予结转3年内扣除。现在分别看一下该企业在2016年公益性捐赠100万元和公益性捐赠400万元时的税收优惠情况（见表8）。

表8　公益性捐赠对照

可抵扣的应纳税所得额年度	公益性捐赠100万元	公益性捐赠400万元
2016年	100万元	120万元（1000×12%）
2017年	无	120万元
2018年	无	120万元
2019年	无	40万元
总计减免税收总额	25万元（100×25%）	100万元（400×25%）

相关规定

2020年5月13日，财政部、国家税务总局、民政部正式发布了《关于公益性捐赠税前扣除有关事项的公告》。2021年2月4日，财政部、国家税务总局、民政部三部门发布了《关于公益性捐赠税前扣除资格确认有关衔接事项的公告》。

109

居民个人公益捐赠支出可以在综合所得年度汇算时扣除吗?

答:个人通过中华人民共和国境内公益性社会组织、县级以上人民政府及其部门等国家机关,向教育、扶贫、济困等公益慈善事业的捐赠,可按照《个人所得税法》有关规定在计算应纳税所得额时扣除。境内公益性社会组织,包括依法设立或登记并按规定条件和程序取得公益性捐赠税前扣除资格的慈善组织、其他社会组织和群众团体。

根据现行税收政策规定,公益捐赠支出是综合所得年度汇算重点税前扣除项目之一,因此纳税人的公益捐赠支出是可以在综合所得年度汇算时扣除的。特别需要说明的是,现行的综合所得年度汇算制度可以帮助纳税人更加精准、全面地享受公益捐赠优惠政策,更好地保障纳税人权益。比如,有的纳税人平时工作繁忙,在平时没来得及申报扣除公益捐赠支出,那么他可以通过年度汇算追补扣除。还有的纳税人取得稿酬、劳务报酬、特许权使用费收入,在平时没有足额扣除公益捐赠支出,那么也可以通过年度汇算追补扣除。总而言之,纳税人没有及时或足额扣除公益捐赠支出的,都可以在综合所得年度汇算时申报扣除,保障纳税人充分享受政策红利。

案　　例

假设张某2020年2月取得彩票收入100万元,股票转让应纳税所得额为60万元,2020年度经营所得应纳税所得额为120万元,

2020年度工薪所得应纳税所得额为150万元。其2月有一笔捐赠支出70万元;8月无分类所得,但有一笔捐赠支出50万元。张某进行了计算:2月捐赠支出扣除限额为(100+60+120+150)×30%=129万元;8月捐赠支出扣除限额为(120+150)×30%=81万元。

根据现行政策规定,个人发生的公益捐赠支出,可以在当月各项分类所得、年度综合所得、年度经营所得等所得项目中扣除,但不得重复扣除。并且,捐赠扣除有限额方面的规定,就全额扣除而言,例如捐赠用于应对新冠疫情的现金和物品,允许全额扣除,但如果纳税人"收入少,捐得多",就会出现超过应纳税所得额的部分无法扣除的情况;就比例扣除而言,扣除比例为当月各项分类所得、年度综合所得、年度经营所得的应纳税所得额之和的30%;就每一项所得而言,分别不超过该所得项目应纳税所得额30%。张某在计算2月和8月捐赠限额时,综合所得、经营所得两类所得进行了重复计算。张某2月捐赠应当尽可能在当月分类所得中扣除,以免扣除不完,其2月可以扣除的金额为(100+60)×30%=48万元,剩下的22万元以及8月捐赠的50万元,可以选择在经营所得、综合所得中扣除。

引 申

对收入项目较多、捐赠支出频繁、捐赠数额较大的个人来说,要保证精准扣除,就需要根据各项所得的收入、公益捐赠支出、适用税率等情况,自行决定在综合所得、分类所得、经营所得中扣除的公益捐赠支出的顺序和数额。在实务中,自行决定扣除顺序和数额是比较复杂的,需要纳税人注意以下规则及问题:(1)捐赠支出不能重复扣除;(2)全额捐赠和比例捐赠,先扣哪个都一样;(3)尽量用高税负的所得扣除捐赠;(4)多笔捐赠,享优惠需要统筹考量。

相关规定

财政部、国家税务总局发布《关于公益慈善事业捐赠个人所得税政策的公告》(财政部、税务总局公告2019年第99号,以下简称99号公告)规定:居民个人根据各项所得的收入、公益捐赠支出、适用税率等情况,自行决定在综合所得、分类所得、经营所得中扣除的公益捐赠支出的顺序。

国家税务总局微信公众号发布消息称,根据税法规定,2020年3月1日至6月30日,纳税人要办理2019年度个人所得税综合所得汇算清缴(以下简称年度汇算)。具体计算公式如下:2019年度汇算应退或应补税额=[(综合所得收入额-60,000元-“三险一金”等专项扣除-子女教育等专项附加扣除-依法确定的其他扣除-捐赠)×适用税率-速算扣除数]-2019年已预缴税额。从上述计算公式中可以看出,捐赠支出可以在计算应纳税所得额中扣除。

99号公告规定:“居民个人在综合所得中扣除公益捐赠支出的,应按照以下规定处理:(一)居民个人取得工资薪金所得的,可以选择在预扣预缴时扣除,也可以选择在年度汇算清缴时扣除。居民个人选择在预扣预缴时扣除的,应按照累计预扣法计算扣除限额,其捐赠当月的扣除限额为截止当月累计应纳税所得额的百分之三十(全额扣除的从其规定,下同)。个人从两处以上取得工资薪金所得,选择其中一处扣除,选择后当年不得变更。(二)居民个人取得劳务报酬所得、稿酬所得、特许权使用费所得的,预扣预缴时不扣除公益捐赠支出,统一在汇算清缴时扣除。(三)居民个人取得全年一次性奖金、股权激励等所得,且按规定采取不并入综合所得而单独计税方式处理的,公益捐赠支出扣除比照本公告分类所得的扣除规定处理。”

110

《个人所得税法》规定的可以免税的国家统一规定发放的补贴、津贴是指什么?

答:《个人所得税法》规定的可以免税的国家统一规定发放的补贴、津贴,是指按照国务院规定发给的政府特殊津贴、院士津贴,以及国务院规定免予缴纳个人所得税的其他补贴、津贴。津贴和补贴是指除基本工资外,为了补偿职工特殊或额外的劳动消耗和因其他特殊原因支付给职工的辅助性工资。津贴与补贴一般都包含在工资当中,津贴和补贴本质上没有区别,但是补贴是对日常生活费用开支的补助,侧重于生活性;而津贴是对额外和特殊劳动消耗的补偿,侧重于生产性。

案　例

文山州某单位违规发放津贴、补贴和福利问题。2015 年至 2018 年,该单位先后 7 次在其牵头组织开展的各类活动中,用单位办公经费和摄影、绘画大赛等活动经费违规向本单位干部职工发放评审费、劳务费 4.33 万元,违规发放信息奖 2.51 万元;在组织编印刊物中,虚列撰稿数量,以“稿酬”和“编辑费”名义违规向干部职工发放福利 7.44 万元。2020 年 12 月,该单位负责人受到党内严重警告、政务降级处分,单位主要领导受到党内严重警告、政务记大过处分,违纪资金予以收缴。

另,某公司按照差旅费报销制度,给出差人员每天 150 元补助,该部分补助免征个人所得税。根据《个人所得税法》、《个人所得税法实施条例》以及《征收个人所得税若干问题的规定》(国税发〔1994〕089号,部分失效)的规定,不属于工资、薪金性质的补贴、津贴或者不属于纳税人本人工资、薪金所得项目的收入,不征税,包括独生子女补贴、托儿补助费、差旅费津贴、误餐补助。

引 申

津贴是作为补偿工作条件或额外劳动力消耗的一种辅助性工资,主要包括特殊劳动消耗津贴、保健津贴、技术性津贴、年功津贴和地区性津贴等几种形式。津贴的发放具有强制性,只要劳动者符合发放津贴的条件,就必须无条件向职工发放。津贴是不纳入最低工资标准的计算的,未计入该类津贴的工资不得低于最低工资标准。

补贴是为了保证职工工资水平不受物价上涨而导致影响的一种福利性工资。主要包括车补、话费补贴、餐费补贴、住房补贴等。补贴主要是用来降低物价变动对劳动报酬的实际购买力影响的一种手段,相对于津贴,补贴与工作性质的联系相对较弱。补贴的发放属于一种福利性质,属于用人单位自主经营权的范畴,目前并没有法律法规对此作出强制性规定,但用人单位一旦对发放补贴作出承诺,即应该履行承诺,按时按量向劳动者发放该项补贴,否则可能会面临拖欠工资而产生的不利后果。

相关规定

《个人所得税法》第4条 下列各项个人所得,免征个人所得税:……(三)按照国家统一规定发给的补贴、津贴……

《个人所得税法实施条例》第10条 个人所得税法第四条第一款第三项所称按照国家统一规定发给的补贴、津贴,是指按照国务院规定发给的政府特殊津贴、院士津贴，以及国务院规定免予缴纳个人所得税的其他补贴、津贴。

《财政部、国家税务总局关于个人所得税若干政策问题的通知》(财税字〔1994〕20 号)第 2 条 ……(七)……达到离休、退休年龄，但确因工作需要，适当延长离休退休年龄的高级专家(指享受国家发放的政府特殊津贴的专家、学者)，其在延长离休退休期间的工资、薪金所得，视同退休工资、离休工资免征个人所得税。

《征收个人所得税若干问题的规定》(国税发〔1994〕089 号，部分失效)第 2 条 关于工资、薪金所得的征税问题 条例第八条第一款第一项对工资、薪金所得的具体内容和征税范围作了明确规定，应严格按照规定进行征税。对于补贴、津贴等一些具体收入项目应否计入工资、薪金所得的征税范围问题，按下述情况掌握执行：(一)条例第十三条规定，对按照国务院规定发给的政府特殊津贴和国务院规定免纳个人所得税的补贴、津贴，免予征收个人所得税。其他各种补贴、津贴均应计入工资、薪金所得项目征税。(二)下列不属于工资、薪金性质的补贴、津贴或者不属于纳税人本人工资、薪金所得项目的收入，不征税：1. 独生子女补贴；2. 执行公务员工资制度未纳入基本工资总额的补贴、津贴差额和家属成员的副食品补贴；3. 托儿补助费；4. 差旅费津贴、误餐补助。

《财政部、国家税务总局关于工伤职工取得的工伤保险待遇有关个人所得税政策的通知》(财税〔2012〕40 号)第 1 条 对工伤职工及其近亲属按照《工伤保险条例》(国务院令第 586 号)规定取得的工伤保险待遇，免征个人所得税。

111

《个人所得税法》规定的不属于可以免税的福利费范围具体是什么？

答：下列收入不属于免税的福利费范围：(1)超过国家规定的比例计提福利费、工会经费中支付给个人的；(2)从福利费和工会经费中支付的人人有份的；(3)单位为个人购买汽车、住房、电子计算机等不属于临时性生活困难补助性质的支出。

引　申

困难生活补助免税的具体规定和适用：

根据《个人所得税法》和《个人所得税法实施条例》的规定，单位按照国家规定发给个人的福利费、抚恤金和救济金可以免征个人所得税。福利费，是指根据国家有关规定，从企业、事业单位、国家机关、社会组织提留的福利费或者工会经费中支付给个人的生活补助费；救济金，是指各级人民政府民政部门支付给个人的生活困难补助费。因此，企业按照国家规定从福利费或工会经费中向困难职工发放的生活困难补助费免征个人所得税。

相关规定

《个人所得税法实施条例》第11条　个人所得税法第四条第一款第四项所称福利费，是指根据国家有关规定，从企业、事业单位、国家机关、社会组织提留的福利费或者工会经费中支付给个人的生活补助费……

《国家税务总局关于生活补助费范围确定问题的通知》(国税发〔1998〕155号)第1条、第2条 上述所称生活补助费,是指由于某些特定事件或原因而给纳税人本人或其家庭的正常生活造成一定困难,其任职单位按国家规定从提留的福利费或者工会经费中向其支付的临时性生活困难补助。下列收入不属于免税的福利费范围,应当并入纳税人的工资、薪金收入计征个人所得税:(一)从超出国家规定的比例或基数计提的福利费、工会经费中支付给个人的各种补贴、补助;(二)从福利费和工会经费中支付给本单位职工的人人有份的补贴、补助;(三)单位为个人购买汽车、住房、电子计算机等不属于临时性生活困难补助性质的支出。

112

军人的转业费、复员费需要并入综合所得进行年度汇算吗?

答:军人的转业费、复员费免征个人所得税,不需要并入综合所得进行年度汇算。

相关规定

《个人所得税法》第4条 下列各项个人所得,免征个人所得税:(一)省级人民政府、国务院部委和中国人民解放军军以上单位,以及外国组织、国际组织颁发的科学、教育、技术、文化、卫生、体育、环境保护等方面的奖金;(二)国债和国家发行的金融债券利息;(三)按照国家统一规定发给的补贴、津贴;(四)福利费、抚恤金、救济金;(五)保险赔款;(六)军人的转业费、复员费、退役金;(七)按照国家统一规定发给干部、职工的安家费、退职费、基本养老金或者退休费、离休费、离休生活补助费;(八)依照有关法律规定应予免税的各国驻华使馆、领事馆的外交代表、领事官员和其他人员的所得;(九)中国政府参加的国际公约、签订的协议中规定免税的所得;(十)国务院规定的其他免税所得。前款第十项免税规定,由国务院报全国人民代表大会常务委员会备案。

113

按照国家统一规定发给干部、职工的安家费、退职费、退休费、离休费、离休生活补助费需要计入综合所得进行年度汇算吗?

答:按照国家统一规定发给干部、职工的安家费、退职费、退休费、离休费、离休生活补助费免征个人所得税,因此不需要并入综合所得进行年度汇算。

相关规定

《个人所得税法》第4条 下列各项个人所得,免征个人所得税:(一)省级人民政府、国务院部委和中国人民解放军军以上单位,以及外国组织、国际组织颁发的科学、教育、技术、文化、卫生、体育、环境保护等方面的奖金;(二)国债和国家发行的金融债券利息;(三)按照国家统一规定发给的补贴、津贴;(四)福利费、抚恤金、救济金;

(五)保险赔款;(六)军人的转业费、复员费、退役金;(七)按照国家统一规定发给干部、职工的安家费、退职费、基本养老金或者退休费、离休费、离休生活补助费;(八)依照有关法律规定应予免税的各国驻华使馆、领事馆的外交代表、领事官员和其他人员的所得;(九)中国政府参加的国际公约、签订的协议中规定免税的所得;(十)国务院规定的其他免税所得。前款第十项免税规定,由国务院报全国人民代表大会常务委员会备案。

114

个人领取原提存的住房公积金、医疗保险金、基本养老保险金时,需要并入综合所得进行年度汇算吗?

答:个人领取原提存的住房公积金、医疗保险金、基本养老保险金时,免予征收个人所得税,因此不需要并入综合所得进行年度汇算。

案　例

杨某系某企业职工,自2005年入职后企业一直代扣其个人缴纳住房公积金的部分,但2019年经查询,企业自始至终未为杨某缴纳住房公积金,后杨某将该事项反映到住建局相关部门,经研究公积金中心责成企业为其缴纳住房公积金,缴纳公积金前,杨某每月还需要缴纳几十元个人所得税,缴纳公积金后,杨某每月工资就不再缴纳个人所得税了。

引　　申

对于工资待遇较好的企业,建议企业为其职工购买住房公积金,促进住房公积金全覆盖,一方面可以使员工免缴公积金部分的个人所得税,另一方面也为员工增加福利。

相关规定

《财政部、国家税务总局关于基本养老保险费、基本医疗保险费、失业保险费、住房公积金有关个人所得税政策的通知》(财税〔2006〕10 号)第 3 条　个人实际领(支)取原提存的基本养老保险金、基本医疗保险金、失业保险金和住房公积金时,免征个人所得税。

《财政部、国家税务总局关于住房公积金、医疗保险金、养老保险金征收个人所得税问题的通知》(财税字〔1997〕144 号)(第 1 条、第 2 条被废止)第 3 条　企业以现金形式发给个人的住房补贴、医疗补助费,应全额计入领取人的当期工资、薪金收入计征个人所得税,但对外籍个人以实报实销形式取得的住房补贴,仍按照《财政部、国家税务总局关于个人所得税若干政策问题的通知》(财税字〔1994〕020 号)的规定,暂免征收个人所得税。

115

残疾、孤老人员和烈属取得综合所得，汇算清缴与预扣预缴的减免税幅度不一致，该如何计算减免税额？

答：残疾、孤老人员和烈属取得综合所得办理汇算清缴时，汇算清缴与预扣预缴的规定如果不一致，可以用预扣预缴的规定计算的减免税额与用汇算清缴的规定计算的减免税额相比较，按照孰高值确定减免税额。纳税人同时符合残疾、孤老人员和烈属两种以上身份的，适用最优惠政策，不再叠加。

相关规定

《个人所得税法》第5条 有下列情形之一的，可以减征个人所得税，具体幅度和期限，由省、自治区、直辖市人民政府规定，并报同级人民代表大会常务委员会备案：(一)残疾、孤老人员和烈属的所得；(二)因自然灾害遭受重大损失的。国务院可以规定其他减税情形，报全国人民代表大会常务委员会备案。

《财政部、税务总局关于个人所得税综合所得汇算清缴涉及有关政策问题的公告》(财政部、税务总局公告2019年第94号) ……二、残疾、孤老人员和烈属取得综合所得办理汇算清缴时，汇算清缴地与预扣预缴地规定不一致的，用预扣预缴地规定计算的减免税额与预扣用汇算清缴地规定计算的减免税额相比较，按照孰高值确定减免税额。……四、本公告第一条适用于2019年度和2020年度的综合所得年度汇算清缴。其他事项适用于2019年度及以后年度的综合所得年度汇算清缴。

《云南省财政厅、国家税务总局云南省税务局关于印发〈云南省残疾人等减征个人所得税政策〉的通知》(云财税〔2019〕31号)出台规定,对残疾人、孤老人员、烈属的所得,在每年应纳税额7000元的限额内减征100%的个人所得税,超过限额部分不予减征。残疾人、孤老人员、烈属的所得包括工资、薪金所得,劳务报酬所得,稿酬所得,特许权使用费所得,经营所得;不包括利息、股息、红利所得,财产租赁所得,财产转让所得和偶然所得。纳税人同时符合残疾人、孤老人员、烈属两种以上身份的,可自行选择适用的优惠政策,但不能累加执行。

社会保险

116

社会保险包括哪些保险,社会保险与商业保险有什么本质区别,购买了社会保险是否可以不购买商业保险,购买了商业保险是否可以不购买社会保险?

答:(1)社会保险

社会保险是指国家为了维护公民权益,预防和分担因公民年老、工伤、失业、疾病、生育等产生的社会风险而制定的保险制度,属于强制性保险。

我国目前开展的社会保险主要包括养老保险、失业保险、医疗保险、工伤保险、生育保险五种,目的是保障公民在年老、疾病、工伤、失业、生育等情况下依法从国家和社会获得物质帮助的权利。国家社会保险有职工社会保险和居民社会保险两个分类,职工社会保险包括职工医疗保险、职工养老保险、工伤保险、生育保险、失业保险,养老、失业、医疗保险由单位和个人按月按比例共同缴纳,工伤、生育保险由用人单位进行缴纳,个人不缴费。居民社会保险通常指居民养老保险、居民医疗保险,是针对没有用人单位的人群,按年缴费。目前由于灵活就业等新业态就业应运而生,个人也可以以个人名义缴纳职工养老保险、职工医疗保险、工伤保险、失业保险。

(2)商业保险

商业保险是指通过订立保险合同,以营利为目的的保险形式,由专门的保险企业经营。商业保险关系是由当事人自愿缔结的合同关系,投保人根据合同约定,向保险公司支付保险费,保险公司根据合同约定的可能发生的事故所造成的财产损失承担赔偿保险金责任,或者当被保险人死亡、伤残、疾病或达到约定的年龄、期限时承担给付保险金责任。

(3)社会保险与商业保险的不同

第一,国家强制性不同。社会保险的经办机构系国家政府部门。为劳动者购买社会保险属于用人单位必须履行的法定义务,具有国家强制性,用人单位必须为员工购买社会保险,不买或者少买都要承担相应的责任,比如用人单位不购买社会保险,劳动者可以单方解除劳动关系,人力资源行政部门可以对单位给予处罚等。

而商业保险机构属于企业性质,企业通过核算成本和税后利润,承诺保险责任。商业保险不具有强制性,系自愿性的,用人单位无强制性义务为员工购买商业保险。但是,在用工领域,商业保险作为社会保险的有效补充,如雇主责任险,对于还未能够参加社会保险的员工,单位为其购买雇主责任险这一商业保险可以有效防范工作过程中发生的伤害事件的赔偿责任,对于其他商业险,如意外险,单位可以约定从保险公司获得的赔偿视同单位的赔偿,以此来保障员工的合法权益,降低单位的用工风险。

第二,参保对象不同。参加社会保险的对象是与用人单位建立劳动关系的劳动者,其范围由法律规定,受资格条件的限制;而商业保险的对象是自然人,投保人一般不受限制,只要自愿投保并愿意履行合同条款即可。

第三,建立基础不同。社会保险建立在劳动关系基础上,只要形成了劳动关系,用人单位就必须为职工办理社会保险;商业保险自愿投保,以合同契约形式确立双方权利义务关系。

第四,资金来源不同。社会保险的资金由国家、企业、个人三方面分担;商业保险的资金只有投保人缴纳保费的单一来源。

第五,待遇计发不同。社会保险的待遇给付原则是保障劳动者基本生活,保险待遇一般采取按月支付形式,并随社会平均工资增长每年调整;商业保险则按"多投多保,少投少保,不投不保"的原则确定理赔标准。

第六,时间性不同。社会保险是稳定的、连续性的;部分商业保险是一次性、短期的。

(4)购买了社会保险是否可以不购买商业保险

社会保险对于用人单位而言具有法律强制力,必须购买,不予购买将可能承担相应的法律责任。

商业保险遵循自愿性原则,如果有较好的经济条件,并且希望对于生活给予更多的保障,可以适当考虑商业保险。但是在用工领域,商业保险系社会保险的有效补充,无论是发生工伤还是医疗,若能够为员工增加一份商业保险,是以人为本保障职工权益的体现;如补充医疗保险,参加此类商业保险的好处有保障全面、风险转移、防患于未然、合理避税和债务隔离等。

(5)购买了商业保险是否可以不购买社会保险

分两种情形:

情形一:如果针对个人,没有工作单位,是否缴纳社会保险由个人自由选择。

情形二:如果针对用人单位,只要劳动者与用人单位形成劳动关系,签订了劳动合同,用人单位就必须为劳动者按时、足额缴纳社会保险费。

现实中很多的小微企业存在一个误解,给员工买了雇主责任险或者意外伤害险,其就认为履行了购买工伤保险的义务,其实不然。工伤保险具有强制性,用人单位必须购买,否则将承担相应的法律责任。比如,由社会保险行政部门责令限期参加,补缴应当缴纳的工伤保险费,并加收滞纳金;逾期仍不缴纳的,处欠缴数额1倍以上3倍以下的罚款;发生工伤事故的,由用人单位支付工伤保险待遇等。

案　例

某公司为职工购买了商业性人身意外伤害保险。聘用期内员工因工死亡，其家属向公司索赔丧葬补助金、供养亲属抚恤金、一次性工亡补助金等工伤保险待遇。公司则主张员工生前与公司约定以商业保险替代工伤保险，该员工父母已拿到商业保险赔偿金60万元，无权再主张工伤保险赔偿金，且其不符合因工死亡职工供养亲属范围，故无权请求供养亲属抚恤金。法院认为：首先，应当参加工伤保险而未参加工伤保险的用人单位职工发生工伤的，由该用人单位按照《工伤保险条例》规定的工伤保险待遇项目和标准支付费用。其次，法不禁止受工伤的职工或其家属获得双重赔偿。因此，支持了工亡员工父母以意外伤害保险单受益人身份取得商业保险赔偿金后，仍有权主张工伤保险赔偿的诉求。

引　申

用人单位为员工购买商业保险具有哪些好处？

第一，社会保险具有强制性，系用人单位必须履行的义务，且应当合规，而商业保险的强制性相对来说没有那么强，并且用人单位有自主选择的空间，适用范围较广。购买商业保险既可以存在于劳动关系成立的用工模式中，也可以存在于劳动关系不成立的其他灵活用工模式中。

第二，商业保险是社会保险的有效补充。在特定的工作环境或工作类型中，劳动者发生损害的可能比较大，损失的数额也很大，一旦发生事故，用工单位想要全身而退是非常困难的，企业和灵活就业人员都十分注重风险的负担问题。灵活用工模式下，购买商业保险成为相对经济的选择，还可以成为社会保险的一种有效补充，具有以下好处：

(1)保障全面:商业保险可以提供意外、疾病、财产等多方面的保障,在遭受损失时,有效地减少个人或团体的损失。

(2)风险转移:通过支付保险费,将个人或团体面临的风险转嫁给保险公司,最大限度上降低风险的影响。

(3)防患于未然:未来的意外、疾病都是难以预料的,购买一份商业保险可以做到防患于未然,当疾病和意外来临时,还能维持生计,不至于被现实压力击垮。

(4)灵活用工情形下规避单位风险:现阶段社会中普遍存在以下几种灵活用工类型,即包含退休返聘人员、实习学生、兼职关系、委托代理、居间服务等。前述关系下,用工单位无法为其缴纳社会保险。若发生工伤事故,则可能由用工单位承担了工伤赔偿的风险,因此,保险使用不当或用工管理不当给单位带来风险。建议在使用前述模式时,一定要为员工购买雇主责任险等商业保险作为补充,并约定从保险公司获得的赔偿视同单位的赔偿,以此来保障员工的合法权益,降低单位的用工风险。另外,如果管理不当,还可能会被认定为劳动者与用工单位之间存在直接劳动关系。

注意事项:对于商业保险,应当切记的是,由于受益人并非单位,因此,需要与劳动者约定,从保险公司获得的赔偿视同单位对其的赔偿,若不足,则由单位补足。

相关规定

《社会保险法》第2条 国家建立基本养老保险、基本医疗保险、工伤保险、失业保险、生育保险等社会保险制度,保障公民在年老、疾病、工伤、失业、生育等情况下依法从国家和社会获得物质帮助的权利。

117

社会保险征收部门的职责有哪些?

答:虽然《国税地税征管体制改革方案》要求自2019年1月1日起,将基本养老保险费、基本医疗保险费、失业保险费、工伤保险费、生育保险费等各项社会保险费交由税务部门统一征收。但实际上在2020年年底各省才逐步将社会保险征收事务移交税务部门。

税务局主要负责征收地方税:营业税、城建税、契税、地方教育附加、印花税、城镇土地使用税、房产税、城市房地产税、车船税、土地增值税、资源税、个人所得税、企业所得税(2002年1月1日以前设立的内资企业)、代收社会保险(基本养老、基本医疗、失业、工伤、生育保险费)、残疾人就业保障金、文化事业建设费等。

税务部门具体职责包括:

(1)贯彻执行国家税收工作的方针、政策和各项税收法律、法规和规章,研究制定地方各项税、费征收管理实施办法、细则和规定。

(2)检查监督各部门、各单位和全省各级地方税务机关贯彻执行税收法律、法规和规章的情况。

(3)负责全省地方税务局征收的税种和地方国有企业所得税及基金的征收管理工作,负责集体企业所得税汇算清缴和集体企业、私营企业的财务管理工作。

(4)负责汇总编报全省地税系统税收计划以及税收会计、统计报表工作。

(5)组织实施税收征收管理体制改革,制定征收和票证管理制度并检查监督制度的落实。

(6)管理地方税务系统的人事、劳动工资、机构编制和经费;按干部管理权限负责系统内干部的考核、任免工作。

(7)负责地方税务系统干部队伍的思想政治工作和精神文明建设以及教育培训工作。

(8)组织税收理论研究和税收政策、法规宣传。

(9)负责统一征收各项社会保险费和先行划转的非税收入。

(10)办理省委、省政府和国家税务总局交办的其他事项。

案　例

惠州市一家公司由于没有按时缴纳社会保险费,收到了当地税务机关发送的约谈通知书。税务机关要求该公司提供某人 2011 年 7 月至 2018 年 12 月工资表、工资发放流水。社会保险入税后,单位若有不给员工缴纳社会保险的情形,税务机关会介入调查,对企业进行约谈。

引　申

社会保险改由税务部门征收的优点:

(1)有利于保证和加大社会保险的征收力度。税务部门统一征收社会保险费,提高了征缴力度,有利于将社会保险费基向个人所得税的税基靠拢,解决长期存在的费基不实的问题。税务部门的强制性也有助于落实《社会保险法》第 63 条对于欠缴社会保险费的罚则,规范市场主体的社会保险缴费行为。

(2)有利于社会保险征收的法治化建设。税务部门统一征收社会保险费后,权责更加统一,依靠税务部门长期形成的经验丰富、强有力的征收队伍和系统,社会保险费征收将更加规范化,也将保证社会保险基金及时入库,有效保护参保人的权益,同时也会减少甚至杜绝少缴社会保险的问题。

(3)有利于统一社会保险征收体系,提高社会保险费用的征缴刚性。根据《社会保险费征缴暂行条例》的规定,社会保险费的征收机构由省、自治区、直辖市人民政府规定,可以由税务机关征收,也可以由劳动保障行政部门按照国务院规定设立的社会保险经办机构征收。2018年修正后的《社会保险法》依然没有明确规定社会保险费的统一征收机构,只笼统提出,“社会保险费实行统一征收,实施步骤和具体办法由国务院规定”。之前各地社会保险费的征收机构全国并不一致,有的地方是由税务部门来征收,有的地方是由社会保险部门来征收。各项社会保险费交由税务部门统一征收,此举结束了五项社会保险在不同地区分别由社会保险经办部门和税务部门征收的局面,统一了征收体系,结束了“分征”的局面。

社会保险入税后,企业更应重视社会保险合规,尤其是对于替员工缴纳社会保险不规范的企业处罚也将更加严厉,《关于对社会保险领域严重失信企业及其有关人员实施联合惩戒的合作备忘录》中明确了九种失信、失范情形:

第一,用人单位未按相关规定参加社会保险且拒不整改的;

第二,用人单位未如实申报社会保险缴费基数且拒不整改的;

第三,应缴纳社会保险费却拒不缴纳的;

第四,隐匿、转移、侵占、挪用社会保险费款、基金或者违规投资运营的;

第五,以欺诈、伪造证明材料或者其他手段参加、申报社会保险和骗取社会保险基金支出或社会保险待遇的;

第六,非法获取、出售或变相交易社会保险个人权益数据的;

第七,社会保险服务机构违反服务协议或相关规定的;

第八,拒绝协助社会保险行政部门、经办机构对事故和问题进行调查核实的;拒绝接受或协助税务部门对社会保险实施监督检查,不如实提供与社会保险相关各项资料的；

第九，其他违反法律法规规定的。

一旦成为失信企业，企业就会成为重点监管的对象，对企业发展来说是举步维艰。企业在财政补贴和资金支持，在优惠政策和政府采购，还有政府项目合作、融资授信、保险购买、认证评选、拿土地、参加相应的政府采购的招投标，乃至企业的发展重组上市都会受到限制和禁止。

社会保险入税以后，社会保险由税务部门强制性征管，因此，企业劳动用工必须按照相关法律法规及规定如实为劳动者购买社会保险，否则企业将面临被列入企业失信名单等风险，对企业经营产生不利影响。这意味着，企业用工成本将大大增加，而灵活用工的兴起，也为企业用工社会保险成本控制拓宽了一定的渠道。

相关规定

2018 年 7 月 20 日，中共中央办公厅、国务院办公厅印发了《国税地税征管体制改革方案》(以下简称《改革方案》)。《改革方案》提出，按照先立后破、不立不破的要求，坚持统一领导、分级管理、整体设计、分步实施，采取先挂牌再落实“三定”规定，先合并国税地税机构再接收社会保险费和非税收入征管职责，先把省(区、市以及计划单列市，以下统称省)税务局改革做稳妥再扎实推进市(地、州、盟，以下统称市)税务局、县(市、区、旗，以下统称县)税务局改革的步骤，逐项重点工作、逐个时间节点抓好落实，确保 2018 年年底前完成各项改革任务。同时，明确从 2019 年 1 月 1 日起，将基本养老保险费、基本医疗保险费、失业保险费、工伤保险费、生育保险费等各项社会保险费交由税务部门统一征收。按照便民、高效的原则，合理确定非税收入征管职责划转到税务部门的范围，对依法保留、适宜划转的非税收入项目成熟一批划转一批，逐步推进。要求整合纳税服务和税收征管等方面业务,优化完善税收和缴费管理信息系统,更好便利纳税人和缴费人。

118

签订劳动合同是否必须购买社会保险?单位未给员工缴纳社会保险的风险有哪些?

答:用人单位自正式用工之日起,就与员工建立了劳动关系,应当与员工签订书面劳动合同,且应当自用工之日起30日内办理社会保险登记,在劳动合同中,应当就社会保险进行约定。很多企业存在误解,好像不签订劳动合同就不需要购买社会保险,其实不然,不签订劳动合同面对的是事实劳动用工的风险,比较突出的责任是双倍工资的惩戒,但不购买社会保险面临的是不购买社会保险的责任。对于企业用工,我们建议企业应与劳动者签订劳动合同,避免双倍工资赔偿,对于社会保险,也尽力购买,实在无法买全的,那么用工的安全风险一定要防范,给劳动者买一个商业保险也是一种用工防范措施。

用人单位签订了劳动合同但未购买社会保险具有如下风险:

(1)行政责任风险——可能被相关部门责令限期改正、缴纳滞纳金、罚款等

《社会保险法》第84条规定:“用人单位不办理社会保险登记的,由社会保险行政部门责令限期改正;逾期不改正的,对用人单位处应缴社会保险费数额一倍以上三倍以下的罚款,对其直接负责的主管人员和其他直接责任人员处五百元以上三千元以下的罚款。”

《劳动合同法》第 38 条规定:“用人单位有下列情形之一的,劳动者可以解除劳动合同:……(三)未依法为劳动者缴纳社会保险费的……”

《社会保险费征缴暂行条例》第 13 条规定:“缴费单位未按规定缴纳和代扣代缴社会保险费的,由劳动保障行政部门或者税务机关责令限期缴纳;逾期仍不缴纳的,除补缴欠缴数额外,从欠缴之日起,按日加收 2‰的滞纳金。滞纳金并入社会保险基金。”及第 26 条规定:“缴费单位逾期拒不缴纳社会保险费、滞纳金的,由劳动保障行政部门或者税务机关申请人民法院依法强制征缴。”

《社会保险费征缴暂行条例》第 23 条规定:“缴费单位未按照规定办理社会保险登记、变更登记或者注销登记,或者未按照规定申报应缴纳的社会保险费数额的,由劳动保障行政部门责令限期改正;情节严重的,对直接负责的主管人员和其他直接责任人员可以处 1000 元以上 5000 元以下的罚款;情节特别严重的,对直接负责的主管人员和其他直接责任人员可以处 5000 元以上 10000 元以下的罚款。”

《社会保险法》第 58 条第 1 款规定:“用人单位应当自用工之日起三十日内为其职工向社会保险经办机构申请办理社会保险登记。未办理社会保险登记的,由社会保险经办机构核定其应当缴纳的社会保险费。”若在社会保险稽查中发现企业执行规定不到位,将会给予一定的惩罚。

《社会保险法》第 86 条规定:“用人单位未按时足额缴纳社会保险费的,由社会保险费征收机构责令限期缴纳或者补足,并自欠缴之日起,按日加收万分之五的滞纳金;逾期仍不缴纳的,由有关行政部门处欠缴数额一倍以上三倍以下的罚款。”

(2)民事赔偿责任风险——员工发生工伤等可能需支付赔偿费用

例如,在发生工伤等事故后,由于未缴纳社会保险,劳动者无法通过社会保险基金获得工伤赔偿,则产生的相关赔偿费用均须由用人单位承担;又如,生病住院后的医疗费用的报销赔偿事宜;生育后对生育待遇的损失赔偿事项;失业后失业金损失赔偿等。

《劳动合同法》第46条规定:“有下列情形之一的,用人单位应当向劳动者支付经济补偿:(一)劳动者依照本法第三十八条规定解除劳动合同的……”

《劳动合同法》第47条规定:“经济补偿按劳动者在本单位工作的年限,每满一年支付一个月工资的标准向劳动者支付。六个月以上不满一年的,按一年计算;不满六个月的,向劳动者支付半个月工资的经济补偿。……本条所称月工资是指劳动者在劳动合同解除或者终止前十二个月的平均工资。”

《工伤保险条例》第62条第2款规定:“依照本条例规定应当参加工伤保险而未参加工伤保险的用人单位职工发生工伤的,由该用人单位按照本条例规定的工伤保险待遇项目和标准支付费用。”

《最高人民法院关于审理劳动争议案件适用法律问题的解释(一)》第1条规定:“劳动者与用人单位之间发生的下列纠纷,属于劳动争议,当事人不服劳动争议仲裁机构作出的裁决,依法提起诉讼的,人民法院应予受理:……(五)劳动者以用人单位未为其办理社会保险手续,且社会保险经办机构不能补办导致其无法享受社会保险待遇为由,要求用人单位赔偿损失发生的纠纷……”

(3)引发劳资纠纷的风险

企业如未按时为员工全额缴纳社会保险费,员工可以向社会保障行政部门举报或通过劳动仲裁方式维护自己的正当权益,因此产生的劳资纠纷经过核实后,企业不仅需要全额补缴有关费用,还会被社会保险稽查部门列入重点稽查对象。

(4)被列入“黑名单”的风险

一直以来,企业社会保险费用是由人力资源和社会保险部门代收,但由于人力资源和社会保障部门很难接触到企业的真实财务数据,很多企业为了降低整体运营成本,不惜在员工的社会保险上按最低基数缴纳和未足额缴纳,混淆是非、违规操作、少缴缓缴,侵害了国家和员工的利益。社会保险费用由税务部门负责征收后,企业必须按照规定缴纳社会保险,否则将被拉入“黑名单”。对企业的影响更为严重。

(5)支付经济补偿金的风险

当员工对企业产生不满而被迫辞职时,企业需要支付经济补偿金,因为在职时企业没有足额缴纳社会保险,员工退休后,还会被要求赔偿其退休金的损失。

(6)不再享受优惠的风险

政府为了积极鼓励大众创业和万众创新,出台了很多社会保险优惠政策,如果企业在社会保险缴纳方面不达标,众多的优惠政策将无法享受。尤其是欲申请上市融资的企业,经审查发现企业社会保险缴费不全,上市申请将会被驳回。

案　例

张某 2013 年 7 月进入江苏某工程公司从事海员工作,公司没有与其签订书面劳动合同,也未缴纳社会保险。2019 年 9 月至 12 月,2020 年 2 月至 8 月,公司向张某发放工资共计 64,471.03 元,2020 年 1 月,因为特殊原因公司没有安排张某工作,也未支付工资。2020 年 1 月,公司向张某支付 15,666 元,公司主张这是社会保险补贴,张某主张这是 2019 年公司扣押的工资。2020 年 9 月,张某通过邮政速递向公司邮寄了一份解除劳动关系通知书,之后张某申请劳动仲裁,要求公司支付经济补偿金。仲裁委支持了张某的请求。

引　申

企业必须树立合规意识,树立用工就要签订劳动合同,就要为其购买社会保险。国家强制企业为员工购买社会保险,实际上既保护企业利益,也保护员工利益。企业不缴纳社会保险或缴纳社会保险不合规的情况下,员工发生工伤等情形,企业必然要承担责任,如果发生员工伤亡,公司的赔偿费用更是高达几十万元甚至上百万元,面临如此巨额赔偿,中小型公司可能就会面临破产。相反,如果企业依法合规缴纳社会保险,那么面临上述情形,企业赔偿金额就会大大减少,能够保障企业稳定持续发展。其实,绝大多数企业都知晓为员工购买社会保险就是为企业建造防火墙,构筑保护网。然而,为何仍有如此之多的企业不愿缴纳、不合规缴纳社会保险?最根本原因在于用工中社会保险缴纳是一笔不小的成本,企业为了发展都在尽可能压缩成本。但一个企业要想走得长远,就必须依法合规缴纳社会保险,必须将用工及社会保险事宜提到企业发展的战略高度。

相关规定

《社会保险法》第4条　中华人民共和国境内的用人单位和个人依法缴纳社会保险费,有权查询缴费记录、个人权益记录,要求社会保险经办机构提供社会保险咨询等相关服务。个人依法享受社会保险待遇,有权监督本单位为其缴费情况。

第10条第1款　职工应当参加基本养老保险,由用人单位和职工共同缴纳基本养老保险费。

第12条第1款　用人单位应当按照国家规定的本单位职工工资总额的比例缴纳基本养老保险费,记入基本养老保险统筹基金。

第23条第1款　职工应当参加职工基本医疗保险,由用人单位和职工按照国家规定共同缴纳基本医疗保险费。

第33条 职工应当参加工伤保险,由用人单位缴纳工伤保险费,职工不缴纳工伤保险费。

第44条 职工应当参加失业保险,由用人单位和职工按照国家规定共同缴纳失业保险费。

第53条 职工应当参加生育保险,由用人单位按照国家规定缴纳生育保险费,职工不缴纳生育保险费。

第58条第1款 用人单位应当自用工之日起三十日内为其职工向社会保险经办机构申请办理社会保险登记。未办理社会保险登记的,由社会保险经办机构核定其应当缴纳的社会保险费。

第60条第1款 用人单位应当自行申报、按时足额缴纳社会保险费,非因不可抗力等法定事由不得缓缴、减免。职工应当缴纳的社会保险费由用人单位代扣代缴,用人单位应当按月将缴纳社会保险费的明细情况告知本人。

第63条 用人单位未按时足额缴纳社会保险费的,由社会保险费征收机构责令其限期缴纳或者补足。用人单位逾期仍未缴纳或者补足社会保险费的,社会保险费征收机构可以向银行和其他金融机构查询其存款账户;并可以申请县级以上有关行政部门作出划拨社会保险费的决定,书面通知其开户银行或者其他金融机构划拨社会保险费。用人单位账户余额少于应当缴纳的社会保险费的,社会保险费征收机构可以要求该用人单位提供担保,签订延期缴费协议。用人单位未足额缴纳社会保险费且未提供担保的,社会保险费征收机构可以申请人民法院扣押、查封、拍卖其价值相当于应当缴纳社会保险费的财产,以拍卖所得抵缴社会保险费。

119

劳动合同期限和社会保险缴纳时间不一致,劳动关系存续时间如何认定?

答:以双方实际建立用工关系之日起算双方的劳动关系。通常情况下,签订劳动合同时间与社会保险缴纳时间应当是一致的,如果用人单位在用工后30日内未缴纳社会保险,则需要补缴,即合同起始日(实际用工日)早于社会保险缴纳期限的,用人单位负有补缴义务。

案　例

云南某饮品有限公司在2002年的时候与200余名员工签订了劳动合同,但一直未为这些员工购买社会保险,于是在2018年的时候,与员工协商,由公司与员工共同申请劳动仲裁,最终由仲裁院出具调解书,云南某饮品有限公司补缴了200余名员工多年的社会保险。

引　申

用人单位与劳动者签订劳动合同的时间与为劳动者购买社会保险的时间尽量保持一致,若未能保持一致,建议用人单位和劳动者协商补缴,并由员工书面确认,尽量避免劳资纠纷。

相关规定

《社会保险法》第58条第1款　用人单位应当自用工之日起三

十日内为其职工向社会保险经办机构申请办理社会保险登记。未办理社会保险登记的，由社会保险经办机构核定其应当缴纳的社会保险费。

120

试用期可以购买社会保险吗？

答：可以。试用期也需要为劳动者购买社会保险。根据《劳动合同法》第 19 条第 4 款之规定，试用期包含在劳动合同期限内，试用期也是正常标准劳动关系的期限，用人单位仍应该承担为员工购买社会保险的法定义务。

案　例

2018 年 4 月，小刘入职科技公司担任技术员一职，双方签订了为期三年的书面劳动合同，并约定了 6 个月的试用期。入职时，公司人事部发给小刘一本员工手册让其学习，小刘没有细看，就在签名处签上了自己的大名。2018 年 6 月，小刘身体不适需要就医，结果发现自己的医保卡不能正常使用，遂于次日到公司人事部询问，公司人事部拿出一份有小刘签字的员工手册向小刘解释称，员工手册已写明，由于试用期内双方劳动关系尚不稳定，公司不为此期间的员工缴纳社会保险费，待员工转正后开始正式缴纳，小刘遂提起劳动仲裁。仲裁审理认为，缴纳社会保险是用人单位及劳动者都具有的法定义务，公司员工手册中的条款显然与法律相悖，小刘要求科技公司补缴其试用期期间的社会保险费并无不妥，其以公司未缴纳社会保险费为由提出解除双方的劳动合同并要求科技公司支付经济补偿，亦符合《劳动合同法》的规定，科技公司应予以支付。

引　申

用人单位与劳动者约定试用期的，应做到试用期合规。用人单位与劳动者签订劳动合同时，应按照劳动合同条款约定合同期限，若达到可以约定试用期的情形，可以约定试用期。约定试用期的期限应当符合法律的规定，不可以随意延长，也不可以在没有约定合同期限的情况下只约定试用期，更不能对同一个劳动者约定多次试用期。同时，试用期也属于正常劳动合同期限，用人单位也需要承担为员工依法缴纳社会保险的责任。

相关规定

《社会保险法》第 58 条第 1 款　用人单位应当自用工之日起三十日内为其职工向社会保险经办机构申请办理社会保险登记。未办理社会保险登记的，由社会保险经办机构核定其应当缴纳的社会保险费。

《劳动合同法》第 19 条第 4 款　试用期包含在劳动合同期限内。劳动合同仅约定试用期的，试用期不成立，该期限为劳动合同期限。

121

员工不愿意缴纳社会保险的，单位可以不缴吗？

答：不可以。缴纳社会保险是用人单位的法定义务，若不为员工缴纳社会保险，将会面临赔偿经济补偿金、工伤赔偿、支付生育津贴、受行政处罚等风险。

案　　例

某用人单位与搬运工张某在签订劳动合同时，在劳动合同的“其他约定”处，写明“张某自愿放弃缴纳社会保险，作为补偿公司每月给予300元的津贴，与每月工资一起核发”。为显正式，该公司还让张某在该行字上按下了手印。张某工作半年后因个人原因辞职。辞职后，张某向当地劳动争议仲裁委员会申请仲裁，要求该公司为其补缴社会保险。

本案中，有关不缴纳社会保险是劳动者与用人单位协商一致的结果，但劳动者出具的关于“张某自愿放弃缴纳社会保险，作为补偿公司每月给予300元的津贴，与每月工资一起核发”承诺条款违反国家强制性规定，属于无效条款。我国法律规定，用人单位和劳动者必须依法参加社会保险，以货币形式全额缴纳社会保险费。个人应当缴纳的部分，由所在单位从本人工资中代扣代缴；用人单位为职工办理社会保险登记及参保手续，按规定缴纳并代扣代缴社会保险费，是法定义务。该公司与张某协商一致不缴纳社会保险费并由该员工作出承诺的做法违反法律强制性规定，故承诺无效。即使员工明确表示同意放弃享受社会保险，也不能免除用人单位和员工参加社会保险、缴纳社会保险费的法定义务。因此，单位应当为张某补缴社会保险，个人部分由张某自己承担，而对于公司每月发给张某的“社会保险津贴”，由于单位支付给张某这些钱款时失去了合法根据，致使单位遭受损失而张某获得了利益，据此应认定为不当得利，张某应当返还公司。

引　　申

员工自愿放弃社会保险不合法，根据《社会保险法》第4条第2款的规定“个人依法享受社会保险待遇，有权监督本单位为其缴费情况”，第58条第1款规定“用人单位应当自用工之日起三十日内为其职工向社会保险经办机构申请办理社会保险登记”,职工应当参加社会保险(基本养老保险、基本医疗保险、工伤保险、失业保险和生育保险),这既是职工的合法权利,也是职工的应尽义务,用人单位如果不为职工缴纳社会保险费将承担法律责任。因此,职工参加各项社会保险是法律强制性规定,职工无权决定不参加。故职工自愿签订的放弃缴纳社会保险协议,因违反法律的强制性规定,属无效协议,不能免除用人单位缴纳社会保险费的义务。

相关规定

《社会保险法》第 58 条第 1 款 用人单位应当自用工之日起三十日内为其职工向社会保险经办机构申请办理社会保险登记。未办理社会保险登记的,由社会保险经办机构核定其应当缴纳的社会保险费。

第 84 条 用人单位不办理社会保险登记的,由社会保险行政部门责令限期改正;逾期不改正的,对用人单位处应缴社会保险费数额一倍以上三倍以下的罚款,对其直接负责的主管人员和其他直接责任人员处五百元以上三千元以下的罚款。

122

可否协商不缴纳社会保险,将社会保险费以补贴形式发放?员工与单位签订放弃社会保险的协议文件效力如何?

答:不可以。用人单位和劳动者协商不缴纳社会保险的协议无效,社会保险费用不能以补贴形式发放,缴纳社会保险是用人单位的法定义务。双方签订的放弃社会保险的协议文件无效。用人单位招录劳动者后,应依法为劳动者缴纳社会保险。劳动者发现用人单位未给自己缴纳社会保险的,应及时通过正当法律途径进行维权,以免合法权益受到侵害。双方切不可采取自行约定的方式,来规避法定义务。

案　　例

小林于 2010 年进入某制造公司工作,公司一直未为其购买社会保险,而是以工资的形式增发补贴实为折现社会保险费用。小林为了让公司为其补缴社会保险,向市仲裁院提起仲裁,要求确认双方之间的劳动关系成立。市仲裁院裁决支持了小林的请求。可裁决生效后公司也未为小林购买社会保险,并向其下发调岗通知书,调整其工作岗位。2019 年年底,小林以公司未给其购买社会保险及随意调整岗位的行为违反了《劳动合同法》的相关规定为由向公司递交了解除劳动合同通知书。公司收到后回复称该通知书描述的内容、理由和事实不属实,不接受小林提出的解除劳动合同请求。小林再次向市仲裁院申请劳动仲裁,仲裁院依法作出双方劳动关系终止和公司支付小林经济补偿金的裁决。公司对裁决书的裁决事项不服遂向法院提起诉讼。法院经审理后认为,小林是以公司未为其购买社会保险而提出解除劳动合同,虽然公司认为社会保险费用已经以工资的形式补贴发放给被告,但根据《劳动法》第 72 条"社会保险基金按照保险类型确定资金来源,逐步实行社会统筹。用人单位和劳动者必须依法参加社会保险,缴纳社会保险费"的规定,任何单位和个人都不得不缴或少缴社会保险费。小林多次催促公司为其购买社会保险,公司总以工资包含了社会保险费为由拒绝小林,该理由显然是没有法律依据的,公司应为小林购买社会保险。

引　申

依法缴纳社会保险费是用人单位和劳动者的法定义务,双方约定以发放补贴的方式不缴纳社会保险费,因违反法律强制性规定而无效,劳动者有权向社会保险经办机构要求用人单位为其补买在职期间的社会保险。若用人单位已向劳动者发放社会保险补贴,基于诚实信用及不能双重获益的原则,劳动者亦应向用人单位返还已领取的社会保险补贴款。

相关规定

《社会保险法》第 4 条　中华人民共和国境内的用人单位和个人依法缴纳社会保险费,有权查询缴费记录、个人权益记录,要求社会保险经办机构提供社会保险咨询等相关服务。个人依法享受社会保险待遇,有权监督本单位为其缴费情况。

第 58 条　用人单位应当自用工之日起三十日内为其职工向社会保险经办机构申请办理社会保险登记。未办理社会保险登记的,由社会保险经办机构核定其应当缴纳的社会保险费。自愿参加社会保险的无雇工的个体工商户、未在用人单位参加社会保险的非全日制从业人员以及其他灵活就业人员,应当向社会保险经办机构申请办理社会保险登记。国家建立全国统一的个人社会保障号码。个人社会保障号码为公民身份号码。

123

员工提出放弃缴纳社会保险的，单位还要承担哪些法律责任呢？劳动者自愿放弃社会保险，事后再以单位“未办理社会保险”为由解除劳动合同，用人单位是否需要支付经济补偿？

答：员工自愿放弃社会保险，用人单位仍然不免除为员工购买社会保险的责任。若劳动者事后再以单位“未办理社会保险”为由解除劳动合同，用人单位仍需要支付经济补偿。

即使员工与单位签订了放弃参加社会保险协议，单位也是需要给员工购买社会保险的。劳动者自愿与用人单位签订放弃参加社会保险的协议本身是违反法律规定的，是无效的。作为无效协议，对劳动者与用人单位双方都没有法律约束力，公司仍然应当承担为员工缴纳社会保险的义务。若员工提出放弃缴纳社会保险，用人单位亦同意且未为员工缴纳社会保险，用人单位将面临未缴纳社会保险的法律风险，具体风险详见第113问。

如前所述，依法缴纳社会保险是用人单位和劳动者的法定义务，即使劳动者自愿放弃社会保险，用人单位仍须依法为员工缴纳社会保险。若劳动者事后再以单位“未办理社会保险”为由解除劳动合同，用人单位仍需要支付经济补偿。

案　例

张某于2020年4月入职某机械制造公司，从事操作工工作。入职当月,张某签订承诺书,承诺自愿放弃缴纳社会保险,并按月领取社会保险补贴。就职期间,公司按月将社会保险补贴随工资进行发放。张某因个人原因于2020年6月向公司提出离职,并于7月向劳动人事争议仲裁委员会提起仲裁,要求补缴就职期间的社会保险。经仲裁委调解,双方未能达成一致意见。最终仲裁委依法裁决,要求用人单位依法为张某补缴2020年4月至6月的社会保险,张某退回领取的社会保险补贴款。

引　申

用人单位如何防范社会保险不合规的风险?

第一,员工与用人单位约定,同意放弃缴纳社会保险条款,由于违反法律的强制性规定,应属于无效条款。

第二,用人单位应当自用工之日起为劳动者缴纳社会保险。需注意为劳动者办理社会保险并非试用期过后转正时,而是应当自劳动者入职之日起;否则,若劳动者在试用期间发生工伤事故,因用人单位未缴纳保险而产生的相关赔偿费用无法通过保险基金报销时,由于用人单位对未及时缴纳社会保险存在过错,这些赔偿费用将全部由用人单位承担。

第三,如果因为员工个人原因致使单位无法及时缴纳社会保险,用人单位应立即发出《社会保险催缴通知书》,确有特殊原因的,用人单位应当与员工签订《社会保险延缓缴纳协议》,并向社会保险中心提交《社会保险延缓缴纳申请》,只有获得批准,用人单位才可延缓缴纳。否则,用人单位应立即与员工解除劳动合同。

相关规定

《社会保险法》第58条第1款　用人单位应当自用工之日起三十日内为其职工向社会保险经办机构申请办理社会保险登记。未办理社会保险登记的,由社会保险经办机构核定其应当缴纳的社会保险费。

第84条 用人单位不办理社会保险登记的,由社会保险行政部门责令限期改正;逾期不改正的,对用人单位处应缴社会保险费数额一倍以上三倍以下的罚款,对其直接负责的主管人员和其他直接责任人员处五百元以上三千元以下的罚款。

124

未足额缴纳社会保险,劳动者能否主张经济补偿金?

答:实务中这个问题存在争议。未足额缴纳社会保险不同于未缴纳社会保险的情形,若用人单位已经为劳动者建立社会保险账户,但未按实际工资作为基数足额缴纳社会保险,在此情况下劳动者主张解除劳动合同并要求支付经济补偿的,司法实务中一般不予支持。

案 例

2015年12月26日,益昌汽车销售公司与成某签订聘任合同,聘任成某为市场总监,聘任时间为2015年11月23日至2018年11月22日,月工资10,000元。2021年1月31日,成某通过邮寄的方式向益昌汽车销售公司提出辞职,邮件中称"现因公司未与我协商,违法调岗,剥夺我的市场总监职位,不提供劳动条件,且公司未能依法缴纳社会保险费,违反了《劳动合同法》第38条之规定,我向公司提出解除劳动合同。请公司按照相关规定支付经济补偿金,并为本人补足缴纳社会保险费,公司还应承担由此给我造成的各项损失"。2021

年2月1日,益昌汽车销售公司收到邮件。2021年2月,益昌汽车销售公司为成某办理了退工停保手续。

引　申

“用人单位未足额为劳动者缴纳社会保险”这一情形发生较多,如果单纯以此为由提起仲裁,有观点可能会认为此属于行政管理范畴而不应受理,或应驳回。假使进入诉讼程序后单纯以此为由要求单位承担经济补偿的诉求未必能得到支持。在司法实践中既有认定为属于未依法为劳动者缴纳社会保险费,也有不认定的,实务中各个地方判决结果存在差异,用人单位仍可能面临被员工要求支付经济补偿金的风险,具体仍要看当地的做法。因此,为劳动者依法足额缴纳社会保险费是用人单位防范法律风险的最佳途径。

相关规定

《劳动合同法》第38条　用人单位有下列情形之一的,劳动者可以解除劳动合同:(一)未按照劳动合同约定提供劳动保护或者劳动条件的;(二)未及时足额支付劳动报酬的;(三)未依法为劳动者缴纳社会保险费的;(四)用人单位的规章制度违反法律、法规的规定,损害劳动者权益的;(五)因本法第二十六条第一款规定的情形致使劳动合同无效的;(六)法律、行政法规规定劳动者可以解除劳动合同的其他情形。用人单位以暴力、威胁或者非法限制人身自由的手段强迫劳动者劳动的,或者用人单位违章指挥、强令冒险作业危及劳动者人身安全的,劳动者可以立即解除劳动合同,不需事先告知用人单位。

第46条　有下列情形之一的,用人单位应当向劳动者支付经济补偿:(一)劳动者依照本法第三十八条规定解除劳动合同的;(二)用人单位依照本法第三十六条规定向劳动者提出解除劳动合同并与劳动者协商一致解除劳动合同的;(三)用人单位依照本法第四十条规定解除劳动合同的;(四)用人单位依照本法第四十一条第一款规定解除劳动合同的;(五)除用人单位维持或者提高劳动合同约定条件续订劳动合同,劳动者不同意续订的情形外,依照本法第四十四条第一项规定终止固定期限劳动合同的;(六)依照本法第四十四条第四项、第五项规定终止劳动合同的;(七)法律、行政法规规定的其他情形。

《社会保险法》第86条 用人单位未按时足额缴纳社会保险费的,由社会保险费征收机构责令限期缴纳或者补足,并自欠缴之日起,按日加收万分之五的滞纳金;逾期仍不缴纳的,由有关行政部门处欠缴数额一倍以上三倍以下的罚款。

125

公司应何时为员工缴纳社会保险?

答:自用工之日起30日内。

案　　例

云南某装修公司招录了一批人员但入职后3个月均未购买社会保险,自然也没有购买工伤保险,某日员工甲某在施工现场发生事故,后甲某要求该装修公司进行赔偿。

引　　申

目前大部分企业人事仍是一批一批地为员工购买社会保险,

这仍属于社会保险不合规的一种表现。建议单位用工签合同后就购买社会保险,实在不行,先为其购买雇主责任险。通过为员工购买雇主责任险等商业保险作为补充,并约定从保险公司获得的赔偿视同单位的赔偿,以此来保障员工的合法权益,降低单位的用工风险。

相关规定

《社会保险法》第 58 条第 1 款 用人单位应当自用工之日起三十日内为其职工向社会保险经办机构申请办理社会保险登记。未办理社会保险登记的,由社会保险经办机构核定其应当缴纳的社会保险费。

126

职工离职当月用人单位是否仍需缴纳社会保险?

答:仍需缴纳。社会保险费是按月缴纳的,职工离职的当月,职工与用人单位仍存在劳动关系,当月申请办理离职的参保人员仍是单位的在职员工,单位应当为其缴纳社会保险费。否则用人单位可能面临补缴风险和缴纳滞纳金的风险。

案例

陈某于 2021 年 1 月 10 日入职某公司,于 2022 年 3 月 10 日离职。公司规章制度约定:(1)当月 15 日前入职员工,公司为其缴纳当月社会保险;当月 15 日后入职,公司不为其缴纳当月社会保险。(2)当月 15

日前离职员工,公司不为其缴纳当月社会保险;当月15日后离职,公司为其缴纳当月社会保险。故公司没有为陈某缴纳离职当月的社会保险。2022年3月5日,陈某在上班途中发生车祸,被认定为工伤。因公司没有为陈某缴纳3月的社会保险,由公司承担全部工伤费用。社会保险费征收机构责令公司为陈某补缴3月的社会保险费用并支付未缴社会保险产生的滞纳金。

引　申

员工在职期间,如果企业不为员工缴纳社会保险,将会面临以下用工风险:

(1)职工离职后申请仲裁,企业将面临补缴及缴纳滞纳金风险;

(2)离职日期未到,在交接过程中发生工伤,企业由于当月未缴社会保险将会承担高额的赔偿费用。

企业应当合理设置员工入职、离职时间,尽量避免在月末办理入职手续或月初办理离职手续,并应当提前查询了解当地社会保险扣缴政策及扣缴时间。若社会保险采取预缴制(当月缴纳次月社会保险),针对离职员工,可在预缴时间节点前办理离职,避免提前扣缴下月社会保险,做好减员风险防范。

相关规定

《社会保险法》第58条第1款　用人单位应当自用工之日起三十日内为其职工向社会保险经办机构申请办理社会保险登记。未办理社会保险登记的,由社会保险经办机构核定其应当缴纳的社会保险费。

《劳动法》第3条　劳动者享有平等就业和选择职业的权利、取得劳动报酬的权利、休息休假的权利、获得劳动安全卫生保护的权利、接受职业技能培训的权利、享受社会保险和福利的权利、提请劳动争议处理的权利以及法律规定的其他劳动权利。

《劳动合同法》第50条 用人单位应当在解除或者终止劳动合同时出具解除或者终止劳动合同的证明,并在十五日内为劳动者办理档案和社会保险关系转移手续。

127

单位可以选择社会保险中的养老保险、工伤保险、医疗保险、生育保险、失业保险中的任意一种或者几种缴纳吗?

答:不可以。目前社会保险包括养老保险、工伤保险、医疗保险、生育保险、失业保险共五个险种,有的地方把医疗保险和生育保险合并一起。依法依规为劳动者缴纳社会保险是用人单位的法定义务,单位必须为劳动者缴纳养老保险、工伤保险、医疗保险、生育保险、失业保险,不可选择其中任意一种或几种缴纳,实践中很多企业存在选择性缴纳社会保险的情况,但该行为并不合规。

案　例

黄某于2000年8月31日入职深圳某电子公司,某电子公司从2003年7月起为黄某购买社会保险(仅缴工伤保险,未缴养老保险),2008年1月开始为黄某购买养老保险。2017年8月25日,黄某年满50周岁,达到退休年龄,与某电子公司解除劳动关系。2017年9月28日,因黄某养老保险未缴满15年,不能享受养老保险待遇。黄某申请补缴2008年1月之前的养老保险,深圳市社会保险基金管理局以超过法定追缴时效为由对黄某的申请不予受理。2018 年 1 月 10 日，黄某申请延缴养老保险。2018 年 1 月至 2020 年 7 月，黄某以 6000 元为基数延缴养老保险，自行延缴的养老保险支出金额共计 41,471.22 元，经核算，该保险费构成中，个人应承担部分为 15,798.56 元，用人单位应承担部分为 25,672.66 元。

深圳市中级人民法院生效判决认为，依法为职工缴纳社会保险是用人单位的法定义务。某电子公司未依法为黄某缴纳养老保险导致黄某在达到法定退休年龄后无法享受退休养老保险待遇，黄某为享受养老保险待遇，不得不自行支付延缴相应养老保险的费用。该损失是因某电子公司的过错导致，故某电子公司应承担相应的法律责任。但黄某自行延缴的养老保险费用中包括个人承担部分和用人单位承担部分，个人承担部分应由黄某自行负担；此外，养老保险待遇的发放数额需视缴纳的费用而定。本案中，黄某自行延缴养老保险的基数远远超过其历年参保缴费基数。因双方均未提交证据证明黄某离职前的工资标准，且黄某从未就某电子公司原为其缴纳养老保险的基数提出过异议，故根据公平原则，二审法院认为黄某 2018 年 1 月至 2020 年 7 月自行延缴的养老保险费用基数亦应按原缴纳保险费基数计算。据此计算出 2018 年 1 月至 2020 年 7 月某电子公司应承担的养老保险费用数额为 8802.3 元，并判决由某电子公司赔偿给黄某。

引　申

虽然为劳动者缴纳社会保险是用人单位的法定义务，但在实践中，仍有部分单位只选择五险中的一种或两种为劳动者缴纳，属于社会保险不合规的典型。

用人单位应依法合规为劳动者缴纳社会保险，否则将有以下风险：

（1）用人单位若不依法缴纳社会保险，将被强制追缴社会保险及滞纳金，并可能被处以罚款；

（2）用人单位若不依法缴纳社会保险，导致劳动者解除劳动合同，从而产生的经济补偿或损失赔偿责任，并产生不良的示范效应；

（3）根据发改财金〔2018〕384号文件及发改财金〔2018〕385号文件的规定，用人单位存在未缴、漏缴社会保险且拒不整改/缴纳的行为，其有关责任人将在一定期限内被限制乘坐高铁和飞机。

一旦成为失信企业，企业就会成为重点监管的对象，对企业发展来说是举步维艰。在财政补贴、资金支持、优惠政策、政府采购、政府项目合作、融资授信、保险购买、认证评选，还有拿土地、参加相应的政府采购的招投标方面，乃至企业的发展重组上市都会受到限制和禁止。

相关规定

《社会保险法》第2条 国家建立基本养老保险、基本医疗保险、工伤保险、失业保险、生育保险等社会保险制度，保障公民在年老、疾病、工伤、失业、生育等情况下依法从国家和社会获得物质帮助的权利。

《最高人民法院关于审理劳动争议案件适用法律问题的解释（一）》第1条第5项 劳动者以用人单位未为其办理社会保险手续，且社会保险经办机构不能补办导致其无法享受社会保险待遇为由，要求用人单位赔偿损失发生的纠纷。

128

社会保险缴费基数指的是什么？员工的社会保险缴费基数必须要与其工资一致吗？

答：社会保险缴费基数，是指职工在一个社会保险年度的社会保险缴费基数。社会保险缴费基数并不是必须与其工资一致。

社会保险缴费基数是按照职工上一年度1月至12月的所有工资性收入所得的月平均额来确定的。社会保险缴费基数是计算用人单位及其职工缴纳社会保险费和职工社会保险待遇的重要依据，有上限和下限之分，具体数额根据各地区实际情况而定。

(1)职工工资收入高于上年度本省全口径城镇就业人员平均工资300%的，以上年度本省全口径城镇就业人员平均工资的300%为缴费基数；

(2)职工工资收入低于上年度本省全口径城镇就业人员平均工资60%的，以上年度本省全口径城镇就业人员平均工资的60%为缴费基数；

(3)职工工资在60%～300%的，按实申报。职工工资收入无法确定时，其缴费基数按当地劳动行政部门公布的上年度本省全口径城镇就业人员平均工资为缴费工资确定。每年社会保险征收机构都会在固定的时间(3月或者7月，各地不同)核定基数，根据职工上年度的月平均工资申报新的基数，需要准备工资表等证明。

案　例

某企业某员工，企业通过工资卡发放的收入为每个月7000元，但是每个月该员工享有 8000 元的固定报酬,后来发生劳资纠纷,工资基数被认定为 15,000 元,所有的赔偿费用计算都要以此标准。该名员工据此还辩驳,之前其社会保险缴费基数低于实际工资 15,000 元,公司应按照实际工资 15,000 元补缴。但法院当时未受理此案,后来该员工通过劳动行政执法监督大队投诉,在劳动执法大队作出责令补缴通知书后,这个企业只得为该员工进行补缴。

引　申

在过去,企业常常以降低社会保险缴费基数的方式来降低人力成本,但在国家全面推行社会保险入税、个人所得税改革等政策背景下,企业用工政策已经发生重大变化,政府全方位的监管体系已经建立,不能再一味地为了追求成本控制而降低社会保险缴费基数,否则企业可能会面临相关法律法规的制裁,使自身陷入危险境地。例如,《关于对社会保险领域严重失信企业及其有关人员实施联合惩戒的合作备忘录》(发改财金〔2018〕1704 号)概括的九种失信情况中,第 9 项为兜底条款,企业但凡不合法不合规,社会保险有关部门或者税务有关征收部门就可以将此企业纳入失信名单。而企业一旦成了失信企业,将成为重点监督对象。然而,企业用工理念仍然停留在管理形式的层面。企业仅关注经济发展,对劳动用工管理的重视度不高,当发生劳动争议时,就会显得比较被动,有的甚至付出惨重代价。不过,虽然国家的一系列政策加强了对劳动者弱势群体的保护,但同时也为企业自主用工留下了权利空间。企业与其感慨法律对用人单位的苛刻,不如完善企业的劳动管理手续及制度,争取主动积极完善劳动用工,这也是在争取防范劳动用工风险的主动权。

总而言之,企业无论采取何种节控员工个人所得税以及节控用人单位社会保险成本的控制措施,都必须以依法合规为前提,否则就是缘木求鱼,所作的战略规划都是徒劳。而且从长远来看,在合规的前提下进行成本控制才是企业可持续发展的王道。因此,企业在重构用工成本控制战略规划体系之时就必须树立依法合规意识,在合规的前提下进行战略布局。

相关规定

《社会保险法》第59条 县级以上人民政府加强社会保险费的征收工作。社会保险费实行统一征收,实施步骤和具体办法由国务院规定。

第60条 用人单位应当自行申报、按时足额缴纳社会保险费,非因不可抗力等法定事由不得缓缴、减免。职工应当缴纳的社会保险费由用人单位代扣代缴,用人单位应当按月将缴纳社会保险费的明细情况告知本人。无雇工的个体工商户、未在用人单位参加社会保险的非全日制从业人员以及其他灵活就业人员,可以直接向社会保险费征收机构缴纳社会保险费。

129

单位可以自行确定员工社会保险缴费基数吗?若单位以低于员工工资标准作为社会保险缴费基数为员工购买社会保险存在什么法律风险?

答:用人单位不可以自行确定员工社会保险缴费基数。

职工本人实际工资作为社保缴费基数的重要参考标准。缴纳职工养老保险和公积金,是根据本人工资作为缴费基数,不能擅自降低或者提高。本人工资高于社会平均工资300%的,可以按照社会平均工资300%作为缴费基数。职工工资低于社会平均工资60%的,按照社会平均工资的60%作为缴费基数,除此之外,必须按照职工本人工资作为缴费基数。

但是实践中很多企业自行规定高管按照一个较高的标准缴纳社会保险,基层员工按照一个较低的标准缴纳社会保险,缴纳标准与员工实际工资之间是不一致的,这种做法也是不合规的。

单位以低于员工工资标准作为社会保险缴费基数为员工购买社会保险的法律风险主要有:

(1)社保部门处以罚款;(2)员工可被迫辞职要求支付经济补偿;(3)员工发生工伤要赔偿损失;(4)要赔偿员工退休后的退休金损失等。

案　例

原告毛某原系被告单位员工。被告委托××公司为被告员工缴纳社保、公积金。因被告未依法为原告缴纳社保,经某区劳动监察部门介入处理后,被告为原告补缴了社保,原告也将个人应承担部分全部交予被告。社保机构将2019年6月至2020年12月缴纳的费用(包括原告个人承担的部分)已全额退给××公司,被告应及时将该款项退还给原告。但原告多次催要,被告均以各种理由拒绝返还该款项。

原告诉请法院要求被告返还社保退还款人民币13,566元(以下均为人民币),并支付自2021年4月1日起以应还款额为基数,按银行同业拆借中心公布的贷款市场报价利率标准计算的利息,计算至实际支付日。

判决结果:被告于判决生效之日起7日内向原告毛某返还个人曾经承担的社会保险费共计人民币13,566元。

负有金钱给付义务的当事人如果未按本判决指定的期间履行给

付金钱义务，应当依照《民事诉讼法》第 264 条之规定，加倍支付迟延履行期间的债务利息。

引　申

用人单位欠缴社会保险费或未按规定的工资基数足额缴纳社会保险费的，须向劳动行政部门反映解决，劳动仲裁部门和法院是不受理要求单位缴纳社会保险费的请求的。但如果是由于用人单位未按规定为劳动者缴纳社会保险费，导致劳动者不能享受工伤、失业、生育、医疗保险待遇，劳动者要求用人单位赔偿损失或按规定给付相关费用的，则属于劳动仲裁部门和法院的受案范围。

相关规定

《社会保险法》第 12 条　用人单位应当按照国家规定的本单位职工工资总额的比例缴纳基本养老保险费，记入基本养老保险统筹基金。职工应当按照国家规定的本人工资的比例缴纳基本养老保险费，记入个人账户。无雇工的个体工商户、未在用人单位参加基本养老保险的非全日制从业人员以及其他灵活就业人员参加基本养老保险的，应当按照国家规定缴纳基本养老保险费，分别记入基本养老保险统筹基金和个人账户。

第 23 条　职工应当参加职工基本医疗保险，由用人单位和职工按照国家规定共同缴纳基本医疗保险费。无雇工的个体工商户、未在用人单位参加职工基本医疗保险的非全日制从业人员以及其他灵活就业人员可以参加职工基本医疗保险，由个人按照国家规定缴纳基本医疗保险费。

第 35 条　用人单位应当按照本单位职工工资总额，根据社会保险经办机构确定的费率缴纳工伤保险费。

第 44 条　职工应当参加失业保险，由用人单位和职工按照国家规定共同缴纳失业保险费。

第53条 职工应当参加生育保险,由用人单位按照国家规定缴纳生育保险费,职工不缴纳生育保险费。

第84条 用人单位不办理社会保险登记的,由社会保险行政部门责令限期改正;逾期不改正的,对用人单位处应缴社会保险费数额一倍以上三倍以下的罚款,对其直接负责的主管人员和其他直接责任人员处五百元以上三千元以下的罚款。

第85条 用人单位拒不出具终止或者解除劳动关系证明的,依照《中华人民共和国劳动合同法》的规定处理。

第86条 用人单位未按时足额缴纳社会保险费的,由社会保险费征收机构责令限期缴纳或者补足,并自欠缴之日起,按日加收万分之五的滞纳金;逾期仍不缴纳的,由有关行政部门处欠缴数额一倍以上三倍以下的罚款。

130

单位可以以超过员工工资标准的缴费基数为员工缴纳社会保险吗?

答:在员工工资低于最低缴费基数的时候是可以的。

在员工工资低于最低缴费基数的时候,社保缴费基数可以高于工资。社保缴费基数是社会平均工资的60% ~300%为缴纳基数,比如社会平均工资是1000元,缴纳的基数可以是600 ~3000元。一般以上一年度职工工资收入为缴费基数。

(1)职工工资收入高于当地上年度职工平均工资300%的,以当地上年度职工平均工资的300%为缴费基数；

(2)职工工资收入低于当地上一年度职工平均工资60%的，以当地上一年职工平均工资的60%为缴费基数；

(3)职工工资在当地上一年度职工平均工资60%～300%的，按实申报。职工工资收入无法确定时，其缴费基数按当地劳动行政部门公布的当地上一年职工平均工资为缴费工资确定。

按照国务院常务会议要求，各地由过去依据城镇非私营单位在岗职工平均工资，改为以本省城镇非私营单位和私营单位加权计算的全口径就业人员平均工资，核定缴费基数上下限，使缴费基数降低。个体工商户和灵活就业人员可在本省平均工资60%～300%之间自愿选择缴费基数。

案　例

上海某企业为女性职工在计划生育前一年提高缴费基数，协助女性职工获得更多的生育津贴，该做法实际上是不合规的。

引　申

一方面，只有在职工工资低于最低社会保险缴费基数的时候，企业以最低社会保险缴费基数缴纳社会保险才是合规的；另一方面，通常情况下企业为节约成本不会高于职工实际工资金额购买社会保险，但是在某些“以人为本”的情况下，若存在为了获取更多的待遇而高于职工实际工资购买社会保险的，对于领取了超过职工实际工资部分所对应的待遇的，可能涉嫌骗保，将被追究法律责任。

相关规定

《社会保险法》第86条　用人单位未按时足额缴纳社会保险费的，由社会保险费征收机构责令限期缴纳或者补足，并自欠缴之日起,按日加收万分之五的滞纳金;逾期仍不缴纳的,由有关行政部门处欠缴数额一倍以上三倍以下的罚款。

131

残疾人保障金属于社会保险的范畴吗?

答:不属于。残疾人就业保障金简称残保金,不属于社保,其是为了保障残疾人权益,由未按规定安排残疾人就业的机关、团体、企业、事业单位和民办非企业单位缴纳的专项保障资金。社会保险是指国家为了预防和强制社会多数成员参加的,具有所得重分配功能的非营利性的社会保障制度。残保金是指在实施分散按比例安排残疾人就业的地区,凡安排残疾人达不到省、自治区、直辖市人民政府规定比例的机关、团体、企业、事业单位等,根据地方规定,按照年度差额人数和上年度本地区职工年平均工资计算缴纳用于残疾人就业的专项资金。

案　例

2021年3月,湖北省宜昌市西陵区检察院检察官在一家企业走访时,企业负责人问:"为什么我们企业每年都要交几万元的残疾人就业保障金,但有的企业却从来没有交过一分钱?"这句话引起了检察官注意。通过仔细查阅相关法律法规,检察官发现,按照相关规定,机关、团体、企业、事业单位和民办非企业单位(以下简称用人单位)安排残疾人就业的比例不得低于本单位在职职工总数的1.5%,用人单位未安排残疾人就业或安排残疾人就业未达到规定比例的,应当缴纳残疾人就业保障金。符合国家相关规定的，可以减免残疾人就业保障金或申请缓交残疾人就业保障金，但应当在规定时限内向有关部门进行申报。按照财政部、国家税务总局、中国残疾人联合会2015年9月印发的《残疾人就业保障金征收使用管理办法》规定，残疾人就业保障金全额缴入地方国库，属于国有财产。

经调查，该院发现辖区部分企业未依法及时缴纳残疾人就业保障金或符合减免残疾人就业保障金条件但未及时申报的情况，遂依法对负有残疾人就业保障金征收职责的宜昌市国家税务局及西陵区分局未依法履职行为进行行政公益诉讼立案审查。

2021年4月，该院依法发出检察建议，要求宜昌市国家税务局及西陵区分局严格履行残疾人就业保障金征收职责，并督促符合免征条件的用人单位履行申报义务。两家税务机关高度重视，部署开展残疾人就业保障金征收管理情况专项检查，同时加大相关政策的宣传力度，联合市残联下发《关于进一步加强残保金征收管理的通知》。截至目前，宜昌市共有用人单位8730户（次）进行了补充申报和缴纳，追缴残疾人就业保障金650万余元，有用人单位7646户（次）依法履行了零申报义务。该案入选湖北省检察院第八检察部公益诉讼服务优化营商环境推介案例。

引　申

残保金对企业的重要性：

若用人单位没有按照《残疾人就业条例》的规定缴纳残保金，残保金征收机关就会提交到财政部门，由财政部门予以警告，责令限期缴纳；如果逾期仍没有缴纳，除需补缴欠缴数额外，还要在自欠缴之日起，按日加收5‰的滞纳金，计算至缴纳之日止。

举个例子：企业未缴纳100万元残保金，如果按滞纳税款一年计算应缴纳多少滞纳金？

应缴滞纳金 = 100 × (0.005 × 365) = 180万元，相当于残保金的1.8倍。

"本金 + 滞纳金"一起，高达280万元！

除此之外，部分省市还将拖欠残保金列为"失信行为"，构成严重失信行为的用人单位还会被列入"黑名单"，法定代表人或者主要负责人将被限制消费，用人单位暂缓办理上市、融资等，后果很严重！因此，按规定缴纳残保金对用人单位避免不必要的损失至关重要。

相关规定

《社会保险法》第1条 为了规范社会保险关系，维护公民参加社会保险和享受社会保险待遇的合法权益，使公民共享发展成果，促进社会和谐稳定，根据宪法，制定本法。

第2条 国家建立基本养老保险、基本医疗保险、工伤保险、失业保险、生育保险等社会保险制度，保障公民在年老、疾病、工伤、失业、生育等情况下依法从国家和社会获得物质帮助的权利。

《残疾人就业保障金征收使用管理办法》第2条 保障金是为保障残疾人权益，由未按规定安排残疾人就业的机关、团体、企业、事业单位和民办非企业单位(以下简称用人单位)缴纳的资金。

第5条 保障金的征收、使用和管理应当接受财政部门的监督检查和审计机关的审计监督。

第6条 用人单位安排残疾人就业的比例不得低于本单位在职职工总数的1.5%。具体比例由各省、自治区、直辖市人民政府根据本地区的实际情况规定。用人单位安排残疾人就业达不到其所在地省、自治区、直辖市人民政府规定比例的，应当缴纳保障金。

第9条 保障金由用人单位所在地的地方税务局负责征收。没有分设地方税务局的地方，由国家税务局负责征收。

第11条 保障金征收机关应当定期对用人单位进行检查。发现用人单位申报不实、少缴纳保障金的，征收机关应当催报并追缴保障金。

第26条 用人单位未按规定缴纳保障金的，按照《残疾人就业条例》的规定，由保障金征收机关提交财政部门，由财政部门予以警告，责令限期缴纳；逾期仍不缴纳的，除补缴欠缴数额外，还应当自欠缴之日起，按日加收5‰的滞纳金。滞纳金按照保障金入库预算级次缴入国库。

132

挂靠劳动关系缴纳社会保险违法吗？提供挂靠劳动关系并缴纳社会保险的单位存在什么法律风险？

答：我国的社会保险登记实行属地管理。根据《社会保险法》第57条和第58条之规定，参保单位与用人单位必须是同一主体。因此社保挂靠乃是违法行为，将会使挂靠企业或被挂靠企业面临行政处罚、被列入社会保险严重失信人名单、承担民事责任，甚至被追究刑事责任等法律风险。具体主要包含下述风险：

(1)存在被行政处罚的法律风险

企业通过提供虚假证明材料、虚构劳动关系等手段虚构参保条件、违规补缴、骗取社会保险待遇，将面临被行政处罚的法律风险。

(2)存在被列入社会保险严重失信人名单的法律风险

企业以欺诈、伪造证明材料或者其他手段违规参加社会保险的，存在被列入社会保险严重失信人名单的法律风险。根据《社会保险领域严重失信人名单管理暂行办法》(人社部规〔2019〕2号)

第5条第2项规定,用人单位以欺诈、伪造证明材料或者其他手段违规办理社会保险业务超过20人次或从中牟利超过2万元的,将被列入社会保险严重失信人名单。

(3)存在向员工支付经济补偿金的法律风险

在有三方主体的社保挂靠模式下,用人单位委托被挂靠企业为本企业员工办理社保参保手续并缴纳社保费的,存在向员工支付经济补偿金的法律风险。

(4)存在员工无法享受工伤等保险待遇的法律风险

在存有三方主体的社保挂靠模式下,用人单位委托被挂靠企业为本企业员工办理社保参保手续并缴纳社保费的,存在员工无法享受的工伤、失业、医疗、生育等保险待遇由用人单位承担的法律风险。

(5)存在被追究刑事责任法律风险

企业以欺诈、伪造证明材料、虚构劳动关系骗取社保待遇,情节严重的,存在被依法追究刑事责任的法律风险。

案　例

案例一:在(2021)京行申986号案中,北京市高级人民法院认为,大公国际公司未依法在其社会保险登记地北京市朝阳区为胡某缴纳该期间的社会保险,委托其他单位为胡某在山东省济南市缴纳社会保险,不能取代其在社会保险登记地依法应当承担的社会保险费缴纳义务,北京市朝阳区社保中心作出的要求大公国际公司为胡某缴纳社保费的《稽核整改意见书》并无不当。

案例二:在(2021)京03民终219号案中,北京市第三中级人民法院认为,陈某系在北京市朝阳区为玉某田公司提供劳动,玉某田公司委托第三人深圳市某科技工程有限公司在深圳给陈某缴纳社保不符合相关法律的规定,造成陈某相关社保权益受损,陈某以此为由提出解除劳动合同并要求玉某田公司支付解除劳动关系经济补偿金应予以支持。

案例三:在(2018)鄂01民终3245号案中,武汉市中级人民法院认为,企业所在地为湖北,虽通过第三方公司为在北京工作的员工在北京缴纳社会保险,但社保涉及人身性质,代缴公司虽代替用人单位缴纳社保费用,却不能代替用人单位为劳动者申请工伤待遇,在社保账户中显示用人单位并未为员工缴纳工伤保险,故社会保险经办机构未赔付的工伤待遇应当由用人单位承担。

案例四:在(2021)渝0103刑初18号案中,重庆市渝中区人民法院认为,顺坤公司法定代表人贺某与其他两人,通过虚构劳动关系并向重庆市渝中区社保局缴纳社保费的方式,骗取国家生育保险待遇共计451,834.78元,已构成诈骗罪,被判处有期徒刑3年,缓刑4年,并处罚金2万元。

引　申

社保挂靠是违法行为,因此,并不存在可以使其合法化的解决方案,社保挂靠在行政、刑事、民事领域的法律风险随时可能触发。企业防范社保挂靠风险的唯一途径就是停止社保挂靠,确保劳动关系与社保关系相统一,参保单位与用人单位相一致。此外,人力资源和社会保障部出台了《社会保险基金行政监督办法》(人力资源和社会保障部令第48号),自2022年3月18日起施行,对企业在社保合规的其他方面也都提出了更高要求,企业应刻不容缓地解决社保合规问题。

133

虚构劳动关系缴纳社会保险，企业以及主要负责人会面临哪些法律责任？

答：单位可能会面临退还骗取的社会保险费，受到行政处罚，而主要负责人可能面临被指控诈骗罪的风险。

案　例

L 市社会人员杨某为谋取非法利益，利用早期国企临时工退休相关文件，向社会群众宣称“可为所有人员办理补缴退休”“现在有政策支持，放心办理”，为部分社会人员伪造劳动合同书，通过冒充早期国企临时工身份办理参保缴费和领取养老金。

经人民法院审理查明，杨某共为 132 人虚构劳动关系办理了基本养老保险补缴，累计造成养老保险基金损失 69 万元。2020 年，L 市人民法院判决杨某犯诈骗罪，判处有期徒刑 3 年 9 个月，并处罚金 2 万元，对违法所得 4 万元，依法予以追缴。同时，虚构劳动关系参保领取养老金的 132 名社会人员依法全额退回违规领取的养老金。

引　申

1. 法律红线、底线不能碰，否则触犯刑事法律，引火烧身。

2. 虚构劳动关系可能还会涉嫌伪造文书罪、私刻印章罪等其他犯罪行为。

3. 虚构劳动关系骗保行为还会受到严重的行政处罚。

相关规定

《社会保险法》第88条 以欺诈、伪造证明材料或者其他手段骗取社会保险待遇的,由社会保险行政部门责令退回骗取的社会保险费,处骗取金额二倍以上五倍以下的罚款。

第94条 违反本法规定,构成犯罪的,依法追究刑事责任。

《刑法》第266条 诈骗公私财物,数额较大的,处三年以下有期徒刑、拘役或者管制,并处或者单处罚金;数额巨大或者有其他严重情节的,处三年以上十年以下有期徒刑,并处罚金;数额特别巨大或者有其他特别严重情节的,处十年以上有期徒刑或者无期徒刑,并处罚金或者没收财产。本法另有规定的,依照规定。

《全国人民代表大会常务委员会关于〈中华人民共和国刑法〉第二百六十六条的解释》 以欺诈、伪造证明材料或者其他手段骗取养老、医疗、工伤、失业、生育等社会保险金或者其他社会保障待遇的,属于刑法第二百六十六条规定的诈骗公私财物的行为。

《社会保险基金行政监督办法》第32条 用人单位、个人有下列行为之一,以欺诈、伪造证明材料或者其他手段骗取社会保险待遇的,按照《中华人民共和国社会保险法》第八十八条的规定处理:(一)通过虚构个人信息、劳动关系,使用伪造、变造或者盗用他人可用于证明身份的证件,提供虚假证明材料等手段虚构社会保险参保条件、违规补缴,骗取社会保险待遇的;(二)通过虚假待遇资格认证等方式,骗取社会保险待遇的;(三)通过伪造或者变造个人档案、劳动能力鉴定结论等手段违规办理退休,违规增加视同缴费年限,骗取基本养老保险待遇的;(四)通过谎报工伤事故、伪造或者变造证明材料等进行工伤认定或者劳动能力鉴定,或者提供虚假工伤认定结论、劳动能力鉴定结论,骗取工伤保险待遇的;(五)通过伪造或者变造就医资料、票据等,或者冒用工伤人员身份就医、配置辅助器具,骗取工伤保险待遇的;(六)其他以欺诈、伪造证明材料等手段骗取社会保险待遇的。

134

骗取社会保险会构成犯罪吗? 构成何种犯罪?

答:可能构成犯罪,构成《刑法》第 266 条规定的诈骗罪。

案 例

冯某在珠海市唐家新华餐厅工作,该餐厅于当月开始为其购买最低社保。2013 年 10 月,冯某因自己怀有双胞胎,为得到高额医疗保险,于是让唐家新华餐厅停止为其续保。自 2013 年 11 月起至 2014 年 1 月止,冯某虚构工作关系在珠海市唐家俏丽理发店工作,虚构每月缴费工资为人民币 11,800 元挂靠唐家俏丽理发店在珠海市人力资源和社会保障局继续参保。冯某于 2013 年 12 月剖宫产下双胞胎,并享受珠海市人力资源和社会保障局支付的生育津贴共计人民币 62,557.16 元,后停止参保,并于 2014 年 2 月又挂靠在珠海骏兴大骨头餐厅参保。2014 年 3 月 6 日,冯某主动将人民币 62,577.16 元退回珠海市社会保险基金管理中心。珠海市人力资源和社会保障局于 2014 年 5 月 6 日报案。2014 年 5 月 26 日,冯某主动到公安机关投案自首。法院认为,冯某以非法占有为目的,采用虚构事实的方法,骗取他人财物,数额较大,其行为已触犯刑律,构成诈骗罪。

相关规定

《刑法》第266条 诈骗公私财物，数额较大的，处三年以下有期徒刑、拘役或者管制，并处或者单处罚金；数额巨大或者有其他严重情节的，处三年以上十年以下有期徒刑，并处罚金；数额特别巨大或者有其他特别严重情节的，处十年以上有期徒刑或者无期徒刑，并处罚金或者没收财产。本法另有规定的，依照规定。

《全国人民代表大会常务委员会关于〈中华人民共和国刑法〉第二百六十六条的解释》 以欺诈、伪造证明材料或者其他手段骗取养老、医疗、工伤、失业、生育等社会保险金或者其他社会保障待遇的，属于刑法第二百六十六条规定的诈骗公私财物的行为。

135

税务部门可以主动要求企业补缴社会保险吗？

答：法律规定了税务部门有征收社会保险的权力，按照规定是可以的。为了保障企业稳定发展，税务部门一般情况下不会主动要求企业补缴，但监督、督促用人单位足额缴纳员工社会保险是税务机关的职责，其作为社保征收部门，如果有劳动者向税务部门投诉举报要求补缴社会保险的，税务部门有权要求企业补缴社会保险。

案　　例

2011年8月至2019年10月，王某系某公司的合同工，2015年6月至2019年10月，某公司为王某依法缴纳社会保险。2019年10月

31 日,王某与某公司签订了解除终止劳动关系协议书,按照该协议,某公司支付 15,300 元作为经济补偿金、代通知金以及其他一切补偿,王某放弃针对某公司的全部权利,王某在该协议上签字捺印。2019 年 12 月 18 日,王某向开州区社保局投诉,要求补缴 2011 年 8 月至 2015 年 5 月的社会保险费。开州区社局接到王某的投诉后,对王某的投诉材料进行了审查并调查了王某的社会保险参保信息。2019 年 12 月 20 日,开州区社局对王某作出 3 号告知,对王某的投诉事项不予受理。王某不服,起诉至人民法院,请求撤销开州区社局作出的 3 号告知并判令开州区社局在法定期限内对王某的投诉事项重新作出处理。

本案中,王某投诉某公司月缴社会保险费事项涉及补缴社会保险费事宜。按照上述规定,因社会保险经办机构对某公司月缴社会保险费的金额尚未核定,税务机关亦未启动征收程序的情形下,王某直接向开州区社局投诉请求其责令某公司补缴 2011 年 8 月至 2015 年 5 月的社会保险费,不符合上述法律法规规定,该投诉事项并不属于开州区社局的职责范畴。

引　申

2018 年 9 月 13 日,国家税务总局发布了《办公厅关于稳妥有序做好社会保险费征管有关工作的通知》,要求要遵循弄清接好历史欠费账目,不得自行组织开展清欠工作的原则,稳妥处理好历史欠费问题。

9 月 20 日,国家税务总局发布《关于进一步落实好简政减税降负措施更好服务经济社会发展有关工作的通知》,要求已负责征收社保费的税务机关,务必在社保征收机构改革到位前,一律保持现有征收政策不变,务必做到不自行组织开展以前年度的欠费清查,务必对有令不行、有禁不止、违反规定的行为依法依规坚决纠正、严肃处理。

税务总局还将会同人力资源和社会保障部组织开展联合督查，严格督促社保费征收政策保持稳定、征管职责划转平稳有序的要求落到实处。

综上，目前正处于整个社保入税的过渡期，各项工作一步步展开，在保证稳定的前提下逐步做到合规。

相关规定

《社会保险法》第86条 用人单位未按时足额缴纳社会保险费的，由社会保险费征收机构责令限期缴纳或者补足，并自欠缴之日起，按日加收万分之五的滞纳金。

136

遇到员工投诉补缴社会保险事宜，社保征收部门可以要求企业补缴吗？

答：可以。税务部门在遇到员工投诉补缴社保事宜后，应当及时处理，要求企业限期足额缴纳社会保险费，且自欠缴之日起，按日加收万分之五的滞纳金。

案　例

范某某、杨某某、何某某、曹某某四人系云南某旅游公司在职职工，但是由于旅游公司在社保缴纳方面不规范，上述四人入职十多年以来公司未为其缴纳社会保险。之后劳动者向官渡区劳动执法监督大队反映，通过获取官渡区劳动执法监督大队的补缴责令书使该公司为范某某等四名职工补缴了过去十余年的社会保险。

引　　申

补缴的路径有三条：一是用人单位与劳动者协商一致，由单位申请进行补缴，社会保险机构核查同意后进行补缴；二是申请劳动仲裁进行调解，在仲裁部门主持调解下，用人单位同意补缴的，应当进行补缴；三是向社会保险执法部门进行举报投诉后，社会保险执法部门作出责令单位补缴的行政处罚后依据该行政处罚文件进行补缴。

相关规定

《社会保险法》第86条　用人单位未按时足额缴纳社会保险费的，由社会保险费征收机构责令限期缴纳或者补足，并自欠缴之日起，按日加收万分之五的滞纳金。

137

补缴社会保险涉及的滞纳金由企业承担吗？

答：补缴社会保险涉及的滞纳金应由企业承担。

未按时足额缴纳社会保险费，是企业未尽到为员工足额缴纳社保的法定义务，故缴纳滞纳金是企业因未按时足额缴纳社会保险费应当承担的法定义务。

案　　例

2007年8月21日，王某入职某休闲用品公司工作。至2010年3

月 1 日,王某与某休闲用品公司签订过四份劳动合同。

2011 年 8 月 1 日,王某以“年龄大”为由,在放弃参加社保证明书上签名,并在参保人员调查表“放弃原因”一栏中载明“年龄大”,王某在该调查表上签名。某休闲用品公司没有为王某缴纳社会保险。

2019 年 7 月 10 日,王某向某休闲用品公司寄送解除通知书,以该公司未缴纳社会保险等为由解除劳动关系。

2020 年 9 月 16 日,天津市东丽区劳动保障监察大队对某休闲用品公司作出限期整改指令书,载明某休闲用品公司没有为王某向社会保险经办机构申请办理社会保险登记,要求该公司在规定期限内为王某办理社会保险登记并补缴社会保险。

2021 年 2 月 5 日,某休闲用品公司补缴其应承担的社会保险费,并缴纳基本养老保险滞纳金、基本医疗保险费滞纳金、失业保险利息、生育保险利息、工伤保险利息,共计 130,322.93 元。后某休闲用品公司向法院提起诉讼,要求王某支付其补缴社会保险产生的滞纳金及利息共计 130,322.93 元。

天津市东丽区人民法院认为,在劳动关系存续期间,王某作为完全民事行为能力人,应当知道为不减少劳动报酬以书面形式承诺不参加社会保险所产生的法律后果,应承担相应的法律责任。某休闲用品公司作为用人单位,未依法履行代扣代缴职责,亦应负相应的法律责任。鉴于双方均有责任,对补缴社会保险产生的滞纳金及利息共计 130,322.93 元,一审法院判决:双方各自承担 50%。

王某提出上诉后,天津市第三中级人民法院认为,补缴社会保险产生的滞纳金及利息是行政机关对用人单位欠缴社保的处罚措施,旨在规范用人单位按照法律规定及时、足额为劳动者缴纳社会保险,保障劳动者权利。依据《社会保险法》第 86 条、《人力资源和社会保障部实施〈中华人民共和国社会保险法〉若干规定》第 20 条、《工伤保险条例》第 62 条第 1 款、《天津市失业保险条例》第 24

条第 2 款、《社会保险费申报缴纳管理规定》(已失效)第 11 条等规定,案涉款项的责任主体均为用人单位,且用人单位不得要求职工承担滞纳金。

一审法院认定由王某承担 50% 的滞纳金没有法律依据,二审法院改判:驳回某休闲用品公司的诉讼请求。

引　申

在劳动领域,法律更注重实质公平,会倾斜保护劳动者,因此,企业不合规导致的滞纳金,职工是不承担的。

相关规定

《社会保险法》第 86 条　用人单位未按时足额缴纳社会保险费的,由社会保险费征收机构责令限期缴纳或者补足,并自欠缴之日起,按日加收万分之五的滞纳金。

138

单位聘用的哪些人员可以不纳入购买社会保险的范畴?

答:单位使用下述人员可以不纳入购买社会保险的范畴:

(1)个体户外包企业业务

将生产线上的员工,以家庭成员为单位成立个体工商户,员工工资便成了个体工商户的经营所得,而无雇工的个体工商户,可以参加社会保险,由个人缴纳社会保险费,企业无须为其缴纳社会保险。

(2)灵活就业人员

灵活就业人员是指以非全日制、临时性和弹性工作等灵活形式就业的人员。主要由以下三部分构成:

①自营劳动者:包括自我雇佣者(自谋职业)和以个人身份从事职业活动的自由职业者等。

②家庭帮工:指那些帮助家庭成员从事生产经营活动的人员。

③其他灵活就业人员:主要是指非全时工、季节工、劳务承包工、劳务派遣工、家庭小时工等一般劳动者。

(3)退休返聘人员

退休返聘是指从用人单位退休,再通过与原用人单位或者其他用人单位订立合同契约继续作为人力资源存续的行为或状态。退休返聘人员与用人单位签订的合同属于劳务合同,因此不享受劳动法规定的福利待遇,同时也不受到劳动法保护。也就是说公司不需要为其缴纳五险一金,但是单位给他发放的工资仍然是要依法缴纳个税的。

(4)实习生

很多学校在即将毕业的最后半年,会让学生自行找单位实习,有些企业由于工作性质的原因,也时常会使用一些尚未毕业的实习生,实习生虽然年满16周岁,但与第三方学校还存在"归属关系",所以用人单位只能与其签订劳务合同或实习协议。

因此,企业聘用的在校实习生,不属于劳动合同,属于劳务合同(或实习协议),不需要为其缴纳社会保险。

(5)承包商派遣人员

在工程项目总包和分包中,经常会出现总包方为了便于工程项目的监管,时常会派出几名管理人员,如:技术总监、工程总监、项目经理、施工人员等现场管理人员,而这些外派人员的工资一般都由分包商来承担,社会保险也由承包商承担。该类外派人员,已经与承包商单位签订了《劳动合同》,与承包商存在“归属关系”,因此实际使用方无法为其缴纳社会保险。

(6)协保人员

协保人员是历史年代属于政府主导的企业改制重组背景下原本属于该企业的员工,虽然已经脱离这个企业,但是原企业基于改制的特殊背景仍然为其缴纳了社会保险,与他们签订了协议,协议保留社会保险关系在原企业。

(7)非独立劳动的兼职人员

非独立劳动的兼职人员是指在不脱离本职工作的情况下,利用业余时间从事第二职业,为第三方提供体力或脑力劳动支出。

兼职人员本身有自己的工作,签订劳动合同和缴纳社会保险,均由工作单位办理,和兼职公司无关,因此无须缴纳社保。

(8)聘用劳务派遣人员

劳务派遣人员是指被劳务公司派到相应工作单位的工人。劳务派遣是指用人单位将一些非核心员工(如文员、会计、软件或项目工程师、市场营销员、生产线简单操作工、包装工、保安、汽车驾驶员、炊事员、搬运工、清洁工、医院护士、护工等)或用人单位的一些非专业性工作(如物业管理、清洁卫生、搬运等)派遣给劳务派遣公司,双方签订劳务派遣协议,由劳务公司承担这部分派遣员工整套人力资源管理服务工作(包括招聘录用、劳动合同管理、绩效管理、安全生产管理、工资管理、保险福利管理、计划生育管理等),并承担所有的人事风险责任(包括法律、经济赔偿责任)。劳务派遣单位派遣劳动者,应当与接受劳务派遣的用人单位签订劳务派遣协议。若劳务派遣协议中约定,劳务派遣人员的考勤和工资发放比照自有员工处理,社保和公积金缴纳由劳务派遣公司缴纳,则应支付劳务派遣员工相应费用,无论在个人所得税还是企业所得税中均认定为工资薪金项目。派遣人员已由劳务派遣公司缴纳社保后,企业可以不用为这部分人员缴纳。

(9)非全日制用工

非全日制用工,记住两个点,每天工作时间不超过4小时,每周工作时间不超过24小时;15天发一次工资。非全日制从业人员必须参加工伤保险,可以参加基本养老保险、基本医疗保险,由个人缴纳基本养老保险费、基本医疗保险费。

案　例

某药企为了规避为职工购买社会保险,向法律顾问咨询,法律顾问建议该药企将全国区域的销售人员均签订为非全日制用工合同,该药企每15天结算一次工资给销售人员。关键是,该药企用钉钉打卡,这些员工每天的工作时间都超过4小时。在重庆区域的数十名销售人员,为维权向云南省仲裁院提出仲裁,请求:(1)确认双方为标准劳动关系并解除双方劳动关系;(2)支付双倍工资;(3)补缴社会保险;(4)支付经济补偿;(5)赔偿失业金。最终仲裁院确认该药企与该类销售人员为标准劳动关系,并支持了职工双倍工资、经济补偿、失业金的请求。事情发生后,企业来咨询,药企生产的是药品,药品全部需要销售人员来变成资金,如此重要的员工,居然被弄成非全日制用工。后来笔者建议他们为其余的销售人员签订劳动合同、购买保险、规范用工,把销售人员纳入整个销售人员核心体系,公司接受了这个建议。为什么?一是企业这样子做给员工吃了一颗定心丸;二是企业这样做为其余人员过去十几年做了风险隔离。所以在开始的时候,就应该以一种规范和合理的方式去设计企业的用工模式,对企业来说能够规范用工,对员工来说能够激发工作激情,实现双赢。

引 申

上述非全日制用工的优势在于:可以不签订劳动合同且不支付双倍工资,可随时终止劳动合同且不需支付经济补偿金;非全日制用工的劳动者可以与多个用人单位签订非全日制劳动合同;用人单位只需缴纳工伤保险。劣势是:其一,非全日制用工应同时满足平均每日工作时间不超过4小时,每周工作时间累计不超过24小时,一旦突破上述工作时间的任一限制,就存在被认定为全日制用工的风险;其二,非全日制用工劳动报酬结算支付周期最长不得超过15日,一旦突破上述工资支付周期的规定,存在被认定为全日制用工风险;其三,非全日制用工不得约定试用期,否则将按照已经履行的超过法定试用期的期间向劳动者支付赔偿金。

以上都是一些特殊的用工模式,但是有一种观点把这些特殊用工模式当作社保成本节控的利器,这种观点本末倒置,企业应当正视这些方式只是一种补充、辅助性的用工模式,不是标准的劳动关系,应该回到如何激发标准的劳动关系从而创造更多的价值上来。

相关规定

《社会保险法》第60条 用人单位应当自行申报、按时足额缴纳社会保险费,非因不可抗力等法定事由不得缓缴、减免。职工应当缴纳的社会保险费由用人单位代扣代缴,用人单位应当按月将缴纳社会保险费的明细情况告知本人。无雇工的个体工商户、未在用人单位参加社会保险的非全日制从业人员以及其他灵活就业人员,可以直接向社会保险费征收机构缴纳社会保险费。

139

外国人怎么参加社会保险?

答:对首次参保的外国人,由其用人单位提供其本人有效护照、外国人工作许可证或外国专家证、外国常驻记者证等就业证件(取得在中国永久居留资格的人员,应提供本人外国人永久居留证),以及劳动合同或派遣合同等证明材料,到用人单位参保所在地经办机构办理社会保险登记手续。

案　例

2016 年 2 月,某外国公民玛丽与 × ×公司签订了为期 3 年的劳动合同, × ×公司为玛丽办理了外国人就业许可证。2017 年 5 月,玛丽因患病在公立医院治疗,产生了高额的医疗费用,在与病友闲聊过程中得知,中国公民就业缴纳基本医疗保险,大部分医疗费用均可由基本医疗保险实时结算报销。出院后,玛丽到 × ×公司询问,为何她不享有与中国公民同等的基本社会保障。 × ×公司答复,因玛丽不是中国公民,故无法为其缴纳社会保险。2017 年 6 月,玛丽以未依法缴纳社会保险为由提出解除劳动合同。2017 年 7 月,玛丽提出仲裁申请,要求 × ×公司支付解除劳动合同的经济补偿,并按基本医疗保险报销比例向其支付医疗费用。

仲裁委员会审理后认为,玛丽取得了外国人就业许可证,属于合法就业,受我国法律法规的保护及约束,其应与我国公民在华就业一样,享有参加社会保险和享受社会保险待遇的合法权益。 × ×公司未依法为玛丽缴纳基本社会保险,故裁决支持了玛丽的仲裁请求。

引　申

外国人在中国就业需要注意以下几个方面:

(1)劳动合同的期限。劳动合同期限最长5年,期限届满即终止,但可履行审批手续后续订。需要注意的是,不得与外籍人员签订无固定期限劳动合同。

(2)劳动合同解除后用人单位的义务。劳动合同被解除后,该用人单位应及时报告劳动、公安部门,交还该外国人的就业证和居留证件,并到公安机关办理出境手续。

(3)在中国就业的外国人的工作时间、休息、休假、劳动安全、卫生以及社会保险按国家有关规定执行。单位应为外籍员工缴纳社保。

(4)用人单位与被聘用的外国人发生劳动争议,应按照《劳动法》和《劳动争议调解仲裁法》处理。

(5)外籍人员的经济补偿与国内员工相同。

(6)外籍人员需要三证齐全。外国人在本国时,要在中国驻本国大使馆办理职业签证,来到中国后,再到当地劳动部门办理就业证,最后到公安部门办理居留证,上述三证齐全后,才能到有聘用外国员工资质的单位去工作。

(7)就业的岗位必须属于有特殊需求、国内暂缺适当人员的岗位,同时必须满足年满18周岁、身体健康、具有从事相关岗位必需的专业技能和工作经历、无犯罪记录、持有有效护照或其他国际旅行证件等要求。

(8)聘用外国人的用人单位必须是依法设立的企业法人、社团法人、民办非企业单位等,中国境内的个体经济组织和公民个人不得聘用外国人。

(9)用人单位如聘用外国员工,首先要向劳动部门申请,取得用工资质,娱乐场所聘用外国员工,要向当地文化部门申请。在办理许可等相关手续时,在公安机关登记的时限一般是1年,过期后需要办理延期手续,否则属于非法。

如果属于临时性演出,可以不用办理就业许可,只需到相关部门备案即可。

用人单位非法聘用外国人的法律后果:

如果用人单位构成了“非法聘用外国人”行为,将面临最高10万元的罚款等处罚措施。外国人非法就业的,可能面临罚款、拘留甚至遣送出境的法律后果。

相关规定

《在中国境内就业的外国人参加社会保险暂行办法》第4条 用人单位招用外国人的,应当自办理就业证件之日起30日内为其办理社会保险登记。受境外雇主派遣到境内工作单位工作的外国人,应当由境内工作单位按照前款规定为其办理社会保险登记。依法办理外国人就业证件的机构,应当及时将外国人来华就业的相关信息通报当地社会保险经办机构。社会保险经办机构应当定期向相关机构查询外国人办理就业证件的情况。

第5条 参加社会保险的外国人,符合条件的,依法享受社会保险待遇。在达到规定的领取养老金年龄前离境的,其社会保险个人账户予以保留,再次来中国就业的,缴费年限累计计算;经本人书面申请终止社会保险关系的,也可以将其社会保险个人账户储存额一次性支付给本人。

140

退休返聘人员可以参加社会保险吗?

答:一般来说,退休返聘人员无法购买社会保险。符合退休条件并且办理了退休手续的,社保账户无法再续缴,按规定已经可以享受领取社会保险待遇。退休返聘人员与用工单位不是劳动关系,不适用劳动法规,不需要按照劳动法规的规定缴纳社会保险费,不需要缴纳基本养老保险、医疗保险、失业保险和生育保险费,但在企业以项目或者任务为单位缴纳工伤保险时,可以把退休返聘人员纳入工伤保险的参保范围,缴纳工伤保险费。

案　例

退休人员某甲,年方六十有二,为发挥余热,在乙单位得一专职,勤勉有加,工作期间突发心梗不治而亡,因无保险,最终由乙单位承担了60万余元的赔偿。所以从降低风险的角度来说,用人单位一定要为聘用人员购买保险。任何一种方法都有它的优和劣,两利相较取其重,两害相较取其轻,企业一定要选择适合自己的方法。

引　申

1. 退休返聘人员和单位的关系:(1)首先退休职工返聘到单位,与单位不再是劳动关系而是劳务关系;其在工作期间死亡不能说是工伤,而应属于人身损害赔偿。(2)对退休返聘职工与用人单位之间的损害赔偿,不能由社会工伤保险机构以保险金的形式来支付,而是按人身损害赔偿标准由用人单位来支付。

2. 退休返聘人员与用工单位之间不再属于劳动关系，亦不适用劳动法规，但退休返聘人员大多年事已高，存在较多健康问题，为保证企业用工安全，可为其购买相应工伤保险，降低风险。若无法购买工伤保险，可以为其购买商业保险，并约定将从保险公司获得的赔偿视同单位的赔偿，以防范单位的用工风险。

相关规定

《最高人民法院关于审理劳动争议案件适用法律问题的解释(一)》第32条 用人单位与其招用的已经依法享受养老保险待遇或者领取退休金的人员发生用工争议而提起诉讼的，人民法院应当按劳务关系处理。

《关于实行劳动合同制度若干问题的通知》第13条 已享受养老保险待遇的离退休人员被再次聘用时，用人单位应与其签订书面协议，明确聘用期内的工作内容、报酬、医疗、劳动待遇等权利和义务。

141

非全日制人员可以参加社会保险吗？

答：根据《劳动合同法》的规定，非全日制人员必须参加工伤保险，可以不参加养老保险等其他保险，即用人单位雇用法律上的非全日制人员的，必须为其购买工伤保险，可以不用购买其他社会保险。

案　例

2019年年初，某人到A市劳动监察大队投诉，称其自2017年3月10日至2019年1月在某用人单位工作，某用人单位自2018年4月起才开始为其缴纳社会保险，要求某用人单位为其补缴2017年3月10日至2018年4月的社会保险。

某用人单位辩称，其与某人之间签订有劳动合同，合同上规定用工形式为非全日制用工，根据《关于非全日制用工若干问题的意见》的规定，用人单位可以不为非全日制员工缴纳社保。

经A市劳动监察大队调查取证，某人与某用人单位共签订两份劳动合同书，第一份劳动合同书起止时间为2017年3月10日至2018年3月31日，约定从事实行非全日制工时的岗位，但实际工作中，平均每日工时超过4小时，每周超过24小时，这段时间某用人单位没有为某人缴纳社保；第二份劳动合同书起止时间为2018年4月1日至2019年3月31日，约定从事实行标准工时制度的岗位，某用人单位自2018年4月至2019年1月为某人缴纳了社会保险。

综合研判后，A市劳动监察大队向某用人单位下达了责令改正指令书，要求某用人单位为某人办理2017年3月10日至2018年4月的社会保险登记，目前社保已补缴。

引　申

非全日制用工存在的风险有：

（1）每天工作时间不能超过4小时、每周工作时间不超过24小时，否则存在不被认定为非全日制用工关系，可能会被认定为标准劳动关系的风险，因未签订书面劳动合同因此会被认定为事实劳动关系。

(2)非全日制用工不能约定试用期,小时工资不能低于当地工资最低标准且工资结算周期不能超过 15 日,否则违反了《劳动合同法》的规定。用人单位除存在需要补足的责任外,还负有赔偿责任且可能被认定为标准劳动关系,但又没有签订劳动合同,因此可能被认定为事实劳动关系。

(3)需要为非全日制员工购买工伤保险,若未购买工伤保险,那么在工作过程中发生工伤则不能享受工伤保险待遇,用人单位可能存在参照工伤保险待遇全额赔付的风险。

相关规定

对于非全日制用工的社会保险问题,《劳动合同法》没有作具体规定。对此我们只能参考其他相关法律文件的规定。目前只能参照《关于非全日制用工若干问题的意见》和《社会保险法》的相关规定。

《关于非全日制用工若干问题的意见》第 10 ~ 12 条 从事非全日制工作的劳动者应当参加基本养老保险,原则上参照个体工商户的参保办法执行;可以以个人身份参加基本医疗保险,并按照待遇水平与缴费水平相挂钩的原则,享受相应的基本医疗保险待遇;用人单位应当按照国家有关规定为建立劳动关系的非全日制劳动者缴纳工伤保险费。

《社会保险法》第 10 条第 2 款 无雇工的个体工商户、未在用人单位参加基本养老保险的非全日制从业人员以及其他灵活就业人员可以参加基本养老保险,由个人缴纳基本养老保险费。

142

兼职人员可以参加社会保险吗?

答:兼职人员本身有自己的工作,签订劳动合同和缴纳社会保险,均由工作单位办理,和兼职公司无关,因此无须缴纳社保,但可购买雇主责任保险。

聘用兼职人员的优点在于签订兼职协议多会被认定为劳务关系,无须缴纳社保。劣势在于:首先,兼职人员在不脱离本职工作的情况下,利用业余时间从事第二职业,用人单位多会对兼职行为进行限制,未取得原单位同意的,原单位有索赔的权利;其次,兼职人员如果由于兼职工作遭受事故伤害,存在用人单位不予配合办理工伤认定事宜从而导致兼职公司承担雇主赔偿责任的风险;最后,部分兼职人员的劳动关系在用人单位,但若属于长期放假人员,兼职公司存在被认定为事实劳动关系的风险。比如乙在甲单位兼职,如果乙属于停薪留职、内退、协保人员,他和甲单位构成的是标准的劳动关系,不是劳务关系,如果甲单位没有和他签订劳动合同,可能面临双倍工资赔偿。对于兼职,企业一定要取得原单位的同意文件,如果原单位同意文件难以取得,就约定原单位索赔的责任由员工个人承担;对于停薪留职、内退、协保这三种人员,原单位如果能够跟他们签订三方协议,这是最好的办法,如果原单位不配合,那建议购买雇主责任险防范工伤风险。所有的辅助人员,一定要记得购买雇主责任保险。兼职人员在用工关系中最大的问题就是工伤风险。

案　例

某甲为某企业内退人员，在乙单位兼职期间，发生了工伤事故，某企业不愿意配合办理工伤保险待遇申领，乙单位只能按照工伤保险待遇承担赔偿责任。若乙单位能够为某甲购买一份雇主责任险，且明确约定从保险公司获得的赔偿视同单位对其的赔偿，则乙单位可以降低其用工风险。

引　申

兼职用工的合规要点：

此处的兼职是法律法规允许的一般岗位的兼职。对于此类用工，需要注意以下几点：

(1)兼职单位不需要与兼职员工签订劳动合同并购买社会保险，否则可能被认定为二者形成标准劳动关系，而非兼职关系。

(2)兼职需要取得原用人单位的书面同意，因未取得原用人单位的书面同意而在外兼职的，若兼职行为给原用人单位造成损失，现兼职单位负有连带赔偿的责任。

(3)兼职用工关系中的工伤事故如何处理是兼职用工的风险点，对于无法购买社会保险的，建议为兼职人员购买雇主责任险或者意外伤害保险，同时与兼职员工约定从保险公司获得的赔偿视同单位的赔偿，防范工伤赔偿责任。

相关规定

《社会保险法》第58条　用人单位应当自用工之日起三十日内为其职工向社会保险经办机构申请办理社会保险登记。未办理社会保险登记的，由社会保险经办机构核定其应当缴纳的社会保险费。自愿参加社会保险的无雇工的个体工商户、未在用人单位参加社会保险的非全日制从业人员以及其他灵活就业人员,应当向社会保险经办机构申请办理社会保险登记。国家建立全国统一的个人社会保障号码。个人社会保障号码为公民身份号码。

143

试用期内用人单位是否需要为劳动者缴纳社会保险费?

答:需要。

只要用人单位雇佣劳动者开始用工,就应该为劳动者缴纳社会保险费,无论其是否在试用期内。

《关于实行劳动合同制度若干问题的通知》第 3 条规定:“试用期包括在劳动合同期限中。”也就是说,试用期是用人单位与劳动者建立劳动关系期限中的一部分。

《劳动法》规定,用人单位和劳动者必须依法参加社会保险,缴纳社会保险费的规定,一样适用于试用期员工。也就是说,在试用期间,用人单位也必须为员工缴纳社会保险费。

案　例

李某在某公司任职,双方签订为期 3 年的劳动合同,约定试用期 6 个月。2 个月后,李某因身体不适就医,发现自己的医保卡不能正常使用,遂于次日到公司人事部询问。公司人事部拿出一份有李某签字的员工手册,向李某解释称,员工手册已写明,由于试用期内双方劳动关系尚不稳定,公司不为此期间的员工缴纳社会保险费,待员工转正后开始缴纳。

公司认为，因李某在公司从事技术岗位，这个岗位对员工的专业性要求较高，必须经过试用才能判断他是否符合公司的要求，如不符合要求，公司要解除劳动合同，因此在试用期内缴纳社会保险费会给公司带来额外的工作量和成本。双方就此事未能达成一致，李某以未为其缴纳社会保险费为由提出与该公司解除劳动合同，并要求该公司支付解除劳动合同的经济补偿并补缴社会保险费。公司拒绝，李某因此申请仲裁。

仲裁委审理后认为，缴纳社会保险费是用人单位及劳动者都具有的法定义务。公司员工手册中的条款显然与我国法律不相符。李某要求公司补缴其试用期间的社会保险费并无不妥，其以公司未缴纳社会保险费为由提出解除双方的劳动合同并要求公司支付经济补偿，亦符合《劳动合同法》第 38 条第 1 款第 3 项和第 46 条关于用人单位未依法缴纳社保费，劳动者可以辞职并要求用人单位支付经济补偿的规定，该公司应予以支付。

引　申

首先，法律规定劳动关系双方建立社会保险关系，是我国维护公民参加社会保险和享受社会保险待遇的合法权益的一项举措。自用人单位用工之日起，双方即均承担缴纳社会保险费的法定义务，社会保险此时便开始在保障双方合法权益中发挥相应作用。因此，建立社会保险关系的时间仅与双方建立劳动关系的时间相关联，与试用期时长无关。

其次，社会保险是保障公民在年老、疾病、工伤、失业、生育等情况下依法从国家和社会获得物质帮助的一项福利，劳动者的疾病、工伤、生育等情形的发生并不受劳动关系是否在试用期的限制，反而实践表明，在多数涉及工业技术或重体力劳动的工种中，劳动者恰恰在试用期期间由于对工作内容不熟悉，更容易发生工伤，更需要社会保险发挥保障作用。因此，试用期间劳动关系不稳定并不是不缴纳社会保险费的理由。

最后,用人单位规章制度中,如有违反法律法规强制性规定的内容,用人单位以上述内容已经民主程序制定及已向劳动者公示等作为抗辩理由不能成立。在用人单位的各项制度中,任何违反国家法律法规强制性规定的条款均属无效条款,用人单位提出的"双方约定"或"对方同意"等理由,无法规避违反法律法规带来的风险。

相关规定

《关于实行劳动合同制度若干问题的通知》第3条 按照《劳动法》的规定,劳动合同中可以约定不超过六个月的试用期。劳动合同期限在六个月以下的,试用期不得超过十五日;劳动合同期限在六个月以上一年以下的,试行期不得超过三十日;劳动合同期限在一年以上两年以下的,试用期不得超过六十日。试用期包括在劳动合同期限中。

《劳动合同法》第10条 建立劳动关系,应当订立书面劳动合同。已建立劳动关系,未同时订立书面劳动合同的,应当自用工之日起一个月内订立书面劳动合同。用人单位与劳动者在用工前订立劳动合同的,劳动关系自用工之日起建立。

《劳动法》第72条 社会保险基金按照保险类型确定资金来源,逐步实行社会统筹。用人单位和劳动者必须依法参加社会保险,缴纳社会保险费。

144

平台共享用工人员必须参加社会保险吗?

答:共享用工人员必须参加社保。需要注意的是,这些人员在哪一个企业主体参加社会保险比较有利于他们享有权益。

《人力资源社会保障部办公厅关于做好共享用工指导和服务的通知》(人社厅发〔2020〕98 号)第 5 条规定:“原企业与劳动者协商一致,将劳动者安排到缺工企业工作,不改变原企业与劳动者之间的劳动关系。劳动者非由其用人单位安排而自行到其他单位工作的,不属于本通知所指共享用工情形。各级人力资源社会保障部门要指导原企业与劳动者协商变更劳动合同,明确劳动者新的工作地点、工作岗位、工作时间、休息休假、劳动报酬、劳动条件以及劳动者在缺工企业工作期间应遵守缺工企业依法制定的规章制度等。”

上海市高院和市人社局就“共享用工”的劳动关系问题,发布的《关于疫情影响下劳动争议案件处理相关指导的意见》(沪高法〔2020〕203 号)中明确:“疫情期间,‘共享用工’等新型灵活用工模式,在一定程度上缓解了用人单位的用工压力和劳动者的就业压力,起到了多方共赢的效果。在处理相关纠纷时,要注意区分共享用工、劳务派遣、劳务外包等的差别。对于借出单位(即与劳动者存在劳动关系的用人单位)非以营利为目的,与借入单位、劳动者三方在疫情期间签订员工借调协议,约定劳动者在疫情期间为借入单位提供劳动,疫情结束后回到借出单位工作的,不应认定借出单位、借入单位、劳动者三者之间形成双重劳动关系。借调期间劳动者与借出单位仍为单一劳动关系,双方劳动权利义务不变。”也就是说,“共享用工”劳动者的劳动关系,仍旧属于原企业。

根据《社会保险法》等相关规定,社保关系应当与劳动关系保持一致。因此,“共享用工”劳动者的社保,仍旧由原企业缴纳。

案　例

一个是停工企业 A,另一个是缺人企业 B,然后停工的企业把员工借给缺人的企业,这就是在疫情期间产生的一种新的用工模式,叫员工共享。2020 年年初阿里也推出了一个共享平台,还招募了万名餐饮员工同时送盒马鲜生的外卖。盒马鲜生隔空喊话,邀请云海肴、青年餐厅的员工临时到盒马鲜生上班,员工也能共享。还有京东也邀请暂时歇业的商户员工打短工,这种用工模式产生于非常时期。

引　申

这种企业之间以借用或外派的方式实现劳动力调剂的用工模式就叫"共享用工"。共享用工模式下,缺人企业向停工企业借调员工,代发借用期间员工的工资,员工的劳动关系和社保关系保留在原单位即停工企业,复工后,员工回到原企业履行劳动合同。因此,共享用工方式一方面可以帮助人力成本压力大的企业渡过难关,另一方面也为人手不足的企业解了燃眉之急,降低了用工成本。企业考虑采用共享用工模式时,建议要求共享员工取得原单位的用工同意文件,或原单位同意借调员工的文件,防范索赔的风险。

相关规定

《人力资源社会保障部办公厅关于做好共享用工指导和服务的通知》第 5 条　原企业与劳动者协商一致,将劳动者安排到缺工企业工作,不改变原企业与劳动者之间的劳动关系。劳动者非由其用人单位安排而自行到其他单位工作的,不属于本通知所指共享用工情形。各级人力资源社会保障部门要指导原企业与劳动者协商变更劳动合同,明确劳动者新的工作地点、工作岗位、工作时间、休息休假、劳动报酬、劳动条件以及劳动者在缺工企业工作期间应遵守缺工企业依法制定的规章制度等。

第 6 条　各级人力资源社会保障部门要指导和督促缺工企业合理安排劳动者工作时间和工作任务,保障劳动者休息休假权利,提供符合国家规定的劳动安全卫生条件和必要的劳动防护用品,及时将劳动者的劳动报酬结算给原企业。要指导和督促原企业按时足额支付劳动者劳动报酬和为劳动者缴纳社会保险费,并不得克扣劳动者的劳动报酬和以任何名目从中收取费用。要指导和督促原企业跟踪了解劳动者在缺工企业的工作情况和有关诉求,及时帮助劳动者解决工作中的困难和问题。劳动者在缺工企业工作期间发生工伤事故的,按照《工伤保险条例》第四十三条第三款规定,由原企业承担工伤保险责任,补偿办法可与缺工企业约定。

《劳动法》第 72 条 用人单位和劳动者必须依法参加社会保险,缴纳社会保险费。

145

借调人员如何参加社会保险?

答:一般情况:企业富余职工,请长假人员、请长病假人员、外借人员和带薪上学人员,其社会保险费仍按规定由原单位和个人继续缴纳。

特别约定的情况:如果原用人单位与借调单位的劳务合同约定,劳动者的社会保险费由借调单位承担,交给原用人单位,由原用人单位负责缴纳,是符合法律规定的。

案 例

陈某是 A 公司的一名员工,因业务需要,A 公司的合作伙伴 B 公司将陈某借调到其处工作。A 公司与 B 公司书面约定:陈某借调期间的工资及社会保险由 B 公司负责解决并承担责任。B 公司与陈某书面约定:借调期间,公司不为陈某参加工伤保险,但适当提高工资。陈某在B公司工作期间受伤,当地社会保险行政部门认定其为工伤,且由A公司承担工伤保险责任。A公司不服,认为案发时陈某已借调到B公司工作,且约定由B公司为陈某办理工伤保险,应由B公司支付陈某的工伤待遇,遂向法院提起行政诉讼。最终,法院判决A公司和B公司连带赔偿陈某各项工伤待遇。

引　申

借调人员的劳动关系依然是和原用人单位建立,虽然其被借调到其他地方工作,但是劳动合同没有解除,劳动关系依然存续,原用人单位仍需承担借调人员的社会保险代扣代缴义务。

借调表现形式上与劳务派遣相似,比如劳动关系仍在原用人单位,只是员工在另外一个单位实际用工等。区别在于劳务派遣是一种经营行为,单位需要具备劳务派遣资质许可证,派遣工岗位受三性(临时性、替代性和辅助性)的限制,三方之间只能是B2B①和B2C②的关系,而借调不受资质和岗位的限制,三方还可以是B2B2C③的关系。

那么,借调期间员工社保如何处理?根据《关于贯彻执行〈中华人民共和国劳动法〉若干问题的意见》的规定,外借人员的社会保险费用仍按规定由原单位和个人继续缴纳,缴纳保险费期间计算为缴费年限。所以从法律规定上来看,借调员工社保是由原单位缴纳的。

借调期间依法缴纳社保的员工发生工伤后,工伤保险待遇由工伤保险基金与用人单位承担。如果员工借调期间发生工伤,责任如

① B2B,Business-to-Business,商家对商家。

② B2C,Business-to-Customer,商家对消费者。

③ B2B2C,Business-to-Business-to-Consumer,商家(供应商)对商家(经销商)再对消费者。

何承担呢？根据《工伤保险条例》的规定，职工被借调期间受到工伤事故伤害的，由原用人单位承担工伤保险责任，但原用人单位与借调单位可以约定补偿办法。因此，《借调协议》对工伤待遇的约定须明确、具体、可操作。

相关规定

《关于贯彻执行〈中华人民共和国劳动法〉若干问题的意见》（劳部发〔1995〕309 号）第 74 条 企业富余职工、请长假人员、请长病假人员、外借人员和带薪上学人员，其社会保险费仍按规定由原单位和个人继续缴纳，缴纳保险费期间计算为缴费年限。

《工伤保险条例》第 43 条第 3 款 职工被借调期间受到工伤事故伤害的，由原用人单位承担工伤保险责任，但原用人单位与借调单位可以约定补偿办法。

146

员工参加了新农合，企业可否不再为其购买社会保险？

答：不可以。

新型农村合作医疗（以下简称新农合）制度是由政府组织、引导、支持，农民自愿参加，个人、集体和政府多方筹资，以大病统筹为主的农民医疗互助共济制度。根据相关规定，农村合作医疗旨在减轻农民因疾病带来的经济负担，提高农民健康水平，具备医疗保险的功能。

社会保险是国家建立基本养老保险、基本医疗保险、工伤保险、失业保险、生育保险等社会保险制度，保障公民在年老、疾病、工伤、失业、生育等情况下依法从国家和社会获得物质帮助的权利。从制度设计、功能定位及管理权限划分等多个维度来看，新型农村合作医疗与社会保险存在明显的差别，二者不是一种相互替代或者相互包含的关系。社会保险制度具备一定的新农合的功能，但其更拥有诸多新农合所没有的功能，从二者的定义概念上足以看出差别，新农合部际联席会议未将人力资源和社会保障部纳入其中，也可以看出社会保险与新农合不存在必然的关联性。

案　　例

朱某、薛某、何某均系何某某（已故）亲属。何某某与某保安公司存在劳动关系，该公司未为何某某缴纳社会保险。何某某于2019年5月27日摔伤，医治无效于同年9月4日去世。治疗期间，何某某共产生医疗费用420,834元，其中符合医保报销范围的为288,152.73元。朱某、薛某、何某已通过新农合报销医疗费用27,612.21元。2019年10月22日，朱某、薛某、何某申请劳动仲裁，请求判令某保安公司支付医疗费420,834元。仲裁裁决后，某保安公司不服，诉至法院。法院认为，何某某共产生医疗费用420,834元，其中符合医保报销范围的为288,152.73元。某保安公司未为何某某参加职工基本医疗保险，故该医保可报销的费用288,152.73元为某保安公司应向何某某赔偿的医疗保险待遇损失。鉴于朱某、薛某、何某已经通过新农合报销了27.612.21元，该部分应予扣除，故判决某保安公司支付医疗费260,540.52元。

引　　申

用人单位未依法为劳动者缴纳职工基本医疗保险导致劳动者无法享受相关医疗保险待遇，劳动者主张用人单位赔偿相应医疗保险待遇损失的,人民法院应予支持。因此,对于实践中部分企业为了节约成本,对于购买了新农合医疗保险或者城乡居民医疗保险的职工不再为其购买医疗保险的做法是不妥当的,给单位带来补缴、行政处罚、赔偿损失等用工风险。

相关规定

《社会保险法》第4条 中华人民共和国境内的用人单位和个人依法缴纳社会保险费,有权查询缴费记录、个人权益记录,要求社会保险经办机构提供社会保险咨询等相关服务。个人依法享受社会保险待遇,有权监督本单位为其缴费情况。

第10条 职工应当参加基本养老保险,由用人单位和职工共同缴纳基本养老保险费。无雇工的个体工商户、未在用人单位参加基本养老保险的非全日制从业人员以及其他灵活就业人员可以参加基本养老保险,由个人缴纳基本养老保险费。公务员和参照公务员法管理的工作人员养老保险的办法由国务院规定。

《国务院新型农村合作医疗部际联席会议制度》第2条 联席会议成员单位有“卫生部、财政部、农业部、民政部、发展改革委、教育部、人事部、人口计生委、食品药品监管局、中医药局、扶贫办共11个部门”。

《关于巩固和发展新型农村合作医疗制度的意见》第8条 要做好新农合、城镇居民基本医疗保险和城镇职工基本医疗保险制度在相关政策及经办服务等方面的衔接,既要保证人人能够享受基本医疗保障,又要避免重复参合(保),重复享受待遇,推动三项制度平稳、协调发展。

147

用人单位拖欠社会保险费存在什么法律风险?

答:用人单位账户余额少于应当缴纳的社会保险费数额,或者经划拨后用人单位仍未足额清偿社会保险费,社会保险经办机构可以要求用人单位以抵押、质押的方式提供担保。社会保险经办机构与用人单位签订抵押合同或者质押合同后,应签订延期缴费协议,延期缴费协议期限最长不超过一年。

如果用人单位存在经责令仍未补缴等情形,社会保险经办机构可向所在地有管辖权的人民法院申请扣押、查封、拍卖用人单位财产,以拍卖所得抵缴应缴纳的社会保险费、滞纳金。

如果遇到用人单位恶意拖欠劳动者社保,那么对于欠缴的社保,用人单位将会被强制扣费,以及缴纳滞纳金。而如果用人单位账户余额少于应当缴纳的社会保险费数额,可以签订延期缴费协议,延期缴费时间最长一年。

案　　例

许某某自 2000 年 8 月入职海南某药业贸易有限公司,该公司没有为其参加社会保险,2017 年 9 月 25 日,海南省社保局作出限期申报补缴社会保险费通知书,自 2000 年 8 月起至 2013 年 3 月 31 日止,该公司存在未按规定申报且未缴纳社会保险费的欠缴行为,限定某药业贸易有限公司自收到通知书之日起 5 个工作日内,到省社保局办理社会保险费补缴申报,逾期将依法予以处理。

该药业贸易有限公司收到限期申报补缴社会保险费通知书后，未按省社保局要求如期到指定地点办理社保费补缴申报，2017年11月17日省社保局又作出补缴社会保险费核对结果告知书并送达。省社保局在通知中，告知该药业贸易有限公司应为其职工许某某补缴社会保险费共计53,002.90元，其中本金26,493.74元（单位缴纳本金19,974.41元、个人缴纳本金6519.33元）、利息88.37元、滞纳金26,420.79元，个人缴纳部分由用人单位代扣代缴，利息和滞纳金由用人单位承担，并要求公司于2017年12月15日至25日到省社保费征收机构足额缴纳社会保险费。该药业贸易有限公司不服，以省社保局为被告、许某某为第三人，向人民法院提起诉讼，请求确定省社保局作出的限期申报补缴社会保险费通知书违法，依法撤销该通知。

最高人民法院认为，社保部门经审查直接作出处理决定符合行政效率的原则，也与《劳动法》《劳动合同法》《社会保险法》等保护劳动者合法权益的立法目的一致，海南省社保中心作出的通知书并无不当，案件经过一审、二审、再审，支持了社保局的决定，要求用人单位限期为许某某补缴社保。

引 申

（1）若用人单位实在经营困难，建议向人社部门申请，并尽量争取到免缴或者缓缴的政策；若获得免缴或者缓缴同意，则不存在滞纳金的风险。（2）社会保险的缴纳具有强制性，若未能申请到免缴或者缓缴政策又未能及时缴纳，则可能面临滞纳金甚至处罚的风险。

相关规定

《社会保险法》第63条 用人单位未按时足额缴纳社会保险费的，由社会保险费征收机构责令其限期缴纳或者补足。用人单位逾期仍未缴纳或者补足社会保险费的,社会保险费征收机构可以向银行和其他金融机构查询其存款账户;并可以申请县级以上有关行政部门作出划拨社会保险费的决定,书面通知其开户银行或者其他金融机构划拨社会保险费。用人单位账户余额少于应当缴纳的社会保险费的,社会保险费征收机构可以要求该用人单位提供担保,签订延期缴费协议。用人单位未足额缴纳社会保险费且未提供担保的,社会保险费征收机构可以申请人民法院扣押、查封、拍卖其价值相当于应当缴纳社会保险费的财产,以拍卖所得抵缴社会保险费。

148

拖欠社会保险后,单位可以申请补缴吗?有没有时效限制呢?

答:单位欠缴社保费用的,可以携带单位的营业执照、法定代表人或负责人的身份证、社保登记证书等材料及时去社保经办机构申请补缴,并按其核定的费用足额进行缴纳。延期缴费时间一般为一年。

案　例

云南某矿厂 170 余名职工的养老保险拖欠长达数十年,恰逢淘汰落后产能之际,该矿厂拟对 170 余名人员进行经济性裁员,但裁减人员拖欠的社会保险是一大难题。经过对被裁减人员劳动关系、工资发放等关系的梳理,最终在云南省人社厅的指导下,该矿厂将拖欠的 170 余名人员的社会保险补缴到位后,才与这些人员解除劳动关系。

引 申

(1)为员工购买社会保险是维护职工权益的重要措施,为了保障职工能够病有所医,建议企业依法为职工缴纳医疗保险费用。(2)拖欠社会保险费用的企业,尽可能向社会保险行政部门申请缓缴政策,以进一步降低自身的用工风险。

相关规定

《社会保险法》第84条 用人单位不办理社会保险登记的,由社会保险行政部门责令限期改正;逾期不改正的,对用人单位处应缴社会保险费数额一倍以上三倍以下的罚款,对其直接负责的主管人员和其他直接责任人员处五百元以上三千元以下的罚款。

第86条 用人单位未按时足额缴纳社会保险费的,由社会保险费征收机构责令限期缴纳或者补足,并自欠缴之日起,按日加收万分之五的滞纳金;逾期仍不缴纳的,由有关行政部门处欠缴数额一倍以上三倍以下的罚款。

149

虚构劳动合同(劳动关系)补缴社会保险会面临哪些法律风险?

答:可能面临罚款,构成犯罪的,依法追究刑事责任等。

虚构劳动关系,申领社会保险待遇的行为,一旦查实,社会保险行政部门处以涉案金额一倍以上三倍以下罚款。虚构劳动关系已骗取社会保险待遇的,社会保险行政部门责令退还,还会处以骗取金额二倍以上五倍以下罚款。构成犯罪的,依法追究刑事责任。

相关规定

《社会保险法》第87条 社会保险经办机构以及医疗机构、药品经营单位等社会保险服务机构以欺诈、伪造证明材料或者其他手段骗取社会保险基金支出的,由社会保险行政部门责令退回骗取的社会保险金,处骗取金额二倍以上五倍以下的罚款;属于社会保险服务机构的,解除服务协议;直接负责的主管人员和其他直接责任人员有执业资格的,依法吊销其执业资格。

第88条 以欺诈、伪造证明材料或者其他手段骗取社会保险待遇的,由社会保险行政部门责令退回骗取的社会保险金,处骗取金额二倍以上五倍以下的罚款。

《刑法》第266条 诈骗公私财物,数额较大的,处三年以下有期徒刑、拘役或者管制,并处或者单处罚金;数额巨大或者有其他严重情节的,处三年以上十年以下有期徒刑,并处罚金;数额特别巨大或者有其他特别严重情节的,处十年以上有期徒刑或者无期徒刑,并处罚金或者没收财产。本法另有规定的,依照规定。

《全国人民代表大会常务委员会关于〈中华人民共和国刑法〉第二百六十六条的解释》 以欺诈、伪造证明材料或者其他手段骗取养老、医疗、工伤、失业、生育等社会保险金或者其他社会保障待遇的,属于刑法第二百六十六条规定的诈骗公私财物的行为。

150

全国部分地区的缴费基数和比例是多少?

答:缴费基数:单位职工本人缴纳基本养老保险费的基数原则上以上一年度本人月平均工资为基础,在当地职工平均工资的60% ~ 300%的范围内进行核定(见表9)。

表9　部分地区社会保险缴费比例

省(市)	项目	单位缴费比例	个人缴费比例
北京	养老保险	20%	8%
	医疗保险	10%	2% +3 元大病统筹
	失业保险	1%	0.2%
	工伤保险	1%	不缴费
	生育保险	0.8%	不缴费
广州	养老保险	14%	8%
	医疗保险	8%	2%
	失业保险	0.64%	0.2%
	工伤保险	0.2%	不缴费
	生育保险	0.85%	不缴费
上海	养老保险	22%	8%
	医疗保险	12%/7%(个体商户)	2%/1%(个体商户)
	失业保险	2%	1%
	工伤保险	0.5%	不缴费
	生育保险	0.5%	不缴费

续表

省(市)	项目	单位缴费比例	个人缴费比例
湖南	养老保险	16%	8%
	医疗保险	8%	2%
	失业保险	0.5%	0.7%
	工伤保险	根据行业标准缴纳	不缴费
	生育保险	0.7%	不缴费

151

企业使用达到退休年龄但因购买社会保险未达15年无法办理退休的员工存在什么风险?

答:可能面临承担赔偿责任的风险。用人单位与劳动者建立劳动关系,应为劳动者依法缴纳社会保险费,因用人单位未为其职工缴纳社会保险费而导致劳动者无法享受社会保险待遇,遭受损失的,用人单位应予赔偿。

案　例

劳动者李某某系某绿化中心环卫工人,在该中心上班近20年,该中心从未与李某某签订书面劳动合同,也未为其购买社会保险,后该中心拟移交社会化管理,将下面的几百名工人的劳动关系进行转移。在转移过程中,该中心与李某某达成了仲裁调解书,就李某某这些年的经济补偿金进行了调解,但就社会保险事宜未进行处理。后李某某以达到法定退休年龄要求对退休待遇损失赔偿提起了仲裁，案件经过一审、二审，最终二审法院支持了李某某的诉求，二审判决原文如下"本院依照《中华人民共和国社会保险法》第10条、《中华人民共和国民事诉讼法》第170条第一款第(二)项及《诉讼费用交纳办法》第29条第一款之规定，判决如下：一、撤销云南省昆明市官渡区人民法院××号民事判决；二、由昆明市某绿化管理中心于本判决生效之日起十日内支付李某某养老保险损失37,440元，并自2019年5月起按每月2340元的标准赔偿李某某养老保险损失……"

引　申

对于缴纳养老保险未满15年已达到法定退休年龄的人员单位如何妥善处理？

根据现行政策，参保人达到法定退休年龄时，累计缴费不足15年，可以申请延长缴费、转入城乡居民养老保险，或申请终止其职工基本养老保险关系。

(1)申请延长缴费继续缴纳养老保险至累计缴费满15年后申请按月领取基本养老金

《社会保险法》第16条第2款规定："参加基本养老保险的个人，达到法定退休年龄时累计缴费不足十五年的，可以缴费至满十五年，按月领取基本养老金。"

《实施〈中华人民共和国社会保险法〉若干规定》第2条规定："参加职工基本养老保险的个人达到法定退休年龄时，累计缴费不足十五年的，可以延长缴费至满十五年。社会保险法实施前参保、延长缴费五年后仍不足十五年的，可以一次性缴费至满十五年。"

参保人在达到法定退休年龄时，养老保险累计缴费年限不足15年的，可申请延长缴纳养老保险费，逐年缴纳养老保险至满15年，再办理退休。在《社会保险法》实施前(2011年7月)参保，延长缴费5

年后仍不足15年的,可申请一次性缴至满15年。

(2)转入城乡居民养老保险

参保人也可以申请将职工基本养老保险转入户籍所在地城乡居民社会养老保险,享受相应的养老保险待遇。

(3)申请终止城镇职工基本养老保险关系

参保人若不愿延伸缴费,也不愿转入城乡居民社会养老保险,可以书面申请终止职工基本养老保险关系,社保经办机构将个人账户储存额一次性支付给本人。

相关规定

《社会保险法》第16条 参加基本养老保险的个人,达到法定退休年龄时累计缴费满十五年的,按月领取基本养老金。参加基本养老保险的个人,达到法定退休年龄时累计缴费不足十五年的,可以缴费至满十五年,按月领取基本养老金;也可以转入新型农村社会养老保险或者城镇居民社会养老保险,按照国务院规定享受相应的养老保险待遇。

第63条 用人单位未按时足额缴纳社会保险费的,由社会保险费征收机构责令其限期缴纳或者补足。用人单位逾期仍未缴纳或者补足社会保险费的,社会保险费征收机构可以向银行和其他金融机构查询其存款账户;并可以申请县级以上有关行政部门作出划拨社会保险费的决定,书面通知其开户银行或者其他金融机构划拨社会保险费。用人单位账户余额少于应当缴纳的社会保险费的,社会保险费征收机构可以要求该用人单位提供担保,签订延期缴费协议。用人单位未足额缴纳社会保险费且未提供担保的,社会保险费征收机构可以申请人民法院扣押、查封、拍卖其价值相当于应当缴纳社会保险费的财产,以拍卖所得抵缴社会保险费。

第86条 用人单位未按时足额缴纳社会保险费的,由社会保险费征收机构责令限期缴纳或者补足,并自欠缴之日起,按日加收万分之五的滞纳金;逾期仍不缴纳的,由有关行政部门处欠缴数额一倍以上三倍以下的罚款。

152

进城务工人员在城市就业购买养老保险有补贴吗?

答:养老保险的补贴对象一般不包含进城务工人员。

养老保险的补贴对象:就业困难人员是指持有就业失业证的城镇登记失业人员中的“4050”人员,包括持原国有、集体或事业单位失业职工、城镇“低保户家庭”和“零就业家庭”中的失业人员,不包括进城务工人员。进城务工人员在城镇就业并与用人单位建立劳动关系后,由用人单位为其购买养老保险。

案　例

云南某药企在招录员工时,对应届毕业生的国家就业优惠政策、困难就业人员优惠政策以及进城务工人员的优惠政策,适用得当。该药企正是通过给旗下员工规范就业合规缴纳社保,每年从国家获取上千万元的补贴,以此冲抵其人力成本。此举不但积极响应国家号召,为员工保驾护航,还能降本增效,提高企业产能,创造更高价值。

引　申

合规也可以赋能企业发展。

只要合规缴纳社保,法律同样赋能企业,以下是某市人社局发布的《关于2021年度用人单位吸纳就业社会保险补贴和岗位补贴的政策执行效果评估》：

自实行2021年度某市用人单位吸纳就业社会保险补贴和岗位补贴的政策以来，某市人社局就业中心积极落实企业吸纳就业社保补贴岗位补贴等政策，赋能企业发展。加大对用人单位招用就业困难人员社保补贴和岗位补贴政策的宣传力度，共受理社保补贴和岗位补贴申请5277份，其中个体工商户634份，企业4643份，发放社保补贴4744万元、岗位补贴1064万元。稳定就业7489人。共办理44家小微企业吸纳年度高校毕业生406人次，发放社会保险补贴167.84万元，岗位补贴38.36万元，共计206.2万元。

从上述公告可知，企业在为劳动者缴纳社保的同时国家也在赋能企业，只要符合相关条件，企业一年从国家获取的补贴及减免能在很大程度上缓解企业的社保压力，降低企业的人力成本。不仅如此，足额的社保能够吸引更多的劳动者在企就业，以此带动经济产业，加快经济复苏，达到共赢。

相关规定

《农民工参加基本养老保险办法(摘要)》第1条 在城镇就业并与用人单位建立劳动关系的农民工，应当参加基本养老保险。用人单位与农民工签订劳动合同时，应当明确农民工参保相关事宜。用人单位应按规定为农民工办理参保手续。

第2条 用人单位和农民工个人共同缴纳基本养老保险费。缴费基数按基本养老保险有关规定确定。单位缴费比例为12%；农民工个人缴费比例为4%至8%，由所在单位从本人工资中代扣代缴，并全部计入其本人基本养老保险个人账户(以下简称个人账户)。原来已参加基本养老保险的农民工和用人单位，可按本办法调整缴费标准。

农业农村部《对十三届全国人大二次会议第2682号建议的答复》第四部分 一是明确了保障对象,将因政府统一征收农村集体土地而导致失去全部或者大部分土地的在册农业人口作为社会保障对象;二是被征地农民社会保障以养老保险为主,通过给予养老保险补贴,将被征地农民纳入相应的国家基本养老保险制度;三是及时足额安排被征地农民社会保障费用,实行"先保后征",社会保障费用不落实的不得批准征地。

153

家政行业人员有社会保险补贴政策吗?

答:社保补贴包括:女性参保人40周岁以上,男性参保人50周岁以上,因为年龄、技能等原因,就业比较困难,承担社保缴费也比较吃力的人,该项政策主要针对就业困难人员,而是不是就业困难人员,需经就业部门认定,持有就业失业登记证,方可享受3年社保补贴。持有残疾证和劳动部门鉴定劳动能力达到5至10级的城镇残疾人;经申报确认的零就业家庭成员;享受城镇最低生活保障待遇期间女满35周岁,男满45周岁的失业人员;在城镇规划区内,完全丧失土地且女满40周岁,男满50周岁的失地人员;连续失业1年以上,女满35周岁,男满45周岁,经公共就业服务机构提供职业介绍服务3次以上,非因本人原因仍未能就业的城镇失业人员。而家政人员如果包含在以上人群内,可以享受政策,如果不包含在以上人员范围内,则不享受社保补贴政策。

154

员工可以向法院起诉要求单位进行补缴社会保险费吗？补缴社会保险的滞纳金标准是多少？

答:实践中,欠缴、漏缴、不足额缴纳社保费用的现象并不少见。对于这类争议,最高人民法院及各地法院在不同场合进行过明确,即这些不属于劳动争议受案范围,不属于人民法院审理范围。具体如下:

(1)《最高人民法院研究室关于王某与某公司劳动争议纠纷申请再审一案适用法律问题的答复》(法研〔2011〕31 号):"……经研究,答复如下:……即根据《中华人民共和国劳动法》、《社会保险费征缴暂行条例》的有关规定,征缴社会保险费属于社会保险费征缴部门的法定职责,不属于人民法院受理民事案件的范围。……"

(2)最高人民法院官方网站《关于企业为职工补缴养老保险费引发纠纷问题的答复》:……对用人单位欠缴社会保险费或者因缴费年限、缴费数额等发生争议的,未规定由法院受理。因社保机构对用人单位欠缴费用负有征缴的义务,如果劳动者、用人单位与社保机构就欠费等发生争议,是征收与缴纳之间的纠纷,属于行政管理的范畴,带有社会管理性质,不是单一的劳动者与用人单位之间的社保争议。因此,此类争议不宜纳入民事审判的范围,劳动者对用人单位欠缴社会保险费或者因缴费年限、缴费数额等发生争议的,应向相关部门申请解决。

(3)最高人民法院官方网站《关于用人单位不缴纳或少缴纳社

会保险费问题的答复》:……如果用人单位已经为劳动者办理了社保手续,但用人单位不按规定为劳动者缴纳社会保险费,无论欠缴社保费或者拒缴社保费,社会管理部门均可依法强制征缴。这种争议并非单纯的劳动者与用人单位之间的社保争议,属于行政管理的范畴。

(4)《上海市关于本市各级仲裁机构不再受理社会保险缴费争议的通知》(沪人社仲〔2014〕380 号)(摘录):"……2011 年 1 月 1 日起,本市各级人民法院依据最高人民法院《关于审理劳动争议案件适用法律若干问题的解释(三)》的规定不再受理社会保险缴费争议。……经研究决定,自 2014 年 7 月 1 日起,本市各级仲裁机构不再受理社会保险缴费争议案件。当事人应依据《社会保险法》《劳动保障监察条例》《社会保险费征缴暂行条例》等有关规定,通过向劳动保障监察机构投诉或请求社会保险经办机构依法处理的方式来解决社会保险缴费问题。"

(5)《北京市高级人民法院、北京市劳动争议仲裁委员会关于劳动争议案件法律适用问题研讨会会议纪要》(摘录):"……1. 根据《劳动争议调解仲裁法》、《社会保险费征缴暂行条例》、《社会保险稽核办法》、《劳动保障监察条例》及我市的仲裁和审判实践,对于社会保险争议的受理应遵循以下原则:(1)用人单位未为劳动者建立社会保险关系、欠缴社会保险费或未按规定的工资基数足额缴纳社会保险费的,劳动者主张予以补缴的,一般不予受理,告知劳动者通过劳动行政部门解决;……"

(6)《广东省高级人民法院关于劳动者向人民法院起诉要求用人单位为其补缴社会保险费,人民法院应否受理及相关问题的批复》(粤高法民一复字〔2004〕2 号)(摘录):"……根据《社会保险费征缴暂行条例》第二十三条、第二十七条以及《广东省社会养老保险条例》第三十五条、第三十六条的规定,征缴社会保险费属于社会保险部门的职责,社会保险部门征缴不到的,可依法申请人民法院强制执行。对于劳动者起诉要用人单位补缴社会保险费的,人民法院应告知其向社会保险部门申请处理。……”

用人单位未按时足额缴纳社会保险费的,由社会保险费征收机构责令限期缴纳或者补足,并自欠缴之日起,按日加收万分之五的滞纳金。如果用人单位逾期仍然没有缴纳社会保险费,那么可以让有关行政部门处欠缴数额一倍以上三倍以下的罚款。

引　申

虽然,从表面上来看,裁决用人单位为劳动者补缴社保的劳动仲裁裁决书并未直接约束社保行政部门;但是,社保费的征收工作和社保的管理工作最终都是社保行政部门的行政职权,裁决书最终还是约束了社保行政部门,因此并不妥当。而且允许劳动者就此事提起劳动仲裁有使劳动者以司法权获得行政权的嫌疑,无疑会妨碍社保机构的行政管理。

如上所述,因为劳动仲裁庭对于社保问题没有仲裁权限,因此,对于劳动者提起的要求用人单位补缴社保的劳动仲裁申请,应当不予受理或者予以驳回而不能在劳动仲裁裁决书里驳回或者支持其劳动仲裁请求。

看上去劳动仲裁机构驳回劳动者要求用人单位补缴社会保险这一做法不利于劳动者的权利保护,事实上则恰恰相反。首先,未参加社会保险的情况常常会持续数年,如果允许进行劳动仲裁,那么该项仲裁请求必然受到仲裁时效的限制,对于劳动者的权利保护不利。其次,如果劳动仲裁庭认定用人单位应当为劳动者购买社保,那么劳动者在申请法院强制执行该裁决书的过程中,法院可能不认可该裁决书的合法性,进而不予执行。

相关规定

《社会保险法》第86条 用人单位未按时足额缴纳社会保险费的，由社会保险费征收机构责令限期缴纳或者补足，并自欠缴之日起，按日加收万分之五的滞纳金；逾期仍不缴纳的，由有关行政部门处欠缴数额一倍以上三倍以下的罚款。

养老保险

155

养老保险的缴费基数标准是什么?

答:养老保险的缴费基数是指计算现在应当缴纳养老保险费比例的基数,这个基数主要与本人的工资基数相关联,原则上以上一年度本人月平均工资为基础,在当地职工平均工资的60% ~300%的范围内进行核定。当职工的实际收入过高或过低于社会平均工资时,个人缴费基数是需要调整的。至于基数标准的确定一般是以职工上年度本人月平均工资为基数缴纳基本养老保险费(本人月工资为统计局统计口径规定的月个人全部工资收入);特殊情况下,当职工月工资高于上年度全省职工月平均工资300%的,以上年度全省职工月平均工资的300%作为缴费基数;月工资低于上年度全省职工月平均工资60%的,以上年度全省职工月平均工资的60%作为缴费基数。

引　申

1. 不同缴费基数下,个人应承担的养老保险费用如何计算?

依照上述标准,如果你的工资收入高于社会平均月工资3倍时,缴费基数就是按社会平均月工资的3倍计算,以上部分不作为缴费基数计算;如果你的工资收入低于社会平均月工资60%时,缴费基数就按社会平均月工资的60%计算。

例如,当地的社会平均月工资是1500元:

(1)你的工资是1200元,养老保险的缴费基数就是1200元,按8%的比例,你应当缴费96元;

(2)如果你的工资是5000元,养老保险的缴费基数就是4500元,以上的500元不计为基数,按8%的比例,你应当缴费360元;

(3)如果你的工资是800元,低于社会平均月工资的60%,则按1500元的60%计算,你的养老保险的缴费基数就按900元计算,按8%的比例,你应当缴费72元。

2.养老保险缴费基数的调整依据。

上限和下限调整:各地区会制定当地养老保险的最低缴费基数和最高缴费基数,一般是最低不能低于当地上一年度就业人员平均工资水平的60%,最高不能高于当地上一年度就业人员平均工资水平的300%;低于最低的缴费基数的,按最低缴费基数缴纳,高于最高缴费基数的按最高缴费基数缴纳。

按照上一年度平均工资进行调整:公司相关部门在下一年度申报个人养老保险基数的时候,会以员工上一年度的平均工资作为基数进行调整申报。

养老保险缴费基数是以参保人上一年度的工资总额为基础,根据当地上年在岗职工平均工资来衡量确定的。

相关规定

《社会保险法》第10条第1款 职工应当参加基本养老保险,由用人单位和职工共同缴纳基本养老保险费。

第11条 基本养老保险实行社会统筹与个人账户相结合。基本养老保险基金由用人单位和个人缴费以及政府补贴等组成。

第12条 用人单位应当按照国家规定的本单位职工工资总额的比例缴纳基本养老保险费,记入基本养老保险统筹基金。职工应当按照国家规定的本人工资的比例缴纳基本养老保险费,记入个人账户。无雇工的个体工商户、未在用人单位参加基本养老保险的非全日制从业人员以及其他灵活就业人员参加基本养老保险的,应当按照国家规定缴纳基本养老保险费,分别记入基本养老保险统筹基金和个人账户。

第13条 国有企业、事业单位职工参加基本养老保险前,视同缴费年限期间应当缴纳的基本养老保险费由政府承担。基本养老保险基金出现支付不足时,政府给予补贴。

《国务院关于建立统一的企业职工基本养老保险制度的决定》(国发〔1997〕26号)第3条和《国务院关于完善企业职工基本养老保险制度的决定》(国发〔2005〕38号)第6条 用人单位缴纳基本养老保险费的基数和比例:由用人单位按照上年度月工资总额的20%来为员工缴纳养老保险,具体比例由省、自治区、直辖市人民政府确定;职工个人缴纳基本养老保险费的基数和比例:职工按照本人缴费工资的8%缴费,记入个人账户。

《国务院关于深化企业职工养老保险制度改革的通知》(国发〔1995〕6号) 月平均工资应按国家统计局规定列入工资总额统计的项目计算,月平均工资超过当地职工平均工资300%以上的部分,不计入个人缴费工资基数;低于当地职工平均工资60%的,按60%计算缴费工资基数。

156

员工工资低于养老保险最低缴费基数的,如何缴纳?员工工资高于社会平均工资三倍的,按什么标准缴纳?

答:员工工资低于养老保险最低缴费基数标准的,则按照当地养老保险最低缴费基数标准进行缴纳。

员工工资高于社会平均工资三倍的,按照当地职工月平均工资的300%缴费,超过部分不记入缴费工资基数,也不记入计发养老金的基数。

引 申

缴纳基数降低对于职工权益存在以下影响:

(1)医保个人账户每个月进账金额是和缴纳基数挂钩的,基数越低,个人账户进账额度也就越低。比如职工缴纳基数从2000元变成1000元,个人账户金额按照2%计算,进账金额就会减少20元,一年240元。

(2)工伤保险,职工发生工伤的时候,一次性伤残补助金、各种津贴等都是按照缴费基数进行计算的,基数低自然赔偿就少。

(3)养老保险,基数低,进入个人账户的金额就少,最终退休后个人账户领取的养老金就低;基数低,个人月平均缴费指数就低,最终退休后统筹账户领取的基础养老金就低。

因此,员工缴费基数与两个因素有关,一个是员工的工资标准,另一个是当地最低缴费基数。所谓最低缴费基数一般是当地上一年度社会平均工资的60%。当员工工资标准小于最低缴费基数时,按照最低缴费基数来作为社保缴费基数。

相关规定

《劳动部关于职工基本养老保险个人账户管理暂行办法的通知》

第7条 职工本人一般以上一年度本人月平均工资为个人缴费工资基数(有条件的地区也可以本人上月工资收入为个人缴费工资基数,下同)。月平均工资按国家统计局规定列入工资总额统计的项目计算,包括工资、奖金、津贴、补贴等收入。本人月平均工资低于当地职工平均工资60%的,按当地职工月平均工资的60%缴费;超过当地职工平均工资300%的,按当地职工月平均工资的300%缴费,超过部分不记入缴费工资基数,也不记入计发养老金的基数。

157

养老保险断缴有什么影响?

答:养老保险中断,职工缴费年限和个人账户储存额都将受到影响,社保经办机构停止向个人账户记账,职工个人账户储存额减少,个人账户记账利息累计金额也会减少,最终将直接导致退休后的养老金待遇降低,中断的时间越长亏损的养老金越多。另外,养老保险断缴,还有以下几方面的影响:

(1)断缴期间不计算工龄,有可能会亏损工龄,比如实际工作10年,但是只累计缴纳了7年养老保险,那工龄工资就会按照7年计算。

(2)到法定退休年龄时会将中断缴的时间累加,累计12个月就会前推一年计算养老金。比如,60周岁退休,即使交满了15年,但是中途累计断缴12个月,就会按照前一年的社会平均工资领取养老金,在满足15年必要的缴费年限的前提下,缴费时间越长,领取的养老金就会越多。

(3)如果因断缴养老保险而导致缴费年限不够,想要退休后领取养老金,只能延长缴费年限,延迟退休。

将社保缴纳作为门槛的一些社会活动,像买房、购车,申请安居房、公租房,办理居住证、积分入户等,需要养老保险连续缴纳的年限,一旦断缴,可能就暂时不能享受相应的政策。比如深圳购买商品房,非深户有缴费5年的要求且补缴的年限不计入。

案　例

"70后"的杨某于1989年就在辽宁省某银行从事储蓄员工作,

2021年3月达到法定退休年龄,办理退休手续时被告知不能领取养老金,因为1992年7月至1994年12月,因其所在的单位没有按法律规定为她及时缴纳养老保险等造成社保欠费,致使其无法正常办理退休手续领取养老金。在杨某催促下,单位于2021年9月下旬将社保欠费补齐,2021年10月杨某办完退休手续,并于次月领到了养老金每月2473元。杨某某认为因单位行为造成养老保险断缴,使其无法正常办理退休手续,致使其在达到法定退休年龄后,长达7个月无法享受养老退休金及医保补贴。

引　申

想要养老保险不中断,具体该怎么做呢?首先,当职工离开原单位,应要求原单位按规定结清实际欠缴职工的基本养老保险费,不然要影响职工后续参保。后续无法参保,养老保险就不能继续累积。其次,若职工跳槽到新单位,应提醒新单位及时为其办理参保手续(自建立劳动关系之月起,就应依法参保缴费)。再次,若离职后暂时没有新的工作单位,建议职工尽快以个人身份参加职工养老保险,有了新单位再随单位接续。农民工中断就业或返乡没有继续缴费的,由原参保地社保经办机构保留其基本养老保险关系,保存其全部参保缴费记录及个人账户,个人账户储存额继续按规定计息。最后,农民工返回城镇就业并继续参保缴费的,回到原参保地就业,恢复养老保险关系后,继续缴费即可;到其他城镇就业,办理养老保险关系转移手续后,均按前述规定累计计算其缴费年限,合并计算其个人账户储存额。符合待遇领取条件的,与城镇职工同样享受基本养老保险待遇。

相关规定

《社会保险法》第16条　参加基本养老保险的个人,达到法定退休年龄时累计缴费满十五年的,按月领取基本养老金。参加基本养老保险的个人,达到法定退休年龄时累计缴费不足十五年的,可以缴费至满十五年,按月领取基本养老金;也可以转入新型农村社会养老保险或者城镇居民社会养老保险,按照国务院规定享受相应的养老保险待遇。

158

欠缴养老保险可以办理退休吗?

答:欠缴养老保险是否可以办理退休应分情况而定。办理退休必须满足两个基本条件:一是达到法定的退休年龄,即一般情况男年满60周岁;女长期在一线工作岗位年满50周岁,女长期从事管理岗位或灵活就业人员年满55周岁可以申报办理退休。另外,男年满50周岁,女年满45周岁,由医院证明,经市劳动能力鉴定委员会鉴定因病完全丧失劳动能力的,可办理因病提前退休。二是社会养老保险缴费达到15年。

因此,欠缴养老保险并已经达到法定的退休年龄,如果养老保险缴费也达到了15年以上,可以直接到社保缴费所在地的社保部门申请办理退休;如果欠缴养老保险并已达到法定退休年龄,而养老保险缴费没有达到15年,只能继续办理补缴手续,直到养老保险缴费达到15年为止。

案　例

云南省某中心在清算过程中发现欠缴4名职工长达10年的养

老保险,为了妥善办理该中心的清算注销程序,先期对该 4 名职工的养老保险进行了补缴并转移后,该中心的清算程序才得以顺利开展。

引　申

(1)欠缴养老保险对于单位而言可能存在行政处罚、责令补缴、损失赔偿等方面的法律责任。(2)欠缴养老保险可能会对企业的清算、破产等造成影响。

相关规定

《社会保险法》第 16 条第 1 款　参加基本养老保险的个人,达到法定退休年龄时累计缴费满十五年的,按月领取基本养老金。

《国务院关于工人退休、退职的暂行办法》第 1 条　全民所有制企业、事业单位和党政机关、群众团体的工人,符合下列条件之一的,应该退休。(一)男年满六十周岁,女年满五十周岁,连续工龄满十年的。(二)从事井下、高空、高温、特别繁重体力劳动或者其他有害身体健康的工作,男年满五十五周岁、女年满四十五周岁,连续工龄满十年的。本项规定也适用于工作条件与工人相同的基层干部。(三)男年满五十周岁,女年满四十五周岁,连续工龄满十年,由医院证明,并经劳动鉴定委员会确认,完全丧失劳动能力的。(四)因工致残,由医院证明,并经劳动鉴定委员会确认,完全丧失劳动能力的。

《关于完善城镇职工基本养老保险政策有关问题的通知》第 3 条　城镇个体工商户等自谋职业者以及采取各种灵活方式就业的人员,在其参加养老保险后,按照省级政府规定的缴费基数和比例,一般应按月缴纳养老保险费,也可按季、半年、年度合并缴纳养老保险费;缴费时间可累计折算。上述人员在男年满 60 周岁、女年满 55 周岁时,累计缴费年限满 15 年的,可按规定领取基本养老金。累计缴费年限不满 15 年的,其个人账户储存额一次性支付给本人,同时终止养老保险关系,不得以事后追补缴费的方式增加缴费年限。

159

养老保险的缴费年龄段是如何规定的?

答:我国年满 16 周岁以上的公民(不含在校学生),就可以参加养老保险,并缴费至达到法定退休年龄(男 60 周岁,女 55 周岁)时,累计缴费满 15 年。养老保险的缴费最高年龄满足条件人员为:女职工的最大参保年龄不超过 35 周岁,男职工最大参保年龄不超过 45 周岁。

引　申

超过 60 周岁但养老保险缴纳未满 15 年的可以继续缴纳养老保险直至可以办理退休。

相关规定

《社会保险法》第 16 条第 1 款　参加基本养老保险的个人,达到法定退休年龄时累计缴费满十五年的,按月领取基本养老金。

《劳动法》第 15 条第 1 款　禁止用人单位招用未满十六周岁的未成年人。

160

员工养老保险缴纳多少年后可以领取退休金?

答:在我国,员工达到法定退休年龄时累计缴费满15年的,就可以按月领取基本养老金;未缴满15年的,可以选择补缴至满15年,也可以选择按照新农保或城镇居民养老保险规定享受待遇,同时可将已经缴纳的城镇职工养老保险中个人账户金额退还。

引　申

对于既参加职工养老保险又参加城乡居民养老保险的劳动者来说,到了法定退休年龄后,只能选择其中一种保险待遇享受,一旦选定了一种保险后,另外一种参加的保险待遇就不可以再享受了,只能将金额退回其个人账户内。

相关规定

《社会保险法》第16条　参加基本养老保险的个人,达到法定退休年龄时累计缴费满十五年的,按月领取基本养老金。参加基本养老保险的个人,达到法定退休年龄时累计缴费不足十五年的,可以缴费至满十五年,按月领取基本养老金;也可以转入新型农村社会养老保险或者城镇居民社会养老保险,按照国务院规定享受相应的养老保险待遇。

161

企业为员工缴纳养老保险不足 15 年，但员工已经达到退休年龄的，如何保障该员工的合法权益？

答：若出现上述情况，属于用人单位责任，员工有权要求企业补缴，同时《社会保险法》第 86 条规定，用人单位未按时足额缴纳社会保险费的，由社会保险费征收机构责令限期缴纳或者补足，并自欠缴之日起，按日加收万分之五的滞纳金；逾期仍不缴纳的，由有关行政部门处欠缴数额一倍以上三倍以下的罚款。

案　　例

朱大姐于 2009 年 11 月入职某单位，15 个月后单位才开始给她缴纳社会保险。后来朱大姐一直在该单位工作到年满 50 周岁，达到法定退休年龄。此时想退休的她，却由于在北京缴纳社保的年限不满 15 年，无法办理退休手续。朱大姐与单位协商后，单位同意沿用到社保缴费年限后，再为她办理退休手续。退休后朱大姐提出，由于单位原因导致她晚退休 15 个月，少拿了 15 个月的退休金，要求单位赔偿损失。法院审理后认为，虽然单位已为朱大姐办理了沿用手续予以补救，但仍给朱大姐造成了一定损失，因此酌情判决被告公司赔偿朱大姐退休金损失 10,000 元。

引　　申

妥善处理该类用工情形的步骤：若单位拟继续使用该人员，可与员工协商是否继续补缴至15年后办理退休;若单位不再准备继续使用,则当机立断终止劳动关系,由该员工自行缴纳养老保险至15年后办理退休手续。

相关规定

《社会保险法》第16条第2款 参加基本养老保险的个人,达到法定退休年龄时累计缴费不足十五年的,可以缴费至满十五年,按月领取基本养老金;也可以转入新型农村社会养老保险或者城镇居民社会养老保险,按照国务院规定享受相应的养老保险待遇。

《云南省企业职工基本养老保险条例》(已被修改)第18条 达到国家规定退休条件而累计缴费年限不满15年的从业人员,不享受基础养老金。其基本养老保险个人账户的全部储存额一次性支付给本人,同时终止养老保险关系。

162

职工养老保险和居民养老保险的区别是什么?

答:居民养老保险一般是针对无工作或失业的人员办理的社保养老保险,而职工养老保险通常是企业为在职员工所缴纳的社会保险,二者区别如下:

1. 参保对象不同。(1)城镇职工养老保险参保人群为:与用人单位形成劳动关系的职工(机关事业单位在编工作人员参加机关事业单位工作人员基本养老保险);本市户籍的无雇工的个体工商户、未在用人单位参加基本养老保险的非全日制从业人员以及其他灵活就业人员。(2)居民养老保险分为城镇居民社会养老保险和新型农村社会养老保险,参保人群为:年满16周岁(不含在校学生)、具有本市户籍、非机关事业单位工作人员及不属于职工基本养老保险制度覆盖范围的居民。

2. 参保方式不同。(1)城镇职工养老保险:用人单位及其从业人员必须依法参加社会保险。未在用人单位参加基本养老保险的非全日制从业人员以及其他灵活就业人员自愿参保。(2)居民养老保险:自愿参保。

3. 缴费方式不同。(1)城镇职工养老保险:按月缴费。用人单位按照本单位职工工资总额的一定比例缴纳基本养老保险费;职工按照本人工资的一定比例缴纳基本养老保险费,由单位帮职工代扣代交。目前,云南省单位缴纳养老保险的比例为16%,个人缴纳养老保险的比例为8%。以灵活就业方式参保的人员由个人缴纳养老保险费,缴费基数在每年度本市社保缴费基数的上下限之间进行选择。(2)居民养老保险:按年缴费。城乡居民养老保险是每年按档次缴费,政府根据缴费档次给予相应的补贴,和参保人缴的钱一起存入城乡居民养老保险个人账户。参保人员可以根据自己的经济情况选择适合自己的缴费档次。

4. 领取年限不同。(1)职工养老保险的个人,须达到法定退休年龄时(一般情况是男60周岁,女55周岁,特殊情况下男55周岁,女50周岁)累计缴费满15年。(2)参加居民养老保险的个人是年满60周岁即可领取,同时,在居民养老保险制度实施时已满60周岁、未享受城镇职工基本养老保险待遇的,不用缴费就可以按月领取养老金。

5. 养老金计算方法不同。(1)城镇职工养老保险:根据缴费基数、缴费年限(含视同缴费年限)、个人账户累积额及退休时本市上年度职工月平均工资等计算。(2)居民养老保险:根据个人账户总额、缴费年限等因素计算。

6. 死亡时的处理不同。(1)参加基本养老保险的个人,因病或者非因工死亡的,其遗属可以领取丧葬补助金和抚恤金;在未达到法定退休年龄时因病或者非因工致残完全丧失劳动能力的,可以领取病残津贴。所需资金从基本养老保险基金中支付。(2)居民养老保险的参保人死亡的,个人账户中的资金余额,除政府补贴外,可以依法继承,政府补贴余额用于继续支付其他参保人的养老金。

163

职工养老保险和居民养老保险如何选择？是否有衔接？

答:城镇职工养老保险以上一年度个人平均工资为缴费基数,个人缴纳8%,用人单位缴纳16%,其职工个人账户和统筹账户中的记账金额相对比较多;同时,职工养老保险缴费年限至少为15年,缴费年限多的甚至可达到40余年,累计的数额越大,对应退休时按月领取的养老金就越多。另外相比居民养老保险,职工养老保险有诸多的优越之处,因此一般来说,只要符合参加职工养老保险条件,参加职工养老保险更具有经济和社会价值。

二者的衔接:对于参加过居民基本养老保险和职工基本养老保险两种社保的人员,按照2014年《城乡养老保险制度衔接暂行办法》第3条的规定:

(1)达到城镇职工养老保险法定退休年龄后,城镇职工养老保险缴费年限满15年的,可以申请从城乡居民养老保险转入城镇职工养老保险,按照城镇职工养老保险办法计发相应待遇(从城乡居民基本养老保险转入城镇职工基本养老保险的，城乡居民基本养老保险个人账户储存额可转入城镇职工基本养老保险个人账户，但城乡居民基本养老保险缴费年限不计算到城镇职工基本养老保险缴费年限中）。

（2）城镇职工养老保险缴费年限不足15年的，可以申请从城镇职工养老保险转入城乡居民养老保险，待达到城乡居民养老保险规定的领取条件时，按照城乡居民养老保险办法计发相应待遇（从城镇职工基本养老保险转入城乡居民基本养老保险的，城镇职工基本养老保险个人账户储存额可转入城乡居民基本养老保险个人账户，同时城镇职工基本养老保险缴费年限可以计算到城乡居民基本养老保险缴费年限中）。简言之，两种社保的个人账户储存额可以合并，城镇职工社保年限可计算为城乡居民社保年限，而城乡居民社保年限不可计算为城镇职工社保年限。

164

养老保险缴费年限不够怎么办？

答：关于城镇职工养老保险，《社会保险法》第16条规定："参加基本养老保险的个人，达到法定退休年龄时累计缴费满十五年的，按月领取基本养老金。参加基本养老保险的个人，达到法定退休年龄时累计缴费不足十五年的，可以缴费至满十五年，按月领取基本养老金；也可以转入新型农村社会养老保险或者城镇居民社会养老保险，按照国务院规定享受相应的养老保险待遇。"

案 例

原告王某于2008年6月进入被告丹阳某钢铁有限公司工作,被告未为原告办理社会保险,2015年11月1日,原告达到法定退休年龄,但继续在被告处工作,一直工作至2019年5月31日。2019年6月5日,丹阳市社会保险中心待遇审核科出具了原告至今未能享受企业养老保险待遇的证明。

另查明,2015年11月,丹阳市上年度职工月平均工资为4803元。

2019年6月18日,原告向丹阳市劳动人事争议仲裁委员会申请仲裁,要求被告赔偿养老保险待遇损失66,627元,该委员会裁决被告一次性支付原告养老保险待遇损失33,621元,原、被告均对该裁决不服,向法院提起诉讼。

一审法院认为,劳动者达到或超过法定退休年龄,因用人单位未依法为其办理养老保险手续,且社会保险经办机构不能补办,导致其无法享受养老保险待遇,劳动者要求用人单位赔偿损失的,应予支持,赔偿数额自用人单位依法应当为劳动者办理社会保险之日起,如果劳动者在用人单位连续工作未满15年,用人单位应按照每满一年发给相当于一个月当地上一年度职工月平均工资标准一次性支付劳动者养老保险待遇损失。本案中,被告未为原告缴纳养老保险,导致原告在达到法定退休年龄时未能享受养老保险待遇,原告在被告处连续工作未满15年,且原告于2015年11月1日达到法定退休年龄,故被告应按照原告在被告处连续工作期间每满一年支付一个月当地上一年度月平均工资的养老保险待遇赔偿,经计算应为4803×7=33,621元。对原告要求支付年满60周岁之后的养老保险待遇损失的诉讼请求,于法无据,不予支持。二审亦全部支持一审裁判观点。①

① 江苏省镇江市中级人民法院民事判决书,(2020)苏11民终666号。

165

事实劳动关系下，单位没有给职工购买养老保险，导致职工无法办理退休，职工享有哪些权益？单位存在哪些风险？

答：事实劳动关系，可认定为单位未与劳动者签订书面劳动合同，视为已与劳动者签订了无固定期限的劳动合同，同时还可以请求单位支付11个月的双倍工资赔偿；未购买养老保险，则职工达到法定退休年龄后无法享受退休待遇，且无法办理退休，职工可以要求单位给予赔偿。

1.职工享有如下权益

（1）职工有权随时解除劳动合同，用人单位应支付经济补偿金。

《劳动合同法》第38条规定："用人单位有下列情形之一的，劳动者可以解除劳动合同：……（三）未依法为劳动者缴纳社会保险费的；（四）用人单位的规章制度违反法律、法规的规定，损害劳动者权益的；……"第46条规定，劳动者依照本法第38条规定解除劳动合同的，用人单位应当向劳动者支付经济补偿。

（2）职工有权就未签订书面劳动合同，未缴纳社会保险为由，向劳动争议仲裁委申请仲裁，要求用人单位补缴养老保险。

《社会保险法》第86条规定："用人单位未按时足额缴纳社会保险费的，由社会保险费征收机构责令限期缴纳或者补足，并自欠缴之日起，按日加收万分之五的滞纳金；逾期仍不缴纳的，由有关行政部门处欠缴数额一倍以上三倍以下的罚款。"

（3）职工有权以用人单位未按期办理社会保险手续，且社会保险经办机构不能补办导致其无法享受社会保险待遇为由，要求用人单位赔偿损失。

《最高人民法院关于审理劳动争议案件适用法律问题的解释（一）》第 1 条第 5 项规定："劳动者以用人单位未为其办理社会保险手续，且社会保险经办机构不能补办导致其无法享受社会保险待遇为由，要求用人单位赔偿损失发生的纠纷，人民法院应予受理。"

（4）如因公司未交社保，发生事故要求赔偿。

参加基本养老保险的个人，因病或者非因工死亡的，其遗属可以领取丧葬补助金和抚恤金。所需资金从基本养老保险基金中支付。但是如果因为公司没有给职工缴纳社保，其遗属将不能依法领取丧葬补助金和抚恤金并应由用人单位赔偿相应损失。因用人单位未依法缴纳社会保险费，应当参加基本养老保险的职工，若在未达到法定退休年龄时因病或者非因工致残完全丧失劳动能力，将不能依法领取病残津贴。用人单位应当赔偿这些损失。

2. 单位存在的风险

（1）劳动者通知解除劳动合同，用人单位应向劳动者支付经济补偿金。

（2）未缴纳养老保险，且社保经办机构不能补办导致职工无法享受社会保险待遇的，用人单位存在向职工赔偿损失的风险。

根据《劳动合同法》第 14 条、第 82 条的规定，用人单位自用工之日起超过一个月不满一年未与劳动者订立书面劳动合同的，应当向劳动者每月支付二倍的工资；用人单位自用工之日起满一年不与劳动者订立书面劳动合同的，视为用人单位与劳动者已订立无固定期限劳动合同。可见单位未依法与劳动者签订合同，将面临前述风险。

（3）面临社保机构的行政处罚。

①社保行政部门有权对不办理社保登记的单位及负责人直接罚

款。《社会保险法》第 84 条规定:“用人单位不办理社会保险登记的,由社会保险行政部门责令限期改正;逾期不改正的,对用人单位处应缴社会保险费数额一倍以上三倍以下的罚款,对直接负责的主管人员和其他直接责任人员处五百元以上三千元以下的罚款。”

②社保征收机构对未按时足额缴纳社会保险费的用人单位有权直接罚款。《社会保险法》第 86 条规定:“用人单位未按时足额缴纳社会保险费的,由社会保险费征收机构责令限期缴纳或者补足,并自欠缴之日起,按日加收万分之五的滞纳金;逾期仍不缴纳的,由有关行政部门处欠缴数额一倍以上三倍以下的罚款。”

(4)社保征收机构对未缴或欠缴用人单位的强制措施。

①社保征收机构有权申请直接划扣用人单位的银行账户。

②社保征收机构有权申请法院扣押、查封、拍卖用人单位财产。《社会保险法》第 63 条规定:“用人单位逾期仍未缴纳或者补足社会保险费的,社会保险费征收机构可以向银行和其他金融机构查询其存款账户;并可以申请县级以上有关行政部门作出划拨社会保险费的决定,书面通知其开户银行或者其他金融机构划拨社会保险费。用人单位账户余额少于应当缴纳的社会保险费的,社会保险费征收机构可以要求该用人单位提供担保,签订延期缴费协议。用人单位未足额缴纳社会保险费且未提供担保的,社会保险费征收机构可以申请人民法院扣押、查封、拍卖其价值相当于应当缴纳社会保险费的财产,以拍卖所得抵缴社会保险费。”

案　例

钱某于 2003 年 1 月 25 日与原甲公司建立劳动合同关系。后经改制,甲公司变更为乙公司。钱某在该公司持续工作至 2019 年 10 月后,该乙公司以钱某达到退休年龄为由与其解除劳动关系。其间,钱某多次在乙公司提供的协议书上签字,协议书载明钱某不同意办理入保手续,公司根据厂龄及出勤情况给予一定的补贴,作为其社会保险费,钱某不得以不办理入保手续为由向乙公司主张任何权利。本案因乙公司未为钱某办理社会保险手续且不能补办,导致钱某无法享受养老保险待遇,钱某要求乙公司赔偿其养老保险待遇损失,符合法律规定,酌情予以支持。①

引 申

(1)合规参加养老保险,保障职工权益,促进企业发展。(2)企业应当重视社会保险不合规的行为存在的法律风险,并尽可能合规化。(3)为防范企业的用工风险,建议聘请专业的律师或者人力资源团队进行合规化建设。

166

养老保险异地转接如何办理?

答:养老保险跨省转移办理流程参考如下:

1. 参保人员在新就业地按规定建立基本养老保险关系和缴费后,由用人单位或参保人员向新参保地社保经办机构提出基本养老保险关系转移接续的书面申请。

2. 新参保地社保经办机构在15个工作日内,审核转移接续申请,对符合规定条件的,向参保人员原基本养老保险关系所在地的社保经办机构发出同意接收函,并提供相关信息;对不符合转移接续条

① 山东省日照市中级人民法院民事判决书,(2021)鲁11民终5号。

件的，向申请单位或参保人员作出书面说明。

3. 原基本养老保险关系所在地社保经办机构在接到同意接收函的15个工作日内，办理好转移接续的各项手续。

4. 新参保地社保经办机构在收到参保人员原基本养老保险关系所在地社保经办机构转移的基本养老保险关系和资金后，应在15个工作日内办结有关手续，并将确认情况及时通知用人单位或参保人员。

此外，各地在职工养老保险跨省转入办理时，还会有一定条件，比如对年龄的限制[如个别地区要求符合下列条件之一：(1)男性不满50周岁，女性不满40周岁；(2)返回户籍所在地就业参保的；(3)达到待遇领取条件时，基本养老保险关系不在户籍所在地，且在基本养老保险关系所在地累计缴费年限不满10年，按规定将基本养老保险关系转回上一个缴费年限满10年的原参保地，或因没有满10年参保地转移至户籍所在地的。]——湖南部分地区。

现在养老保险异地转移也可以在网上进行办理，可通过“掌上12333”App或者登录国家社会保险公共服务平台：http://si.12333.gov.cn，或者“国务院客户端”微信小程序提交申请。

引　　申

社保部门主要审核两个方面：(1)是否合乎《城镇企业职工基本养老保险关系转移接续暂行办法》的规定，比如男满50岁、女满40岁不能办理转移手续；(2)转移者是否存在欠费，社保部门将在欠费缴清之后才能为参保者办理转移手续。

转移过后养老保险怎么算：按照《城镇企业职工基本养老保险关系转移接续暂行办法》的规定，养老保险关系转接将采取“双转移”模式，其中个人部分全额转移，统筹部分转移缴费基数的12%，相当于统筹部分的60%。如果某员工每月交费基数是5000元，那么单位为其缴纳的社会统筹部分是 1000 元,个人缴纳额为 400 元。转移时,他可以把社会统筹的 60%(600 元)、个人账户的全额 400 元全部转移。

相关规定

根据《城镇企业职工基本养老保险关系转移接续暂行办法》和《人力资源和社会保障部关于城镇企业职工基本养老保险关系转移接续若干问题的通知》(人社部规〔2016〕5 号)的相关规定,包括农民工在内的参加城镇企业职工基本养老保险的所有人员,其基本养老保险关系可在跨省就业时随同转移;在转移个人账户储存额的同时,还转移部分单位缴费;参保人员在各地的缴费年限合并计算,个人账户储存额累计计算,对农民工一视同仁。户籍地社会保险经办机构应为参保人员办理登记手续并办理养老保险关系转移接续手续,将各地的养老保险关系归集至户籍地,并核发相应的养老保险待遇。

167

个人挂靠企业缴纳养老保险的法律风险是什么?

答:养老保险挂靠是不合法的。社保挂靠并非法律概念,是指事实上无劳动关系的公司或企业为非本公司劳动者缴纳社会保险费的行为。

我国的社会保险登记实行属地管理,根据《社会保险法》第 57 条和第 58 条之规定,企业作为用人单位,应当向企业注册地的社保机构办理社保登记,并以自己的名义,为与其建立劳动关系的员工依法缴纳社会保险。因此,参保单位与用人单位是同一主体,社保挂靠乃违法行为,对于挂靠的个人而言,可能会因该挂靠行为无法享受到养老保险应有的权益,对于被挂靠企业而言,将会导致该企业面临行政处罚、被列入社会保险严重失信人名单、承担民事责任甚至被追究刑事责任等法律风险。具体如下:

(1)行政处罚

企业通过提供虚假证明材料、虚构劳动关系等手段虚构参保条件、违规补缴,骗取社会保险待遇,将面临行政处罚的法律风险。根据《社会保险法》第88条之规定:"以欺诈、伪造证明材料或者其他手段骗取社会保险待遇的,由社会保险行政部门责令退回骗取的社会保险金,处骗取金额二倍以上五倍以下的罚款。"根据《社会保险基金行政监督办法》第32条第1项之规定,通过提供虚假证明材料、虚构劳动关系等手段虚构参保条件、违规补缴,骗取社会保险待遇的,按照《社会保险法》第88条的规定处理。

(2)列入社会保险严重失信人名单

企业以欺诈、伪造证明材料或者其他手段违规参加社会保险的,存在被列入社会保险严重失信人名单的法律风险。根据《社会保险领域严重失信人名单管理暂行办法》(人社部规〔2019〕2号)第5条第2项之规定:"用人单位以欺诈、伪造证明材料或者其他手段违规办理社会保险业务超过20人次或从中牟利超过2万元的,将被列入社会保险严重失信人名单。"

(3)民事责任

首先,在社保挂靠模式下,用人单位委托被挂靠企业为本企业员工办理社保参保手续并缴纳社保费的,用人单位与被挂靠企业,实际系人事代理关系,若实际用人单位,挂靠购买社会保险单位以及该员工未能在三方协议中明确好社会保险缴纳以及申报的相关权利义务,将存在实际用人单位向员工支付经济补偿金的法律风险。根据

《劳动合同法》第 38 条和第 46 条之规定,用人单位未依法为劳动者缴纳社会保险费的,劳动者可以解除劳动合同,并要求用人单位支付经济补偿。

其次,对于用人单位委托被挂靠企业为本企业员工办理社保参保手续并缴纳社保费的,可能存在员工无法享受的工伤、失业、医疗、生育等保险待遇由用人单位承担的法律风险。根据《社会保险法》第 41 条第 1 款之规定:"职工所在用人单位未依法缴纳工伤保险费,发生工伤事故的,由用人单位支付工伤保险待遇。"

(4)刑事责任

若企业以欺诈、伪造证明材料、虚构劳动关系骗取社保待遇,情节严重的,存在被依法追究刑事责任的法律风险。《社会保险基金行政监督办法》第 39 条规定:"违反本办法规定,构成违反治安管理行为的,依法给予治安管理处罚;构成犯罪的,依法追究刑事责任。"《全国人民代表大会常务委员会关于〈中华人民共和国刑法〉第二百六十六条的解释》规定:"以欺诈、伪造证明材料或者其他手段骗取养老、医疗、工伤、失业、生育等社会保险费或者其他社会保障待遇的,属于刑法第二百六十六条规定的诈骗公私财物的行为。"

案　例

案例一:W 某来电举报上海 A 公司(化名)存在瞒报单位职工工资总额、未足额缴纳社会保险费的情况。社保稽核部门立案调查后,却发现举报人 W 某及其反映的部分员工与上海 A 公司并不存在劳动关系,他们均与外省市的 B 公司签订了劳动合同,工资薪酬也由 B 公司发放,但 B 公司为了满足员工在上海申办居住证、子女就学等需求,委托 A 公司为这些员工代缴社会保险费。A 公司承认了查实的违规情况,社保稽核部门要求 A 公司立即整改,对相关人员违规代缴的社会保险费予以清退,并将 A 公司及相关员工纳入了失信人员名单。

案例二:北京某人力资源公司为50余名外地户口人员代缴五险(包括养老保险),以便这些人员今后可以在北京获得购房资格,但经群众举报立案调查后,将劳动关系未在该公司名下的50余名人员的社会保险进行了清退,最终该50余名人员未能享受到相应的保险待遇,且该公司还被查处,在清查过程中发现过去有近10人已经办理了养老保险待遇手续,且已经领取了养老保险待遇。后该公司负责人被追究了刑事责任(诈骗罪)。

引　　申

挂靠风险:

(1)对于挂靠的个人而言,骗保情节严重的要入刑,根据《全国人民代表大会常务委员会关于〈中华人民共和国刑法〉第二百六十六条的解释》:以欺诈、伪造证明材料或者其他手段骗取社会保险费或者其他社会保障待遇的,属于《刑法》第266条规定的诈骗公私财物行为。

某市人力资源和社会保障局曾通报一起骗保案件,明明还是在职员工,却让企业利用搬迁配合伪造相关手续,骗领失业保险金等社保待遇十万余元,由于骗取金额较大,最终这些员工都被追究了法律责任,而企业也被处以3倍罚款。

(2)对于被挂靠的企业而言,第一,具有谎报的风险。根据《社会保险费征缴监督检查办法》第15条第2款的规定,隐瞒事实真相,谎报、瞒报,出具伪证或者隐匿、毁灭证据的,劳动保障行政部门应当给予警告,并可以处以1万元以下的罚款。因以虚假劳动关系参保而建立的社保关系属于无效。同时造成社保基金损失的情况,社保稽核部门也会追回损失,还可能会视情节的轻重对企业和企业负责人进行处理,构成犯罪的很可能被追究刑事责任。第二,有被骗取薪资和福利待遇的风险。企业给员工办理社保挂靠后，就表示跟挂靠人员在法律上成立劳动关系，挂靠人员就有权要求单位支付工资，双方不再签约时，挂靠人还可索取经济补偿金等费用。值得注意的是，若挂靠人在挂靠期间出现工伤事故的，企业要承担的金额远超挂靠人支付的金额。

(3)对于实际用人的单位而言，可能会被纳入失信人员名单。

如何防范：

(1)合法合规意识："思考方式决定行为和成就"，必须让企业意识到合规的重要性，要让合规的理念和意识渗透到每一个岗位，每一个业务操作环节，营造"重操守、讲合规、促安全"的良好氛围。企业需要知道哪些是违规行为，违规会受到哪些处分，切实做到防微杜渐，提高合规意识。

(2)个人权益保障：以合规方式缴纳社保，并且监督任职公司给自己的社保缴费情况，避免在不知情的情形下出现社保挂靠而承担不必要的风险。

(3)单位权益保障：首先，合规执行到位。知易行难，学习思考之后最重要的就是实践。有时候并不是我们不知道不能做，而是我们觉得没有关系，不会凑巧被抓住，怀揣着侥幸心理，为了避免一点点的麻烦而踩了法律的红线。或者是我们碍于人情或者面子而不按规章制度工作。我们应该真正做到合规无偏好，违规零容忍。要知道，无论多么完美的方案，如果得不到切实的有效执行，也只能是摆设而已。所以就要加大方案的执行力度，要把合规贯彻到公司的管理制度中，让合规成为习惯，正确处理好合规与节控之间的辩证关系。毕竟只有合规经营，业务才能更好更快地发展，在合规的基础上，节控也才能发挥其最大效益，使多方受益。

其次，合规监管到位。建立风险防范的监督机制，要时刻绷紧合规的弦，坚决不做违法违规的操作，最好使合规经营落实情况考核纳入业绩考核指标体系,对存在或隐瞒违规问题、造成不良后果的人员进行处理。

168

企业帮别人购买养老保险的法律风险是什么?

答:(1)涉嫌伪造文书的法律风险。代买社会保险是挂靠关系,但是购买社会保险必须要具备公司员工的所有合法手续才可以,因此需要一系列虚假手续办理,从入职登记表、招聘材料,到签订劳动合同,建立员工花名册,每月工资发放表等,这一系列的材料都是虚假的,不真实的。用这些虚假的文书去参加国家强制的社会保险,存在法律上的伪造文书风险。

(2)一旦被查,根据《社会保险领域严重失信人名单管理暂行办法》的规定,企业就有以欺诈、伪造证明材料或其他手段违规为非本单位职工缴纳社会保险费的风险而受到处罚,严重的可能会上社会保险黑名单,进而影响到公司的信用评级。

(3)代买、挂靠购买社会保险,应具有专业的人力资源代理资质,如企业不具备相应的资质,属于未按营业执照登记的经营范围经营,会面临市场监督管理局的行政处罚风险。

(4)税务风险。目前金税工程四期建设已正式启动实施,不仅是税务方面,“非税”业务也被纳入其中,要对业务进行更全面的监控,同时搭建了各部委、人民银行以及银行等参与机构之间信息共享和核查的通道,实现企业相关人员手机号码、企业纳税状态、企业登记注册信息核查三大功能。代缴养老保险费用,个人承担的8%和单位缴纳的16%全部由被代缴人个人缴纳,该笔款项由个人支付到单位,单位入账时如果每月标识清楚,若计入收入,就会涉及纳税问题,在税务征缴上一旦出现问题,很可能产生偷税漏税风险。

(5)劳动纠纷。社会保险挂在单位,相当于这个人就是单位的员工,如果在上下班期间发生事故,就可能会涉及认定工伤等事宜,单位就无法逃脱干系;同时,如果该人不按时向单位支付应缴纳的养老保险购买费用,单位选择停保或者继续代缴纳再追讨,就会面临纠纷,一方面是垫缴的费用能否追讨回来的问题,另一方面是如停缴社会保险,别有用心的人就会收集相关证据,要求认定劳动关系,让单位承担应当承担的部分,同时还可能面临追讨工资、要求缴纳其他社会保险,代缴单位得不偿失,除经济损失外,还会面临有关部门的行政处罚、整顿等。

案　　例

陈某某于2010年10月10日入职北京公司,月薪6250元。公司自2018年12月起开始委托深圳金叶公司为陈某某缴纳社会保险,五险齐全。2019年9月29日,陈某某以公司未缴纳社会保险为由提出解除劳动关系,要求公司支付经济补偿金。仲裁委裁决公司支付陈某某解除劳动关系经济补偿51,201元,公司不服,提起诉讼。

一审法院认为,公司为陈某某缴纳了社会保险,且五险齐全;陈某某也未举证证明公司存在不提供劳动条件之情形。故陈某某以上述理由提出解除劳动关系并要求公司支付解除劳动关系经济补偿金,无事实及法律依据,一审法院不予支持。陈某某不服向北京三中院提起上诉,陈某某认为,既然劳动关系在北京公司,公司就应按法律规定,用公司名义缴纳社会保险,公司提供的深圳金叶公司缴纳社会保险的凭证不合法。

二审法院认为,用人单位应当依法为劳动者缴纳社会保险。

首先,陈某某自2010年已入职,根据公司提交的证据可以明确公司自2018年12月起委托案外公司深圳金叶公司在深圳给陈某某缴纳社会保险,但陈某某系在北京朝阳区为公司提供劳动,陈某某社会保险缴纳情况与陈某某的实际劳动关系情况不符,公司委托第三人为陈某某缴纳社会保险不符合相关法律的规定。

其次,公司亦认可其委托深圳金叶公司在深圳给陈某某缴纳社会保险未经过陈某某同意,仅通知过陈某某,陈某某对此不予认可,公司就此并未举证证明。

本案公司存在未依法为陈某某缴纳社会保险费的情况,造成陈某某相关社会保险权益受损,考虑本案的实际情况,陈某某以此为由提出解除劳动合同并要求公司支付解除劳动关系经济补偿金,二审法院对此予以支持。一审法院对此认定有误,二审法院予以纠正。经过核算,公司应支付陈某某解除劳动关系经济补偿金51,201元。

综上,二审法院改判公司支付陈某某解除劳动关系经济补偿金51,201元。[①]

引　申

人力资源服务公司为他人代办缴纳社会保险的风险防范:

(1)虽然人力资源服务公司为非本企业员工代缴社会保险,但非本企业员工并未为企业提供劳动,即企业和非本企业员工之间并无强烈的人身依附关系,企业无用工行为,企业应当做好工资支付记录、招聘登记表、工作证、考勤记录等方面的规范和流程,以备出现相关情况时能否认为劳动合同关系仅是委托关系。

(2)人力资源服务公司为非本企业员工代缴社会保险,企业应当具有相应的社会保险代理的营业资质,且应当由其本人申请,公司再

① 北京市第三中级人民法院民事判决书,(2021)京03民终219号。

与其签订代缴社会保险协议,协议具体写明委托缴社会保险的方式、停保书面通知时间、出现未向公司支付费用则公司自动停保等。此份协议必须由非本企业员工本人亲自到场,当着公司人事、财务人员的面,亲笔签署委托代缴社会保险协议,该协议不得由他人代签或以各种借口理由拿回去签。这样能够避免发生争议时,挂靠缴费人员否认签署委托协议,否认签名的真实性,从而避免产生法律纠纷。

(3)若仅是代办即人事代理关系,建议人力资源公司及其职员代办社会保险缴纳事务,但是以委托人的名义进行缴纳,而非自己的名义进行缴纳,如此才是真正的人事代理,如此才能保障到企业和职员的合法权益。

169

养老保险缴费满15年之后还需缴纳吗?

答:养老保险实行多缴多得,最低缴费年限15年,在经济能力承受范围内,且未达到法定退休年龄的,可以继续缴纳,反之就不再缴纳,等达到退休年龄后享受退休领取养老保险待遇。

(1)对于城镇职工基本养老保险:《社会保险法》第16条规定,参加基本养老保险的个人,达到法定退休年龄时累计缴费满十五年的,按月领取基本养老金。第15条规定,基本养老金由统筹养老金和个人账户养老金组成。基本养老金根据个人累计缴费年限、缴费工资、当地职工平均工资、个人账户金额、城镇人口平均预期寿命等因素确定。缴费年限越长、缴费基数越高,退休时的社会平均工资越高,领取到的养老金就越多;且劳动者未到法定退休年龄,还处于工作状态的,缴纳社会保险是单位的法定义务,即使社会保险已经缴满15年,单位还得继续为员工缴纳社会保险。

(2)对于灵活就业人员养老保险:灵活就业人员每年的社会保险费用全部自己承担,根据缴费基数不同,每年养老保险费用从几千元到几万元,对于很多人来说经济压力较大。如果在经济能力许可的情况下可以继续缴纳养老保险,这样退休时可以领取的养老金会更多;但如果经济压力比较大,在社会保险缴费满15年的情况下可以暂停缴费,等到退休年龄时,直接领取养老金。

(3)达到了法定退休年龄但是社会保险缴纳未满15年的如何处理呢?对于新型农村社会养老保险和城镇居民养老保险:距离领取年龄(60周岁)不足15年的,应按年缴费,也允许补缴,累计缴费不超过15年;距离领取年龄超过15年的,应按年缴费,累计缴费不少于15年。国家鼓励、引导城镇居民积极参保、长期缴费,长缴多得。该类型养老保险以个人缴纳和政府补贴的形式参保,年缴养老保险费金额最高1000元,承受能力尚可,建议多缴。

170

未缴或者少缴养老保险面临的行政责任有哪些?

答:行政责任主要如下:

(1)责令补缴。若用人单位未缴养老保险或者少缴养老保险的,劳动者一旦投诉维权则可能面临由劳动行政部门责令限期缴纳的风险。

(2)加收滞纳金。对于经劳动行政部门责令补缴后仍逾期不缴的,可以加收滞纳金,且职工不予承担滞纳金。

(3)罚款。对于经责令补缴后逾期仍不缴纳的,由社会保险行政部门处欠缴数额1倍以上3倍以下的罚款。

以上三种责任承担方式主要是针对未缴纳养老保险的企业,对于少缴的情形,在用人单位与劳动者协商一致的情形下补缴相对比较容易,但若协商不一致,实践中补缴很难。

由于新冠疫情影响,各省份为了舒缓企业困难,均对企业出台了缓缴和免缴政策,对于符合条件的缓缴企业,暂不予加收滞纳金。

案　例

(1)企业是否缴纳社会保险,不影响员工领取养老金条件时,法院可酌情判赔偿损失

案例一:韩某与中亚公司存在劳动关系的期间为2001年5月14日至2007年6月24日,在此之前亦未办理任何社会保险手续,故即使在劳动关系存在期间中亚公司为韩某缴纳了社会保险,从缴费年限看,韩某也并不符合领取基础养老金的条件,而是应获得一次性养老补偿金。因此,对于韩某应获得的养老保险待遇损失,可参照一次性养老补偿金的标准予以确定。因人民法院并非专业的社会保险核算部门,在处理此类案件时受到缴费基数的确定等多种因素的限制,韩某亦无法对其工资情况予以明确说明,而法院也无法进行专业、精确的核算,因此二审法院从保护劳动者合法权益的角度出发,综合考虑韩某劳动关系存续年限、工资水平等情况,酌情确定中亚公司应当承担的赔偿数额为3万元的处理并无不当,北京高院不持异议。①

(2)因政策未强制缴纳社会保险并非企业过错,可酌情判企业承担赔偿责任

案例二:上官某某于1988年11月入职某公司,后双方之间签订

① 北京市高级人民法院民事裁定书,(2016)京民申220号。

了劳动合同书，岗位为培训基地行政后勤部库管员，农业户籍。2014年3月上官某某的户籍由农业户籍转为城镇户籍。2015年8月3日，上官某某达到法定退休年龄。上官某某主张无法享受养老保险待遇的损失473,467.20元。

法院审查认为，《社会保险法》自2011年7月1日起施行，根据该法要求，用人单位负有为农业户籍人员缴纳社会保险的强制义务。上官某某1988年11月入职某公司时为外地农业户籍，至2014年3月转为城镇户籍，某公司为上官某某缴纳2007年1月至2015年7月期间的养老保险，其间跨越中华人民共和国社会保险法实施的前后，故上官某某的社会保险缴费年限不足，不能办理补缴，不能当然确定某公司存在过错。

结合本案实际，一审法院判令某公司向上官某某支付1999年6月至2006年12月期间的未缴纳养老保险的补偿金及未缴纳失业保险的一次性生活补助费，上官某某虽未明确提出该项主张，但亦表示不予放弃，二审法院予以确认，存在合理性。上官某某主张未缴纳社会保险导致其无法享受退休待遇的养老保险损失赔偿，目前尚无对该损失的具体规定，其陈述或举证难以采信，一、二审法院未予支持，并无不当。一、二审法院依据查明的事实，所作处理并无不当，上官某某申请再审的理由不能成立。①

(3)因缴纳年限不足、基数低主张养老保险损失，不属于法院受理范围

案例三：陈某主张的社会保险损失，《最高人民法院关于审理劳动争议案件适用法律若干问题的解释(三)》(该解释已被替代)第1条规定，劳动者以用人单位未为其办理社会保险手续，且社会保险经办机构不能补办导致其无法享受社会保险待遇为由，要求用人单位

① 北京市高级人民法院民事裁定书，(2017)京民申2285号。

赔偿损失而发生争议的，人民法院应予受理。本案中，某超市已为陈某建立社会保险账户且险种齐全，其问题是存在缴纳年限不足、缴费基数低等情形，而此种情形不属于人民法院受理范围，故两审法院不予处理正确。①

（4）未按时办理退休手续，养老保险待遇降低，不属于法院受理范围

案例四：于某主张因某公司不能按时办理退休的养老保险待遇损失和养老保险待遇降低的损失，均属于社会保险征收和缴纳之间的纠纷，以及因退休引发的纠纷，不属于人民法院民事案件受理范围，两审法院对此不予处理正确。于某要求某公司支付未能享受医疗保险待遇导致的已支出及未支出的医疗费的诉讼请求，缺乏法律依据。两审法院根据查明的事实并结合相应证据所作判决，并无不当。②

（5）已经办理退休手续，另外提出养老保险待遇损失不属于法院受案范围

案例五：某公司于1999年1月开始才为某甲缴纳社会保险，至某甲办理退休时，某公司并未持续且足额为某甲缴纳。某公司违反法律规定，采用漏缴、少缴等方式规避国家法律，严重损害某甲的利益。导致某甲在退休后无法享受应该享受的养老待遇。经法院审查认为，某公司已参加社会保险统筹，为某甲办理了社会保险手续，某甲亦已享受养老保险待遇。在某甲办理了退休手续，享受养老保险待遇的情况下，其关于养老保险损失的诉讼请求，不属于法院受理劳动争议案件的范围。③

---

① 北京市高级人民法院民事裁定书，（2019）京民申77号。

② 北京市高级人民法院民事裁定书，（2019）京民申2794号。

③ 北京市高级人民法院民事裁定书，（2018）京民申1252号。

(6)主张社会保险待遇损失超过时效,法院不予支持

案例六:王某申请再审称,其要求某公司赔偿其退休社会保险待遇差额人民币25万元,但原审法院不支持其诉请,属于认定事实不清,判决错误。根据2017年《民事诉讼法》第200条第4项、第6项之规定,请求对本案予以再审。

上海高院审查认为,王某对某公司提起1994年至2005年"社会保险"异议主张,应自此时起一年内向劳动争议仲裁机构申请仲裁。因王某在2014年6月起已享受退休养老待遇,故其最晚应在该时起一年内向劳动争议仲裁机构申请仲裁,但王某迟至2016年7月26日才申请仲裁,已超过法律保护期间。原审法院对其主张的权利是否正当已无须再作审查。原审法院驳回其主张,并无不当,上海高院予以认可。综上,王某的再审申请不符合2017年《民事诉讼法》第200条第4项、第6项规定的情形。[①]

(7)因政策未强制缴纳社会保险并非企业过错,无须承担赔偿责任

案例七:张某某称,1995年10月至2009年8月,某公司未为其依法缴纳社会保险费,该违法行为严重损害了劳动者的合法权益,必须承担责任。张某某无法享受基本养老保险待遇,劳动合同不应终止,故2017年3月张某某被退工是违反法律规定的,某公司应当赔偿其养老金损失。

经法院审查认为,因张某某的户籍于2009年9月才由外省市迁入上海市,1995年10月至2009年8月其属于外省市来沪从业人员,当时并无外来从业人员统一缴纳基本养老保险等社会保险的强制性规定,某公司根据相关政策,为张某某缴纳上海市外来从业人员综合保险,2009年9月其户籍迁入后为其缴纳上海市城镇社会保险,并不

① 上海市高级人民法院民事裁定书,(2018)沪民申100号。

违反法律规定。2017年3月因张某某达到法定退休年龄，劳动合同符合终止的条件。因此，张某某以某公司未依法为其缴纳社会保险费致其缴费年限未满15年为由要求某公司赔偿其养老金损失的主张依据不足。①

(8)企业未缴纳社会保险存在过错，法院酌情判断赔偿损失数额

案例八：由于一份生效的法律文书已确认朱某未享受正常养老保险待遇系其与某公司各自过错所造成。加之相关部门对朱某养老金损失的具体组成、数额无法确认，法院酌情确定赔偿基数，双方亦已履行完毕。虽朱某的月养老金额此后进行了调整，然因朱某在职期间曾缴纳多种社会保险，朱某未提供证据证明其损失确系未缴纳城镇社会保险费所致，其要求按已调整的养老保险金额的计算养老金损失不具有合理性。

一审法院鉴于朱某仍存在养老金损失，判令某公司按原赔偿基数予以赔偿损失并无不妥。朱某要求某公司支付2017年5月至2018年12月的养老金损失10,406.20元，二审法院不予支持。因生效的法律文书已确认某公司在社会保险费缴纳问题上存在过错，而朱某的养老金损失也一直存在，故某公司不同意支付该损失，无依据，二审法院不予支持。朱某、某公司的上诉理由均不能成立，双方请求均应予驳回。②

(9)法院可向社会保险机构核查，以确定养老保险损失金额

案例九：上诉人某公司与被上诉人蒋某某均在二审中确认1993年12月某公司向案外人某厂开具过蒋某某的商调函，某公司亦认可蒋某某于1993年11月进入其公司从事出租车驾驶工作，之后蒋某某一直在某公司工作至2014年6月。由此可认定1993年11月至

① 上海市高级人民法院民事裁定书，(2018)沪民申2798号。
② 上海市第二中级人民法院民事判决书，(2019)沪02民终10968号。

2014年6月蒋某某与某公司具有劳动关系。用人单位为劳动者缴纳社会保险费,是用人单位的法定义务。某公司未为蒋某某缴纳1995年1月至1999年3月的社会保险费,理应承担相应法律责任。现某公司不同意为蒋某某补缴社会保险费,蒋某某因某公司未为其缴纳相关期间社会保险费继而要求某公司赔偿上述期间少缴社会保险费而导致的养老金损失,理由正当,应予支持。

根据上海市社会保险事业管理中心浦东分中心的核查函件,某公司应赔偿蒋某某2014年9月至2015年4月的养老金损失2814.80元。至于某公司要求追加案外人某厂作为当事人以及申请开具调查令调查某厂与蒋某某的劳动关系等请求,经查,因与本案最终处理结果并无关联,不予准许。综上所述,原审判决并无不当,可予维持。①

引　申

实践中,员工达到退休年龄时,通常因为企业在劳动关系存续期间未缴纳养老保险,或者缴费年限缺失,或者缴费基数不足额,或存在漏缴纳的情形,导致员工无法办理退休手续并领取养老保险待遇,或者办理退休手续时领取的养老金待遇与按照实际情况缴费存在差异。

此时,针对养老保险待遇损失问题,企业和员工之间容易发生争议。针对养老保险待遇损失的问题,通常会衍生出以下三大类问题:未依法缴纳社会保险能否提出解除劳动合同主张经济补偿的问题;养老保险补缴的问题;无法补缴时赔偿损失的问题等。

相关规定

《劳动法》第100条　用人单位无故不缴纳社会保险费的,由劳

① 上海市第一中级人民法院民事判决书,(2015)沪一中民三(民)终字第1253号。

动行政部门责令其限期缴纳;逾期不缴的,可以加收滞纳金。

《社会保险法》第 62 条 用人单位未按规定申报应当缴纳的社会保险费数额的,按照该单位上月缴费额的百分之一百一十确定应当缴纳数额;缴费单位补办申报手续后,由社会保险费征收机构按照规定结算。

第 63 条 用人单位未按时足额缴纳社会保险费的,由社会保险费征收机构责令其限期缴纳或者补足。用人单位逾期仍未缴纳或者补足社会保险费的,社会保险费征收机构可以向银行和其他金融机构查询其存款账户;并可以申请县级以上有关行政部门作出划拨社会保险费的决定,书面通知其开户银行或者其他金融机构划拨社会保险费。用人单位账户余额少于应当缴纳的社会保险费的,社会保险费征收机构可以要求该用人单位提供担保,签订延期缴费协议。用人单位未足额缴纳社会保险费且未提供担保的,社会保险费征收机构可以申请人民法院扣押、查封、拍卖其价值相当于应当缴纳社会保险费的财产,以拍卖所得抵缴社会保险费。

171

社会保险领域可能涉嫌的刑事犯罪主要有哪些?

答:(1)涉嫌诈骗罪

《刑法》第 266 条规定:"诈骗公私财物,数额较大的,处三年以下有期徒刑、拘役或者管制,并处或者单处罚金;数额巨大或者有其他严重情节的,处三年以上十年以下有期徒刑,并处罚金;数额特别巨大或者有其他特别严重情节的,处十年以上有期徒刑或者无期徒刑,并处罚金或者没收财产。本法另有规定的,依照规定。"同时,《全国人民代表大会常务委员会关于〈中华人民共和国刑法〉第二百六十六条的解释》规定,以欺诈、伪造证明材料或者其他手段骗取社会保险费或者其他社会保障待遇的,属于刑法第266条规定的诈骗公私财物的行为。因此以欺诈、伪造证明材料或其他手段骗取社会保险费或者其他社会保障待遇的,可能构成诈骗罪。

(2)社会保险基金领域职务犯罪

社会保险基金领域职务犯罪是指在社会保险基金领域中利用职务之便以权谋私,或滥用职权,给国家和人民的利益造成严重损失,给社会保险事业带来严重危害,对社会保险基金领域长期以来形成的良好声誉造成严重负面影响的行为。社会保险领域中职务犯罪的主体是社会保险系统工作人员,包括国家工作人员和非国家工作人员但依法从事公务的人员,主要表现在《刑法》中如贪污罪、受贿罪、挪用公款罪、巨额财产来源不明罪等,以及《刑法》第163条、第164条、第166条规定的非国家工作人员受贿罪、对非国家工作人员行贿罪以及为亲友非法牟利罪。

(3)涉嫌滥用职权罪、受贿罪、玩忽职守罪、行贿罪

钱权交易,一些手握审批权力的工作人员,将手中的权力作为获取利益的工具,收受贿赂,违规为职工办理提前退休手续;利用办理因病或特殊工种提前退休政策,从而实现少缴养老保险费并提前领取退休金的目的;一些劳动监察执法人员利用手中行政执法权力,通过掌握的企业违法行为信息,滥用职权,对违规企业敲诈勒索,索要钱物或找企业报销个人发票;在对企业进行行政处罚时,一些执法人员滥用自由裁量权,先按最高标准处罚,再通过钱权交易、讨价还价,索要财物,最后按最低标准处罚。国家工作人员或非国家工作人员但依法从事公务的人员,可涉嫌滥用职权罪、受贿罪、玩忽职守罪;与此同时,对相关人员给予财物,谋求自身不法利益的个人或单位,也

有可能构成行贿罪或单位行贿罪。

案　例

案例一:一男子利用伪造的身份证明、学历证书、离职证明,谎称北京户口,清华大学毕业,在名企任过职,被猎头推荐给杭州某知名企业担任高管,月薪高达7万元。工作过程中因能力较差,被发现学历造假,该男子系小学学历。企业以该高管涉嫌造假报警后,将该人员开除。

无独有偶,某企业在对其员工进行背景调查时发现拟招录的财务副总裁的学历亦为假,也谎称清华大学毕业,该企业在中国裁判文书网上输入该员工的姓名,发现其之前已经多次利用企业解除与其的劳动关系并对多家企业提起过诉讼,获利100多万元。最终该企业以该劳动者未如实告知企业信息为由未招录该人员。因为一旦招录后,这个劳动者就会因为能力不足,使得单位被迫与其解除劳动关系,其再以单位违法解除劳动关系需要支付赔偿为由,以仲裁诉讼为手段,向用人单位索要高额赔偿。

案例二:2022年4月12日,东莞市大朗公安分局接李某报警称,4月11日上午,一名陌生男子到其住所称外地人(非本地户口)可以将银行卡内的钱全部取出购买社会保险,退休后有保障,便信以为真,将自己的工资卡给陌生男子办理社会保险,并将银行卡密码告知对方。直至当天晚上,李某发现他的工资卡内存的6万元被陌生男子取走了,才知道被骗。大朗公安分局迅速锁定并抓获犯罪嫌疑人陈某。

据犯罪嫌疑人陈某供述,其知道外地人(非本地户口)不能在当地购买社会保险,很多老年人退休生活没有保障,因此其到处寻找老年人,通过交谈获知他们身份、工作等信息,针对低收入又没有购买社会保险的外地老年人,就谎称自己是在某公司担任财务等职务,专门给员工办理社会保险,谎称外地人也可以购买社会保险,把钱给他就可以代办,从而骗取老年人钱财。

172

养老保险补缴的注意事项有哪些?

答:第一,注意缴纳和补缴时间。根据《社会保险法》第58条的规定:“用人单位应当自用工之日起三十日内为其职工向社会保险经办机构申请办理社会保险登记。未办理社会保险登记的,由社会保险经办机构核定其应当缴纳的社会保险费。”第63条第1款规定:“用人单位未按时足额缴纳社会保险费的,由社会保险费征收机构责令其限期缴纳或者补足。”一般情况下,补缴保险的期间根据社会保险费征收机构视企业情况而定。

第二,公司职工养老保险是可以补缴的,如果达到法定退休年龄时,公司职工养老保险缴费年限不足15年,那么可以申请一次性补缴剩余年限的养老保险费用,只要将养老保险缴费年限补缴至15年,那么60岁就可以享受居民养老保险补缴了。

第三,养老保险既可以是单位补缴,也可以是个人补缴。如果是单位补缴,用人单位可以向劳动保障部门提出书面补缴申请,并提交申请补缴期间与被保险人存在劳动关系的证明,以及工资收入凭证,经确认后,由企业和职工个人从规定实行企业和个人共同缴费之月起,补缴养老保险;如果已经跟单位签订了劳动合同,但是单位并没有在职工入职30日内为其办理社会保险参保手续,那么这种情况就不能补缴社会保险,职工可以向社会保险行政部门维权,要求企业给自己补缴社会保险。

173

补充养老保险的作用和价值?

答:企业补充养老保险是指企业按规定为职工缴纳基本养老保险后,可以在国家政策指导下,根据本企业经济效益状况,为本企业职工提供的基本养老金之外的补充养老金,旨在提高职工退休后生活水平,是对国家基本养老保险制度进行重要补充的一种养老保险形式。补充养老保险费可根据企业的经济效益,由企业完全承担,或者由企业和职工按协议确定的比例共同承担。其作用在于:

第一,基本养老保险为达到法定退休年龄且缴费满 15 年的职工提供基本养老金,但随着社会生活水平的提高,人口老龄化趋势越来越严峻,基本养老保险费用的收取与支出的矛盾越来越尖锐,即收取的基本养老保险费及投资收益,越来越不能满足应支出的退休职工基本养老金。企业补充养老保险,有利于分散保险责任,适应我国向老龄化社会快速发展的需要,可以提高参保职工退休后的整体生活水平。

第二,补充养老保险也是我国养老保险制度的重要组成部分,我国养老保险体系建立较晚,基本养老保险累计的资金不足,加上未实行养老保险制度时代的职工已基本都退休享受养老保险金,加之人口老龄化趋势不可逆转,基本养老保险收支缺口逐年扩大。补充养老保险是我国养老保险体系的重要组成部分,收取的资金有利于减轻政府基本养老保险金的支付压力,保障社会养老保险制度的顺利实施。

第三，基本养老保险，只能根据国家的经济发展水平，给予退休职工基本的生活保障。面对低水平的基本社会保障政策，补充养老保险有助于吸引优秀人才，提高员工工作积极性，并能在一定程度上鼓励和约束员工为公司长期服务，有利于完善员工福利保障体系，增强企业稳定性和竞争力。

补充养老保险包括企业年金和职业年金。其中，企业年金主要针对企业，是指根据《企业年金办法》（人力资源和社会保障部、财政部令第36号）等国家相关政策的规定，企业及其职工在依法参加基本养老保险的基础上，自主建立的补充养老保险制度。职业年金主要针对事业单位，是指根据《事业单位职业年金试行办法》（国办发〔2011〕37号）等国家相关政策的规定，事业单位及其职工在依法参加基本养老保险的基础上，建立的补充养老保险制度。一般而言，补充养老保险系商业保险，并非强制性的社会保险。

案　例

HF公司2012年通过董事会会议决定为公司中高层干部缴纳补充养老保险，财务部门据此在应付账款上列支待付补充养老保险100万余元。但该笔款项一直未支付。2013年5月公司所得税汇算清缴时，以该笔补充养老保险不超过职工工资总额5%为据在税前扣除。

专项检查中，检查员认为，公司处理违反规定，责成HF公司就该100万余元做纳税调增处理，因公司盈利，责成补税26万余元，并加收相应的滞纳金。

公司财务认为，该业务有董事会决议为依据，确实为待付的补充养老保险，且公司已经按相关规定在职工工资总额的5%内列支，当然可以税前列支。

检查员解释，根据相关法规：(1)企业如果只为部分而不是全部职工支付补充养老保险费，那么就不能使用职工工资总额，而应按实际参加补充养老保险职工的工资额作为计算补充养老保险费税前扣除的基数。HF 公司的计算扣除以全体职工工资作为基数是错误的。(2)只有实际按照国家规定支付的补充养老保险费方可在不超过职工工资总额 5% 的标准内扣除,只计提未实际支付的部分应作纳税调整。

最后根据相关规定,责成 HF 公司补缴企业所得税 26 万余元,并加收相应的滞纳金。

引 申

若单位不予兑现补充养老保险,职工如何维权?

一般情况下企业年金在退休后领取。领取方法:(1)达到法定退休年龄,职工可一次或分期领取;(2)职工出国定居时,可一次性领取;(3)职工因病(残)丧失劳动能力,可申请一次性或分期领取;(4)在退休前死亡,继承人可申请一次性领取。若企业不予兑现企业年金,职工可首先选择沟通协商解决。如无法协商,则收集好相关证据,去劳动监察大队投诉或者申请劳动仲裁,也可以向当地法院起诉。

174

什么是失地农民养老保险?

答:在城镇化、工业化过程中,农村农民的最主要生产资料——土地,因政府统一征收,农民的农村集体农业土地部分或全部转化为非农业用地。失地农民是政府保障的对象,为了解决失地农民在收入不稳定的情况下参加养老保险，特出台了失地农民养老保险政策，使无力像城镇劳动者那样每月缴纳养老保险的失地农民，仍然受到养老保险的保障。

第一，对于男性年龄在60周岁以上，女性年龄在55周岁以上的失地农民，地方社会保障部门根据每年养老保险金水平，按15年期限，从政府土地征用收益中扣除一部分资金用于养老保险费用的支付，个人不负担缴费。从失地的当月起，开始领取养老保险。

第二，对于男性年龄在45～60周岁，女性年龄在40～55周岁的失地农民，每年所需缴纳的费用由政府、集体、个人三方共同承担。政府出资应在50%以上，集体出资应在30%左右，个人出资在20%左右，坚持以政府保障为主，个人保障为辅的原则。失地农民达到缴费年限后，可以领取养老保险金。

第三，对于男性45周岁以下，女性40周岁以下的失地农民，当地社会保障部门的主要任务是促进劳动力再就业，应从集体获得的土地补偿费中，提出一部分就业培训专用资金，使失地农民掌握新的劳动技能，增加就业机会，加快就业进程。当这部分失地农民自谋职业后，应参加城镇居民养老保险项目，凭借失地农民身份证明，享受一定的养老保险缴费的优惠待遇。同时也应特别注意农村低保人员失地后的养老保险安排，对于失地低保人员，社会保障部门应不分年龄差别，对其实施城镇最低生活保障。

案　例

案例一：原告系某屯村民，以种地为生。

2002年9月12日，原告正在耕种的承包地被强征，此前原告一直不知道案涉土地存在征地项目，认为只是本村村民在卖地。经过报警其被告知案涉项目为政府非法用地，经过与街道办事处领导多次交涉，街办书记告知案涉土地为政府在征地，街办不能处理政府行政行为。

然而,原告不服被征地后未为自己缴纳失地农民养老保险,遂向市中级人民法院提起行政诉讼,要求市人民政府(县级市)履行法定职责,给付失地保险金。

被告市人民政府辩称,其不存在原告所诉的法定职责。《×××省被征地农村社会保障暂行办法》第 28 条对相应政府的职责有明确规定,本案被告不具有给付的义务,被告只有宏观指导监督制订相关政策的义务,不负责具体办理,更没有支付的义务。

经过审理,一审法院认为,本案的争议焦点为“被告××市人民政府是否具有为被征地农民缴纳失地农民养老保险的法定职责”。

法院认为,根据《民法典》(原《物权法》)的规定,被告市人民政府作为土地征收的组织实施主体,在落实被征地农民社会保障方面应当履行相应的职责,故被告具有处理原告主张事项的法定职责。市人民政府称其不是本案适格被告的主张于法无据,本院不予支持,故判决被告市人民政府履行法定职责为原告办理失地保险。

被告不服一审判决,向省高级人民法院提起上诉,二审法院认为一审法院判决认定事实清楚、程序合法、适用法律正确,判决驳回被告上诉,维持一审判决。

后被告仍不服,向中华人民共和国最高人民法院提起再审申请,最高人民法院经过审理后认为,原审法院判决市人民政府对被申请人的失地保险履行法定职责,并无不当。最高人民法院裁定驳回申请人市人民政府的再审申请。

案例二:失地农民张某在村集体为其购买了失地农民养老保险的同时,到城里打工。城里的企业由于张某已经参加了失地农民养老保险,于是就未为其缴纳城镇职工养老保险。3 年后张某离职时对该企业提起了仲裁,要求该企业支付因未缴纳社会保险的离职补偿金 3 万元,经过仲裁一审二审程序,最终张某获得了 3 万元的补偿金。原因在于法院认为张某的失地农民养老保险并不等于城镇职工养老保险，张某存在该项保险不影响企业为其购买城镇职工养老保险，企业未能为其购买城镇职工养老保险存在履行瑕疵，张某提出离职的同时有权要求经济补偿。

引　申

(1)失地农民养老保险具有一定保障性和维护社会稳定性。(2)失地农民养老保险与城镇职工养老保险可以同时缴纳，但到了法定退休年龄时，只能选择其一进行享受。(3)不能因为有的劳动者购买了失地农民养老保险，用人单位就可以不为其购买城镇职工养老保险，否则将承担法律责任。

相关规定

《中国保监会关于保险业支持经济结构调整和转型升级的指导意见》 三、发挥保险功能作用，服务新型城镇化建设和消费升级鼓励保险公司根据新型城镇化过程中进城务工人员、失地农民的特点，积极发展失地农民养老保险、务工人员意外伤害保险、生育保险等保险业务，为其提供意外、养老、医疗、生育等多层次、多类别和长期均衡的保障，提高新型城镇化的质量。支持保险公司大力发展保障型人身保险产品，做好大病保险试点工作，推进个人税延型养老保险试点，稳定居民收入预期，增强居民消费意愿。支持保险公司发展与居民首套自住购房、大宗耐用消费品、新型消费品以及教育、旅游等消费领域相关的消费信贷保证保险业务，促进消费增长和消费升级。

《农业农村部对十三届全国人大二次会议第2682号建议的答复》 一是明确了保障对象，将因政府统一征收农村集体土地而导致失去全部或者大部分土地的在册农业人口作为社会保障对象；二是被征地农民社会保障以养老保险为主，通过给予养老保险补贴，将被征地农民纳入相应的国家基本养老保险制度；三是及时足额安排被征地农民社会保障费用，实行“先保后征”，社会保障费用不落实的不得批准征地。

175

在职员工去世后养老保险账户内个人部分可以被继承吗？国家统筹部分呢？

答：法律明确规定职工死亡个人账户余额可以继承，国家统筹部分依法纳入国家基本养老基金中用于继续支付其他参保人的养老金，因此不能继承。

案　　例

某参保企业的一名在职职工因病去世，在办理社会保险相关手续时，其家属提出，该员工的养老保险账户中单位和个人所缴的全部费用都应取出，作为遗产继承，并要求单位到社会保险经办机构协助办理退保事宜。对此，单位依法协助其将个人账户余额全部取出由其继承人继承，但是对于统筹部分未予办理退保。

引　　申

由于基本养老保险实行社会统筹与个人账户相结合，基本养老保险基金由用人单位缴费和个人缴费组成。其中社会统筹部分主要是由用人单位缴费构成，个人账户由个人缴费部分和单位缴费按规定划转部分组成。非因法定事由，参保人不得提前支取个人账户余额。如果在职职工死亡,无论是因工死亡还是非因工死亡,其个人账户的余额都可以依法由其继承人继承。也就是说,参加企业职工基本养老保险的个人死亡后,其个人账户中的全部储存额以及个人缴费利息可以全部依法继承。但是对于统筹部分是不可以继承的。

相关规定

《社会保险法》第14条 个人账户不得提前支取,记账利率不得低于银行定期存款利率,免征利息税。个人死亡的,个人账户余额可以继承。

第17条 参加基本养老保险的个人,因病或者非因工死亡的,其遗属可以领取丧葬补助金和抚恤金;在未达到法定退休年龄时因病或者非因工致残完全丧失劳动能力的,可以领取病残津贴。所需资金从基本养老保险基金中支付。

第49条第2款 个人死亡同时符合领取基本养老保险丧葬补助金、工伤保险丧葬补助金和失业保险丧葬补助金条件的,其遗属只能选择领取其中的一项。

176

灵活就业人员参加养老保险的相关政策有哪些?

答:灵活就业人员养老保险是一种保险政策,参保范围是没有固定的工作、失业或再就业的人属于灵活就业人员。针对这类人的养老保障,国家颁布实施了灵活就业人员养老保险政策。

灵活就业是指在劳动时间、收入报酬、工作场所、保险福利、劳动关系等方面不同于传统主流的就业方式。

灵活就业人员是指在劳动年龄范围内（男65周岁、女55周岁以下）以非全日制、临时性、季节性、弹性工作等灵活多样形式实现就业或再就业的人员，包括：自雇型就业，有个体经营和合伙经营两种类型；自主就业，如自由职业者，自由撰稿人、歌手、模特、中介服务工作者等；临时就业，如家庭小时工、街头小贩、其他类型的打零工者。

灵活就业人员缴纳社会保险费的规定缴费基数是：灵活就业人员每年缴费主要据当地上年度社会平均工资确定缴费基数档次。参保人自主选择缴费基数档次，申报缴费。每年缴费基数档次都可以自主选择，缴费基数一经缴费人员确定，本年度内不得变更。从60%～300%以10%的幅度递增，共有25个缴费档次供参保人员自主选择。累计缴费年限满15年以上人员，达到法定退休年龄，从批准退休的次月起享受基本养老金待遇，并享受国家和省关于退休人员养老金增资调待的政策。

相关规定

《乡村振兴促进法》第54条第2款　国家支持农民按照规定参加城乡居民基本养老保险、基本医疗保险，鼓励具备条件的灵活就业人员和农业产业化从业人员参加职工基本养老保险、职工基本医疗保险等社会保险。

《国民经济和社会发展第十四个五年规划和2035年远景目标纲要》　健全养老保险制度体系，促进基本养老保险基金长期平衡。实现基本养老保险全国统筹，放宽灵活就业人员参保条件，实现社会保险法定人群全覆盖。完善划转国有资本充实社保基金制度，优化做强社会保障战略储备基金。完善城镇职工基本养老金合理调整机制，逐步提高城乡居民基础养老金标准。发展多层次、多支柱养老保险体系，提高企业年金覆盖率，规范发展第三支柱养老保险。推进失业保险、工伤保险向职业劳动者广覆盖，实现省级统筹。推进社保转移接续，完善全国统一的社会保险公共服务平台。

《国民经济和社会发展第十三个五年规划纲要》 大幅提升灵活就业人员、农民工等群体参加社会保险比例。加强公共服务设施和信息化平台建设，实施社会保障卡工程，持卡人口覆盖率达到90%。

医疗保险

177

医疗保险报销的注意事项有哪些？

哪些医疗保险会因为单位而不能报销？哪些医疗保险会因为职工而不能报销？

答：医疗保险在社会保险中处于一个极其重要的地位，也是大家普遍关注的一个焦点，医疗保险报销是社会福利保障中的重要一环，为了顺利享受医疗保险红利，在医疗保险报销过程中应当注意以下几个方面：

(1)医疗保险报销路径：医疗保险分为城乡居民医疗保险和职工医疗保险，属于社会保险五险之一。无论是哪种医保，只有在当地定点医院治疗才能报销。至于该去哪里报销的问题，有如下几种情况可供参考：

如果是当地定点医保机构住院治疗的，出院结账时医院会自动报销。

如果并非住院，医疗没有报销，则需携带医院结算发票、诊断书、费用明细及社会保险卡到当地政务中心医保窗口或社会保险中心进行报销处理；如果是在其他医疗机构治疗的，还需提供转诊证明。

注意起付标准和限额。以云南省为例，依据《云南省城镇职工基本医疗保险暂行规定》(云南省人民政府令第86号)第13条的规定，"统筹基金的起付标准为统筹地区上年度职工平均工资的8%～10%。统筹基金的最高支付限额为统筹地区上年度职工平均工资的4倍。起付标准以下的医疗费用，从个人账户中支付或者由个人自付。起付标准以上、最高支付限额以下的医疗费用，从统筹基金中支付，并由个人负担一定比例。”根据国家医疗保障局以及云南省医疗保障机构发布的相关通知可知，超过基本医保封顶线的部分，可根据实际医疗费用负担情况，纳入职工大病保险和城乡居民大病保险范围。职工大病补充保险政策范围内费用支付比例达 90%，封顶线各统筹区不同，最高可达到 41 万元。城乡居民大病保险政策范围内费用支付比例达到 60%，封顶线为 15 万元左右。对贫困人口的支付倾斜力度，贫困人口起付线降低 50%，支付比例提高 5 个百分点，并全面取消建档立卡贫困人口封顶线，进一步减轻大病患者、困难群众医疗费用负担。如果参保人是贫困人口或低保对象，还可以申请获得相应医疗救助。

（2）报销范围：只有在医保目录内的药品和治疗项目花费，才能报销医保。医保目录分甲、乙、丙三类，甲类可全额报销，乙类只能报销 80% 或 90%，丙类不能报销。另外，若存在以下情况，则医疗保险也不予以报销：

第一，本该由个人自付的情况；

第二，在国外或者港澳台地区治疗产生的费用；

第三，有打架斗殴、酗酒等违法行为的，或属自杀、交通事故、医疗事故造成伤害的；

第四，非定点医疗机构就诊或非定点零售药店购买药品的。

（3）不同等级的医疗机构，报销比例有所差异。国家鼓励患小病在基层医院治疗，大病再去大医院治疗。医保部门为了对患者起到引导作用，在基层医院报销比例比在大医院高，而且基层医院的起线也设置得比大医院低。

（4）其他不能报销情形：

医保断缴无法报销。如果医保出现断缴，从断缴的次月起将终止医疗保险待遇。断缴次月无法享受医保待遇，将无法报销医药费，但个人账户里的钱还可以使用，当然如果医保断缴后3个月内补缴欠费，从正常缴费之日起按法规享受医疗保险待遇。如果断缴超过3个月，即便你补缴了欠费，但享受医疗保险待遇有6个月的等待期，即从正常缴费之日起，6个月后方可按有关规定享受医疗保险待遇。

门诊未达到起付线的无法报销。首先要看被保险人住院起付标准及比例，各城市的收费标准不同，还与医院的等级挂钩，如未达到起付标准，则不予医保报销。

超过报销上限的花费无法报销。医保报销有一个封顶线，如果费用超过上限，是无法报销的，当然如果费用实在较多，会启动大病救助保险，通过大病救助的花费还能再补偿一部分，如果有需要的朋友一定要联系当地相关部门，了解具体的办理方案。

不在医保定点机构无法报销。我们平时无论是去药店买药还是在医院看病，都需要注意一下它们的门口是否有"医保定点机构""医保定点医院"的字样，有这些字样，我们在那里买药看病才可以用医保报销，否则只能自费。

不在医保法规范围内的治疗项目和药物无法报销，如医疗美容、矫正牙齿等项目，另外不在医保目录中的药物也无法报销。

第三方承担的医疗费用不予报销。例如，发生意外，对方承担全部责任的情况。这种情况下的责任主体是加害者一方，负担的医疗费也应该是加害者一方，所以这种情况下的医疗保险也不会报销。不是所有的车祸都可以用医保报销，自己无过错情况下发生的车祸，一般来说，医保不能报销。第三人不支付或者无法确定第三人的，由基本医疗保险基金先行支付，基本医疗保险基金先行支付后，有权向第三人追偿。

案 例

段某为了能够享受职工医疗保险待遇，于是就找了关系，由某机构与其签订劳动合同并购买医疗保险,但段某并未为该机构提供任何劳动,也不领取任何工资待遇,该机构为其购买的社会保险费用由段某支付给该机构。后段某被查出患有肺癌,治疗费用高达 50 万元,医疗保险报销金额接近 40 万元。在医保复核过程中,该机构提交了相关资料,机构工作人员把段某自行承担社会保险费用的书面材料不小心放进了申报资料,人力资源和社会保障局认为段某与该机构并未建立真实劳动关系,因此最终要求段某的家属退还已经医保报销的近 40 万元保险待遇。此外,由于该事项系虚构劳动关系骗取医疗保险待遇,该机构受到了人力资源和社会保障部门的行政处罚。其实,如果段某自行参加居民职工医疗保险,其仍可以获得癌症的医疗保险报销费用,而不必退回。但因为之前的医疗保险系虚构劳动关系而购买的,因此,应当退还该医疗保险待遇。

引　申

对于个人而言,要严格依照报销的范围进行报销,不得随意借给他人使用,没有医疗保险等情况骗保情节严重的要入刑,根据《全国人民代表大会常务委员会关于〈中华人民共和国刑法〉第二百六十六条的解释》的规定:以欺诈、伪造证明材料或者其他手段骗取社会保险费或者其他社会保障待遇的,属于《刑法》第 266 条规定的诈骗公私财物的行为。

在前面提及的以搬迁为名,骗取失业保险金案例中,明明还是在职员工,却让企业利用搬迁配合伪造相关手续,骗领失业保险金等社会保险待遇十万余元,由于骗取金额较大,最终这些员工都被追究了法律责任,而企业也被处以 3 倍罚款。

相关规定

《社会保险法》第 28 条　符合基本医疗保险药品目录、诊疗项目、医疗服务设施标准以及急诊、抢救的医疗费用,按照国家规定从基本医疗保险基金中支付。

第30条第1款 下列医疗费用不纳入基本医疗保险基金支付范围:(一)应当从工伤保险基金中支付的;(二)应当由第三人负担的;(三)应当由公共卫生负担的;(四)在境外就医的。

178

医疗保险缴费基数如何确定?

答:(1)灵活就业人员缴费基数,由当事人在当地社会保险本年度限定范围内自由选择。

(2)职工缴费基数,按照职工上一年度1月至12月的所有工资性收入所得的月平均额来进行确定,有上限和下限之分,具体数额根据各地区实际情况而定。

以云南省为例,依据《云南省城镇职工基本医疗保险暂行规定》(云南省人民政府令第86号)第7条的规定:“用人单位缴纳基本医疗保险费的基数,为本单位上年度职工月平均工资总额。职工缴纳基本医疗保险费的基数,为本人上年度月平均工资收入。职工本人上年度月平均工资收入超过统筹地区上年度职工月平均工资300%的,以300%为基数缴纳;低于60%的,以60%为基数缴纳。国有企业下岗职工的基本医疗保险费,包括单位缴费和个人缴费,全部由企业再就业服务中心按照统筹地区上年度职工月平均工资的60%为基数缴纳。”

引　申

(1)针对新进本单位的人员以职工本人起薪当月的足月工资收

入作为缴费基数;参保单位以本单位全部参保职工月缴费基数之和作为单位的月缴费基数。(2)应缴的医疗保险费有两项:一是职工缴纳的基本医疗保险费为本人工资收入的2%,用人单位缴纳的基本医疗保险费为职工工资总额的7.5%;二是城镇职工大病补充医疗保险费由单位和个人共同负担。

179

医疗保险缴费基数低于实际工资,员工要求公司补足差额有依据吗?

答:劳动者可以要求单位按实际工资数额为基数缴纳社会保险,并补缴不合法缴纳期间的费用。

案　　例

我们从第24问中的案例也可以得出,当事人以约定缴费基数的方式缴纳社会保险费,违反了按工资总额及职工工资收入核定缴费基数的规定,因此该约定因不符合规定而无效;公司缴费基数统计中未列入奖金、津贴、补贴等几部分劳动报酬,而这几部分均不属于可以不列入工资总额统计的范围,因此,这几部分均属于应当计入缴费基数的统计范围,由此产生的社会保险费少缴部分,应当按规定补缴。据此,劳动者可以要求公司补缴未足额缴纳社会保险费的差额部分。

引　　申

用人单位未足额缴纳社会保险导致劳动者医疗保险待遇降低,

劳动者要求用人单位承担补足责任,实践中裁判规则不同,在已有地方出台相关规定的情形下,多数法院均能支持劳动者相关诉求,但也有部分地区驳回劳动者该项诉求。

法院作出支持劳动者诉求主要有以下几点理由:

(1)地方政府出台政策法规,明确此种情形由用人单位承担补足责任;

(2)根据《社会保险法》第63条的规定,用人单位应足额缴纳社会保险费,因未足额缴纳社会保险费造成劳动者工伤待遇降低,用人单位存在过错,应予补足。

法院作出驳回劳动者诉求主要有以下几点理由:

(1)该项诉求不属于人民法院审理劳动争议的范围;

(2)劳动者主张补足责任缺乏法律依据;

(3)劳动者无法举证证明存在差额。

相关规定

《社会保险法》第23条 职工应当参加职工基本医疗保险,由用人单位和职工按照国家规定共同缴纳基本医疗保险费。

第63条 用人单位未按时足额缴纳社会保险费的,由社会保险费征收机构责令其限期缴纳或者补足。用人单位逾期仍未缴纳或者补足社会保险费的,社会保险费征收机构可以向银行和其他金融机构查询其存款账户;并可以申请县级以上有关行政部门作出划拨社会保险费的决定,书面通知其开户银行或者其他金融机构划拨社会保险费。用人单位账户余额少于应当缴纳的社会保险费的,社会保险费征收机构可以要求该用人单位提供担保,签订延期缴费协议。用人单位未足额缴纳社会保险费且未提供担保的,社会保险费征收机构可以申请人民法院扣押、查封、拍卖其价值相当于应当缴纳社会保险费的财产,以拍卖所得抵缴社会保险费。

180

医疗保险停办多长时间后重新起算,即无法延续?

答:医疗保险参保人中断缴费超过3个月以上,以及未按规定在3个月内及时参保缴费的,视为中断参保,中断参保后再次参保时,连续正常缴费6个月后才可以按规定享受职工社会医疗保险待遇。

引　申

劳动者离职后,争取在3个月内找到新的用工单位续接医保。如果3个月未再就业,可以灵活就业人员身份缴纳医疗保险,途径有三种:(1)城乡居民医疗保险(户籍所在地办理),不同的地方可能缴费档次有所不同,个人可根据自身预算来选择缴费档次。特点:缴纳金额少,享受的待遇低。(2)灵活就业人员社会保险(户籍所在地办理),城乡居民社会保险一样只有养老、医疗两种保险。但灵活就业人员医保参照的是城镇职工医保,享受待遇也同城镇职工医保一样。(3)挂靠社会保险代缴机构购买职工社会保险,但此种方法风险较大,易涉及"骗保",且个人需要承担费用较高,包括三部分:职工社会保险个人缴费部分、公司缴费部分和代缴手续费,而且需要缴纳26%左右的基数金额,但只有8%进入个人养老账户。

181

医疗保险的重特病险缴费基数如何确定?

答:以云南省为例,参保单位在职职工,单位以上一年度全省全口径城镇单位就业人员月平均工资的0.6%加1元(1元是个人负担)缴纳重特病医疗统筹费;参保单位退休人员的标准同在职职工。

2020年,云南省城镇非私营单位就业人员年平均工资为93,133元,每月单位缴纳约47元,个人1元;城镇非私营单位在岗职工年平均工资为98,287元,每月单位缴纳约49元,个人1元;城镇私营单位就业人员年平均工资为45,897元每月单位缴纳约23元,个人1元。①

引　申

单位未为职工缴纳重特病险费的情况,职工如何维权?单位有哪些法律风险?

职工可通过以下方式维权:

(1)未依法缴纳社会保险费导致劳动者损失的,可以要求用人单位赔偿损失

根据《最高人民法院关于审理劳动争议案件适用法律问题的解释(一)》第1条第5项的规定,劳动者以用人单位未为其办理社会保险手续,且社会保险经办机构不能补办导致其无法享受社会保险

① 参见《2020年云南城镇单位就业人员平均工资情况》,载云南省统计局2021年6月17日,http://stats.yn.gov.cn/Pages_23_2653.aspx。

待遇为由,要求用人单位赔偿损失发生的纠纷,人民法院应予受理。

例如,用人单位未依法为劳动者缴纳医疗保险费,劳动者患病时应当由医疗保险承担的部分,可以要求用人单位承担相关损失。

(2)向社会保险机构举报,要求用人单位补缴社会保险费

根据《社会保险法》第86条的规定,用人单位未按时足额缴纳社会保险费的,由社会保险费征收机构责令限期缴纳或者补足,并自欠缴之日起,按日加收万分之五的滞纳金;逾期仍不缴纳的,由有关行政部门处欠缴数额一倍以上三倍以下的罚款。

对于劳动者来说,社会保险是除了眼前可见的工资收入以外,额外的一种远期保障,遇到单位不依法为自己缴纳社会保险费时,更要勇敢地举起法律武器维护自己的应有权益。

单位存在的风险:

(1)给职工造成损失的,可能要承担相应的损失赔偿责任;

(2)被社会保险费征收机构责令限期缴纳或者补足,或者被罚款。

182

医疗保险能够补缴吗?

答:职工医保断缴能补缴,但如果断缴超过3个月,则不可补缴(具体规定详见:《国家医保局、国家发展改革委、财政部、国家税务总局关于阶段性缓缴职工基本医疗保险单位缴费的通知》);居民医保一年缴纳一次,有固定缴纳期限,补缴期限有限制,各地规定有所不同。

断缴后对职工享受医疗保险待遇将会有如下影响：

(1)职工基本医疗保险待遇包含统筹基金支付和个人账户支付两种情形。

统筹基金是支付医疗保险待遇的专项基金，按一定比例用于支付参保人在定点医疗机构发生的医保"三大目录"内的医疗费用。

个人账户是医疗保障经办机构按照国家规定为职工医保参保人以其个人名义建立的账户，参保职工可以用个人账户支付门诊看病和药店购药的费用。

(2)职工医保断缴，可以继续使用本人的账户支付定点医疗机构发生的符合规定的费用。

职工医保个人账户可以用于支付在定点医疗机构和定点零售药店发生的符合规定的费用。医保账户个人余额仍然可以用于看病、买药。个人账户归个人所有，滚存积累，超支不补，可以按照规定继承。

但是，中断缴费期间的个人医保待遇会受到影响。参保单位中断缴费的，自次月起即暂停支付其医保待遇；参保单位自补齐欠费和滞纳金的次月起，恢复其职工医保待遇。补缴中断期间医疗保险费的，只计算医疗保险缴费年限，其间发生的医疗费不纳入报销范围。例如，单位2022年3月及之前均正常缴纳医保费，2022年4至5月未按月缴费，6月缴纳当月同时补缴了4月、5月医保费。该单位在职职工7月1日后发生的医疗费可按规定报销，5月、6月发生的医疗费不能报销。

案　例

为了维护职工合法权益，经云南公司与服务律师团队商谈确定，云南公司拟为2002年11月至2009年12月入职且2017年4月16日仍在职的员工(以下称为补缴人员)补缴基本养老保险及基本医疗保险事宜(以下统称为社会保险补缴事宜),该事项是云南公司对补缴人员的权益保障,也是一种公司福利和激励,是公司为补缴人员做的一件大好事,是贯彻维护职工权益的具体表彰。

基于历史背景和政策因素,社会保险部门并未向企业或者劳动者开通补缴的政策或者法律通道,无论是企业还是劳动者均无法补缴过去未参保期间的社会保险。2014 年以后,社会保险部门才逐步开始为一般企业以及劳动者在符合条件的情况下进行补缴。作为云南公司的法律顾问获悉该政策变化后,协助公司积极与社会保险等有关部门沟通,结合与当地人力资源和社会保障局最终协商后的情况,云南公司拟计划于 2018 年至 2019 年两年之间对 2017 年 4 月 16 日仍然在职的补缴人员,为其 2002 年 11 月至 2009 年 12 月在公司工作期间的养老保险进行补缴,为其 2007 年 10 月至 2009 年 12 月的医疗保险进行补缴。

220 名补缴人员在公司成立初期为公司默默奉献,直到 2017 年 4 月 16 日仍不离不弃,对公司勤勉忠诚,为公司可持续发展做出了努力。为激励员工爱岗敬业,维护职工合法权益,倡导和谐稳定的企业文化,公司秉承以人为本的精神,启动社会保险补缴事宜。

引　申

单位欠缴医保,个人不可以单独补缴,职工可以向社会保险费征收机构进行维权,要求单位为其将欠缴的社会保险补齐。

补缴医疗保险的途径主要有以下三种:一是用人单位与劳动者协商一致,由单位申请进行补缴,社会保险机构核查同意后进行补缴;二是申请劳动仲裁进行调解,在仲裁部门主持调解下,用人单位同意补缴,且客观上应当进行补缴;三是向社会保险执法部门进行举报投诉,社会保险执法部门作出责令单位补缴的行政处罚后,单位依据该行政处罚文件进行补缴。

183

医疗保险断缴对员工有影响吗？

答：有影响，医疗保险断缴期间，员工所产生的医疗费用无法报销，账户虽然还在，但是只能使用余额，其他功能无法使用。对3个月内接续并补缴中断缴费期间费用的，从完清费用的次月起享受医保待遇。其补缴费期间发生的医疗费用，按规定予以支付。对超过3个月接续的，从完清费用的次月起享受医保待遇。其补缴费期间发生的医疗费用，按规定不予支付。

以云南省为例，参加城镇职工基本医疗保险的人员流动就业，应在中止原基本医疗保险关系后的3个月内到新就业地接续城镇职工医疗保险关系，个人账户随其医疗保险关系转移，也可以在原参保地继续使用或予以清退。在原参保地因欠费暂停享受待遇的，按新参保规定足额补缴单位应缴纳的医疗保险费后，视同连续参保，补计参保人缴费年限，前后的缴费年限合并计算。补缴部分不划入个人账户。欠费期间发生的住院医疗费，医疗保险统筹基金不予支付。

引　申

企业应尽可能做到不断缴，否则会影响职工享受医保待遇，若单位断缴给职工造成损失，单位还应当承担损失赔偿责任。

断缴超过3个月的则无法补缴，且影响职工享受后续医保待遇，如连续缴纳医疗保险长达30年的职工退休后可免缴费享受医保待遇，这个医保待遇，一是住院报销待遇，退休后，城镇职工医疗保险，报销比例75%以上，最高可以达到90%；二是社会保险卡返钱待遇，只要缴满规定年限,退休后不但不用再缴纳医疗保险了,每月医疗保障基金还给社会保险卡返钱,返钱的金额跟养老金挂钩,一般为本人养老金的4.5%,主要用于日常买药、门诊等花费。

在经济困难的情况下,企业尽可能申请养老保险的缓缴,但对于医疗保险还是尽可能缴纳,以保障职工的合法权益。

184

拖欠医疗保险的员工可以报销吗?

答:能否报销,因拖欠时间长短、参保形式的不同而有所差异。

(1)参加个体灵活就业医保的,欠费3个月之内(含3个月)发生的住院费用(以住院时间为准),补齐保费后可以正常报销;欠费3个月以上6个月以内(含6个月)发生的住院费用,补缴欠费期间的费用后可以报销,但报销总额不得超过实际补缴总额。欠费3个月以上6个月以内办理补缴的,次月住院就可以正常报销。

(2)以单位形式参加职工医保、停保后转入个体的,断缴4个月以上6个月以内的,补缴后从次月开始享受待遇。

比如,《昆明市人民政府关于印发〈昆明市生育保险和职工基本医疗保险合并实施试行办法〉的通知》(昆政发〔2017〕34号)规定:"用人单位或个人欠缴医疗保险费2个月以内补缴欠费的其连续缴费年限累计计算,参保人在欠费期间生育或施行计划生育手术,医疗保险基金按规定支付生育保险待遇;欠费超过2个月以上的其连续缴费年限重新累计计算,医疗保险基金不支付欠费期间的生育保险待遇。"

案　例

某企业由于经济困难断缴了张某的医疗保险达4个月之久,其间张某生病住院,导致无法报销该期间的医疗费用,造成损失。张某向单位主张损失赔偿,经过劳动仲裁,支持了张某的损失赔偿请求。

引　申

(1)企业可以争取缓缴或者免缴的优惠政策,但影响到职工切身利益的拖欠行为应当尽量避免;(2)对于拖欠的困难企业,建议其与医保部门进行沟通,争取不影响职工享受相应的医保待遇。

185

居民医疗保险与职工医疗保险的区别?

答:两者的区别详见表10。

表10　居民医疗保险与职工医疗保险的区别

医保	参保地	参保人群	缴费方式	缴费年限	享受待遇
居民医保	户籍地	城乡居民医保和新农合覆盖的人群,只要未参加职工医保的均可参保	个人承担所有保费,每年缴费一次	不设立最低缴费年限,必须每年缴费,不缴费则不能享受医保待遇	每年下半年办理下一年度的参保手续,即可以享受次年全年的医保待遇费

续表

医保	参保地	参保人群	缴费方式	缴费年限	享受待遇
职工医保	随着参保单位的变更而变更,若属于从事个体经济人员只能在户籍地参保	有工作单位的在职职工或从事个体经济的灵活就业人员	由用人单位和职工个人共同缴纳,按月缴费	设立最低缴费年限,达到缴费年限的(一般男性25年、女性20年),退休后不再缴费即可享受基本医疗保险待遇	缴费后,次月即可享受医保待遇。医疗待遇标准总体略高于居民医保。个人账户可以用来在门诊看病、药店买药

案　例

张某入职真高兴公司,公司在为其购买城镇职工医疗保险时一直未能成功办理,后经查系张某已经参加了城乡居民医疗保险,只有将城乡居民医疗保险停止后方能缴纳城镇职工医疗保险。

引　申

(1)城镇职工医保和城乡居民医保之间如何转接?

以昆明市为例,医保分为城镇职工医保和城乡居民医保两种保险,只能参加一种保险。两种保险之间的转接如下。

居民医保转接职工医保:已缴纳了当年城乡居民基本医疗保险费的参保人,在其待遇期内随用人单位或以灵活就业人员身份参加城镇职工基本医疗保险的,在享受城镇职工医疗保险待遇之前,按城乡居民医疗保险政策规定享受医疗保险待遇。在享受城镇职工医疗保险待遇后,不再享受城乡居民基本医疗保险待遇。

职工医保转接居民医保:其一,职工参保人每年1月1日至6月25日转接城乡居民基本医疗保险的参保人享受财政补助,按当年规定的个人缴费标准缴纳城乡居民基本医疗保险费；每年 6 月 26 日至 12 月 25 日转接当年城乡居民基本医疗保险的参保人不享受财政补助，按当年个人缴费标准连同财政补助标准全额缴纳城乡居民基本医疗保险费。其二，城镇职工停保后可转接城乡居民基本医疗保险。城镇职工转接城乡居民基本医疗保险，在办理职工医保停保手续的次月底前办理转接城乡居民基本医疗保险并缴费的，自原职工医保关系中止时享受当年城乡居民医疗保险待遇（中断期间享受居民医保待遇）。次月底后转接参加城乡居民基本医疗保险的，自参保的次月起享受城乡居民医保待遇，中断期间不享受医保待遇。

(2) 新生儿看病可以报销医保吗？

新出生婴儿住院看病费用可以报销，但须符合两类情况：

一类是婴儿的父母都参加了我省城乡居民医保，婴儿在医院看病发生的医疗费用，就可以随父母报销；另一类是父母都没有参加我省城乡居民医保，只要婴儿出生 3 个月内，缴纳城乡居民医保参保费后，就可以按城乡居民医保政策报销医疗费用。新出生的婴儿不受城乡居民参保缴费期限制，出生 3 个月内都可缴费参保。

相关规定

国家医保局此前会同财政部、国家税务总局发布《关于做好 2022 年城乡居民基本医疗保障工作的通知》 2022 年继续提高城乡居民基本医疗保险筹资标准。各级财政继续加大对居民医保参保缴费补助力度，人均财政补助标准新增 30 元，达到每人每年不低于 610 元，同步提高个人缴费标准 30 元，达到每人每年 350 元。

根据国家医保局发布的《2021 年全国医疗保障事业发展统计公报》中的数据，2021 年，职工医保政策范围内住院费用基金支付比例为 84.4%，居民医保政策范围内住院费用基金支付比例为 69.3%。

186

若单位未购买医疗保险，导致的损失可以要求赔偿吗？

答：可以要求单位予以赔偿。用人单位与劳动者在劳动合同中约定由用人单位给予居民医保补贴，由劳动者自行购买居民医保、由用人单位为劳动者另行购买商业险均不能免除用人单位缴纳基本医疗保险的法定义务。用人单位未办理基本医疗保险，致使劳动者无法享受医疗保障，应对劳动者因此遭受的损失给予赔偿。

案　　例

广州某织造厂是个人独资企业，投资人是陈某。2007年9月，杨某入职该织造厂，任捻线车间生产部员工。入职后，该织造厂没有与杨某签订劳动合同，也未为其购买社会保险，其自行在家乡参保。

2020年4月，杨某身体不适，前往医院检查并住院治疗，诊断为宫颈恶性肿瘤等，住院及门诊治疗总费用14.2万元。经查，上述费用中属于医疗保险基金支付的费用为9.3万元，杨某通过城乡居民基本医疗保险报销了7.6万元。

杨某认为，某织造厂未为其购买社会保险，导致其患病时无法享受社会保险待遇，故将某织造厂和陈某诉至法院，要求其赔偿医疗费损失14.2万元。

广州市白云区人民法院一审判决：某织造厂支付杨某医疗费损失1.7万元；陈某对上述判决确认的债务承担连带清偿责任。该判决现已生效。

本案中，因某织造厂未为杨某购买社会保险，理应承担杨某因无法享受社会保险待遇造成的损失。因损失赔偿本身系弥补、填补性质，现杨某已通过城镇居民基本医疗保险报销了7.6万元，该笔款项杨某不应重复受偿。故在判定杨某受偿总额时，应根据广州市医疗保险服务中心核算的基金支付数额进行计算，某织造厂应赔偿杨某因无法享受社会保险待遇造成的剩余损失1.7万元。

用人单位有为员工缴纳社会保险的法定义务，不能根据员工或者用人单位的意愿而免除。如因用人单位未依法为员工缴纳医疗保险，导致员工患病后无法享受医疗保险待遇而遭受经济损失，该经济损失应由用人单位承担。

引　申

未为职工购买医疗保险的企业面临哪些法律风险？

(1)补缴医疗保险的风险；

(2)医疗保险损失赔偿的风险；

(3)劳动者随时享有单方解除权且要求经济补偿的风险；

(4)单位面临行政处罚的风险。

相关规定

《劳动法》第70条　国家发展社会保险事业，建立社会保险制度，设立社会保险基金，使劳动者在年老、患病、工伤、失业、生育等情况下获得帮助和补偿。

第73条　劳动者在下列情形下，依法享受社会保险待遇：(一)退休；(二)患病、负伤；(三)因工伤残或者患职业病；(四)失业；(五)生育。劳动者死亡后，其遗属依法享受遗属津贴。劳动者享受社会保险待遇的条件和标准由法律、法规规定。劳动者享受的社会保险费必须按时足额支付。

《社会保险法》第 23 条第 1 款 职工应当参加职工基本医疗保险，由用人单位和职工按照国家规定共同缴纳基本医疗保险费。

第 28 条 符合基本医疗保险药品目录、诊疗项目、医疗服务设施标准以及急诊、抢救的医疗费用，按照国家规定从基本医疗保险基金中支付。

第 58 条第 1 款 用人单位应当自用工之日起三十日内为其职工向社会保险经办机构申请办理社会保险登记。未办理社会保险登记的，由社会保险经办机构核定其应当缴纳的社会保险费。

187

医疗保险挂靠的法律后果是什么？

答：医疗保险缴纳的前提是存在合法有效的劳动关系，医疗保险挂靠实际是虚构劳动关系，故可能会涉及"骗保"的情况。

（1）对个人而言除了返还保险金以外，有可能涉及刑事问题；

（2）对挂靠单位而言，一旦挂靠者出现工伤/亡情形，被挂靠单位理论上应当承担用人单位的责任。因此产生的支出项目、费用、支出的最终承受主体等，都可能引发挂靠者及其家属与被挂靠单位之间的争议，从而导致被挂靠单位增加不必要的讼累。

188

骗取医疗保险基金面临的法律责任有哪些?

答:1. 行政责任:(1)定点医药机构骗取医疗保险基金,除责令退回以外,还面临被处骗取金额2倍以上5倍以下的罚款、吊销执业资格;(2)个人骗取医疗保险基金,责令退回并由医疗保障行政部门处骗取金额2倍以上5倍以下的罚款。

2. 刑事责任:目前我国现行刑法中没有“医保诈骗罪”这个罪名,一般都以普通诈骗罪来定罪处罚。按照我国相关法律、法规的规定,个人或医院骗取医保基金的行为,都涉嫌诈骗罪。

案　　例

2019年3月,黑龙江省绥化市某老年医院通过虚假宣传,诱导患者住院消费。同时,存在账目不健全、无财税部门统一印制的出院结算收据、患者挂床住院骗取医疗保障基金等问题。医保部门依据相关规定,暂停该医院服务协议6个月,拒付和追回医保基金30.61万元,并收缴违约金1.32万元。

引　　申

定点医疗机构与医疗保险事业管理中心签订的服务协议在性质上属于民事合同,其在履行合同过程中采取小病大医、空挂床位等手段,多开、虚开治疗项目和治疗费用,骗取医保金额较大的,构成合同诈骗罪。[①] 此外，医生在就诊过程中应及时审查患者医保信息，即核对医保卡信息是否为患者本人，患者的主诉、体征和临床检查等所要求开具的药物是否吻合，患者是否符合住院条件等。对于医生过失造成的上述情况，大多数时候面临的是行政处罚。

相关规定

《全国人民代表大会常务委员会关于〈中华人民共和国刑法〉第二百六十六条的解释》 以欺诈、伪造证明材料或者其他手段骗取养老、医疗、工伤、失业、生育等社会保险金或者其他社会保障待遇的，属于刑法第二百六十六条规定的诈骗公私财物的行为。且诈骗公私财物价值3000元至1万元以上，应当认定为《刑法》第266条规定的"数额较大"。

《社会保险法》第88条 以欺诈、伪造证明材料或者其他手段骗取社会保险待遇的，由社会保险行政部门责令退回骗取的社会保险金，处骗取金额二倍以上五倍以下的罚款。

第91条 违反本法规定，隐匿、转移、侵占、挪用社会保险基金或者违规投资运营的，由社会保险行政部门、审计机关责令追回；有违法所得的，没收违法所得；对直接负责的主管人员和其他直接责任人员依法给予处分。

《医疗保障基金使用监督管理条例》（国务院令第七百三十五号）第40条 定点医药机构通过下列方式骗取医疗保障基金支出的，由医疗保障行政部门责令退回，处骗取金额2倍以上5倍以下的罚款；责令定点医药机构暂停相关责任部门6个月以上1年以下涉及医疗保障基金使用的医药服务，直至由医疗保障经办机构解除服务协议；有执业资格的，由有关主管部门依法吊销执业资格：（一）诱

① 参见重庆市涪陵博爱医院等合同诈骗案裁判要旨，（2011）涪法刑初字第26号。

导、协助他人冒名或者虚假就医、购药，提供虚假证明材料，或者串通他人虚开费用单据；(二)伪造、变造、隐匿、涂改、销毁医学文书、医学证明、会计凭证、电子信息等有关资料；(三)虚构医药服务项目；(四)其他骗取医疗保障基金支出的行为。

第41条 个人有下列情形之一的，由医疗保障行政部门责令改正；造成医疗保障基金损失的，责令退回；属于参保人员的，暂停其医疗费用联网结算3个月至12个月：(一)将本人的医疗保障凭证交由他人冒名使用；(二)重复享受医疗保障待遇；(三)利用享受医疗保障待遇的机会转卖药品，接受返还现金、实物或者获得其他非法利益。个人以骗取医疗保障基金为目的，实施了前款规定行为之一，造成医疗保障基金损失的；或者使用他人医疗保障凭证冒名就医、购药的；或者通过伪造、变造、隐匿、涂改、销毁医学文书、医学证明、会计凭证、电子信息等有关资料或者虚构医药服务项目等方式，骗取医疗保障基金支出的，除依照前款规定处理外，还应当由医疗保障行政部门处骗取金额2倍以上5倍以下的罚款。

工伤保险

189

工伤认定的前提条件是什么,需要提交哪些资料?

答:根据《工伤保险条例》第 18 条的规定,工伤认定的前提条件概括如下:

1. 提出申请,此处的申请可以是受伤职工本人或其近亲属,也可以是工会组织、用人单位。

2. 受伤职工与用人单位存在劳动关系,包括事实劳动关系。能够证明双方存在劳动关系的直接证据就是劳动合同,但对于事实劳动关系的认定主要是依据《劳动和社会保障部关于确立劳动关系有关事项的通知》(劳社部发〔2005〕12 号)文件进行认定。需要注意的是,用工单位违反法律、法规规定将承包业务转包、分包给不具备用工主体资格的组织或者自然人,职工发生工伤事故时,应由违法转包、分包的用工单位承担工伤保险责任。

3. 受伤事实。也就是说职工受伤的证明文件,即医疗诊断证明或者职业病诊断证明书(或者职业病诊断鉴定书)、道路交通事故认定书等。

根据《工伤保险条例》第 18 条的规定,工伤认定一般需要提交如下资料:(1)工伤认定申请表(各地人社系统官网下载);(2)与用人单位存在劳动关系(包括事实劳动关系)的证明材料;(3)医疗诊断证明或者职业病诊断证明书(或者职业病诊断鉴定书)。

工伤认定申请表应当包括事故发生的时间、地点、原因以及职工伤害程度等基本情况。

另外,在对于劳动关系证明资料的实际操作中,用人单位需要提供劳动合同书或者仲裁裁决书或法院判决书,并在工伤认定申请书上盖章或单独书面承诺。需要提示用人单位的是,参保证明不等于存在劳动关系,因此,劳动关系的最终认定还是以劳动合同和《劳动和社会保障部关于确立劳动关系有关事项的通知》为准。

案　　例

王小二到甲桑拿中心做保安,没有签订劳动合同,也没有购买社会保险,自然也就没有工伤保险,上班半年后王小二有一天在保安室和工友说自己不舒服,准备去医院看看,不巧刚出保安室就倒在了桑拿中心门口,送医后经查心肌梗死。后王小二的妻子要求桑拿中心按照工伤赔偿。桑拿中心认为王小二未签订劳动合同未购买社会保险,属于“临时工”,不属于桑拿中心的正式工,拒绝按照工亡标准赔偿,仅人道主义支付10万元补偿款。王小二妻子不同意,于是向桑拿中心所在地劳动仲裁部门申请确认王小二与桑拿中心存在劳动关系,经审理劳动仲裁部门最终作出王小二与桑拿中心存在劳动关系的裁决书,王妻再次与桑拿中心协商赔偿事宜,最终王妻获得了80万元的赔偿额。

引　　申

1. 真实的劳动关系是一般工伤认定的前提,虽然签订了劳动合同也购买了社会保险,但如果系虚构劳动关系也不能作为工伤认定的前提。

2. 用人单位为了防范员工发生工伤时的赔偿责任风险,应当为员工购买工伤保险。用人单位不应该协助某些人员虚构劳动关系以便于认定工伤,否则可能受到行政处罚或者涉嫌刑事犯罪。

3. 当存在违法转包、分包的情形时,用工单位承担职工的工伤保险责任不以是否存在劳动关系为前提。

相关规定

《工伤保险条例》第18条 提出工伤认定申请应当提交下列材料:(一)工伤认定申请表;(二)与用人单位存在劳动关系(包括事实劳动关系)的证明材料;(三)医疗诊断证明或者职业病诊断证明书(或者职业病诊断鉴定书)。工伤认定申请表应当包括事故发生的时间、地点、原因以及职工伤害程度等基本情况。工伤认定申请人提供材料不完整的,社会保险行政部门应当一次性书面告知工伤认定申请人需要补正的全部材料。申请人按照书面告知要求补正材料后,社会保险行政部门应当受理。

《劳动和社会保障部关于确立劳动关系有关事项的通知》(劳社部发〔2005〕12号) 一、用人单位招用劳动者未订立书面劳动合同,但同时具备下列情形的,劳动关系成立。(一)用人单位和劳动者符合法律、法规规定的主体资格;(二)用人单位依法制定的各项劳动规章制度适用于劳动者,劳动者受用人单位的劳动管理,从事用人单位安排的有报酬的劳动;(三)劳动者提供的劳动是用人单位业务的组成部分。二、用人单位未与劳动者签订劳动合同,认定双方存在劳动关系时可参照下列凭证:(一)工资支付凭证或记录(职工工资发放花名册)、缴纳各项社会保险费的记录;(二)用人单位向劳动者发放的"工作证"、"服务证"等能够证明身份的证件;(三)劳动者填写的用人单位招工招聘"登记表"、"报名表"等招用记录;(四)考勤记录;(五)其他劳动者的证言等。其中,(一)、(三)、(四)项的有关凭证由用人单位负举证责任。

190

有权认定工伤的机构是哪个?

答:根据《工伤保险条例》第 17 条的规定,有权认定工伤的机构系统筹地区社会保险行政部门。何谓统筹地区社会保险行政部门?目前是指用人单位参加工伤保险统筹,缴纳工伤保险费的地区的人力资源和社会保障局。怎样精准对应到各个企业的统筹地区社会保险行政部门呢?例如,甲企业系在上海市长宁区注册登记的企业,根据《工伤保险条例》第 17 条的规定,应当向长宁区社会保险行政部门即长宁区人力资源和社会保障局申请工伤认定,因为对于甲企业而言,有权认定工伤的机构是长宁区人力资源和社会保障局。

案　　例

真真劳务公司为其员工购买了项目意外保险,某天工人张某 1 被工地搅拌机伤害,失去了一条胳膊。张某 1 和劳务公司均认为其已经参加了项目意外保险,其工伤由该保险公司进行赔偿,双方一并向保险公司申请了工伤赔偿,保险公司核定了 19 万元的赔偿款。张某 1 回到老家,外出务工的张某 2 告知张某 1,你被劳务公司忽悠了,你除了可以拿保险公司的赔款,还可以申请工伤认定,获得工伤赔偿。张某 1 回到真真劳务公司,要求真真劳务公司向人社部门申请工伤认定,并要求真真劳务公司按照人社部门的工伤认定标准再次给予赔偿。真真劳务公司拒绝赔偿,张某 1 遂先提起劳动仲裁认定了双方存在劳动关系,后再行向人社局申请工伤认定,人社局认定了工伤后，张某1又提起工伤赔偿的劳动仲裁申请，最终张某1又获得了工伤赔偿24万元。从前述案例，我们可知，《工伤保险条例》中规定的工伤认定机构是用人单位所在地统筹地区的人社局，并非项目意外保险承保的保险公司。真真劳务公司虽然参加了保险公司的意外伤害保险，从一定程度上保障了张某1的权益，但是真真劳务公司却未能防范自身的工伤赔偿责任。

引 申

1. 工伤认定的有权机构只能是统筹地区的人社部门，系行政机构，保险公司或者任何市场主体都不是工伤认定的机构。

2. 用人单位如何防范自身的工伤赔偿风险呢？建议用人单位参加工伤保险；不能参加的可以为员工购买雇主责任险，如果购买的是其他的商业保险，那么建议与员工作出约定，如从保险公司获得的赔偿视同单位对其的赔偿之类的意思表示，否则，很有可能就会出现像真真劳务公司一样的局面，即钱出了却未能防范自身的工伤赔偿责任风险，未能保障自身的合法权益。

相关规定

《工伤保险条例》第17条 职工发生事故伤害或者按照职业病防治法规定被诊断、鉴定为职业病，所在单位应当自事故伤害发生之日或者被诊断、鉴定为职业病之日起30日内，向统筹地区社会保险行政部门提出工伤认定申请。遇有特殊情况，经报社会保险行政部门同意，申请时限可以适当延长。用人单位未按前款规定提出工伤认定申请的，工伤职工或者其近亲属、工会组织在事故伤害发生之日或者被诊断、鉴定为职业病之日起1年内，可以直接向用人单位所在地统筹地区社会保险行政部门提出工伤认定申请。按照本条第一款规定应当由省级社会保险行政部门进行工伤认定的事项，根据属地原则由用人单位所在地的设区的市级社会保险行政部门办理。用人单位未在本条第一款规定的时限内提交工伤认定申请,在此期间发生符合本条例规定的工伤待遇等有关费用由该用人单位负担。

191

工伤认定受时效影响吗?受伤职工的近亲属能够提起工伤认定吗?

答:工伤认定受时效影响。用人单位申请工伤认定的,应当自事故伤害发生之日或者被诊断、鉴定为职业病之日起 30 日内,向统筹地区社会保险行政部门提出工伤认定申请,遇特殊情况需要延迟的,须经社会保险行政部门同意。用人单位未在前述规定的时间内提起工伤认定申请的,工伤职工或者其近亲属、工会组织在事故伤害发生之日或者被诊断、鉴定为职业病之日起 1 年内,可以直接向用人单位所在地统筹地区社会保险行政部门提出工伤认定申请。

受伤职工的近亲属可以在用人单位未按期提起工伤认定申请的条件下直接向用人单位所在地统筹地区社会保险行政部门提出工伤认定申请。该近亲属的范围包括哪些呢?《最高人民法院关于适用〈中华人民共和国行政诉讼法〉的解释》第 14 条:"行政诉讼法第二十五条第二款规定的'近亲属',包括配偶、父母、子女、兄弟姐妹、祖父母、外祖父母、孙子女、外孙子女和其他具有扶养、赡养关系的亲属。"

除了近亲属外,还有工会也可以申请工伤认定。

对于 1 年内提出,存在如下情形的,可以发生时效延长:(1)不可抗力；(2)人身自由受到限制；(3)属于用人单位原因；(4)社会保险行政部门登记制度不完善(申请人正式提交了工伤认定申请，但社会保险机构未登记或者材料遗失等原因造成申请超时限的)；(5)当事人对是否存在劳动关系申请仲裁、提起民事诉讼。

对于发生时效延长的，申请人应当提供时效延长的相关证明资料。

案 例

孙某2019年11月10日在工地上受伤，老板王某将其送到医院救治。1个月后，孙某伤愈出院找王某商量赔偿事宜。2020年11月1日，王某对孙某说，“我们之间赔偿金额差距太大，你去法院告我吧”。11月5日孙某委托的律师到人社部门申请工伤认定，人社部门的同志口头回复没有劳动关系的证明材料，先去申请仲裁确认劳动关系。当天，孙某到仲裁委申请确认劳动关系。2020年12月10日领到确认双方之间有劳动关系的裁决书。2020年12月28日，孙某再次到人社部门申请工伤认定，人社部门以超过一年时效为由出具了不予受理通知书。后孙某提起行政复议要求撤销不予受理通知书，经过审理复议机关认为孙某对确认劳动关系提起了劳动仲裁，发生时效中断，撤销了不予受理通知书，人社局应当受理孙某的工伤认定申请。

引 申

1. 用人单位有权申请工伤认定，在用人单位不作为的情况下，受伤职工及近亲属或者工会可以在事故伤害发生之日或者被诊断、鉴定为职业病之日起1年内申请工伤认定。

2. 工伤认定的时间对于单位而言一般是30天，就近亲属或者工会而言是1年。

3. 工伤认定中的1年时效在某些特定的条件下是可以发生中断的。

4. 在工伤认定期限内发生的工伤待遇等有关费用由谁承担?根据《工伤保险条例》第17条的规定,该待遇由用人单位承担,因此,该部分待遇是不从工伤保险基金中列支的。

5. 在劳动行政案件中,近亲属的概念和范围比民事领域和刑事领域还宽泛。

相关规定

《工伤保险条例》第17条 职工发生事故伤害或者按照职业病防治法规定被诊断、鉴定为职业病,所在单位应当自事故伤害发生之日或者被诊断、鉴定为职业病之日起30日内,向统筹地区社会保险行政部门提出工伤认定申请。遇有特殊情况,经报社会保险行政部门同意,申请时限可以适当延长。用人单位未按前款规定提出工伤认定申请的,工伤职工或者其近亲属、工会组织在事故伤害发生之日或者被诊断、鉴定为职业病之日起1年内,可以直接向用人单位所在地统筹地区社会保险行政部门提出工伤认定申请。按照本条第一款规定应当由省级社会保险行政部门进行工伤认定的事项,根据属地原则由用人单位所在地的设区的市级社会保险行政部门办理。用人单位未在本条第一款规定的时限内提交工伤认定申请,在此期间发生符合本条例规定的工伤待遇等有关费用由该用人单位负担。

《最高人民法院关于适用〈中华人民共和国行政诉讼法〉的解释》第14条 行政诉讼法第二十五条第二款规定的'近亲属',包括配偶、父母、子女、兄弟姐妹、祖父母、外祖父母、孙子女、外孙子女和其他具有扶养、赡养关系的亲属。

《民法典》第1045条 亲属包括配偶、血亲和姻亲。配偶、父母、子女、兄弟姐妹、祖父母、外祖父母、孙子女、外孙子女为近亲属。配偶、父母、子女和其他共同生活的近亲属为家庭成员。

《最高人民法院关于审理工伤保险行政案件若干问题的规定》第7条 由于不属于职工或者其近亲属自身原因超过工伤认定申请期限的,被耽误的时间不计算在工伤认定申请期限内。有下列情形之一耽误申请时间的,应当认定为不属于职工或者其近亲属自身原因:(一)不可抗力;(二)人身自由受到限制;(三)属于用人单位原因;(四)社会保险行政部门登记制度不完善;(五)当事人对是否存在劳动关系申请仲裁、提起民事诉讼。

192

劳动能力鉴定程序是什么和不服鉴定的救济途径有哪些?

答:根据《工伤保险条例》第21条的规定,职工发生工伤,经治疗伤情相对稳定后存在残疾、影响劳动能力的,应当进行劳动能力鉴定。那劳动能力鉴定如何开展呢?谁提出申请?向哪个机构提出申请?需要提交哪些资料呢?

工伤职工的劳动能力鉴定由用人单位、工伤职工或者其近亲属向作出工伤认定的设区的市级劳动能力鉴定委员会申请劳动能力鉴定。何谓劳动能力鉴定委员会?根据《工伤职工劳动能力鉴定管理办法》的规定,省、自治区、直辖市劳动能力鉴定委员会和设区的市级(含直辖市的市辖区、县,下同)劳动能力鉴定委员会分别由省、自治区、直辖市和设区的市级人力资源社会保障行政部门、卫生计生行政部门、工会组织、用人单位代表以及社会保险经办机构代表组成。承担劳动能力鉴定委员会日常工作的机构,其设置方式由各地根据实际情况决定。由此可见,劳动能力鉴定委员会是各方代表组成的机构,具体职责有:(1)选聘医疗卫生专家,组建医疗卫生专家库,对专家进行培训和管理;(2)组织劳动能力鉴定;(3)根据专家组的鉴定意见作出劳动能力鉴定结论;(4)建立完整的鉴定数据库,保管鉴定工作档案 50 年;(5)法律、法规、规章规定的其他职责。

申请劳动能力鉴定应当提供工伤认定决定和职工工伤医疗的有关资料,主要有:(1)工伤认定决定书原件和复印件;(2)有效的诊断证明、按照医疗机构病历管理有关规定复印或者复制的检查、检验报告等完整病历材料;(3)工伤职工的居民身份证或者社会保障卡等其他有效身份证明原件和复印件;(4)劳动能力鉴定委员会规定的其他材料。

那鉴定委员会的工作程序是什么?

第一,劳动能力鉴定委员会收到劳动能力鉴定申请后,应当及时对申请人提交的材料进行审核;申请人提供材料不完整的,劳动能力鉴定委员会应当自收到劳动能力鉴定申请之日起 5 个工作日内一次性书面告知申请人需要补正的全部材料。

第二,申请人提供材料完整的,劳动能力鉴定委员会应当及时组织鉴定,并在收到劳动能力鉴定申请之日起 60 日内作出劳动能力鉴定结论。伤情复杂、涉及医疗卫生专业较多的,作出劳动能力鉴定结论的期限可以延长 30 日。

第三,劳动能力鉴定委员会应当视伤情程度等从医疗卫生专家库中随机抽取 3 名或者 5 名与工伤职工伤情相关科别的专家组成专家组进行鉴定。

第四,专家组根据工伤职工伤情,结合医疗诊断情况,依据《劳动能力鉴定　职工工伤与职业病致残等级》国家标准提出鉴定意见。参加鉴定的专家都应当签署意见并签名。专家意见不一致时,按照少数服从多数的原则确定专家组的鉴定意见。

如果对鉴定结论不认可,如何救济呢?

第一,工伤职工或者其用人单位对初次鉴定结论不服的,可以在收到该鉴定结论之日起15日内向省、自治区、直辖市劳动能力鉴定委员会申请再次鉴定。申请再次鉴定,除提供初次鉴定的材料外,还需提交劳动能力初次鉴定结论原件和复印件。省、自治区、直辖市劳动能力鉴定委员会作出的劳动能力鉴定结论为最终结论。

第二,自劳动能力鉴定结论作出之日起1年后,工伤职工、用人单位或者社会保险经办机构认为伤残情况发生变化的,可以向设区的市级劳动能力鉴定委员会申请劳动能力复查鉴定。

第三,对复查鉴定结论不服的,可以申请再次鉴定。

第四,工伤职工本人因身体等无法提出劳动能力初次鉴定、复查鉴定、再次鉴定申请的,可由其近亲属代为提出。

第五,需要注意的是,以欺诈、伪造证明材料或者其他手段骗取鉴定结论、领取工伤保险待遇的,按照《社会保险法》第88条的规定,由人力资源社会保障行政部门责令退回骗取的社会保险费,处骗取金额2倍以上5倍以下的罚款。构成犯罪的,依照《刑法》第266条诈骗罪追究刑事责任。

案　例

2009年11月30日,某印染公司水洗车间发生一起工伤事故,员工在拉布时不慎被撞伤,造成右手受伤。事故发生后,印染公司马上用吴某的名字到当地医院对受伤员工进行了就诊,诊断为右尺桡骨远端骨折。2009年12月4日,印染公司又用吴某名字,向工伤保险经办机构申报工伤认定,2009年12月12日工伤保险经办机构认定该起伤害事故为工伤事故,2010年3月9日劳动能力鉴定委员会审定该起工伤员工伤残等级为十级,2010年3月16日工伤保险经办机构核准给予吴某一次性工伤保险待遇9844元。2011年3月8日举报人匿名来电反映,2009年11月30日在印染公司发生工伤的员工是唐某,印染公司李代桃僵,骗取工伤保险待遇。后人社局立案调查,调查查明受伤员工的确是唐某并非吴某,但唐某未签订劳动合同也未参加工伤保险,吴某参加了工伤保险,于是印染公司就移花接木、弄虚作假。后印染公司退回了申领的工伤保险待遇9844元,并被处以19,688元的罚款。

工伤保险的初衷是保障受伤职工获得医疗救治和经济补偿,分散企业的用工风险,企业应当为职工购买工伤保险,防范企业的用工风险,但不能弄虚作假。工伤保险经办机构应当改进工伤认定的相关程序,改进现行单一的资料审核的认定方式,建立工伤现场勘查和书面资料认定相结合的审核方式,做到工伤发生的人、证件和上报的资料相符,只有切实把好工伤认定第一关,才能确保工伤保险基金不流失。

引　申

(1)企业应当将安全用工风险放到企业风险防控的第一位,且应为每一个员工都购买工伤保险;如果不能购买工伤保险,也要给员工购买一份雇主责任险或者意外伤害险,以保障企业在碰到员工遭遇工作伤害的时候分散自身的赔偿风险。

(2)企业为员工购买工伤保险,切忌弄虚作假,触碰红线后将承担更为严重的法律后果。

(3)劳动能力鉴定是工伤认定的重要环节,被鉴定的人员和申报的人员系同一人是最基本的要求,员工和企业别想着投机取巧,工伤经办部门也认真负责一些就能降低骗取工伤保险待遇的事件发生的概率。

(4)劳动能力鉴定意见关乎受伤员工的待遇,因此,对于劳动能力鉴定环节的公平专业保障是需要各界高度重视的。

相关规定

《工伤保险条例》第21条 职工发生工伤,经治疗伤情相对稳定后存在残疾、影响劳动能力的,应当进行劳动能力鉴定。

第22条 劳动能力鉴定是指劳动功能障碍程度和生活自理障碍程度的等级鉴定。劳动功能障碍分为十个伤残等级,最重的为一级,最轻的为十级。生活自理障碍分为三个等级:生活完全不能自理、生活大部分不能自理和生活部分不能自理。劳动能力鉴定标准由国务院社会保险行政部门会同国务院卫生行政部门等部门制定。

第23条 劳动能力鉴定由用人单位、工伤职工或者其近亲属向设区的市级劳动能力鉴定委员会提出申请,并提供工伤认定决定和职工工伤医疗的有关资料。

第24条 省、自治区、直辖市劳动能力鉴定委员会和设区的市级劳动能力鉴定委员会分别由省、自治区、直辖市和设区的市级社会保险行政部门、卫生行政部门、工会组织、经办机构代表以及用人单位代表组成。劳动能力鉴定委员会建立医疗卫生专家库。列入专家库的医疗卫生专业技术人员应当具备下列条件:(一)具有医疗卫生高级专业技术职务任职资格;(二)掌握劳动能力鉴定的相关知识;(三)具有良好的职业品德。

第25条 设区的市级劳动能力鉴定委员会收到劳动能力鉴定申请后,应当从其建立的医疗卫生专家库中随机抽取3名或者5名相关专家组成专家组,由专家组提出鉴定意见。设区的市级劳动能力鉴定委员会根据专家组的鉴定意见作出工伤职工劳动能力鉴定结论;必要时,可以委托具备资格的医疗机构协助进行有关的诊断。设区的市级劳动能力鉴定委员会应当自收到劳动能力鉴定申请之日起60日内作出劳动能力鉴定结论,必要时,作出劳动能力鉴定结论的期限可以延长30日。劳动能力鉴定结论应当及时送达申请鉴定的单位和个人。

第26条 申请鉴定的单位或者个人对设区的市级劳动能力鉴定委员会作出的鉴定结论不服的，可以在收到该鉴定结论之日起15日内向省、自治区、直辖市劳动能力鉴定委员会提出再次鉴定申请。省、自治区、直辖市劳动能力鉴定委员会作出的劳动能力鉴定结论为最终结论。

第27条 劳动能力鉴定工作应当客观、公正。劳动能力鉴定委员会组成人员或者参加鉴定的专家与当事人有利害关系的，应当回避。

第28条 自劳动能力鉴定结论作出之日起1年后，工伤职工或者其近亲属、所在单位或者经办机构认为伤残情况发生变化的，可以申请劳动能力复查鉴定。

第29条 劳动能力鉴定委员会依照本条例第二十六条和第二十八条的规定进行再次鉴定和复查鉴定的期限，依照本条例第二十五条第二款的规定执行。

193

哪些情形能够认定为工伤？

答：工伤认定的情形要点如下：

1. 一般情况

《工伤保险条例》第14条规定："职工有下列情形之一的，应当认定为工伤：（一）在工作时间和工作场所内，因工作原因受到事故伤害的；（二）工作时间前后在工作场所内，从事与工作有关的预备性或者收尾性工作受到事故伤害的；（三）在工作时间和工作场所内，因履行工作职责受到暴力等意外伤害的;(四)患职业病的;(五)因工外出期间,由于工作原因受到伤害或者发生事故下落不明的;(六)在上下班途中,受到非本人主要责任的交通事故或者城市轨道交通、客运轮渡、火车事故伤害的;(七)法律、行政法规规定应当认定为工伤的其他情形。"

从前述情形来看,认定工伤围绕以下三方面核心要素进行。

(1)工作时间

包括职工劳动合同约定的工作时间或者用人单位规定的工作时间以及加班加点的工作时间。合法的加班期间以及单位违法延长工时的期间,都属于工作时间。

(2)工作场所

①包括职工日常工作所在的场所和领导临时指派其所从事工作的场所;②在有多个工作场所的情形下,还包括职工在工作时间内来往于多个与其工作职责相关的工作场所之间的合理区域。

(3)工作原因

职工受伤与从事本职工作之间存在因果关系,包括直接工作原因和间接工作原因,既指职工在工作时间和工作场所内,因从事生产经营活动直接遭受的事故伤害,也指职工在工作过程中临时解决合理必需的生理需要时(如喝水、用餐、上厕所等)由于不安全因素遭受的意外伤害。

进一步来说,在工作过程中发生中毒事件算工伤吗?单位食堂就餐中毒?到单位食堂吃饭摔伤算工伤吗?还有就是参加单位组织的篮球比赛受伤算工伤吗?参加单位组织的年终聚会发生猝死算工伤吗?下面一一作答。

员工在工作过程中发生中毒事件符合工作时间、工作地点、工作原因三要素,因此算工伤。根据《全国总工会劳动保险部关于劳动保险问题解答》(1964 年 4 月)"在本单位集体食堂就餐,因食物中毒,造成疾病或死亡而非本人所应负的责任者”可以比照工伤保险待遇处理的规定,以及到单位食堂就餐系参加单位组织的活动,应当认定工伤,即员工到单位食堂就餐发生中毒事件也算工伤。

另外,员工上班时间,到单位食堂吃工作餐,是参加用人单位组织的活动,与劳动者的正常工作密不可分,应当视作工作原因,受到法律的保护,视为工作内容的延伸,因此摔伤的应当认定为工伤。

就员工参加单位安排或者组织的篮球比赛受伤,应当认定为工伤,理由如下。

工伤认定的标准主要看受伤是否是因从事职业活动或者从事与职业活动相关的活动而发生。《工伤保险条例》第 14 条第 1 项规定:在工作时间和工作场所内,因工作原因受到事故伤害的,应当认定为工伤。对该条规定中的工作时间、工作场所、工作原因应作广义解释,工作原因并非只包含专职工作,工作时间并非只指平常固定的上班时间,工作场所也并非只是固定意义上的办公地点、上班地点。只要是用人单位从自身的利益出发而给职工安排的与职务有关的各项任务,都可以视为工作。参加篮球比赛是由公司选派的,公司对员工的安排,篮球比赛活动的目的、性质均体现公司利益或荣誉,应该认定为与职业活动相关的活动。虽然员工的受伤并非发生在狭义上的工作时间和工作场所内,但其参加的篮球比赛活动是与职业活动相关的活动,其受伤应该认定为因工作原因受伤即工伤。

另外,国务院法制办曾在《关于职工参加单位组织的体育活动受到伤害能否认定为工伤的请示》的复函中明确规定:“作为单位的工作安排,职工参加体育训练活动而受到伤害的,应当按照《工伤保险条例》第十四条第(一)项中关于‘因工作原因受到事故伤害的’规定,认定为工伤。”

因此,员工参加篮球比赛是由公司选派的,是从事与工作相关的临时性事务,是为单位的荣誉而参赛,属于广义上的因工作原因受到伤害,应当认定为工伤。

那参加公司聚餐发生死亡算工伤吗?这个需要具体问题具体分析,如果是公司安排组织的,那么倾向于认定工伤,如果是自愿行为,则不予认定为工伤,如果此过程中发生醉酒,那么是不能够认定为工伤的。虽然《人力资源社会保障部关于执行〈工伤保险条例〉若干问题的意见(二)》(人社部发〔2016〕29号)规定:"职工在参加用人单位组织或者受用人单位指派参加其他单位组织的活动中受到事故伤害的,应当视为工作原因,但参加与工作无关的活动除外。"但是,是否与工作相关在司法实践中却很难认定。

另外,还需要关注职业病事宜。职业病是指《职业病防治法》明文规定的企业、事业单位和个体经济组织等用人单位的劳动者在职业活动中,因接触粉尘、放射性物质和其他有毒、有害因素而引起的疾病。按照我国2013颁布的《职业病分类和目录》,目前国家法定职业病包括10类132种。

职业病诊断必须由经省、自治区、直辖市人民政府卫生行政部门批准的医疗卫生机构承担。劳动者的职业史、职业病危害接触史和工作场所职业病危害因素情况、临床表现等都是职业病诊断的依据。

《人力资源社会保障部关于执行〈工伤保险条例〉若干问题的意见》第8条:"曾经从事接触职业病危害作业、当时没有发现罹患职业病、离开工作岗位后被诊断或鉴定为职业病的符合下列条件的人员,可以自诊断、鉴定为职业病之日起一年内申请工伤认定,社会保险行政部门应当受理:(一)办理退休手续后,未再从事接触职业病危害作业的退休人员;(二)劳动或聘用合同期满后或者本人提出而解除劳动或聘用合同后,未再从事接触职业病危害作业的人员。"

2. 视同工伤情形

《工伤保险条例》第15条规定:"职工有下列情形之一的,视同工伤:(一)在工作时间和工作岗位,突发疾病死亡或者在48小时之内经抢救无效死亡的;(二)在抢险救灾等维护国家利益、公共利益活动中受到伤害的;(三)职工原在军队服役,因战、因公负伤致残,已取得革命伤残军人证,到用人单位后旧伤复发的。

职工有前款第(一)项、第(二)项情形的,按照本条例的有关规定享受工伤保险待遇;职工有前款第(三)项情形的,按照本条例的有关规定享受除一次性伤残补助金以外的工伤保险待遇。”

对于视同工伤情形,实践中对于“48小时”以及死亡标准存在争议,对于“48小时”的起算时间,以医疗机构的初次诊断时间作为突发疾病的起算时间,而无论是径直送医院抢救在医院死亡还是员工自己回家买药服用或在家休息病情严重在家死亡。另外,死亡标准一般采用宣布临床死亡。

3. 排除情形

根据《社会保险法》第37条以及《工伤保险条例》第16条规定,下列情形不予认定工伤:(1)故意犯罪的;(2)醉酒或者吸毒的;(3)自残或者自杀的;(4)法律、行政法规规定的其他情形。

4. 特殊情形

(1)在家加班发生猝死的是否属于工伤?

职工为了单位的利益,在家加班工作期间,也应当属于“工作时间和工作岗位”。在家加班发生猝死的应当属于工伤。

(2)出差在外在酒店发生猝死的否属于工伤?

受单位指派离家外出去完成单位指定的工作任务,属正常的履行职责行为。在这一特定时间段和空间场所内,只要其不从事与外派工作无关的行为,无论是工作时间还是合理的休息时间,均属于因工作所需的时间。故出差猝死在酒店一般应属于工伤。

(3)参与单位组织的年终聚餐或者年夜饭等猝死的是否属于工伤?

各地的认定不太一致,有的认定为工伤,有的不认定为工伤。

(4)因履行工作职责受到暴力等意外伤害算工伤吗？

一方面是指职工因履行工作职责，尽职尽责地完成工作任务，使某些人不合理的或违法的目的没有达到，这些人出于报复而对该职工进行的暴力人身伤害；另一方面是指在工作时间和工作场所内，职工因履行工作职责受到的意外伤害，如地震、厂区失火、车间房屋倒塌等。《云南省实施〈工伤保险条例〉办法》第 14 条规定，职工有下列情形之一的，可依据条例第 13 条规定，按照工伤处理：(1)因工作环境存在有毒有害物质或者在用人单位食堂就餐造成急性中毒进行抢救治疗，并经县级以上卫生防疫等部门验证确诊的；(2)受用人单位指派前往疫区工作而感染该疫病的；(3)在工作时间，参加用人单位组织或者受用人单位指派参加竞技和文娱、体育比赛等活动而受到意外伤害的；(4)受用人单位指派在出差期间因基本生活必需而受到意外伤害的。

《工伤保险条例》第 14 条第 3 项职工“在工作时间和工作场所内，因履行工作职责受到暴力等意外伤害的”，应当认定为工伤的规定，其主要立法精神是职工依法履行自身工作职责遭受他人暴力行为造成的伤害，或者在完成工作任务中遭受一些意外伤害，职工受伤性质应当认定为工伤。

案　　例

案例一：海南一高中老师冯某某，将试卷带回家通宵批改，结果过劳，导致心肌梗死，第二天早上猝死家中。事后，家属和学校向人社局提出工伤死亡认定申请，结果被人社局以“老师的延时劳动不是发生在学校(班里或办公室里)，不是学校安排的加班”为由，不予认定。家属申请行政复议，结果海南省人社厅维持海口市人社局决定，再提起行政诉讼，被驳回诉讼请求。2013 年，家属再次向海口市中级人民法院上诉，海口中院以人社局认定事实不清为由，判决撤销一审判决,责令海口市人社局重新作出行政行为。2015年1月17日,海口市人社局重新作出工伤认定,仍决定不认定为工伤或视为工伤。家属又进行新一轮的复议、诉讼,直至2017年,该案申诉至最高人民法院。最高人民法院审查认为,职工为了单位的利益,在家加班工作期间,也应当属于"工作时间和工作岗位",驳回海口市人社局的再审申请。

案例二:李某是一家矿山设备制造公司技术安装工。2016年12月22日,他受单位指派,与同事关某共同前往外地一客户单位安装设备。在安装过程中因设备型号不符、部分零件需更换,他看时间不早了便与关某入住当地一家宾馆,想等单位送来零件后再安装。第二天早上6时20分许,关某发现李某突然蹬被并出现呼吸异常等情形。于是,他立即给李某敲打背部,见病情没有好转就拨打"120"急救电话。6时48分,救护车赶到宾馆将李某运送到附近医院。医院抢救40分钟后,宣布李某因抢救无效死亡。医院的抢救病历显示:李某死因不明。后经宾馆报案,当地公安机关出具居民死亡医学证明(诊断)书,载明其"死亡原因系非暴力打击等致死"。事后,李某的妻子姜某某在公司的支持下,向当地人社局提出对李某进行工伤认定。人社局受理后作出不予认定工伤决定。姜某某不服,向上级人社部门申请复议,上级维持了原人社局的决定。

姜某某不服人社部门决定,向人民法院提起行政诉讼。法院审理时人社局辩称,《工伤保险条例》规定的工伤认定的三个主要条件是工作时间、工作场所、工作原因,而李某是在晚上、床上、睡觉时死亡,这些因素不能与工伤认定的三个主要条件相对应。鉴于李某突发疾病是在旅馆里,并不是发生在出差途中的交通工具上,所以不应该认定为工伤。法院认为,李某受单位指派离家外出去完成单位指定的工作任务,属正常的履行职责行为。在这一特定时间段和空间场所内,只要其不从事与外派工作无关的行为,无论是工作时间还是合理的休息，均属于因工作所需的时间。法院还认为，尽管李某住在当地宾馆休息，不是在工作，但他是在休息中等待单位送货，货到后继续从事安装工作，该宾馆属于因工作需要涉及的工作区域，应当视同工作场所。李某在单位外派期间，在早晨发病后抢救无效死亡，属于因工作原因突发疾病在48小时之内经抢救无效死亡，符合应当视为工伤的情形。因此，法院认定，被告人社局作出的不予认定工伤决定书，属适用法律错误，应予撤销。综上，法院判决撤销人社局不予认定工伤决定，并于本判决生效后60日内重新作出具体行政行为。

案例三：余某某系友兴达公司员工，其于2014年1月22日晚上在坪山海悦酒店参加了公司年终聚餐宴会，就餐期间余某某因意识丧失30分钟左右，在医院因抢救无效，于同日22时30分死亡，死亡原因为酒后窒息。2014年2月21日，友兴达公司向市人社局申请工伤认定，2014年4月24日，市人社局作出深圳市工伤认定书，认定余某某的死亡情形不符合《广东省工伤保险条例》第9条、第10条的规定，不属于或不视同工伤。余某某家属对此不服，遂提起行政诉讼。一审法院认为，友兴达公司组织的年终晚宴和抽奖活动，并没有强制性地要求员工参加，亦没有将参加年终晚宴和抽奖活动的时间计入工作时间，余某某自愿参加年终晚宴和抽奖活动，不属于因工外出，参加晚宴不属于其工作范围，海悦酒店亦非工作场所，因此，余某某在该活动中酒后窒息并抢救无效死亡，不属工伤。二审法院认为，事发当晚的年终晚宴和抽奖活动系由友兴达公司组织安排，余某某参加晚宴及抽奖活动具有一定的工作因素，但是在参加晚宴的过程中余某某饮酒（包括代替他人饮酒）的行为已经超出了工作范畴，属于个人行为，并由此导致了余某某酒后窒息死亡。余某某参加聚餐与其死亡之间不存在直接必然的因果关系，即余某某酒后窒息死亡不具有工作原因。故余某某死亡情形不符合认定为工伤或视同工伤的情形。判决驳回上诉,维持原判。死者家属仍不服,向广东省高级人民法院申请再审,广东省高级人民法院认为,余某某死亡情形不符合《广东省工伤保险条例》第 9 条、第 10 条规定应当认定为工伤或视同工伤的情形。裁定驳回余建某、房某的再审申请。

案例四:李某系某公司职工。2015 年 1 月,李某参加公司组织的年夜饭聚会活动期间猝死。随后,李某家属向当地社会保险行政部门提出工伤认定申请。

根据《工伤保险条例》第 14 条和第 15 条规定,职工在单位死亡可以认定为工伤或视同工伤的一共有四种情形:一是在工作时间和工作场所内,因工作原因受到事故伤害的;二是工作时间前后在工作场所内,从事与工作有关的预备性或者收尾性工作受到事故伤害的;三是在工作时间和工作场所内,因履行工作职责受到暴力等意外伤害;四是在工作时间和工作岗位,突发疾病死亡或者在 48 小时之内经抢救无效死亡的。当地社会保险行政部门经调查确认,李某在非工作时间、非工作场所,参加与工作没有直接关联的活动中伤亡,不符合《工伤保险条例》第 14 条和第 15 条规定的认定、视同工伤的情形,因此决定不予认定其为工伤或视同工伤。

本案中,公司组织员工吃年夜饭是企业的一种福利,它不是强制性的与履行职务有关的活动,参加者是自愿参加,性质与普通的聚会相同。李某在年夜饭活动中猝死,既非工作时间、工作场所,也非工作原因,不符合上述四种情形的任何一种情形,故不能认定为工伤或视同工伤。

引　申

(1)工伤认定的核心在于工作时间、工作场所、工作原因三个核心要素以及三要素的延伸。

(2)工作原因或者为了工作利益引发的事故伤害将作为工伤认

定的必要条件。

(3)排除情形是红线,除非有新的规定,凡属于故意犯罪、醉酒或者吸毒的、自残或者自杀的,均不予认定工伤。

194

不服人社部门的工伤认定结论,是提起行政复议还是提起行政诉讼?

答:职工或者其近亲属、用人单位对不予受理决定不服或者对工伤认定决定不服的,可以依法申请行政复议或者提起行政诉讼,另外以下情形也可以依法申请行政复议或者提起行政诉讼:

(1)社会保险行政部门未在15日内作出受理或不受理的;

(2)申请材料不完整,未告知申请人补正材料;

(3)进行调查核实时,不是两人以上,并没有出具执行公务的证件;

(4)作出工伤认定决定的时限终止了但还未作出决定的;

(5)受理后超过60日才作出工伤认定的决定;

(6)作出认定决定20日内未将认定决定书送达受伤害职工(近亲属)和用人单位。

另外,可以申请复议决定存在以下情形的,可以提起行政诉讼:

(1)事实不清,所依据的结论不是有权机构作出的,且没有证据证明的;

(2)适用法律、法规错误的;

(3)违反法定程序的;

(4)超越职权的；

(5)滥用职权的；

(6)明显不当的。

案　例

某公司烤漆线油漆部领班彭某某本身有心脏病史，其在2018年8月1日下午在公司车间上班期间突发心脏疾病而身感不适，下班后吃药休息，但仍没有缓解其病情且疾病突然加重转危，致使经抢救无效于当晚22时许死亡。后某公司申请认定为工伤，但当地人社局却认为彭某某是在住所内因疾病去世，并非在工作时间和工作场所内因工作原因受到伤害，也非在工作时间和工作岗位，突发疾病死亡或者在48小时之内经抢救无效死亡，亦不符合《广东省工伤保险条例》第9条和第10条规定的其他应当认定为工伤或视同工伤的情形。最终不予认定为工伤，并出具了不予认定工伤决定书（东社保工伤认字第GSRD2203671391号）。后彭某某家属不服提起行政复议，复议机关经审理查明，2018年8月1日彭某某在工作时间和工作岗位感到身体不适，后于当晚22时许经抢救无效死亡，符合疾病发作具有渐进性、连续性的特点，应视为工作期间发病的延续。因此，彭某某的死亡事故应按《工伤保险条例》第15条第1款第1项规定执行。被申请人认定彭某某的死亡事故不符合“在工作时间和工作岗位，突发疾病死亡或者在48小时之内经抢救无效死亡”的情形，属主要事实不清、证据不足。最后，复议机关根据《行政复议法》第28条第1款第3项、《广东省行政复议工作规定》第17条第1款的规定，作出了撤销不予认定工伤决定书（东社保工伤认字第GSRD2203671391号）的复议决定，并责令被申请人在收到本决定书之日起60日内重新作出决定。

引 申

(1)职工或者其近亲属认为是工伤,用人单位不认为是工伤的,由该用人单位承担举证责任。《工伤认定办法》第17条规定,"用人单位拒不举证的,社会保险行政部门可以根据受伤害职工提供的证据或者调查取得的证据,依法作出工伤认定决定"。

(2)在特定条件下行政复议不是工伤认定的前置程序。

(3)实践操作中先行复议更有利于保障工伤职工的合法权益。

(4)认定工伤后发生行政复议、行政诉讼的,行政复议和行政诉讼期间不停止支付工伤职工治疗工伤的医疗费用。

(5)职工所在用人单位未依法缴纳工伤保险费,发生工伤事故的,由用人单位支付工伤保险待遇。用人单位不支付的,从工伤保险基金中先行支付。

相关规定

《工伤保险条例》第55条 有下列情形之一的,有关单位或者个人可以依法申请行政复议,也可以依法向人民法院提起行政诉讼:(一)申请工伤认定的职工或者其近亲属、该职工所在单位对工伤认定申请不予受理的决定不服的;(二)申请工伤认定的职工或者其近亲属、该职工所在单位对工伤认定结论不服的;(三)用人单位对经办机构确定的单位缴费费率不服的;(四)签订服务协议的医疗机构、辅助器具配置机构认为经办机构未履行有关协议或者规定的;(五)工伤职工或者其近亲属对经办机构核定的工伤保险待遇有异议的。

《工伤认定办法》第23条 职工或者其近亲属、用人单位对不予受理决定不服或者对工伤认定决定不服的,可以依法申请行政复议或者提起行政诉讼。

195

发生工伤后,劳动关系如何处理呢?

答:分如下情形进行处理:

(1)死亡的,终止劳动关系。

(2)1至4级,退出工作岗位,保留劳动关系,由工伤保险基金代为缴纳医疗保险直到达到退休年龄并办理退休。

(3)5至6级,经工伤职工本人提出,该职工可以与用人单位解除或者终止劳动关系。该职工按月领取伤残津贴。

(4)7至10级,劳动合同期满终止,或者职工本人提出的,可以解除劳动合同。

根据《劳动合同法》第42条的规定,用人单位不得单方解除在本单位患职业病或者因工负伤并被确认丧失或者部分丧失劳动能力的劳动者的劳动关系,也就是上述1至10级的工伤伤残等级的工伤职工,除非工伤职工自己提出解除劳动关系,且只有7至10级的工伤职工,在劳动合同期限届满时可以终止劳动合同。当然,对于5至6级以及7至10级工伤职工提出解除劳动关系的,由工伤保险基金支付一次性工伤医疗补助金,由用人单位支付一次性伤残就业补助金。5级、6级伤残职工按月领取的伤残津贴;终止或者解除劳动合同时,应当享受的一次性伤残就业补助金;停工留薪期间的护理费由用人单位承担。

案　例

2011年2月6日,蔡先生入职某劳务派遣公司,当天就被派遣到某家具公司工作,任操作工。2013 年 8 月 21 日,蔡先生在工作中受伤,经大兴区劳动能力鉴定委员会鉴定为工伤。2015 年 3 月 8 日,该公司办理了注销手续。蔡先生提起诉讼,要求公司法定代表人陈某支付其一次性工伤医疗补助金、一次性伤残就业补助金、伤残津贴等工伤待遇,并要求家具公司对上述诉讼请求承担连带赔偿责任。

法院经审理后认为,蔡先生在工作中受伤,并经相关部门认定为工伤,其依法应当按照《工伤保险条例》的规定,享受工伤保险待遇。陈某是劳务派遣公司的唯一股东,作为其公司的清算组组长及成员,因公司注销前并未支付蔡先生相关款项,故其应对相关款项承担赔偿责任。用工单位给被派遣劳动者造成损害的,劳务派遣单位与用工单位承担连带赔偿责任,因蔡先生在家具公司工作时受伤,并被认定为工伤,故基于该工伤产生的一次性工伤医疗补助金、一次性伤残就业补助金以及伤残津贴,该家具公司应承担连带给付责任。

引　申

(1)对于完全丧失或者部分丧失劳动能力的工伤职工,用人单位不得单方解除,否则要承担违法解除的法律风险;

(2)对于 5 至 6 级伤残的工伤职工,或者 7 至 10 级伤残的工伤职工,其主动提出解除劳动关系的,则用人单位需要支付一次性伤残就业补助金;

(3)7 至 10 级伤残的工伤职工,劳动合同期满终止的,用人单位仍然需要支付一次性伤残就业补助金。

相关规定

《工伤保险条例》第 37 条　职工因工致残被鉴定为七级至十级伤残的,享受以下待遇:(一)从工伤保险基金按伤残等级支付一次性伤残补助金,标准为:七级伤残为 13 个月的本人工资,八级伤残为 11

个月的本人工资,九级伤残为9个月的本人工资,十级伤残为7个月的本人工资;(二)劳动、聘用合同期满终止,或者职工本人提出解除劳动、聘用合同的,由工伤保险基金支付一次性工伤医疗补助金,由用人单位支付一次性伤残就业补助金。一次性工伤医疗补助金和一次性伤残就业补助金的具体标准由省、自治区、直辖市人民政府规定。

《劳动合同法》第42条 劳动者有下列情形之一的,用人单位不得依照本法第四十条、第四十一条的规定解除劳动合同:(一)从事接触职业病危害作业的劳动者未进行离岗前职业健康检查,或者疑似职业病病人在诊断或者医学观察期间的;(二)在本单位患职业病或者因工负伤并被确认丧失或者部分丧失劳动能力的;(三)患病或者非因工负伤,在规定的医疗期内的;(四)女职工在孕期、产期、哺乳期的;(五)在本单位连续工作满十五年,且距法定退休年龄不足五年的;(六)法律、行政法规规定的其他情形。

196

转包情况下劳动者发生伤亡,工伤赔偿责任由谁承担?个人挂靠下发生伤亡,谁承担赔偿责任?

答:转包包不了工伤责任,由具备用工主体资格的承包人或者转包单位承担赔偿责任。

我国法律规定,工程转包后造成工伤事故的,承包人是经过合法注册的用人单位,具有法定用工主体资格的,由承包人承担工伤保险责任;承包人不具有法定用工主体资格,由具备用工主体资格的转包单位承担工伤保险责任。具备用工主体资格的转包单位承担工伤保险责任之后,有权向承包人追偿。

个人挂靠其他单位对外经营,其聘用的人员因工伤亡的,被挂靠单位为承担工伤保险责任的单位。

依照《工伤保险条例》的规定,应当参加工伤保险而未参加工伤保险的用人单位职工发生工伤的,由该用人单位按照《工伤保险条例》规定的工伤保险待遇项目和标准支付费用。

用人单位主张从其应承担的工伤保险赔偿金额中扣除劳动者依据人身保险或其他商业保险合同已获得的赔偿金的,不予支持;但商业保险费由用人单位支付的除外。

案　例

2016年3月31日,朱某某与茂名市茂南建安集团有限公司(以下简称建安公司)就朱某某商住楼工程签订施工合同,发包人为朱某某,承包人为建安公司。补充协议约定由建安公司设立工人工资支付专用账户,户名为陆某某。随后,朱某某商住楼工程以建安公司为施工单位办理了工程报建手续。案涉工程由梁某某组织工人施工,陆某某亦在现场参与管理。施工现场大门、施工标志牌等多处设施的醒目位置,均标注该工程的承建单位为建安公司。另查明,建安公司为案涉工程投保了施工人员团体人身意外伤害保险,保险单载明被保险人30人,未附人员名单。2017年6月9日,梁某某与陆某某接到英德市住建部门的检查通知,二人与工地其他人员在出租屋内等待检查。该出租屋系梁某某承租,用于工地开会布置工作和发放工资。当日15时许,梁某某被发现躺在出租屋内,死亡原因为猝死。

梁某某妻子刘某某向广东省英德市人力资源和社会保障局(以下简称英德市人社局)申请工伤认定。英德市人社局作出《关于梁某某视同工亡认定决定书》(以下简称《视同工亡认定书》),认定梁某某是在工作时间和工作岗位,突发疾病在48小时之内经抢救无效死亡,符合《工伤保险条例》第15条第1款第1项规定的情形,视同因工死亡。建安公司不服,向广东省英德市人民政府(以下简称英德市政府)申请行政复议。英德市政府作出《行政复议决定书》,以英德市人社局作出的《视同工亡认定书》认定事实不清,证据不足,适用依据错误,程序违法为由,予以撤销。刘某某不服,提起诉讼,请求撤销《行政复议决定书》,恢复《视同工亡认定书》的效力。

广东省清远市中级人民法院于2018年7月27日作出(2018)粤18行初42号行政判决:驳回刘某某的诉讼请求。刘某某不服一审判决,提起上诉。广东省高级人民法院于2019年9月29日作出(2019)粤行终390号行政判决:驳回上诉,维持原判。刘某某不服二审判决,向最高人民法院申请再审。

最高人民法院经审理认为:

第一,建安公司应作为承担工伤保险责任的单位。作为具备用工主体资格的承包单位,既然享有承包单位的权利,也应当履行承包单位的义务。在工伤保险责任承担方面,建安公司与梁某某之间虽未直接签订转包合同,但其允许梁某某利用其资质并挂靠施工,可由建安公司作为承担工伤保险责任的单位。

第二,将因工伤亡的"包工头"纳入工伤保险范围,赋予其享受工伤保险待遇的权利,由具备用工主体资格的承包单位承担用人单位依法应承担的工伤保险责任,符合工伤保险制度的建立初衷,也符合《工伤保险条例》及相关规范性文件的立法目的。首先,建设工程领域具备用工主体资格的承包单位承担其违法转包、分包项目上因工伤亡职工的工伤保险责任,并不以存在法律上劳动关系或事实上劳动关系为前提条件。其次,将"包工头"纳入工伤保险范围,符合建筑工程领域工伤保险发展方向。再次,将"包工头"纳入工伤保险范围,符合"应保尽保"的工伤保险制度立法目的。最后,"包工头"违法承揽工程的法律责任,与其参加社会保险的权利之间并不冲突。

最终,最高人民法院于 2020 年 11 月 9 日作出(2020)最高法行申 5851 号行政裁定,提审本案。2021 年 4 月 27 日,最高人民法院作出(2021)最高法行再 1 号行政判决:(1)撤销广东省高级人民法院(2019)粤行终 390 号行政判决;(2)撤销广东省清远市中级人民法院(2018)粤 18 行初 42 号行政判决;(3)撤销英德市政府作出的英府复决〔2018〕2 号行政复议决定书;(4)恢复英德市人社局作出的英人社工认〔2017〕194 号《视同工亡认定书》的效力。

引 申

(1)工伤是用工领域第一要位的风险,用工单位应当高度重视,为防范工伤赔偿责任,应当对使用的人员应保尽保,对合作单位的人员也要求提供参加工伤保险的凭证予以备案,是对劳动者全面安全的保障。

(2)用人单位在出现转包或者挂靠的时候,对于用工安全要高度加以重视,如果无法参加工伤保险,一定切记要为劳动者购买雇主责任险或者意外险,通过商业保险的方式减轻或者转嫁自身的工伤赔偿责任,并明确约定从保险公司获得的赔偿视同单位的赔偿。

(3)建筑施工企业违反法律、法规规定将自己承包的工程交由自然人实际施工,该自然人因工伤亡,社会保险行政部门参照《最高人民法院关于审理工伤保险行政案件若干问题的规定》第 3 条第 1 款有关规定认定建筑施工企业为承担工伤保险责任单位的,人民法院应予支持。

相关规定

《最高人民法院关于审理工伤保险行政案件若干问题的规定》第 3 条 社会保险行政部门认定下列单位为承担工伤保险责任单位

的,人民法院应予支持:(一)职工与两个或两个以上单位建立劳动关系,工伤事故发生时,职工为之工作的单位为承担工伤保险责任的单位;(二)劳务派遣单位派遣的职工在用工单位工作期间因工伤亡的,派遣单位为承担工伤保险责任的单位;(三)单位指派到其他单位工作的职工因工伤亡的,指派单位为承担工伤保险责任的单位;(四)用工单位违反法律、法规规定将承包业务转包给不具备用工主体资格的组织或者自然人,该组织或者自然人聘用的职工从事承包业务时因工伤亡的,用工单位为承担工伤保险责任的单位;(五)个人挂靠其他单位对外经营,其聘用的人员因工伤亡的,被挂靠单位为承担工伤保险责任的单位。前款第(四)、(五)项明确的承担工伤保险责任的单位承担赔偿责任或者社会保险经办机构从工伤保险基金支付工伤保险待遇后,有权向相关组织、单位和个人追偿。

《工伤保险条例》第 62 条第 2 款 依照本条例规定应当参加工伤保险而未参加工伤保险的用人单位职工发生工伤的,由该用人单位按照本条例规定的工伤保险待遇项目和标准支付费用。

197

工伤保险缴费基数低于实际工资,发生工伤时,对于以实际工资计算的赔偿金与从工伤保险基金获得的赔偿金的差额部分,单位负有赔偿的责任吗?

答:根据《工伤保险条例》第 10 条以及第 64 条的规定,足额缴纳工伤保险费是用人单位的法定义务,用人单位为劳动者缴纳的工伤保险基数低于其实际工资,导致劳动者领取的工伤保险待遇相应降低,对于差额部分,属于劳动者的损失,若劳动者提起劳动仲裁的,其主张一般都能获得支持。

案　例

在江某某与武义某矿山机械制造有限公司劳动争议案中,2011 年 7 月 14 日,原告江某某在车间上班拉运铸件时,腰腹部不慎被烽火门击伤。经武义县第一人民医院、金华市中心医院治疗诊断为烧伤Ⅳ度,1% 跟腱坏死,腰椎骨折,骨盆骨折,腹部损伤,尿道断裂。2011 年 11 月 4 日,原告的伤经武义县人事劳动社会保障局认定为工伤。2012 年 1 月 11 日原告的伤经金华市劳动能力鉴定委员会鉴定为 8 级伤残,后经浙江省劳动能力鉴定委员会重新鉴定为四级伤残。被告已为原告办理参加了工伤保险。2012 年 8 月 6 日武义县劳动人事争议仲裁委员会就原告申请作出武劳仲案字(2012)第 299 号仲裁裁决书。原告对仲裁委裁定的一次性伤残补助金、伤残津贴,两项应由工伤保险机构在工伤保险基金中支付,仲裁委依法不作处理不服。遂以一次性伤残补助金及伤残津贴扣除社保处核定数额,由被告支付不足部分为由,于 2012 年 8 月 17 日向武义县人民法院提起诉讼。金华市中级人民法院认为,按时足额为职工缴纳基本工伤保险费是用人单位应尽之义务,武义丰源公司虽为江某某缴纳了工伤保险费,但没有以江某某的实际工资为基数缴纳,致使江某某发生工伤后,未能足额享受工伤保险待遇,理应承担差额填补责任。①

如果用人单位为员工缴付工伤保险费时,申报的缴费工资基数低于其实际工资,因此产生的工伤保险基金发放的工伤待遇与按照员工实际工资计算的待遇的差额,应由用人单位补足,而不是由员工

① 浙江省金华市中级人民法院民事判决书,(2012)浙金民终字第 1538 号。

自行承担不利后果。因此，用人单位少缴工伤保险费，虽然一定程度上转嫁了工伤风险，但当员工遭遇工伤时，若存在差额，则用人单位还需要向工伤员工补足工伤保险基金赔偿后不足的部分。用人单位并未全部防范工伤责任风险。从合规防范风险角度出发，就用人单位而言，按照员工实际工资缴付工伤保险费，更能维护用人单位的利益。

引　申

用人单位通过内部制度或者职代会的方式自行确定工伤保险或者其他保险的缴费基数是合法的吗？

就缴费基数而言，目前各地的通行做法是将城镇非私营单位和城镇私营单位就业人员平均工资加权计算的全口径城镇单位就业人员平均工资作为核定职工缴费基数上下限的指标，个体工商户和灵活就业人员可在一定范围内自愿选择适当的缴费基数。但是实践中却存在一些用人单位，它们通过内部制度或者职代会的方式自行确定工伤保险或者其他保险的缴费基数，他们的做法合法吗？

例如，2018年7月一个单位分别新进了一位副总、一位部门经理和一个大学生，其月工资分别为副总20,000元，部门经理8000元，大学生3000元。单位内部制度规定了新进员工社会保险均按照最低缴费基数继续缴纳。社保经办人员也统一按3178.2元来申报办理社会保险缴费，并告诉三位新员工说这是公司规定的。但这种做法是不合法的，存在重大隐患，若副总和部门经理今后发生工伤，最低缴费基数获得的工伤保险待遇一般都会低于以他们的实际工资作为缴费基数核算出来的工伤保险待遇，因此，单位可能存在补差的风险。正确的算法应该是：副总缴费基数为6126×300% =18378元；部门经理缴费基数为：8000元；新进大学生缴费基数为：6126（统筹地区职工的平均工资）×60% =3675.6 元。

相关规定

《工伤保险条例》第10条 用人单位应当按时缴纳工伤保险费。职工个人不缴纳工伤保险费。用人单位缴纳工伤保险费的数额为本单位职工工资总额乘以单位缴费费率之积。

第64条 本条例所称工资总额，是指用人单位直接支付给本单位全部职工的劳动报酬总额。本条例所称本人工资，是指工伤职工因工作遭受事故伤害或者患职业病前12个月平均月缴费工资。本人工资高于统筹地区职工平均工资300%的，按照统筹地区职工平均工资的300%计算；本人工资低于统筹地区职工平均工资60%的，按照统筹地区职工平均工资的60%计算。

《最高人民法院关于审理劳动争议案件适用法律问题的解释（一）》第1条第5项 劳动者以用人单位未为其办理社会保险手续，且社会保险经办机构不能补办导致其无法享受社会保险待遇为由，要求用人单位赔偿损失发生的纠纷。

198

骗取工伤保险基金的情形有哪些？

答：工伤保险基金是参保单位依法缴纳的社会保险基金，用于对工伤职工的救治、补偿等法定用途，任何人不得侵占和挪用。以《重庆市骗取社会保险基金处理办法》第10条和《江西省查处挪用骗取社会保险基金行为办法》第12条规定为参考，有下列行为之一并导致工伤保险基金损失的，认定为骗取工伤保险基金的行为：(1)虚构劳动关系获取工伤保险参保或缴费资格的；(2)虚报、谎报受伤时间、地点、原因、部位、伤情等手段，获取工伤认定结论或劳动能力鉴定结论等的；(3)出具虚假医疗诊断证明、病史材料、鉴定结论获取或协助他人获取工伤保险待遇的；(4)伪造、变造相关证明文件或资料、冒用他人身份或捏造事实协助他人获取享受工伤保险待遇资格、获取工伤保险待遇或工伤保险基金的；(5)将工伤保险基金支付范围外的费用纳入工伤保险基金支付的；(6)其他法律法规规定认定为骗取工伤保险基金的行为。

案　　例

案例一：小丁是 A 公司员工，双方签订劳动合同，合同约定实行不定时工作制，并约定乙方依法享受相应的社会保险待遇。11 月 18 日，小丁驾驶公司货车前往送货后返回。当晚，小丁骑摩托车载小许、小冯外出就餐饮酒，返回至该公司仓库门口停放车辆时摔倒受伤。为了获得工伤赔偿，小丁向公司谎称该伤情为上班送货期间摔倒造成的，后被人社局认定为工伤。公司支付医药费及工资。小丁隐瞒了自己晚上骑摩托车返回时摔倒的事实，向工伤认定机构谎称自己的受伤时间，故工伤认定书认定小丁下午工作时受伤，后小丁被公安机关抓获，该工伤认定书不能作为认定小丁为工伤的依据。小丁存在非法占有的行为，隐瞒事实，谎报受伤时间，将本应自己承担的费用转嫁他人，已经实际骗取被害单位钱款，数额较大，符合诈骗罪的构成要件，其行为构成诈骗罪。

案例二：为减少矿山工人伤亡引起的经济损失，苏某在矿工祝某发生井下作业事故身亡后，才为其办理工伤保险，且故意隐瞒祝某死亡时间，并于 2016 年 7 月 18 日向人社部门申请死者祝某的工伤认定，以期骗取工伤保险金 65 万余元。后因人社部门发现事故疑点，该工伤保险未能赔付。2018 年 3 月,被告人苏某被人民法院判处有期徒刑 3 年,缓刑 4 年,并处罚金 2 万元。

引　申

骗取工伤保险基金的法律后果有哪些?

工伤保险的立法目的是保障因工作遭受事故伤害或者患病的职工获得医疗救治和经济补偿,以分散单位的工伤风险,关乎社会公众利益,具有强制性的属性。因此,一方面用人单位应当依法参加工伤保险,为本单位全部职工缴纳工伤保险费,利人利己;另一方面任何通过伪造资料等不法途径骗取或欺诈工伤保险基金的行为都是违法行为,不但要将骗取的资金如数退还,还可能面临牢狱之灾。骗取工伤保险基金将可能产生行政责任,严重者将产生刑事责任。主要有以下法律后果(见表 11):

表 11　骗取工伤保险基金的法律责任

序号	法规	法规内容	法律责任
1	《社会保险法》第 88 条	以欺诈、伪造证明材料或者其他手段骗取社会保险待遇的,由社会保险行政部门责令退回骗取的社会保险金,处骗取金额 2 倍以上 5 倍以下的罚款	社保部门责令退回骗取的社会保险费;处骗取金额 2 倍以上 5 倍以下的罚款
2	《劳动保障监察条例》第 27 条	骗取社会保险待遇或者骗取社会保险基金支出的,由劳动保障行政部门责令退还,并处骗取金额 1 倍以上 3 倍以下的罚款;构成犯罪的,依法追究刑事责任	由劳动保障行政部门责令退还,并处骗取金额 1 倍以上 3 倍以下的罚款;构成犯罪的,依法追究刑事责任

续表

序号	法规	法规内容	法律责任
3	《工伤保险条例》第60条	用人单位、工伤职工或者其近亲属骗取工伤保险待遇,医疗机构、辅助器具配置机构骗取工伤保险基金支出的,由社会保险行政部门责令退还,处骗取金额2倍以上5倍以下的罚款;情节严重,构成犯罪的,依法追究刑事责任	社保部门责令退回骗取的社会保险费;处骗取金额2倍以上5倍以下的罚款;情节严重,构成犯罪的,依法追究刑事责任
4	《工伤职工劳动能力鉴定管理办法》第30条	以欺诈、伪造证明材料或者其他手段骗取鉴定结论、领取工伤保险待遇的,按照《社会保险法》第88条的规定,由人力资源社会保障行政部门责令退回骗取的社会保险费,处骗取金额2倍以上5倍以下的罚款	社保部门责令退回骗取的社会保险金;处骗取金额2倍以上5倍以下的罚款
5	《全国人民代表大会常务委员会关于〈中华人民共和国刑法〉第二百六十六条的解释》	以欺诈、伪造证明材料或者其他手段骗取养老、医疗、工伤、失业、生育等社会保险费或者其他社会保障待遇的,属于《刑法》第266条规定的诈骗公私财物的行为	骗取工伤保险以诈骗罪论处
6	《刑法》第266条	诈骗公私财物,数额较大的,处3年以下有期徒刑、拘役或者管制,并处或者单处罚金;数额巨大或者有其他严重情节的,处3年以上10年以下有期徒刑,并处罚金;数额特别巨大或者有其他特别严重情节的,处10年以上有期徒刑或者无期徒刑,并处罚金或者没收财产。本法另有规定的,依照规定	数额较大的,处3年以下有期徒刑、拘役或者管制,并处或者单处罚金;数额巨大或者有其他严重情节的,处3年以上10年以下有期徒刑,并处罚金;数额特别巨大或者有其他特别严重情节的,处10年以上有期徒刑或者无期徒刑,并处罚金或者没收财产

相关规定

《社会保险基金行政监督办法》第32条 用人单位、个人有下列行为之一，以欺诈、伪造证明材料或者其他手段骗取社会保险待遇的，按照《中华人民共和国社会保险法》第八十八条的规定处理：(一)通过虚构个人信息、劳动关系，使用伪造、变造或者盗用他人可用于证明身份的证件，提供虚假证明材料等手段虚构社会保险参保条件、违规补缴，骗取社会保险待遇的；(二)通过虚假待遇资格认证等方式，骗取社会保险待遇的；(三)通过伪造或者变造个人档案、劳动能力鉴定结论等手段违规办理退休，违规增加视同缴费年限，骗取基本养老保险待遇的；(四)通过谎报工伤事故、伪造或者变造证明材料等进行工伤认定或者劳动能力鉴定，或者提供虚假工伤认定结论、劳动能力鉴定结论，骗取工伤保险待遇的；(五)通过伪造或者变造就医资料、票据等，或者冒用工伤人员身份就医、配置辅助器具，骗取工伤保险待遇的；(六)其他以欺诈、伪造证明材料等手段骗取社会保险待遇的。

199

上下班途中发生的交通事故是否属于工伤保险范畴？

答：上下班途中发生的交通事故需要满足一定的条件才属于工伤保险范围，并非上下班途中发生的所有交通事故都属于工伤保险范围。具体情形如下：

(1)满足“在上下班途中，伤害是因交通事故或者城市轨道交通、客运轮渡、火车事故造成的，非本人主要责任”三要件时，才属于工伤保险范围。其一,必须是在上下班途中。其二,受到的伤害必须是因交通事故或者城市轨道交通、客运轮渡、火车事故造成。其三,职工作为受害人一方,非本人主要责任包括三种情形:无责任、同等责任、次要责任的情形。只有满足上述三个构成要件,职工在上下班途中发生的交通事故才属于工伤保险的范围。

(2)当不符合"在上下班途中,伤害是因交通事故或者城市轨道交通、客运轮渡、火车事故造成的,非本人主要责任"中任何一个要素时,均不属于工伤保险范围。典型情形如下:

第一,上下班途中本人醉酒状态下发生无责交通事故不属于工伤。例如,某日中午,孙某因家里来客人多喝了几杯,吃完饭后驾车上班,快到公司门口时被后面车辆追尾,经交警核实后孙某无责,但孙某因满口酒气,被交警发现测量酒精浓度含量后,判定孙某属于醉驾。孙某向当地人力社保部门申请工伤,人力社保部门作出不予认定工伤决定。根据《工伤保险条例》第16条第2项的规定,有醉酒或者吸毒的,尽管受伤情形在工伤认定范围之内,亦不能认定或视同工伤。所以,孙某即使无责,也不是工伤。

第二,上下班途中绕路处理个人事务发生的交通事故不属于工伤。例如,宋某下班后因想起家里还需买一些生活日用品,便决定绕道到附近商场购买,之后宋某骑自行车在回家路上横过公路时,与一小客车发生碰撞,宋某在交通事故中受伤。经交警认定,本次交通事故中宋某负同等责任。人力社保部门作出不予认定工伤决定,原因系劳动者无正当理由绕道,偏离下班路线,应认为不属于法律规定的"上下班途中",不应认定为工伤。

第三,下班途中因避让狗导致摔伤不属于工伤。例如,朱某中午下班后骑电瓶车回家吃饭,在乡村道路上突然窜出一条狗,朱某为避让狗不慎摔伤。朱某避让突然窜出来的狗导致摔伤,不属于《工伤保险条例》规定的非本人主责的交通事故,也不存在应对此事故负责的肇事者。按规定,对"非本人主要责任"的认定,应当以公安交通管理部门出具的法律文书或者人民法院生效裁决为依据。

案　例

案例一:北京华泰永安保安服务有限公司诉北京市海淀区人力资源和社会保障局(以下称海淀区人保局)工伤认定案中,刘某某原系华泰永安公司职工,双方于2014年1月1日至2019年6月14日存在劳动关系。华泰永安公司安排刘某某在北京市昌平区白各庄新村东区担任门岗保安。2019年5月27日15时10分左右,刘某某在昌平区定泗路七里渠中心警务站迤西路口处,发生非本人主要责任的交通事故伤害,后经"999"急救车送至北京市红十字会急诊抢救中心治疗,刘某某经医院救治无效死亡。华泰永安公司未给刘某某缴纳社会保险。北京市第一中级人民法院认为,刘某某在下班回家途中发生非本人主要责任的交通事故,后经医院抢救无效死亡,且该事故地点在刘某某工作地点返回居住地的合理路线上,故海淀区人保局认定刘某某系在上下班途中发生交通事故,符合法律规定,属于工伤保险范畴。①

案例二:2017年5月7日,赵某早退15分钟去附近的菜市场顺路买菜,在菜市场入口时被一辆电动车撞伤。伤好后赵某要求单位的人力去人社部门申请工伤认定,单位人力说,此次事故是你早退违反单位的规章制度造成的,不符合工伤认定的条件。本案经过行政复议、一审、二审程序,最终认定赵某构成工伤。

引　申

如果员工私自提前下班,途中遇到车祸,是否算工伤?

若符合上述三个要件,则应当属于工伤保险范畴。根据《工伤保

① 北京市第一中级人民法院行政判决书,(2021)京01行终844号。

险条例》第14条的规定,并没有限制必须是在规定的上下班时间内,如果职工提前下班,属于违反劳动纪律的行为,由所在单位给予相应的违纪处理即可,不能因为职工违纪就拒绝认定工伤,不能将两者混为一谈。

“上下班途中”如何理解?

(1)在合理时间内往返于工作地与住所地、经常居住地、单位宿舍的合理路线的上下班途中;(2)在合理时间内往返于工作地与配偶、父母、子女居住地的合理路线的上下班途中;(3)从事属于日常工作生活所需要的活动,且在合理时间和合理路线的上下班途中;(4)在合理时间内其他合理路线的上下班途中。

“交通事故认定”如何理解?

(1)应以公安机关交通管理、交通运输、铁道等部门或有关机关出具的法律文书或者人民法院的生效裁决为依据。

(2)若上述部门未出具事故认定书,则按照道路交通法律法规的规定,交通事故责任共分五类,其中“非本人主要责任”应当包括“同等责任”“次要责任”“无责任”这三类,属于可认定工伤的范围。

未出具事故认定书司法实践中如何处理?

责任认定书内容不明确时的工伤认定,公安交管部门未出具交通事故责任认定书或者交通事故责任认定书内容不明确,社会保险行政部门调查核实后,可根据是否存在交通事故、是否依法报案以及交通事故证明书内容等综合判断职工是否对交通事故负主要责任。经前述程序仍无法判断,工伤认定申请人请求社会保险行政部门结合《工伤保险条例》第19条第2款,并依据该条例第14条第6项的规定认定职工所受交通事故伤害为工伤的,人民法院应予支持。

相关规定

《工伤保险条例》第14条第6项　在上下班途中,受到非本人主要责任的交通事故或者城市轨道交通、客运轮渡、火车事故伤害的，应当认定为工伤。

据此，职工在上下班途中发生的交通事故能够认定为工伤，需要满足在上下班途中，伤害是因交通事故或者城市轨道交通、客运轮渡、火车事故造成的，非本人主要责任三个条件，且缺一不可。

《最高人民法院关于审理工伤保险行政案件若干问题的规定》第6条 对社会保险行政部门认定下列情形为"上下班途中"的，人民法院应予支持：（一）在合理时间内往返于工作地与住所地、经常居住地、单位宿舍的合理路线的上下班途中；（二）在合理时间内往返于工作地与配偶、父母、子女居住地的合理路线的上下班途中；（三）从事属于日常工作生活所需要的活动，且在合理时间和合理路线的上下班途中；（四）在合理时间内其他合理路线的上下班途中。

《道路交通安全法》第119条 对"交通事故"的释义："车辆在道路上因过错或者意外造成的人身伤亡或者财产损失的事件。"

人力资源和社会保障部出台的《人力资源社会保障部关于执行〈工伤保险条例〉若干问题的意见》（人社部发〔2013〕34号） 《工伤保险条例》第十四条第（六）项规定的"非本人主要责任"的认定，应当以有关机关出具的法律文书或者人民法院的生效裁决为依据。

200

员工违章操作负伤能否认定为工伤？

答：工伤保险实行无过错责任保险，员工违章操作导致事故伤害的，只要是在工作时间和工作场所内，因工作原因受到事故伤害的，符合工伤认定的标准和情形;或者是工作时间前后在工作场所内,从事与工作有关的预备性或者收尾性工作受到事故伤害的,均应当认定为工伤,依法享有工伤保险待遇。根据《工伤保险条例》第 14 条第 1 项的规定,职工在工作时间和工作场所内,因工作原因受到事故伤害的,应当认定为工伤。根据上述对工伤认定的情形规定,即使劳动者违规操作受伤,只要符合《工伤保险条例》中关于工伤认定的情形,也属于工伤保险的范畴。认定是否属于工伤的三个关键因素:工作时间、工作场所、工作原因。工作时间应理解为既包括法律规定或者单位要求职工的工作时间,也包括为开展正常工作所必需的与工作有关的预备性或收尾性工作时间。工作场所是指职工日常工作所在的场所,以及单位临时指派职工所从事工作的场所。工作原因一般应从职工受伤与工作之间是否具有因果关系来考量。

案　例

2003 年 6 月 10 日上午,中力公司负责人指派孙某某驾驶汽车去北京机场接人,孙某某即从中力公司所在商业中心的八楼下楼,准备到商业中心院内停放本单位红旗轿车处去开车。当行至一楼门口台阶处时,孙某某脚下一滑,从四层台阶处摔倒在地面上,造成四肢不能活动。中力公司立即派人将孙某某送至天津中医学院第一附属医院救治,经医院诊断为颈髓过伸位损伤合并颈部神经根牵拉伤、上唇挫裂伤、左手臂擦伤、左腿皮擦伤。孙某某向被告园区劳动局提出工伤认定申请,园区劳动局经调查核实后以没有证据表明孙某某的摔伤事故系由工作原因造成为由,决定不认定孙某某摔伤事故为工伤事故。孙某某不服,提起本案行政诉讼。法院认为,根据《工伤保险条例》第 14 条第 1 项的规定,职工在工作时间和工作场所内,因工作原因受到事故伤害,应当认定为工伤。对该规定中的"工作场所""因工作原因"应作全面、正确的理解。"工作场所",是指职工从事职业活动的场所，在有多个工作场所的情形下，还包括职工来往于多个工作场所之间的必经区域；“因工作原因”，是指职工受伤与从事本职工作之间存在因果关系，即职工系因从事本职工作而受伤。除《工伤保险条例》第16条规定的因故意犯罪伤亡的、醉酒导致伤亡的、自残或者自杀等情形外，职工在从事工作中存在过失，不影响该因果关系的成立。最终本案被认定为工伤。[①]

引　申

工伤保险制度实行无过错责任原则。

只要员工受伤符合“工作时间、工作原因、工作场所”三要素即可认定为工伤。因此，用人单位特别是处于工伤风险相对较高的行业、企业，应建立健全企业规章制度及安全生产守则，应加强职工安全知识教育以及技能培训，合理配置员工职责，强化职工管理，做到安全生产工作常抓不懈，尽量避免发生上述案件中的类似事故。

“工作时间”“工作场所”“工作原因”的正确理解。

工作时间包括职工劳动合同约定的工作时间或者用人单位规定的工作时间以及加班加点的工作时间。合法的加班期间以及单位违法延长工时的期间，都属于工作时间。

工作场所：(1)包括职工日常工作所在的场所和领导临时指派其所从事工作的场所；(2)在有多个工作场所的情形下，还包括职工在工作时间内来往于多个与其工作职责相关的工作场所之间的合理区域。

工作原因是指职工受伤与从事本职工作之间存在因果关系，既指职工在工作时间和工作场所内，因从事生产经营活动直接遭受的

---

① 孙某某诉天津园区劳动局工伤认定行政纠纷案，载《最高人民法院公报》2006年第5期。

事故伤害(直接工作原因);也指职工在工作过程中临时解决合理必需的生理需要时(如喝水、用餐、上厕所等)由于不安全因素遭受的意外伤害(间接工作原因)。

“因履行工作职责受到暴力等意外伤害”的理解。

一方面是指职工因履行工作职责,尽职尽责地完成工作任务,使某些人不合理的或违法的目的没有达到,这些人出于报复而对该职工进行的暴力人身伤害;另一方面是指在工作时间和工作场所内,职工因履行工作职责受到的意外伤害,如地震、厂区失火、车间房屋倒塌等。

“三工”的特殊情形。

(1)因工作环境存在有毒有害物质或者在用人单位食堂就餐造成急性中毒进行抢救治疗,并经县级以上卫生防疫等部门验证确诊的;

(2)职工受用人单位指派前往疫区工作而感染该疫病的;

(3)在工作时间,参加由用人单位组织或者受用人单位指派参加竞技和文娱、体育比赛等活动而受到意外伤害的。

相关规定

《工伤保险条例》第14条 职工有下列情形之一的,应当认定为工伤:(一)在工作时间和工作场所内,因工作原因受到事故伤害的;(二)工作时间前后在工作场所内,从事与工作有关的预备性或者收尾性工作受到事故伤害的;(三)在工作时间和工作场所内,因履行工作职责受到暴力等意外伤害的;(四)患职业病的;(五)因工外出期间,由于工作原因受到伤害或者发生事故下落不明的;(六)在上下班途中,受到非本人主要责任的交通事故或者城市轨道交通、客运轮渡、火车事故伤害的;(七)法律、行政法规规定应当认定为工伤的其他情形。

201

职工在单位宿舍受伤能否认定为工伤？

答：职工在单位宿舍受伤能否认定为工伤，需要分情形而定，只有满足工伤认定的“在工作时间、工作场所内、因工作原因”三要素才能认定为工伤，否则不能认定为工伤。根据《工伤保险条例》第 14 条之规定，职工需要满足在工作时间和工作场所内，因工作原因受到事故伤害的；或者工作时间前后在工作场所内，从事与工作有关的预备性或者收尾性工作受到事故伤害的，构成工伤。因此，若员工得到用人单位的授权和许可，将本职工作带回单位宿舍继续完成，在此期间因工作原因遭受意外伤害的，可以认定为工伤。否则，员工在单位宿舍内受伤不能认定为工伤。

案　　例

在唐某某与恒升钢结构公司工伤行政确认案中，恒升钢结构公司承建了兴义市安兴页岩砖厂的厂房，并雇请了唐某某等人做工，上午工作时间是8：00～12：00，下午工作时间是 15：00～19：00，唐某某的工种是杂工，从事刷漆、递材料、煮饭等工作。唐某某等工友吃住在该工地的宿舍区，宿舍区与生产作业工地是相互独立的。2016 年 8 月 5 日 14 时 03 分过后，唐某某午睡后上厕所时摔倒在厕所，工友陈某某、杨某、彭某等人听说后赶到厕所看见是唐某某，其身上仅穿了一条内裤。工友彭某、陈某某随即将其送往兴义市人民医院住院治疗，后被诊断为颅脑损伤。法院认为，根据《工伤保险条例》第 14

条的规定,职工在工作时间和工作场所内,因工作原因受到事故伤害的;或者工作时间前后在工作场所内,从事与工作有关的预备性或者收尾性工作受到事故伤害的,应当认定为工伤。本案再审申请人唐某某上班时间为上午8:00~12:00,下午15:00~19:00,其于当天14时03分左右午睡后在宿舍区厕所内摔伤,该时间为再审申请人的休息时间,不属于工作时间,其摔伤地点也非工作场所,更非因工作原因受到伤害或是从事与工作有关的预备性工作受到伤害。故再审申请人唐某某于14时03分左右在宿舍区厕所内摔伤不符合《工伤保险条例》第14条、第15条规定的应当认定为工伤或视同工伤的情形。①

引 申

企业为员工提供宿舍时应如何防范风险?

企业可以制定宿舍管理制度,可以就包括但不限于员工在宿舍内应当遵守纪律、破坏设施需赔偿,禁止留宿外人,保管好自己的财物,发现隐患及时报告,违反安全注意义务将取消住宿权利等纳入宿舍管理制度或者与员工达成协议。同时,定期开展安全教育培训并纳入考核,在宿舍区域范围,定期张贴安全隐患告知文件,并拍照留存备档。此外,企业还可以将“工作时间、工作地点”予以明确并规定在企业规章制度中。

相关规定

《工伤保险条例》第14条 职工有下列情形之一的,应当认定为工伤:(一)在工作时间和工作场所内,因工作原因受到事故伤害的;(二)工作时间前后在工作场所内,从事与工作有关的预备性或者收

① 贵州省高级人民法院行政裁定书,(2019)黔行申232号。

尾性工作受到事故伤害的；（三）在工作时间和工作场所内，因履行工作职责受到暴力等意外伤害的；（四）患职业病的；（五）因工外出期间，由于工作原因受到伤害或者发生事故下落不明的；（六）在上下班途中，受到非本人主要责任的交通事故或者城市轨道交通、客运轮渡、火车事故伤害的；（七）法律、行政法规规定应当认定为工伤的其他情形。

202

不被认定为工伤的情形有哪些？

答：根据《工伤保险条例》第 14 条、第 15 条、第 16 条的规定，下列几种情形不能认定为工伤。

第一，在工作时间和工作场所内，非因工作原因受到伤害的。依据《工伤保险条例》第 14 条第 1 项规定，职工在工作时间和工作场所内，因工作原因受到事故伤害的应当认定为工伤。在工作时间和工作场所内受到伤害，用人单位或者社会保险行政部门没有证据证明是非工作原因导致的，则推定为工作原因，亦可认定为工伤。但如果用人单位有证据证明员工在工作时间和工作场所内受到伤害并非因工作原因导致，则不能认定为工伤。

第二，在工作时间和工作场所内，不是履行工作职责受到暴力伤害的。“因履行工作职责受到暴力等意外伤害”强调的是受到的伤害与履行工作职责之间存在因果关系。如果员工因个人利益、个人私怨等受到暴力伤害，无法认定为工伤。

第三，因工外出期间从事个人活动受到伤害的。《最高人民法院关于审理工伤保险行政案件若干问题的规定》规定,“职工因工外出期间从事与工作或者受用人单位指派外出学习、开会无关的个人活动受到伤害,社会保险行政部门不认定为工伤的,人民法院应予支持”。

第四,在上下班途中发生交通事故但本人负主要责任或全部责任的。

第五,在工作时间和工作岗位,突发疾病抢救无效在 48 小时后死亡的。《工伤保险条例》第 15 条第 1 项规定在工作时间和工作岗位,突发疾病死亡或者在 48 小时之内经抢救无效死亡的视同工伤。其中,“突发疾病”包括各类疾病,不要求与工作有关联。“48 小时”的起算时间,以医疗机构的初次诊断时间作为突发疾病的起算时间。员工虽然是在工作时间和工作岗位突发疾病,但经过抢救无效 48 小时之后才死亡的,不属于视同工伤的情形。

第六,工作时间和工作岗位突发疾病请假回家后再到医院救治或死亡的不能视同工伤。

第七,非因工作原因对遇险者实施救助导致伤亡又未经有关部门认定为见义勇为的。

第八,故意犯罪导致伤亡的。

第九,醉酒或者吸毒导致伤亡的。

第十,自残或者自杀的。

第十一,非从事新冠肺炎预防和相关工作的企业员工工作期间感染新冠肺炎不能认定为工伤。《人力资源社会保障部、财政部、国家卫生健康委关于因履行工作职责感染新型冠状病毒肺炎的医护及相关工作人员有关保障问题的通知》(人社部函〔2020〕11 号)中明确在新冠肺炎预防和救治工作中,医护及相关工作人员因履行工作职责,感染新冠肺炎或因新冠肺炎死亡的,应认定为工伤,依法享受工伤保险待遇。如果不是从事新冠肺炎预防和相关工作人员,感染新冠肺炎是不能认定为工伤的。

案　　例

在代某某、河北省人力资源和社会保障厅劳动和社会保障行政管理(劳动、社会保障)再审审查与审判监督行政裁定书中,代某某系张某某之妻,张某某生前是北京铁路局石家庄工务段职工,从事汽车司机工作。2014 年 4 月 27 日,因在单位值班时身体不适,于 18 时 30 分左右向办公室主任请假,到家后吃了止疼药感觉好些,就上床休息,代某某做好晚饭后因张某某已经睡着就没有叫醒他吃饭和去医院检查。次日早晨 6 时左右,代某某做完早饭后,发觉丈夫还没起床,仔细查看发现丈夫没反应,赶紧拨打急救中心电话,6 时 40 分左右,急救车赶到,医护人员检查后,告知张某某已经死亡。最高人民法院认为,《工伤保险条例》第 15 条第 1 款第 1 项规定主要是针对在工作时间、工作岗位上突发疾病,不能坚持工作,需要紧急到医院进行抢救的情况而设定的。若在回家之后再到医院救治或突发疾病死亡,不属于这一条规定的适用范围。本案中,张某某在工作时间和工作岗位感到身体不适,请假回家后卧床休息,至次日被家人发现、经抢救无效死亡。虽然该不幸后果值得同情,但并不属于《工伤保险条例》中规定的视同工伤情形。①

引　　申

(1)对于不属于工伤的情形,若通过其他虚假方式认定为工伤,那么可能会构成骗保行为,轻则退保,重则被追究刑事责任。(2)对于购买了工伤保险的企业而言,对于不属于工伤的情形,若劳动者或者其亲属坚持申请工伤认定,则应当将可能不被认定的风险进行告知,切记不可为了协助受伤人员或者其亲属获得工伤保险待遇而弄虚作

① 最高人民法院行政裁定书,(2017)最高法行申 3687 号。

假，否则自食其果。

相关规定

《工伤保险条例》第14条 职工有下列情形之一的，应当认定为工伤：（一）在工作时间和工作场所内，因工作原因受到事故伤害的；（二）工作时间前后在工作场所内，从事与工作有关的预备性或者收尾性工作受到事故伤害的；（三）在工作时间和工作场所内，因履行工作职责受到暴力等意外伤害的；（四）患职业病的；（五）因工外出期间，由于工作原因受到伤害或者发生事故下落不明的；（六）在上下班途中，受到非本人主要责任的交通事故或者城市轨道交通、客运轮渡、火车事故伤害的；（七）法律、行政法规规定应当认定为工伤的其他情形。

203

借用或者挂靠其他单位的名义购买工伤保险，发生工伤时，社保基金会予以赔付吗？

答：借用或者挂靠其他单位的名义购买工伤保险，发生工伤时，社保基金不仅不予赔付，若发现有违法犯罪行为，还会追究相应责任人的法律责任。

正常情况下，认定工伤需存在以下两个前提：一是受伤劳动者与用人单位之间建立了劳动关系；二是劳动者所受的伤符合《工伤保险条例》规定的能够被认定为工伤的情形。职工被认定工伤后，工伤法律关系的双方为劳动者和用人单位，但用人单位并未为员工购买工伤保险，而是借用其他单位的名义购买。该工伤保险却无法得以落实，因为劳动者与被借用名义的单位之间不存在劳动关系，故被借用名义的单位不可能是工伤法律关系的当事人，劳动者的工伤待遇也不可能由工伤保险基金来支付，对于工伤保险基金无法支付的部分应当由用人单位来承担。

案　例

在荣成某肉食品有限公司与荣成市人力资源和社会保障局行政给付上诉案中，2010 年 9 月起，王某某与荣成某肉食品有限公司形成劳动关系，2011 年 11 月 22 日 8 时左右，王某某上班途中发生交通事故致死，经交警部门认定，王某某负事故同等责任。2012 年 3 月 23 日，荣成市人社局作出[2012]第 506 号工伤认定通知书，认定王某某系因工死亡。王某某在荣成某肉食品有限公司工作期间，该公司未为其缴纳工伤保险费，而荣成某石材有限公司一直为王某某缴纳工伤保险费。王某某去世后，荣成某肉食品有限公司工作人员到荣成市人社局询问工伤保险待遇问题，该局答复因荣成某肉食品有限公司未为王某某支付工伤保险费，因此应当由荣成某肉食品有限公司支付王某某的工伤保险待遇。威海市中级人民法院认为，根据《社会保险法》第 33 条、《工伤保险条例》第 2 条第 1 款、《实施〈中华人民共和国社会保险法〉若干规定》第 9 条之规定，王某某作为上诉人荣成某肉食品有限公司的职工，上诉人应当为其缴纳工伤保险费，原工作单位荣成某石材有限公司为王某某缴纳工伤保险费不能免除上诉人的该项义务；王某某在为上诉人工作期间发生工伤，上诉人应当依法为其承担工伤保险责任。同时，《社会保险法》第 41 条所设置的工伤保险待遇先行支付制度，是为了避免用人单位拒绝支付等导致工伤职工无法及时享受工伤保险待遇，而由社会保险经办机构先行代替用人单位履行其支付义务，先行垫付后再由社会保险经办机构向用人单位追偿，其立法意图是充分保障工伤职工及时获得医疗救治和经济补偿的权利，故"先行支付"请求权的权利主体只能是工伤职工或其近亲属，用人单位无权要求社会保险经办机构从工伤保险基金中先行支付工伤保险待遇。本案中，上诉人荣成某肉食品有限公司未依法为王某某缴纳工伤保险费，王某某因工死亡，应当由上诉人支付工伤保险待遇。上诉人作为工伤保险待遇的义务主体要求被上诉人荣成市人社局先行支付工伤保险待遇，于法相悖，于理不合。[①]

引　申

根据法律规定，社保账户开户登记和参保登记的主体是与劳动者建立劳动关系的用人单位。

（1）借用其他单位为自己员工购买工伤保险并不能免除企业的工伤赔偿责任，反而会让企业付出更高昂的代价，且不利于对员工权益的保障。在员工无法获得应由工伤保险基金支付的待遇时，会向企业主张赔偿。（2）企业以自己的名义参加工伤保险，为自己的员工购买工伤保险才是正确的做法。

相关规定

《社会保险法》第33条　职工应当参加工伤保险，由用人单位缴纳工伤保险费，职工不缴纳工伤保险费。

《工伤保险条例》第2条第1款　中华人民共和国境内的企业、事业单位、社会团体、民办非企业单位、基金会、律师事务所、会计师事务所等组织和有雇工的个体工商户（以下称用人单位）应当依照本条例规定参加工伤保险，为本单位全部职工或者雇工（以下称职工）缴纳工伤保险费。

① 山东省威海市中级人民法院行政判决书，（2013）威行终字第4号。

《实施〈中华人民共和国社会保险法〉若干规定》(人力资源和社会保障部令第 13 号)第 9 条 职工(包括非全日制从业人员)在两个或者两个以上用人单位同时就业的,各用人单位应当分别为职工缴纳工伤保险费。职工发生工伤,由职工受到伤害时工作的单位依法承担工伤保险责任。

204

借调员工发生工伤时,工伤保险基金会赔付吗?

答:借调员工发生工伤时,若原用人单位为员工购买了工伤保险,则工伤保险基金会赔付;若没有购买工伤保险,则由原用人单位承担工伤保险责任。《工伤保险条例》第 43 条第 3 款规定,职工被借调期间受到工伤事故伤害的,由原用人单位承担工伤保险责任,但原用人单位与借调单位可以约定补偿办法。简言之,借调人员的工伤保险仍应当由原用人单位来办理和缴纳,发生工伤后工伤赔偿责任也由原用人单位承担。但为公平起见,原用人单位可以在借调前或借调后与借调单位就借调期间工伤保险费和发生工伤后的赔偿等费用达成协议,由借调单位承担一部分或者全部,支付给原用人单位或代付给工伤职工。

案　　例

在姜某某诉蛟河市某石材有限公司、蛟河市某林场工伤保险待遇纠纷案中,蛟河市某林场及蛟河市某石材有限公司均系蛟河市林业局下属单位。2010 年,姜某某报名参加蛟河市林业局的统一招工,双方约定经过试用期转正后人事关系落至蛟河市某林场。而后姜某某被蛟河市林业局实际分配至蛟河市某石材有限公司工作。试用期间，姜某某与蛟河市某石材有限公司签订了临时用工合同，工资全部由该公司支付。2012年，姜某某转正，成为蛟河市某林场编制职工，其工资分别由蛟河市某林场支付600元，蛟河市某石材有限公司按照其从事吊工岗位支付1600元。2014年5月16日，姜某某在蛟河市某石材有限公司工作中，被吊车挤伤。2014年11月17日，其经蛟河市人力资源和社会保障局认定为工伤，蛟河市某石材有限公司、蛟河市某林场均未为姜某某缴纳工伤保险。法院认为根据《工伤保险条例》第43条第3款之规定，职工被借调期间受到工伤事故伤害的，由原用人单位承担工伤保险责任，但原用人单位与借调单位可以约定补偿办法，本案中姜某某于2012年已成为蛟河市某林场的编制职工，其按照蛟河市林业局安排继续在蛟河市某石材有限公司工作，双方之间实际为借调关系，姜某某在借调期间受到工伤事故伤害后，一直由蛟河市某石材有限公司垫付各项工伤治疗费用并承诺按照财务制度予以报销，以上各方的行为应当视为蛟河市某林场与蛟河市某石材有限公司默示的补偿办法是姜某某的工伤费用由实际用工单位即蛟河市某石材有限公司承担。①

引　申

在借调法律关系中，为了避免在工伤事故发生后因由谁承担工伤待遇的风险发生争执，建议用人单位与借调单位在借调员工时，与用工单位签订借调或借用协议，对双方的权利义务责任作出明确约定，并在借调协议中对被借调员工的工资、社会保险费用以及发生工伤时的责任等作出明确约定，有利于为今后发生事故时提供解决路

① 吉林省吉林市中级人民法院民事判决书，(2016)吉0281民初2150号。

径。比如,可以约定工资由用工单位承担,社会保险费用由出借单位先行购买最终费用由用工单位承担,发生工伤时,出借单位积极配合办理工伤保险待遇等。也可以明确约定被借调员工发生工伤事故时的补偿办法。如约定由借调单位承担一定的责任,当原用人单位承担了被借调职工的工伤保险责任后,可以按照约定的补偿办法要求借调单位补偿,减轻用人单位的负担。

205

退休返聘人员发生工伤后由谁赔付?

答:退休返聘人员发生工伤是由用人单位进行赔偿。退休返聘,是指用人单位中的受雇佣者已经达到或超过法定退休年龄,从原用人单位退休,再通过与原用人单位或者其他用人单位订立合同或协议继续作为人力资源存续的行为或状态。

近年来,对于退休返聘人员,也开通了参加工伤保险的通道,可以正常方式参加工伤保险,也可以通过项目的方式参加工伤保险。对于参加了工伤保险的退休返聘人员,则可以在工伤认定后申请工伤保险待遇;对于未参加工伤保险的退休人员,发生工伤则由用人单位参照工伤保险待遇进行赔付。

案　例

在江苏某服饰有限公司(以下简称某公司)、陈某某劳动争议民事二审案中,2018年8月9日,陈某某至某公司工作。当天,某公司、陈某某双方签订退休返聘协议书,双方对返聘期限、返聘工资及返聘期间的损害责任作出了约定。2019年3月8日,陈某某上班途中发生交通事故,致其受伤。2020年4月3日,如皋市人力资源和社会保障局作出认定工伤决定书,认定陈某某所受伤害为工伤。2020年6月19日,某公司向陈某某出具退休返聘协议解除通知书,载明:因受新冠肺炎疫情影响,公司订单不足,经公司领导决定解除与陈某某的退休返聘协议。南通市中级人民法院认为,达到或超过法定退休年龄的劳动者经人社部门认定为工伤后,要求依照《工伤保险条例》等规定享受工伤待遇,仲裁机构应当受理。陈某某发生工伤时,虽已达到法定退休年龄,但因公司未为陈某某缴纳工伤保险,陈某某的各项工伤待遇应由公司支付。①

引　　申

用人单位聘用退休返聘人员时如何防范风险?

第一,要充分了解退休人员养老金领取的状况,核实退休人员是否已经享受国家退休人员相关福利,当用人单位聘用这些退休人员时,若在工作期间发生事故,是不会按照工伤处理的,因为两者间是劳务关系而不是劳动关系,因此,也无法参加工伤保险。其在工作中受伤,若与单位协商不成,只能通过民事诉讼途径解决,即直接到法院起诉要求单位进行人身损害赔偿。安排或者要求具体退休人员参加体检或者提供近半年内本人的体检报告。同时,了解退休人员能力,尽量安排在非危险性岗位工作。

第二,退休人员返聘后以工伤保险的方式参保或者尽可能纳入工伤保险范围。

第三,用人单位返聘退休人员时,应当与该员工签订劳务协议。退休返聘人员工作中发生事故伤害,按照劳务雇佣关系处理,聘用单

---

① 江苏省南通市中级人民法院民事判决书,(2021)苏06民终3236号。

位作为雇主应向退休返聘人员承担人身损害赔偿责任。

第四,若无法参加工伤保险,为该退休返聘人员购买商业保险。返聘退休人员在工作中受伤的,原则上适用有关人身损害赔偿的法律法规,为了避免有关风险,建议为该员工购买一份足够赔付的商业保险,并约定从保险公司获得的赔偿视同单位的赔偿。一方面可以充分保障返聘员工合法权益,另一方面能降低企业用工风险。

相关规定

《劳动合同法实施条例》第 21 条 劳动者达到法定退休年龄的,劳动合同终止。

《最高人民法院关于审理劳动争议案件适用法律问题的解释(一)》第 32 条第 1 款 用人单位与其招用的已经依法享受养老保险待遇或者领取退休金的人员发生用工争议而提起诉讼的,人民法院应当按劳务关系处理。

《民法典》第 1192 条第 1 款 个人之间形成劳务关系,提供劳务一方因劳务造成他人损害的,由接受劳务一方承担侵权责任。接受劳务一方承担侵权责任后,可以向有故意或者重大过失的提供劳务一方追偿。提供劳务一方因劳务受到损害的,根据双方各自的过错承担相应的责任。

206

兼职人员在兼职企业发生工伤由谁赔付?

答:若兼职企业给兼职人员依法购买了工伤保险,兼职人员发生工伤时,由工伤保险经办机构承担;若兼职企业未为兼职人员购买工伤保险,则应当由兼职人员兼职的企业进行赔偿。

案 例

在邱某某、滁州某旅游开发有限公司(以下简称某公司)等劳动争议纠纷案中,2020年8月13日,某公司(甲方)与邱某某(乙方)签订一份兼职服务协议,后因某公司内部调整,邱某某实际是在恒宁公司从事房产销售工作。2020年10月30日8时许,邱某某因发生交通事故受伤,一直未上班。工作期间恒宁公司未为邱某某缴纳社会保险费。2021年2月,恒宁公司与邱某某解除了用工关系。邱某某于2021年8月31日向全椒县劳动人事争议仲裁委员会申请仲裁。当日,全椒县劳动人事争议仲裁委员会作出不予受理通知书。后邱某某向人民法院起诉恒宁公司。经审理,法院认为,恒宁公司提供了一份与邱某某签订的兼职服务协议,该协议上有邱某某的签名,虽然没有加盖恒宁公司或某公司的公章,但该协议在恒宁公司存档,该公司随时可以加盖公章;从双方的实际用工、工资发放等情况来看,与协议内容能够相互印证,故本院对该份兼职服务协议予以确认。根据兼职服务协议的内容,可以认定恒宁公司与邱某某之间存在劳动关系,受劳动法相关法律规定规范和调整,相应的法律责任应由恒宁公司承担。①

引 申

兼职发生工伤的注意事项:

(1)兼职单位需要与兼职员工签订劳动合同且购买社会保险,否则用人单位为该员工购买了社保且签订了劳动合同,而兼职单位没

---

① 安徽省全椒县人民法院民事判决书,(2021)皖1124民初3670号。

有,则可能被认定为标准劳动关系,而非兼职关系;

(2)兼职需要取得原用人单位的书面同意,因未取得原用人单位的同意而在外兼职的,若兼职行为给原用人单位造成损失,现兼职单位负有连带赔偿的责任;

(3)兼职用工关系中的工伤事故如何处理是兼职的用工风险点,对于无法购买社会保险的,则建议为兼职人员购买雇主责任险或者人身意外伤害保险,同时约定从保险公司获得的赔偿视同单位的赔偿,防范工伤赔偿责任风险。

相关规定

《工伤保险条例》第2条第1款 中华人民共和国境内的企业、事业单位、社会团体、民办非企业单位、基金会、律师事务所、会计师事务所等组织和有雇工的个体工商户(以下称用人单位)应当依照本条例规定参加工伤保险,为本单位全部职工或者雇工(以下称职工)缴纳工伤保险费。

《实施〈中华人民共和国社会保险法〉若干规定》(人力资源和社会保障部令第13号)第9条 职工(包括非全日制从业人员)在两个或两个以上用人单位同时就业的,各用人单位应当分别为职工缴纳工伤保险费。职工发生工伤,由职工受到伤害时工作的单位依法承担工伤保险责任。

《最高人民法院关于审理工伤保险行政案件若干问题的规定》第3条 社会保险行政部门认定下列单位为承担工伤保险责任单位的,人民法院应予支持:(一)职工与两个或两个以上单位建立劳动关系,工伤事故发生时,职工为之工作的单位为承担工伤保险责任的单位;……

207

非全日制员工可以不购买工伤保险吗?

答:非全日制员工不可以不购买工伤保险。

案　例

在中山某速运有限公司、何某申请撤销劳动仲裁裁决案中,何某于2015年7月9日以非全日制用工方式入职中山某速运有限公司,双方签订了非全日制用工劳动合同书,日薪为14.4元/小时,并约定双方可随时终止劳动合同。2016年11月2日,中山市劳动人事争议仲裁委员会作出中劳人仲案字〔2016〕3333号仲裁裁决:中山某速运有限公司须于本裁决生效后即支付何某:(1)2016年5月工资差额2368.49元;(2)解除劳动合同经济补偿4850元;(3)2015年7月至10月的高温津贴差额共300元;以上合计7518.49元。中山某速运有限公司不服,依法向法院提起诉讼。法院认为,人力资源和社会保障部颁布的《实施〈中华人民共和国社会保险法〉若干规定》第9条规定,"职工(包括非全日制从业人员)在两个或者两个以上用人单位同时就业的,各用人单位应当分别为职工缴纳工伤保险费。职工发生工伤,由职工受到伤害时工作的单位依法承担工伤保险责任",鉴于何某与中山某速运有限公司存在劳动关系,中山某速运有限公司理应为其购买工伤保险,现因中山某速运有限公司未为何某购买社会保险,何某以此为由解除劳动关系,中山某速运有限公司应当向何某支付经济补偿金。①

引　申

企业在使用非全日制用工时，应注意从以下几方面进行风险防范：

（1）每天工作时间不能超过4小时、每周工作不超过24小时，否则存在不被认定为非全日制用工关系，反而会被认定为标准劳动关系的风险。因未签订书面劳动合同，故会被认定为事实劳动关系。

（2）非全日制用工不能约定试用期，小时工资不能低于当地最低小时工资标准且工资结算周期不能超过15日，否则违反了《劳动合同法》的规定，用人单位除需要承担补足的责任外，还负有赔偿责任。

（3）需要为非全日制员工购买工伤保险，若未购买工伤保险，那么在工作过程中发生工伤则不能享受工伤保险待遇，用人单位可能存在参照工伤保险待遇全额赔付的风险。

相关规定

《劳动和社会保障部关于非全日制用工若干问题的意见》第12条　用人单位应当按照国家有关规定为建立劳动关系的非全日制劳动者缴纳工伤保险费。从事非全日制工作的劳动者发生工伤，依法享受工伤保险待遇；被鉴定为伤残5－10级的，经劳动者与用人单位协商一致，可以一次性结算伤残待遇及有关费用。

《实施〈中华人民共和国社会保险法〉若干规定》第9条　职工（包括非全日制从业人员）在两个或两个以上用人单位同时就业的，各用人单位应当分别为职工缴纳工伤保险费。职工发生工伤，由职工受到伤害时工作的单位依法承担工伤保险责任。

据此，用人单位在使用非全日制从业人员时，劳动者发生工伤应

① 广东省中山市中级人民法院民事裁定书，（2017）粤20民特5号。

当由用人单位承担工伤保险责任。

《工伤保险条例》第 62 条第 2 款 依照本条例规定应当参加工伤保险而未参加工伤保险的用人单位职工发生工伤的，由该用人单位按照本条例规定的工伤保险待遇项目和标准支付费用。

故用人单位应当为非全日制劳动者购买工伤保险。

208

在校大学生由学校安排实习，工作受伤是否适用工伤保险？

答：在校学生与实习单位之间建立的不是劳动关系，实习生的身份仍是学生，大学生实习生不是劳动法意义上的劳动者，他们和用人单位之间没有建立事实或者法律上的劳动关系，其不受《劳动法》及《劳动合同法》的调整，也不属于《工伤保险条例》适用的范围，在实习过程中受伤不享受工伤保险待遇。因此，在校大学生在实习单位实习过程中受伤，不属于《劳动法》调整的劳动争议案件，但能受到侵权法的保护，可以向自己所在的学校和实习的单位请求人身损害赔偿。

案　　例

在黄某某与南通某大酒店有限公司（以下简称某酒店）、南通职业大学生命权、健康权、身体权纠纷案中，2017 年 2 月 15 日，南通职业大学经济管理学院（甲方）与某酒店（乙方）签订酒店实习协议书一份，实习岗位为餐饮服务（中餐、西餐）、客房服务，甲方组织包括黄某某等 9 名学生到乙方实习，实习期间乙方每月以现金形式支付给甲方每位实习生2200元/月的实习津贴。协议中约定甲方的实习管理职责,黄某某基于学校的安排到被告某酒店进行实习。2017年4月9日9时左右,黄某某在某酒店二楼紫美厅收拾餐具时被椅子绊倒受伤,随后某酒店的中餐厅副主管张某打电话通知客房部经理崔某到场,崔某拨打"120"电话,由张某陪同前往南通大学附属医院门诊治疗,崔某自行前往,并进行了拍片,2017年5月28日,南通大学附属医院出具病情证明书,并建议使用护膝、拐杖、三七粉。法院认为,原告黄某某系被告南通职业大学的在校学生,其基于学校的安排到被告某酒店进行实习,因该项实习是该学校教学内容的延伸和扩展,所以该学校对原告在实习单位的安全负有一定的安全教育和管理义务。作为实习单位的某酒店,在原告实习期间,负有对原告进行安全教育与相关培训的义务,应为原告提供安全的工作场所,以保障原告在实习期间的人身安全。由于原告是基于实习到某酒店进行与其所学知识内容相关的实际操作,其与某酒店之间不存在劳动关系,原告在实习过程中受到的伤害应按照一般民事侵权纠纷处理。[①]

引　申

实习学生用工存在的法律风险:

(1)实习学生的年龄要达到16周岁,未满16周岁的未成年人不能作为劳动者,否则用人单位将面临行政处罚,情节严重的可能会构成犯罪。

(2)需要明确该实习学生是否属于全日制学生,如果不是,需要判断其是否属于适格的劳动者;若属于适格劳动者,通常情况下若不是全日制学生,则很可能就构成劳动关系;若未签订劳动合同,则构成事实劳动关系。

---

① 江苏省南通市崇川区人民法院民事判决书,(2018)苏0602民初374号。

(3)需要与实习学生签订实习协议,并支付实习报酬,未签订实习协议,各方权利义务不明确,一旦发生工作伤害,则赔偿责任可能完全归责于用人单位,由用人单位承担赔偿责任。

用人单位如何雇用实习学生?

(1)建议签订实习协议明确各方权利义务。最好能够与校方、学生签署三方协议,明确各自的权利义务,并明确以下事宜:学校应为学生购买商业保险,学生在实习中发生工伤事故的,先由学校和学生购买的商业保险进行赔偿,赔偿不足的部分,由用人单位和学校共同承担。

(2)若校方不愿意签署,则建议与学生签订实习协议,明确单位为学生购买意外伤害保险,从保险公司获得的赔偿视同单位对其的赔偿。

(3)实习补贴不得低于国家规范。

相关规定

《工伤保险条例》第 30 条第 1 款 职工因工作遭受事故伤害或者患职业病进行治疗,享受工伤医疗待遇。

209

企业未给员工缴纳工伤保险但购买了商业保险,发生工伤后能否以商业保险金进行赔付?

答:企业未给员工缴纳工伤保险但购买了商业保险,发生工伤后,可以以商业保险金进行赔付。但是,企业不因职工购买商业性人身意外伤害保险而免除其为职工购买工伤保险的法定义务。职工获得用人单位为其购买的商业保险赔付后,仍然有权向用人单位主张工伤保险待遇。因此,建议企业在为其购买商业保险的同时,就从保险公司获得的赔偿视同单位赔偿一事与职工达成一致约定。

案　例

在骆某某等、某财产保险公司、天基公司人身保险合同纠纷案中,2020 年 4 月 18 日,天基公司在人保财险阿克苏分公司投保"地方性安全生产责任保险",保险期间自 2020 年 4 月 19 日 0 时至 2021 年 4 月 18 日 24 时止。人保财险阿克苏分公司按照《地方性安全生产责任保险条款》的约定承担保险责任。被保险人为天基公司,受益人为天基公司。2020 年 7 月 4 日 12 时许,天基公司员工骆某某在维修辅材破碎机过程中遭受机械惯性挤压成重伤,后经抢救无效死亡。2020 年 7 月 8 日,易某某、骆某(乙方)与天基公司(甲方)签订《死亡赔偿协议书》。协议签订后天基公司按约向骆某、易某某、秦某某支付 1,080,000 元。2021 年 1 月 13 日,天基公司出具《工伤保险待遇划个人账户申请》载明:"阿克苏地区社保局:公司职工骆某某 2020 年 7 月 4 日工伤,经抢救无效死亡。经其家属协商同意,现将其丧葬费、抚恤金、一次性伤亡补助金 882,244 元划入易某某账户"。同日,天基公司向人保财险阿克苏分公司出具证明,要求将"骆某某工亡事故"保险赔偿金支付给李某某。2020 年 3 月 11 日人保财险阿克苏分公司向李某某转账支付 197,756 元。后骆某、易某某、秦某某要求人保财险阿克苏分公司、天基公司赔偿无果,遂诉至法院。法院认为,本案中《地方性安全生产责任保险》属于商业保险,性质上是新疆某水泥公司的一种福利待遇,法律及司法解释并不禁止受工伤的职工或家属获得工伤保险和商业保险双重赔偿。故保险公司应按保险合同约定向三位上诉人支付50万元死亡保险金。[①]

引 申

工伤保险具有社会保障的性质,而商业保险具有合同契约的性质,因此只要符合合同约定的理赔条件,商业保险就应该理赔。而劳动者在商业保险理赔后,依然可以申请工伤保险赔偿和向侵权第三者请求赔偿。须注意的是,医疗费用最多只能获得实际发生费用的赔偿,因此一般选择一方单赔。

相关规定

《工伤保险条例》第2条第1款 中华人民共和国境内的企业、事业单位、社会团体、民办非企业单位、基金会、律师事务所、会计师事务所等组织和有雇工的个体工商户(以下称用人单位)应当依照本条例规定参加工伤保险,为本单位全部职工或者雇工(以下称职工)缴纳工伤保险费。

第62条第2款 依照本条例规定应当参加工伤保险而未参加工伤保险的用人单位职工发生工伤的,由该用人单位按照本条例规定的工伤保险待遇项目和标准支付费用。

据此,为职工缴纳工伤保险费是用人单位的法定义务,该法定义务不得通过任何形式予以免除或变相免除。

《最高人民法院关于审理工伤保险行政案件若干问题的规定》第8条第1款 职工因第三人的原因受到伤害,社会保险行政部门以职工或者其近亲属已经对第三人提起民事诉讼或者获得民事赔偿为由,作出不予受理工伤认定申请或者不予认定工伤决定的,人民法院不予支持。

---

① 新疆维吾尔自治区阿克苏地区中级人民法院民事判决书,(2021)新29民终1245号。

第 8 条第 3 款 职工因第三人的原因导致工伤,社会保险经办机构以职工或者其近亲属已经对第三人提起民事诉讼为由,拒绝支付工伤保险待遇的,人民法院不予支持,但第三人已经支付的医疗费用除外。

210

如何确定工伤保险赔付范围?

答:工伤保险待遇项目按照内容可分为三大类:一是医疗救治和康复期间的待遇;二是一次性经济补偿待遇;三是生活保障的长期待遇。

《社会保险法》第 38 条:"因工伤发生的下列费用,按照国家规定从工伤保险基金中支付:(一)治疗工伤的医疗费用和康复费用;(二)住院伙食补助费;(三)到统筹地区以外就医的交通食宿费;(四)安装配置伤残辅助器具所需费用;(五)生活不能自理的,经劳动能力鉴定委员会确认的生活护理费;(六)一次性伤残补助金和一至四级伤残职工按月领取的伤残津贴;(七)终止或者解除劳动合同时,应当享受的一次性医疗补助金;(八)因工死亡的,其遗属领取的丧葬补助金、供养亲属抚恤金和因工死亡补助金;(九)劳动能力鉴定费。"同时《社会保险法》第 39 条:"因工伤发生的下列费用,按照国家规定由用人单位支付:(一)治疗工伤期间的工资福利;(二)五级、六级伤残职工按月领取的伤残津贴;(三)终止或者解除劳动合同时,应当享受的一次性伤残就业补助金。"

归纳总结:一次性的工伤保险待遇包括一次性伤残补助金、一次性工伤医疗补助金、一次性伤残就业补助金(用人单位支付)、一次性工亡补助金等。

引　申

工亡待遇:

工亡待遇见表12。

表12　工亡待遇

待遇名称	待遇期限	待遇水平确定	支付主体
一次性工亡补助金	一次性	上一年度全国人均可支配收入的20倍	基金支付
丧葬补助金	一次性	6个月统筹地上年度职工月平均工资	基金支付
供养亲属抚恤金	长期	本人工资的比例: 配偶40%; 其他亲属30%; 孤寡老人或者孤儿每人每月在上述标准的基础上增加10%。核定的各供养亲属的抚恤金之和不应高于因工死亡职工生前的工资	基金支付

在停工留薪期内因工伤导致死亡及待遇:

停工留薪期包括住院治疗和出院后休养期间。停工留薪期一般不超过12个月,伤情严重或者情况特殊,经劳动能力鉴定委员会确认可以延长,但延长期限不得超过12个月。如果职工在停工留薪期内因工伤导致死亡,其近亲属享受上述3种待遇,即丧葬补助金、供养亲属抚恤金和一次性工亡补助金。

(1)1级至4级伤残职工在停工留薪期满后死亡及待遇

1级至4级伤残职工在停工留薪期满后死亡的,其近亲属只可以享受丧葬补助金、供养亲属抚恤金,不能享受一次性工亡补助金。

(2)5级至10级伤残职工在停工留薪期满后死亡及待遇

丧葬补助金、供养亲属抚恤金和一次性工亡补助金均不享受。

因工外出期间发生事故或者在抢险救灾中下落不明宣告死亡及待遇：

(1)从事故发生当月起3个月内照发工资，从第4个月起停发工资，由工伤保险基金向其供养亲属按月支付供养亲属抚恤金。生活有困难的，可以预支一次性工亡补助金的50%。

(2)职工被人民法院宣告死亡的，按照因工死亡的规定处理。也就是说，其近亲属享受工亡的3种待遇，即丧葬补助金、供养亲属抚恤金和一次性工亡补助金。

(3)需特别注意的是，宣告死亡并不等于真正死亡，职工被宣告死亡后重新出现的，其亲属应当退还已发的供养亲属抚恤金和一次性工亡补助金。

211

如何确定工伤保险赔付的标准？

答：各地根据《工伤保险条例》规定的赔付标准，结合本地的实际情况对本地的工伤保险赔付的标准有所细化：

医疗费：符合工伤保险诊疗项目目录、工伤保险药品目录、工伤保险住院服务标准的，从工伤保险基金支付。（依据《工伤保险条例》第30条）

伙食补助费、交通、食宿费：职工住院治疗工伤的伙食补助费，以及经医疗机构出具证明，报经办机构同意，工伤职工到统筹地区以外就医所需的交通、食宿费用从工伤保险基金支付，基金支付的具体标

准由统筹地区人民政府规定。(依据《工伤保险条例》第30条)

康复治疗费:须到签订服务协议的医疗机构治疗,按照工伤保险诊疗项目目录、工伤保险药品目录、工伤保险住院服务标准支付。(依据《工伤保险条例》第30条)

工伤医疗期工资:在停工留薪期内,原工资福利待遇不变,由所在单位按月支付。停工留薪期一般不超过12个月。伤情严重或者情况特殊,经设区的市级劳动能力鉴定委员会确认,可以适当延长,但延长不得超过12个月。(依据《工伤保险条例》第33条)

生活护理费:生活护理费分为评残前和评残后,评残前(住院)经医院开具证明由用人单位负责护理,如未护理按照当地护工的工资支付;评残后按照生活完全不能自理、生活大部分不能自理或者生活部分不能自理3个不同等级支付,其标准分别为统筹地区上年度职工月平均工资的50%、40%、30%,按月支付。(依据《工伤保险条例》第34条)

辅助器具费:工伤职工因日常生活或者就业需要,经劳动能力鉴定委员会确认,可以安装假肢、矫形器、假眼、假牙和配置轮椅等辅助器具,所需费用按照国家规定的标准从工伤保险基金支付。需注意的是,辅助器具一般应当限于辅助日常生活及生产劳动之必需,并采用国内市场的普及型产品。工伤职工选择其他型号产品,费用高出普及型部分,由个人自付。(依据《工伤保险条例》第32条)

1级至10级一次性伤残补助金:职工因工致残被鉴定为1级至10级伤残的,由工伤保险基金支付一次性伤残补助金(见表13)。(依据《工伤保险条例》第35条、第36条、第37条)

表13　一次性伤残补助金

伤残程度	补助金
一级伤残	本人工资×27个月
二级伤残	本人工资×25个月

续表

伤残程度	补助金
三级伤残	本人工资×23个月
四级伤残	本人工资×21个月
五级伤残	本人工资×18个月
六级伤残	本人工资×16个月
七级伤残	本人工资×13个月
八级伤残	本人工资×11个月
九级伤残	本人工资×9个月
十级伤残	本人工资×7个月

1级至6级伤残津贴：一级伤残为本人工资的90%；二级伤残为本人工资的85%；三级伤残为本人工资的80%；四级伤残为本人工资的75%；五级、六级伤残，保留劳动关系，由用人单位安排适当工作。难以安排工作的，按月发给伤残津贴：五级伤残为本人工资的70%；六级伤残为本人工资的60%。1级至4级伤残津贴由工伤保险基金支付，实际金额低于当地最低工资标准的，由工伤保险基金补足差额；5级至6级伤残津贴由用人单位在难以安排工作的情况下支付，伤残津贴实际金额低于当地最低工资标准的，由用人单位补足差额。（依据《工伤保险条例》第35条、第36条）

5级至10级一次性工伤医疗补助金和伤残就业补助金①：一次性工伤医疗补助金，由工伤保险基金支付，根据笔者办案经验，标准可参考：五级伤残为统筹工资的15个月；六级伤残为统筹工资的13个月；七级伤残为统筹工资的8个月；八级伤残为统筹工资的6个

① 一次性工伤医疗补助金和一次性伤残就业补助金的具体标准由省、自治区、直辖市人民政府规定。

月;九级伤残为统筹工资的3个月;十级伤残为统筹工资的2个月。一次性伤残就业补助金,由用人单位支付,标准为:五级伤残为统筹工资的33个月;六级伤残为统筹工资的29个月;七级伤残为统筹工资的22个月;八级伤残为统筹工资的18个月;九级伤残为统筹工资的13个月;十级伤残为统筹工资的7个月。(依据《工伤保险条例》第36条、第37条)

丧葬补助金:6个月统筹地区上年度职工月平均工资。(依据《工伤保险条例》第39条)

供养亲属抚恤金和下落不明供养亲属抚恤金:配偶每个月40%,其他亲属每人每月30%,孤寡老人或者孤儿每人每月在上述标准的基础上增加10%。核定的各种供养亲属的抚恤金之和不应高于因工死亡职工生前的工资。(依据《工伤保险条例》第39条、第41条)

一次性工亡补助金:上一年度全国城镇居民人均可支配收入的20倍。(依据《工伤保险条例》第39条)

212

企业是否可以只参加工伤保险?

答:企业不能只给员工参加工伤保险。但是,针对一些特别的人员,目前杭州市、青岛市、广东省规定特定人员可以单险种参加工伤保险。

在我国,社会保险包括了养老、医疗、工伤、生育和失业保险五个险种。根据《社会保险法》的规定,中华人民共和国境内的用人单位和个人依法缴纳社会保险费,有权查询缴费记录、个人权益记录,要求社会保险经办机构提供社会保险咨询等相关服务。据此,用人单位和劳动者应当依法参加社会保险,包括基本养老保险、基本医疗保险、失业保险、工伤保险和生育保险。因此,企业不能只给员工参加工伤保险。但是,针对一些特别的人员,目前杭州市、青岛市、广东省规定特定人员可以单险种参加工伤保险。杭州市人社局、市财政局、市税务局联合印发《关于印发部分特定人员参加工伤保险办法(试行)的通知》(自2021年10月8日起执行),单工伤险种特定人员包括以下三类:(1)超过法定退休年龄未按月享受机关事业单位或职工基本养老保险待遇,男未满65周岁,女未满60周岁,仍在用人单位就业的;(2)职业技工院校统一安排到实习单位进行学期性实习且年龄不小于16周岁的实习学生;(3)通过互联网在我市工商注册登记的平台企业注册并接单以平台名义在我市提供网约送餐、网约车、即时递送(快递)劳务,未与平台企业建立劳动关系的从业人员。

广东省人力资源和社会保障厅发布通知规定,可以单险种参加工伤保险的特定人员,是指未与用工单位或平台企业建立劳动关系的从业人员包括超龄人员、实习生、外卖/快递/家政/网约车司机等新业态从业人员。

《青岛市非劳动关系特定从业人员工伤保障办法(试行)》规定,青岛的单工伤限定人群,主要是以下几类:(1)实习、见习学生,包括与单位签订实习、见习协议的大中专院校、技工院校在校生和未就业高校毕业生;(2)通过家政服务机构在青岛市行政区域内从业的家政服务人员等非劳动关系劳动者;(3)村(社区)党组织委员会和村(居民)委员会工作人员[以下简称村(居)两委工作人员],包括村(社区)党组织委员会和村(居民)委员会主任、副主任、委员,以及为村(社区)党组织委员会和村(居民)委员会提供公共服务的其他工作人员,不包括村(社区)党组织委员会和村(居民)委员会所办企业、经营实体内的工作人员。

引　申

平台或用工单位在为特定人员购买工伤保险时需要注意:其一,用人单位或平台企业为特定人员单独参加工伤保险办理登记手续后,没有在规定时间内缴纳费用的,如果特定人员发生了工伤的情况,其相关的工伤待遇有关费用由用人单位或者平台企业承担。其二,参加工伤保险的特定人员在工伤治疗期或者雇用期、用工协议期、服务期、实习期满了之后仍然需要继续治疗的,负责缴纳工伤保险的用人单位继续为其缴纳费用,工伤保险基金也会继续按照规定支付有关待遇。其三,参保单位和个人如果通过虚构工伤事故、伪造工伤材料等行为骗取工伤保险待遇的,按照《社会保险法》和《工伤保险条例》等规定依法处置。

213

发生第三人侵权与工伤保险竞合时如何处理?

答:第三人侵权导致劳动者遭受工伤时,劳动者既可以选择向第三人追究民事侵权赔偿责任,也可以向用人单位或工伤保险基金申请支付工伤保险待遇。常见的情形如劳动者在上下班途中发生非本人主要责任的交通事故,劳动者既有交通事故人身损害赔偿请求权,又有工伤保险待遇支付请求权。

此时,劳动者能否获得人身损害和工伤保险待遇“双赔偿”?不同地区有不同实践操作,具体参考各地区裁审口径,但大部分地区选择采用“双重赔偿模式”,即在第三人侵权赔偿与工伤保险待遇竞合情形下，从保护受害者权益的立法宗旨来讲，劳动者有权同时获得工伤保险赔偿和人身侵权赔偿，用人单位和侵权人均应当依法承担各自所负赔偿责任，即使该劳动者已从其中一方先行获得赔偿，亦不能免除或者减轻另一方的赔偿责任。

案　例

在左某1、左某2、刘某某与湖南省郴州市工伤保险管理服务中心纠纷案中，左某1系死者张某某妻子，左某2系死者张某某儿子，刘某某系死者张某某母亲，刘某某现为退休职工，每月有固定养老保险待遇。2016年7月27日，张某某因交通事故死亡。2016年12月30日郴州市人力资源和社会保障局作出郴人社工伤认字[2016]S86号认定工伤决定书，认定张某某构成工伤。张某某的丧葬补助金经核算为10,300元，一次性工亡补助金为48,140元，共计58,440元。2017年9月2日郴州市工保中心支付张某某的丧葬补助金经核算为10,300元，一次性工亡补助金为48,140元，共计58,440元。左某1、左某2、刘某某认为郴州市工保中心对张某某丧葬补助金和一次性工亡补助金的审核违法违规，故诉至法院。此外，左某1、左某2、刘某某与交通事故责任人达成调解协议，由事故责任人支付左某1、左某2、刘某某各项经济损失共计640,000元，其中包括死亡赔偿金575,760元、精神抚慰金50,000元、丧葬费14,240元。法院认为，通过侵权责任四要件、是否存在劳动关系、工伤三要素共同来认定第三人侵权责任与工伤保险责任是否产生竞合。在第三人侵权责任与工伤保险责任竞合时，应确定双重赔偿模式，在获得民事赔偿的同时享受工伤保险待遇，但医疗费、丧葬费除外。①

① 湖南省郴州市中级人民法院行政判决书，(2018)湘10行终44号。

引　申

在工伤赔偿与民事侵权赔偿发生竞合时,因第三人侵权赔偿与工伤赔偿保险机制目前在法律上是并行不悖的,一个属于私权范畴,一个属于公权范畴,二者不能混用,也不能相互替代的精神,可以认定因第三人侵权造成的工伤,劳动者或者其近亲属除了可以获得民事赔偿外,还可以获得工伤保险赔偿。但医疗费用只能获得一方面的赔偿。

相关规定

《最高人民法院关于审理工伤保险行政案件若干问题的规定》第8条　职工因第三人的原因受到伤害,社会保险行政部门以职工或者其近亲属已经对第三人提起民事诉讼或者获得民事赔偿为由,作出不予受理工伤认定申请或者不予认定工伤决定的,人民法院不予支持。职工因第三人的原因受到伤害,社会保险行政部门已经作出工伤认定,职工或者其近亲属未对第三人提起民事诉讼或者尚未获得民事赔偿,起诉要求社会保险经办机构支付工伤保险待遇的,人民法院应予支持。职工因第三人的原因导致工伤,社会保险经办机构以职工或者其近亲属已经对第三人提起民事诉讼为由,拒绝支付工伤保险待遇的,人民法院不予支持,但第三人已经支付的医疗费用除外。

《最高人民法院关于审理人身损害赔偿案件适用法律若干问题的解释》(2022修正)第3条第2款　因用人单位以外的第三人侵权造成劳动者人身损害,赔偿权利人请求第三人承担民事赔偿责任的,人民法院应予支持。

《第八次全国法院民事商事审判工作会议(民事部分)纪要》第10条　用人单位未依法缴纳工伤保险费,劳动者因第三人侵权造成人身损害并构成工伤，侵权人已经赔偿的，劳动者有权请求用人单位支付除医疗费之外的工伤保险待遇。用人单位先行支付工伤保险待遇的，可以就医疗费用在第三人应承担的赔偿责任范围内向其追偿。

214

工伤保险赔偿与人身损害赔偿的区别是什么？

答：(1)二者发生的基础关系不同。工伤保险赔偿的前提是存在劳动关系且员工所受损害须经人社局认定为工伤，适用劳动法律关系的有关规定，包括用工单位与劳动者签订正式的劳动合同和事实上的劳动用工关系；而人身损害赔偿一般则是在雇佣、帮工、承揽过程中发生的身体损害，也包括用工单位聘用离退休人员，临时用工过程中造成的人身损害；或者第三人人身损害赔偿，不需要存在劳动关系，也不需要进行工伤认定。

(2)适用法律不同。工伤保险赔偿适用《工伤保险条例》、《社会保险法》及配套劳动法规调整，属于劳动法律范畴；而人身损害赔偿案件适用《民法典》等法律规定，属于一般民事法律范畴。

(3)处理机构不同。工伤保险待遇的赔付过程比较复杂，一般程序是：先由人力资源和社会保障局对工伤进行认定；再由劳动能力鉴定委员会对劳动功能障碍进行鉴定；然后才是通过诉讼程序主张工伤保险待遇；人身损害赔偿则可以直接向人民法院提起诉讼，在诉讼过程中申请法院委托司法鉴定机构对伤残程度进行鉴定，根据鉴定结论确定赔偿数额。

(4)归责原则及责任划分不同。工伤保险赔偿适用无过错责任，不需给劳动者划分过错责任;人身损害赔偿适用过错责任,需要根据双方的过错程度划分责任。

(5)赔偿主体不同。员工因工伤发生的费用,由工伤保险基金与用人单位支付,如果单位没有为员工缴纳工伤保险金的,则相关赔偿款项由用人单位支付;人身损害赔偿的受害者因自身受到伤害而产生的医疗费、伤残赔偿金等费用由侵权人赔偿。

(6)二者的赔偿项目与标准不同。工伤保险待遇的赔偿项目主要有医疗费、停工留薪期工资、一次性伤残补助金、伤残津贴、一次性伤残就业补助金等,而人身损害的赔偿项目主要有医疗费、残疾赔偿金、误工费、护理费等。另外,在受伤程度相同的前提下,工伤赔偿标准没有城镇和农村居民之分,而人身损害赔偿案件则有城镇和农村居民之分。且人身损害赔偿一般除后续治疗费之外,都是一次性解决赔偿问题,而在工伤赔偿中,除了5级至10级伤残可以一次性解决赔偿外,1级至4级伤残不允许一次性赔偿解决。

(7)精神损害赔偿的不同。工伤赔偿没有精神抚慰金一说,如果在工伤赔偿中,伤者及其家属一方在劳动仲裁或诉讼中提出精神抚慰金,则没有任何法律上的依据,一般不会得到仲裁庭或法院的支持;而在一般人身损害赔偿纠纷中,一般只要存在伤残等级就会有精神抚慰金的赔偿。

(8)诉讼时效的不同。工伤认定申请的时效也是一年,伤者及其家属应在受伤害或职业病鉴定后1年之内向劳动部门申请工伤认定。工伤认定、伤残鉴定后,何时提出劳动仲裁申请赔偿,法律对此不严格执行1年劳动仲裁申请时效规定,根据具体情况掌握;而在一般人身损害赔偿纠纷中,根据《民法典》第188条的规定,向人民法院请求保护民事权利的诉讼时效期间为3年。诉讼时效期间自权利人知道或者应当知道权利受到损害以及义务人之日起计算。

(9)伤残鉴定机构不同。工伤由劳动鉴定委员会鉴定,适用的标准是《劳动能力鉴定 职工工伤与职业病致残等级》。一般来说，对于同一种伤情，工伤伤残等级要比交通事故等的伤残等级更有利于伤者；而一般人身伤害由司法鉴定机构鉴定，适用的标准则是人身损害或交通事故鉴定标准：《医疗事故分级标准（试行）》。（同样的伤残，鉴定结果工伤等级略高于一般人身伤残鉴定等级。）

失业保险

215

因严重违反劳动纪律被开除的员工，可否领取失业保险金？

答：可以领取。因违反劳动纪律被开除，属于“非因本人意愿中断就业”的情形，可依法领取失业保险金。

案　例

丁某因在车间辱骂、殴打部门经理而被公司谈话，丁某提出希望公司考虑快过年了，请求公司同意其辞职并给予协助办理失业保险。出于人性化的考虑，为了不影响丁某辞职以后的生活以及将来的就业问题，在丁某的一再恳求下，公司为其开具了有利于其领取失业救济金的解除终止劳动合同证明，同时让丁某填写了离职申请表。结果办完离职手续后的第三天，丁某就提起劳动仲裁，要求公司支付经济补偿金。

除失业保险外，有时用人单位还会继续为已经协商离职的孕妇购买社保，以期将来可以报销生育津贴，这同样也是一种骗保行为，建议用人单位依法合规为员工办理社保相关事宜。

引　申

用人单位单方解除权的证据留痕。

用工单位须完善各项规章制度，并以文本形式留存，且确保公司员工均知悉。在实际操作中新员工入职时，须要求仔细阅读相关规章制度，确认知悉且签字捺印留存。各项制度更新后立即抄送全公司员工，要求阅读后反馈。避免公司与被开除的员工发生劳动纠纷时，被开除员工以“公司没有相应规章制度”或者“未知悉”为由进行抗辩，从而使裁审人员认定用工单位违法开除员工。

失业保险金领取的条件限制：

(1)具备下列条件的失业人员，可以领取失业保险金：

①按照规定参加失业保险，所在单位和本人已按照规定履行缴费义务满1年的；②非因本人意愿中断就业的；③已办理失业登记，并有求职要求的。

(2)单位招用的农民合同制工人连续工作满1年，本单位并已缴纳失业保险费，劳动合同期满未续订或者提前解除劳动合同的，由社会保险经办机构根据其工作时间长短，对其支付一次性生活补助。补助的办法和标准由省、自治区、直辖市人民政府规定。

单位配合个人领取失业保险金不可取。

在实践中，对于一些“问题”员工，当其主动提出要辞职时，公司往往求之不得，因此对于员工要求协助办理失业保险的附加请求也会尽量满足。但是殊不知，这将会为公司埋下隐患，除了有骗保风险外，有些员工会反咬一口要求公司支付解除劳动合同的经济补偿金或赔偿金。如果公司不能证明员工的离职理由，则裁判机关会要求公司支付经济补偿金。

被追究刑事责任后与员工解除劳动关系，该员工能够享受失业保险金吗？

若解除劳动关系前用人单位和该员工已经缴纳失业保险费满一年，已经进行失业登记，并有求职要求的则可以领取失业保险金。失业人员在领取失业保险金期间，参加职工基本医疗保险，享受基本医疗保险待遇。

相关规定

《社会保险法》第45条 失业人员符合下列条件的,从失业保险基金中领取失业保险金:(一)失业前用人单位和本人已经缴纳失业保险费满一年的;(二)非因本人意愿中断就业的;(三)已经进行失业登记,并有求职要求的。

根据《实施〈中华人民共和国社会保险法〉若干规定》第13条规定,非因本人意愿中断就业包括:

1. 依照《劳动合同法》第44条第1项、第4项、第5项规定终止劳动合同的(第1项,劳动合同期满的;第4项,用人单位被依法宣告破产的;第5项,用人单位被吊销营业执照、责令关闭、撤销或者用人单位决定提前解散的)。

2. 由用人单位依照《劳动合同法》第39条、第40条、第41条规定解除劳动合同的。

《劳动合同法》第39条 劳动者有下列情形之一的,用人单位可以解除劳动合同:(一)在试用期间被证明不符合录用条件的;(二)严重违反用人单位的规章制度的;(三)严重失职,营私舞弊,给用人单位造成重大损害的;(四)劳动者同时与其他用人单位建立劳动关系,对完成本单位的工作任务造成严重影响,或者经用人单位提出,拒不改正的;(五)因本法第二十六条第一款第一项规定的情形致使劳动合同无效的;(六)被依法追究刑事责任的。

第40条 有下列情形之一的,用人单位提前三十日以书面形式通知劳动者本人或者额外支付劳动者一个月工资后,可以解除劳动合同:(一)劳动者患病或者非因工负伤,在规定的医疗期满后不能从事原工作,也不能从事由用人单位另行安排的工作的;(二)劳动者不能胜任工作,经过培训或者调整工作岗位,仍不能胜任工作的;(三)劳动合同订立时所依据的客观情况发生重大变化,致使劳动合同无法履行,经用人单位与劳动者协商,未能就变更劳动合同内容达成协议的。

第41条 有下列情形之一,需要裁减人员二十人以上或者裁减不足二十人但占企业职工总数百分之十以上的,用人单位提前三十日向工会或者全体职工说明情况,听取工会或者职工的意见后,裁减人员方案经向劳动行政部门报告,可以裁减人员:(一)依照企业破产法规定进行重整的;(二)生产经营发生严重困难的;(三)企业转产、重大技术革新或者经营方式调整,经变更劳动合同后,仍需裁减人员的;(四)其他因劳动合同订立时所依据的客观经济情况发生重大变化,致使劳动合同无法履行的。

3. 用人单位依照《劳动合同法》第36条规定向劳动者提出解除劳动合同并与劳动者协商一致解除劳动合同的。

4. 由用人单位提出解除聘用合同或者被用人单位辞退、除名、开除的。

5. 劳动者本人依照《劳动合同法》第38条规定解除劳动合同的。

6. 法律、法规、规章规定的其他情形。

《劳动法》第25条 动者有下列情形之一的,用人单位可以解除劳动合同:(一)在试用期间被证明不符合录用条件的;(二)严重违反劳动纪律或者用人单位规章制度的;(三)严重失职,营私舞弊,对用人单位利益造成重大损害的;(四)被依法追究刑事责任的。

216

主动辞职的情形可以领取失业保险金吗?

答:不能领取。主动辞职属于因本人意愿主动辞职,不符合《社会保险法》第45条第2项的规定。

引　申

不可以领取失业保险金的情况有哪些？

（1）失业员工在领取失业保险金期间有下列情形之一的，失业保险机构停发其失业保险金：再就业；到国（境）外定居；已办理退休手续；无正当理由，两次不接受劳动部门所属的就业服务机构介绍的职业；被采取强制性教育措施或被判入监服刑；法律、行政法规有其他规定的。

（2）失业者不具备领取失业保险金条件的是无法领取失业保险金的。

相关规定

《社会保险法》第45条　失业人员符合下列条件的，从失业保险基金中领取失业保险金：（一）失业前用人单位和本人已经缴纳失业保险费满一年的；（二）非因本人意愿中断就业的；（三）已经进行失业登记，并有求职要求的。

《失业保险条例》第15条　失业人员在领取失业保险金期间有下列情形之一的，停止领取失业保险金，并同时停止享受其他失业保险待遇：（一）重新就业的；（二）应征服兵役的；（三）移居境外的；（四）享受基本养老保险待遇的；（五）被判刑收监执行或者被劳动教养的；（六）无正当理由，拒不接受当地人民政府指定的部门或者机构介绍的工作的；（七）有法律、行政法规规定的其他情形的。

217

员工主动离职,原本不符合领取失业保险金的条件,但为了能够让员工领取失业保险金,单位协助员工将离职原因调整为单位提出解除劳动关系后领取失业保险金的法律后果是什么?

答:(1)民事责任

一是单位提出解除劳动关系的,根据规定应当支付补偿金,因此把原本是主动离职的员工演变为被动离职,可能存在员工向单位提出索要经济补偿的风险。二是如果员工在领取过程中发生其他原因导致无法领取的,就其应享有的失业金,其有权向单位提出主张。

(2)行政责任

由社会保险行政部门责令退回骗取的失业保险金,处骗取金额2倍以上5倍以下的罚款。原因有二:其一,按照法律规定员工主动离职不符合领取失业金的条件,单位协助开具虚假内容的离职证明,涉及"伪造证明材料骗取社会保险待遇"。其二,失业保险金属于社会保险费的一种。

(3)刑事责任

领取金额较大,情节严重,涉及犯罪的,则可能被追究刑事责任。

引　　申

员工离职后,用人单位应及时停止缴纳社保。依据《社会保险法》第50条的规定，员工离职时用人单位应及时出具真实的终止或解除劳动关系的证明，将失业人员的名单自终止或者解除劳动关系之日起15日内告知社会保险经办机构，及时办理社会保险的停缴手续。

企业切勿好心办坏事，协助把主动离职的员工报成被动离职从而协助员工去领取失业金的行为是利人损己损国家的行为，轻则被行政处罚，重则被追究刑事责任。

相关规定

《社会保险法》第2条 国家建立基本养老保险、基本医疗保险、工伤保险、失业保险、生育保险等社会保险制度，保障公民在年老、疾病、工伤、失业、生育等情况下依法从国家和社会获得物质帮助的权利。

第88条 以欺诈、伪造证明材料或者其他手段骗取社会保险待遇的，由社会保险行政部门责令退回骗取的社会保险金，处骗取金额二倍以上五倍以下的罚款。

《劳动保障监察条例》第27条 用人单位向社会保险经办机构申报应缴纳的社会保险费数额时，瞒报工资总额或者职工人数的，由劳动保障行政部门责令改正，并处瞒报工资数额1倍以上3倍以下的罚款。骗取社会保险待遇或者骗取社会保险基金支出的，由劳动保障行政部门责令退还，并处骗取金额1倍以上3倍以下的罚款；构成犯罪的，依法追究刑事责任。

《刑法》第266条 诈骗公私财物，数额较大的，处三年以下有期徒刑、拘役或者管制，并处或者单处罚金；数额巨大或者有其他严重情节的，处三年以上十年以下有期徒刑，并处罚金；数额特别巨大或者有其他特别严重情节的，处十年以上有期徒刑或者无期徒刑，并处罚金或者没收财产。本法另有规定的，依照规定。

《社会保险基金行政监督办法》第31条 社会保险服务机构有下列行为之一,以欺诈、伪造证明材料或者其他手段骗取社会保险基金支出的,按照《中华人民共和国社会保险法》第八十七条的规定处理:(一)工伤保险协议医疗机构、工伤康复协议机构、工伤保险辅助器具配置协议机构、工伤预防项目实施单位等通过提供虚假证明材料及相关报销票据等手段,骗取工伤保险基金支出的;(二)培训机构通过提供虚假培训材料等手段,骗取失业保险培训补贴的;(三)其他以欺诈、伪造证明材料等手段骗取社会保险基金支出的行为。

《全国人民代表大会常务委员会关于〈中华人民共和国刑法〉第二百六十六条的解释》 以欺诈、伪造证明材料或者其他手段骗取养老、医疗、工伤、失业、生育等社会保险金或者其他社会保障待遇的,属于刑法第二百六十六条规定的诈骗公私财物的行为。

218

各省市失业保险金标准是什么?

答:按照低于当地最低工资标准、高于城市居民最低生活保障标准的水平,由省、自治区、直辖市人民政府确定。

以云南省为例,根据《云南省失业保险条例》和《云南省人民政府办公厅关于应对新冠肺炎疫情影响进一步做好稳就业工作的若干意见》(云政办发〔2020〕36号)的有关规定,从2020年7月1日起,提高我省失业保险金标准(见表14):

表 14　云南省失业保险金标准

单位：元/月

分类	地区	标准
一类地区	昆明市五华区、盘龙区、西山区、官渡区、呈贡区、安宁市、嵩明县	1503
二类地区	昆明市所辖其他各县、区；其他州、市政府所在地的市/区及玉龙县、德钦县；其他设市城市	1350
三类地区	其他各县	1215

注：失业保险金标准比例参考当地最低工资标准的90%。

相关规定

《社会保险法》第 47 条　失业保险金的标准，由省、自治区、直辖市人民政府确定，不得低于城市居民最低生活保障标准。

《失业保险条例》第 18 条　失业保险金的标准，按照低于当地最低工资标准、高于城市居民最低生活保障标准的水平，由省、自治区、直辖市人民政府确定。

全国各省、自治区、直辖市最低工资标准情况

单位：元

地区	月最低工资标准				小时最低工资标准			
	第一档	第二档	第三档	第四档	第一档	第二档	第三档	第四档
北　京	2420	—	—	—	26.4	—	—	—
天　津	2180	—	—	—	22.6	—	—	—
河　北	2200	2000	1800	—	22	20	18	—
山　西	1980	1880	1780	—	21.3	20.2	19.1	—
内蒙古	1980	1910	1850	—	20.8	20.1	19.5	—

续表

地区	月最低工资标准				小时最低工资标准			
	第一档	第二档	第三档	第四档	第一档	第二档	第三档	第四档
辽　宁	1910	1710	1580	1420	19.2	17.2	15.9	14.3
吉　林	1880	1760	1640	1540	19	18	17	16
黑龙江	1860	1610	1450	—	18	14	13	—
上　海	2690	—	—	—	24	—	—	—
江　苏	2280	2070	1840	—	22	20	18	—
浙　江	2280	2070	1840	—	22	20	18	—
安　徽	2060	1930	1870	1780	21	20	19	18
福　建	2030	1960	1810	1660	21	20.5	19	17.5
江　西	1850	1730	1610	—	18.5	17.3	16.1	—
山　东	2200	2010	1820	—	22	20	18	—
河　南	2000	1800	1600	—	19.6	17.6	15.6	—
湖　北	2010	1800	1650	1520	19.5	18	16.5	15
湖　南	1930	1740	1550	—	19	17	15	—
广　东	2300	1900	1720	1620	22.2	18.1	17	16.1
其中:深圳	2360	—	—	—	22.2	—	—	—
广　西	1810	1580	1430	—	17.5	15.3	14	—
海　南	1830	1730	1680	—	16.3	15.4	14.9	—
重　庆	2100	2000	—	—	21	20	—	—
四　川	2100	1970	1870	—	22	21	20	—

续表

地区	月最低工资标准				小时最低工资标准			
	第一档	第二档	第三档	第四档	第一档	第二档	第三档	第四档
贵　州	1890	1760	1660	—	19.6	18.3	17.2	—
云　南	1990	1840	1690	—	19	18	17	—
西　藏	2100	—	—	—	20	—	—	—
陕　西	2160	2050	1950	—	21	20	19	—
甘　肃	1820	1770	1720	1670	19	18.4	17.9	17.4
青　海	1880	—	—	—	18	—	—	—
宁　夏	1950	1840	1750	—	18	17	16	—
新　疆	1900	1700	1620	1540	19	17	16.2	15.4

资料来源：人力资源和社会保障部2023年10月18日公布的全国各省、自治区、直辖市最低工资标准情况，http://www.mohrss.gov.cn/SYrlzyhshbzb/laodongguanxi_/fwyd/202310/t20231018_507868.html。

注：本表数据时间截至2023年10月1日。

219

领取失业保险金期间能否就业？重新就业后失业保险金是否能继续领取？

答：领取失业保险金期间可以就业，重新就业后则不能再继续领取失业保险金。

引　申

领取失业保险金的期限，因失业前用人单位和失业者本人累计缴费年限不同而有所差异,但领取失业保险金的期限为最长不超过 24 个月。如果失业人员失业前用人单位和本人累计缴费满 1 年不足 5 年的,领取失业保险金的期限最长为 12 个月;累计缴费 5 至 10 年的,领取失业保险金的期限最长为 18 个月;累计缴费 10 年以上的,领取失业保险金的期限最长为 24 个月。

相关规定

《实施〈中华人民共和国社会保险法〉若干规定》第 14 条 失业人员领取失业保险金后重新就业的,再次失业时,缴费时间重新计算。

第 15 条 失业人员在领取失业保险金期间,应当积极求职,接受职业介绍和职业培训。失业人员接受职业介绍、职业培训的补贴由失业保险基金按照规定支付。

《社会保险法》第 46 条 失业人员失业前用人单位和本人累计缴费满一年不足五年的,领取失业保险金的期限最长为十二个月;累计缴费满五年不足十年的,领取失业保险金的期限最长为十八个月;累计缴费十年以上的,领取失业保险金的期限最长为二十四个月。重新就业后,再次失业的,缴费时间重新计算,领取失业保险金的期限与前次失业应当领取而尚未领取的失业保险金的期限合并计算,最长不超过二十四个月。

第 51 条 失业人员在领取失业保险金期间有下列情形之一的,停止领取失业保险金,并同时停止享受其他失业保险待遇:(一)重新就业的;(二)应征服兵役的;(三)移居境外的;(四)享受基本养老保险待遇的;(五)无正当理由,拒不接受当地人民政府指定部门或者机构介绍的适当工作或者提供的培训的。

220

失业保险金能否折抵解除劳动合同的经济补偿金?

答:不能折抵。

引　申

劳动者解除劳动合同,用人单位应当支付经济补偿金的9种情形:

(1)用人单位未按照劳动合同约定提供劳动保护或者劳动条件;

(2)用人单位未及时足额支付劳动报酬;

(3)用人单位低于当地最低工资标准支付劳动者工资;

(4)用人单位未依法为劳动者缴纳社会保险费;

(5)用人单位的规章制度违反法律、法规的规定,损害劳动者权益;

(6)用人单位以欺诈、胁迫的手段或者乘人之危,使劳动者在违背真实意思的情况下订立或者变更劳动合同;

(7)用人单位以暴力、威胁或者非法限制人身自由的手段强迫劳动;

(8)用人单位违章指挥、强令冒险作业危及劳动者人身安全;

(9)法律、行政法规规定的其他情形。

用人单位解除劳动合同,应当向劳动者支付经济补偿金的12种情形:

(1)用人单位提出解除劳动合同,并与劳动者协商一致解除劳动

合同的;

(2)劳动者患病或者非因工负伤,在规定的医疗期满后不能从事原工作,也不能从事由用人单位另行安排的工作,用人单位提前30日通知劳动者本人解除劳动合同的;

(3)劳动者不能胜任工作,经过培训或者调整工作岗位,仍不能胜任工作,用人单位提前30日通知劳动者本人解除劳动合同的;

(4)劳动合同订立时所依据的客观情况发生重大变化,致使劳动合同无法履行,经用人单位与劳动者协商,未能就变更劳动合同内容达成协议,用人单位提前30日通知劳动者本人解除劳动合同的;

(5)用人单位依照《企业破产法》规定进行重整,依法裁减人员的;

(6)用人单位生产经营发生严重困难,依法裁减人员的;

(7)企业转产、重大技术革新或者经营方式调整,经变更劳动合同后,仍需裁减人员,用人单位依法定程序裁减人员的;

(8)其他因劳动合同订立时所依据的客观经济情况发生重大变化,致使劳动合同无法履行,用人单位依法定程序裁减人员的;

(9)劳动合同期满,劳动者同意续订劳动合同而用人单位不同意续订劳动合同,由用人单位终止固定期限劳动合同的;

(10)因用人单位被依法宣告破产而终止劳动合同的;

(11)因用人单位被吊销营业执照、责令关闭、撤销或者用人单位决定提前解散而终止劳动合同的;

(12)法律、行政法规规定的其他情形。

经济补偿金如何计算?

月工资是指劳动者在劳动合同解除或者终止前12个月的平均工资。该工资高于社平工资3倍的,则以社会平均工资3倍作为基数;该工资低于当地最低工资的,则以当地最低工资标准作为基数。经济补偿金详见表15。

表 15　经济补偿金

<table>
<tr><th>劳动者在本单位工作的年限</th><th>补偿金计算年限</th><th>经济补偿金额</th><th>规定</th></tr>
<tr><td>不满 6 个月</td><td>半年</td><td>半个月工资</td><td rowspan="3">劳动者月工资高于用人单位所在直辖市、设区的市级人民政府公布的本地区上年度职工月平均工资 3 倍的，向其支付经济补偿的标准按职工月平均工资 3 倍的数额支付，向其支付经济补偿的年限最高不超过 12 年</td></tr>
<tr><td>6 个月以上不满 1 年</td><td>1 年</td><td>1 个月工资</td></tr>
<tr><td>1 年以上</td><td colspan="2">每满 1 年支付 1 个月工资的标准</td></tr>
</table>

相关规定

《关于贯彻执行〈中华人民共和国劳动法〉若干问题的意见》第 43 条　劳动合同解除后，用人单位对符合规定的劳动者应支付经济补偿金。不能因劳动者领取了失业救济金而拒付或克扣经济补偿金，失业保险机构也不得以劳动者领取了经济补偿金为由，停发或减发失业救济金。

《劳动合同法》第 46 条　有下列情形之一的，用人单位应当向劳动者支付经济补偿：(一)劳动者依照本法第三十八条规定解除劳动合同的；(二)用人单位依照本法第三十六条规定向劳动者提出解除劳动合同并与劳动者协商一致解除劳动合同的；(三)用人单位依照本法第四十条规定解除劳动合同的；(四)用人单位依照本法第四十一条第一款规定解除劳动合同的；(五)除用人单位维持或者提高劳动合同约定条件续订劳动合同，劳动者不同意续订的情形外，依照本法第四十四条第一项规定终止固定期限劳动合同的；(六)依照本法第四十四条第四项、第五项规定终止劳动合同的；(七)法律、行政法规规定的其他情形。

221

骗取失业保险金的法律后果是什么?

答:(1)行政责任:由社会保险经办机构责令退还;情节严重的,由劳动保障行政部门处骗取金额 1 倍以上 3 倍以下的罚款。

(2)刑事责任:对于以欺诈、伪造证明材料或者其他手段骗取失业保险金的,行为人诈骗数额较大的,成立诈骗罪,可处 3 年以下有期徒刑、拘役或者管制。

案　　例

2019 年 5 月,永康市审计局在开展 2018 年度财政预算执行情况审计时,延伸审计了该市失业保险金支出情况。经大数据比对分析,审计发现,该市部分企业、员工隐瞒稳定就业实情,提供虚假的解除(终止)劳动合同证明,违规向社保部门领取失业保险金。为此,永康市审计局及时移送了相关问题线索。

经永康市公安局进一步查明,原在该市江南街道下园朱农贸市场管理处工作的王某、原在该市四通家电有限公司工作的胡某等 6 人通过伪造《终止劳动合同证明书》等虚假材料,虚构失业人员身份,骗取失业保险金、职工基本医疗保险费等共计 10.7 万元。

永康市人民检察院对以上 6 人提起公诉,永康市人民法院公开审理认定王某、胡某等 6 人以非法占有为目的,虚构事实、隐瞒真相,骗取财物,数额较大,其行为已构成诈骗罪,依法判处王某、胡某等 6 人拘役 3 ~ 5 个月、缓刑 5 ~ 7 个月,并处罚金 20.8 万元。

引　申

根据《社会保险法》《失业保险条例》等规定，失业人员享受失业保险待遇期间重新就业，应当及时告知社保经办机构，并停止领取失业保险待遇。隐瞒就业事实申领失业保险待遇属于骗保行为，一经查实，个人信用会受到影响，情节严重者，将被处以行政处罚；构成犯罪的，还要被追究刑事责任。

相关规定

《失业保险条例》第 28 条　不符合享受失业保险待遇条件，骗取失业保险金和其他失业保险待遇的，由社会保险经办机构责令退还；情节严重的，由劳动保障行政部门处骗取金额 1 倍以上 3 倍以下的罚款。

《刑法》第 266 条　诈骗公私财物，数额较大的，处三年以下有期徒刑、拘役或者管制，并处或者单处罚金；数额巨大或者有其他严重情节的，处三年以上十年以下有期徒刑，并处罚金；数额特别巨大或者有其他特别严重情节的，处十年以上有期徒刑或者无期徒刑，并处罚金或者没收财产。本法另有规定的，依照规定。

《全国人民代表大会常务委员会关于〈中华人民共和国刑法〉第二百六十六条的解释》　以欺诈、伪造证明材料或者其他手段骗取养老、医疗、工伤、失业、生育等社会保险金或者其他社会保障待遇的，属于刑法第二百六十六条规定的诈骗公私财物的行为。

222

失业保险金缴费标准和比例是什么?

答:单位按本单位工资总额的 2% ,职工按照本人工资的 1% ,由所在单位在本人工资中代扣代缴。

相关规定

《失业保险条例》第 6 条 城镇企业事业单位按照本单位工资总额的百分之二缴纳失业保险费。城镇企业事业单位职工按照本人工资的百分之一缴纳失业保险费。城镇企业事业单位招用的农民合同制工人本人不缴纳失业保险费。

北京市失业保险金单位和个人缴费的比例由 8 : 2 调整为 5 : 5,即失业保险金单位缴费比例为 0. 5% ,个人缴费比例为 0. 5% 。

云南省下发的《关于进一步发挥失业保险稳定岗位促进就业作用有关问题的通知》(云人社发〔2015〕121 号),明确了云南省失业保险的缴费标准和补助金标准。总的来说,云南省失业保险缴费费率统一从 3% 下调为 2% ,其中用人单位缴费费率从 2% 下调为 1. 4% ,个人缴费费率从 1% 下调为 0. 6% 。

223

若企业未为员工缴纳失业保险，在解除劳动关系时，企业是否需要对员工进行赔偿，如何赔偿？

答：企业除可能承担行政责任外，对员工应享受而不能享受的失业保险的实际损失，若员工主张，则企业还可能存在赔偿责任。如果用人单位没有为员工缴纳失业保险，员工自己委托代理机构缴纳的，产生的费用应当由企业支付给员工。这种情况下劳资双方的关系已经不单纯是劳动关系了，变成了普通的民事关系，属于民事赔偿。用人单位应当承担赔偿责任。

案　　例

2014年4月26日，张某入职某教育公司，双方签订书面劳动合同，合同期限自2014年4月26日至2017年4月25日，某公司仅为张某缴纳养老保险和医疗保险，未缴纳失业保险。2017年4月8日某教育公司向张某发出终止劳动合同告知函，告知张某双方劳动合同即将到期，公司不愿意继续与张某签订劳动合同，由张某于2017年4月25日前办理离职手续。经劳动仲裁后，张某不服向人民法院起诉，请求某教育公司支付失业金损失7966元。

法院经审理认为，根据《劳动法》第72条之规定，缴纳社会保险费属于用人单位的法定义务，某教育公司未为张某购买失业保险，导致双方劳动关系终止后，张某在符合领取失业保险金的条件下不能领取失业保险金，某教育公司应承担赔偿责任。参照《云南省失业保险条例》第20条之规定,失业人员失业前累计足额缴费年限满3年的,可领取7个月的失业保险金。法院支持了张某的诉讼请求。

引　申

用人单位没有缴纳或没有按时足额缴纳社会保险费,所应承担的赔偿范围:

(1)赔偿劳动者少得或者未得的失业保险金损失;

(2)承担应当由生育基金支付的女职工生育保险待遇费用;

(3)承担工伤保险费有关的罚款、滞纳金等费用;

(4)承担基本养老保险有关的罚款等费用;

(5)赔偿给劳动者造成的其他费用。

失业保险能补缴吗?

若企业存在拖欠失业保险的情况,对于清缴拖欠的失业保险并非补缴而是清缴。此处补缴特指之前未参加过失业保险,而把以前未参加的时间段补上。实践中是无法补缴失业保险的。

相关规定

《社会保险法》第2条　国家建立基本养老保险、基本医疗保险、工伤保险、失业保险、生育保险等社会保险制度,保障公民在年老、疾病、工伤、失业、生育等情况下依法从国家和社会获得物质帮助的权利。

《最高人民法院关于审理劳动争议案件适用法律问题的解释(一)》第1条　劳动者与用人单位之间发生的下列纠纷,属于劳动争议,当事人不服劳动争议仲裁机构作出的裁决,依法提起诉讼的,人民法院应予受理:(一)劳动者与用人单位在履行劳动合同过程中发生的纠纷;(二)劳动者与用人单位之间没有订立书面劳动合同,但已形成劳动关系后发生的纠纷;(三)劳动者与用人单位因劳动关系是否已经解除或者终止,以及应否支付解除或者终止劳动关系经济补偿金发生的纠纷;(四)劳动者与用人单位解除或者终止劳动关系后,请求用人单位返还其收取的劳动合同定金、保证金、抵押金、抵押物发生的纠纷,或者办理劳动者的人事档案、社会保险关系等移转手续发生的纠纷;(五)劳动者以用人单位未为其办理社会保险手续,且社会保险经办机构不能补办导致其无法享受社会保险待遇为由,要求用人单位赔偿损失发生的纠纷;(六)劳动者退休后,与尚未参加社会保险统筹的原用人单位因追索养老金、医疗费、工伤保险待遇和其他社会保险待遇而发生的纠纷;(七)劳动者因为工伤、职业病,请求用人单位依法给予工伤保险待遇发生的纠纷;(八)劳动者依据劳动合同法第八十五条规定,要求用人单位支付加付赔偿金发生的纠纷;(九)因企业自主进行改制发生的纠纷。

224

未缴纳失业保险,企业面临的法律责任有哪些?

答:(1)企业将面临行政责任,即由社会保险行政部门责令限期改正;逾期不改正的,对用人单位处罚款,企业逾期未履行的,可申请县级以上有关行政部门划拨或者申请法院查封、扣押、拍卖企业财产。若拒不整改,可能被列入企业失信人员名单。

(2)实践中企业还面临着民事赔偿责任。用人单位未给职工缴纳失业保险费,导致符合领取失业保险金的职工不能领取失业保险金的,可以要求用人单位赔偿。

《浙江省高级人民法院民事审判第一庭、浙江省劳动人事争议仲裁院〈关于审理劳动争议案件若干问题的解答（三）〉》（浙高法民一〔2015〕9 号）第 14 条规定："劳动关系解除或终止后，劳动者以用人单位未为其办理失业保险为由主张失业保险待遇损失的，是否需要审查劳动者享受失业保险待遇的相关条件？答：城镇职工以用人单位未为其办理失业保险为由，要求用人单位赔偿损失的，应当参照《浙江省失业保险条例》第二十一条规定，审查劳动者如正常缴费是否满一年以及是否非因本人意愿中断就业；农民合同制职工以用人单位未为其办理失业保险为由，要求用人单位赔偿损失的，应当参照《浙江省失业保险条例》第二十七条规定，审查劳动者是否连续工作满一年。对符合前述条件的劳动者，应当依照《浙江省失业保险条例》第四十七条规定，由用人单位按照其失业保险待遇损失或者一次性生活补助损失总额的二倍给予赔偿。"

引　　申

试用期员工也应享受社会保险待遇。

（1）用人单位以员工处于试用期不能享受单位福利为由，拒绝为员工缴纳医保，此行为是违法的。应当在用工之日起 30 日内为企业员工办理社保事宜。

根据《社会保险法》第 58 条第 1 款的规定："用人单位应当自用工之日起三十日内为其职工向社会保险经办机构申请办理社会保险登记。未办理社会保险登记的，由社会保险经办机构核定其应当缴纳的社会保险费。"

（2）企业无法为退休返聘人员、实习学生、兼职人员、委托代理、居间服务这几类人员购买社会保险。但若该几类人员发生工伤事故，则工伤赔偿的风险则需用人单位承担。用人单位在使用前述几类员工时，有必要为员工购买商业保险作为补充，以降低企业承担工伤赔偿的风险。

经办机构对用人单位未及时足额为劳动者办理社会保险，缴纳社会保险费的违法行为超过2年追诉期，一般也按程序进行受理。

对于用人单位未按规定足额缴纳社会保险的，劳动保障行政部门依据《劳动保障监察条例》第20条的规定，以企业未依法缴纳社会保险费行为在2年内未被发现，也未被举报、投诉为由不再查处的，人民法院不予支持；当事人请求履行上述查处职责，且能够提供相应材料初步证明企业存在未依法缴纳社会保险费用的，人民法院应当判决责令有关劳动保障行政部门履行相应职责。

相关规定

《社会保险法》第60条第1款 用人单位应当自行申报、按时足额缴纳社会保险费，非因不可抗力等法定事由不得缓缴、减免。职工应当缴纳的社会保险费由用人单位代扣代缴，用人单位应当按月将缴纳社会保险费的明细情况告知本人。

第84条 用人单位不办理社会保险登记的，由社会保险行政部门责令限期改正；逾期不改正的，对用人单位处应缴社会保险费数额一倍以上三倍以下的罚款，对其直接负责的主管人员和其他直接责任人员处五百元以上三千元以下的罚款。

《人力资源社会保障部对十二届全国人大五次会议第5063号建议的答复》(人社建字〔2017〕105号) 关于追缴时限问题。《劳动保障监察条例》第二十条规定为劳动保障行政执法时效规定，系依据行政处罚法第二十九条规定制定。同时，该条按照行政处罚法第二十九条的规定分为两款，在执法实践中不能仅依照第一款的两年时效规定，还需综合第二款规定，即“前款规定的期限，自违反劳动保障法律、法规或者规章的行为发生之日起计算；违反劳动保障法律、法规或者规章的行为有连续或者继续状态的，自行为终了之日起计算”。判断违法行为是否存在连续或者继续状态以确定劳动保障监察执法时效。但《社会保险费征缴暂行条例》和《社会保险稽核办法》(劳动保障部令第16号)均未对清缴企业欠费问题设置追诉期。因此,地方劳动保障监察执法实践中,对用人单位未及时、足额为劳动者办理社会保险,缴纳社会保险费的违法行为,一般按照《劳动保障监察条例》第二十条规定进行追缴和处罚,而地方经办机构追缴历史欠费并未限定追诉期。我们认为,企业欠缴社会保险费侵害参保人员权益,直接削弱基金支撑能力,加重了中央和地方财政负担,影响社会稳定。为此,我们高度重视欠缴清理工作,采取多种措施指导地方做好相关工作,促进基金应收尽收。为维护参保人员社会保险权益,强化征缴清欠工作,经办机构接到超过《劳动保障监察条例》第20条第一款2年的追诉期投诉后,一般也按程序进行受理。对能够提供佐证材料的,尽量满足参保者诉求,予以解决,以减少企业职工临近退休时要求企业足额补缴欠费的问题发生。

225

未按照员工实际工资缴纳失业保险,企业承担的责任是什么?

答:未按照员工实际工资缴纳失业保险,属于“未足额缴纳社会保险”的情形,由于每个地方的失业保险金是一定的,不存在待遇差额,不存在需要补足差额的情况,故由社会保险费征收机构责令企业限期整改,逾期未履行的,可申请县级以上有关行政部门划拨或者申请法院查封、扣押、拍卖企业财产。若拒不整改,可能被列入企业失信人员名单。

引　申

被列为社会保险领域严重失信企业的情形：

人社部公布的《社会保险领域严重失信人名单管理暂行办法》(人社部规〔2019〕2号)，明确了列入严重失信人名单的情形，并明确了自作出列入决定之日起7个工作日内，上传社会保险严重失信人名单信息至人力资源社会保障信用信息平台和全国信用信息共享平台，由相关部门实施联合惩戒。成为失信企业将极大阻碍企业的发展，在各项优惠政策、政府采购、认证评选以及参与政府项目招投标方面，均会受到不同程度的限制。

《关于对社会保险领域严重失信企业及其有关人员实施联合惩戒的合作备忘录》(发改财金〔2018〕1704号)中明确了九种失信情形：

(1)用人单位未按相关规定参加社会保险且拒不整改的；

(2)用人单位未如实申报社会保险缴费基数且拒不整改的；

(3)应缴纳社会保险费却拒不缴纳的；

(4)隐匿、转移、侵占、挪用社会保险费款、基金或者违规投资运营的；

(5)以欺诈、伪造证明材料或者其他手段参加、申报社会保险和骗取社会保险基金支出或社会保险待遇的；

(6)非法获取、出售或变相交易社会保险个人权益数据的；

(7)社会保险服务机构违反服务协议或相关规定的；

(8)拒绝协助社会保险行政部门、经办机构对事故和问题进行调查核实，拒绝接受或协助税务部门对社会保险实施监督检查，不如实提供与社会保险相关各项资料的；

(9)其他违反法律法规规定的。

公司为降低企业"社保支出"成本，选择将劳务外包。随着劳务派遣的监管日渐加强，以及社保入税以后需要按照劳动者实际工资核定社保缴纳基数,企业通过劳务派遣无法达到降低企业成本的效果。如果用人单位依然选择劳务派遣的方式用工,则需做到只管理工作而不对人进行管理,比如:公司文件的下发、福利待遇的给予等涉及人事等问题,均以外包公司的名义作出,防止在发生纠纷时,被认定存在事实劳动关系。

相关规定

《社会保险法》第63条第1款　用人单位未按时足额缴纳社会保险费的,由社会保险费征收机构责令其限期缴纳或者补足。

第86条　用人单位未按时足额缴纳社会保险费的,由社会保险费征收机构责令限期缴纳或者补足,并自欠缴之日起,按日加收万分之五的滞纳金;逾期仍不缴纳的,由有关行政部门处欠缴数额一倍以上三倍以下的罚款。

《社会保险费征缴暂行条例》(国务院令第259号,已被修改)第13条　缴费单位未按规定缴纳和代扣代缴社会保险费的,由劳动保障行政部门或者税务机关责令限期缴纳;逾期仍不缴纳的,除补缴欠缴数额外,从欠缴之日起,按日加收2‰的滞纳金。滞纳金并入社会保险基金。

第26条　缴费单位逾期拒不缴纳社会保险费、滞纳金的,由劳动保障行政部门或者税务机关申请人民法院依法强制征缴。

226

失业保险的国家优惠政策有哪些?

答:2022年4月25日发布的《人力资源社会保障部办公厅、国家税务总局办公厅关于特困行业阶段性实施缓缴企业社会保险费政策的通知》(人社厅发〔2022〕16号)规定,抓好特困行业纾困政策落实,现就阶段性实施缓缴企业职工基本养老保险费、失业保险费、工伤保险费(以下简称三项社保费)相关事项通知如下:

(1)缓缴适用范围

缓缴适用于餐饮、零售、旅游、民航、公路水路铁路运输企业三项社保费的单位应缴纳部分。上述行业中以单位方式参加社会保险的有雇工的个体工商户以及其他单位,参照企业办法缓缴。对职工个人应缴纳部分,企业应依法履行好代扣代缴义务。以个人身份参加企业职工基本养老保险的个体工商户和各类灵活就业人员,2022年缴纳费款有困难的,可自愿暂缓缴费,2022年未缴费月度可于2023年底前进行补缴,缴费基数在2023年当地个人缴费基数上下限范围内自主选择,缴费年限累计计算。

(2)缓缴实施期限

企业职工基本养老保险费缓缴费款所属期为2022年4月至6月。失业保险费、工伤保险费缓缴费款所属期为2022年4月至2023年3月,在此期间,企业可申请不同期限的缓缴。已缴纳所属期为2022年4月费款的企业,可从5月起申请缓缴,缓缴月份相应顺延一个月,也可以申请退回4月费款。缓缴期间免收滞纳金。

(3)办理流程

在缓缴期限内,企业可根据自身经营状况向社会保险登记部门申请缓缴三项社保费。新开办企业可自参保当月起申请缓缴;企业行业类型变更为上述行业的,可自变更当月起申请缓缴。

(4)适用缓缴政策的资格认定

各省要本着方便、快捷、不增加企业事务性负担的原则审核。社会保险登记部门审核企业是否适用缓缴政策时,应以企业参保登记时自行申报的行业类型为依据。现有信息无法满足划分行业类型需要的,可实行告知承诺制,由企业出具所属行业类型的书面承诺,并承担相应法律责任。

(5)补缴费款

企业原则上应在缓缴期满后的一个月内补缴缓缴的失业保险、工伤保险费款;缓缴的企业职工基本养老保险费最迟于 2022 年底前补缴到位,期间免收滞纳金,税务部门应及时提醒企业补缴。企业可根据实际需要,提前申报缴纳缓缴的费款,税务部门应及时征收。企业依法注销的,应当在注销前缴纳缓缴的费款,相关部门按照注销流程及时办理。

(6)待遇处理

缓缴期限内,职工申领养老保险待遇的,企业应先为其补齐缓缴的企业职工基本养老保险费。缓缴失业保险费不影响企业享受阶段性降低失业保险费率和稳岗返还政策、不影响参保职工享受技能提升补贴政策、不影响参保失业人员享受失业保险金或失业补助金等相关待遇。缓缴工伤保险费不影响企业享受阶段性降低工伤保险费率政策和职工享受工伤保险待遇。

生育保险

227

生育保险缴纳基数和标准比例?

答:(1)缴纳基数:生育保险费由企业按月缴纳,职工个人不缴纳生育保险费。与用人单位建立劳动关系的女职工才能购买生育保险,参保满一定期限(各地对于领取生育保险的规定不同)后,在参保期内分娩,即可享受生育保险的各项福利。其中,缴纳基数分三档:①实际工资:按照本人上一年月平均工资计算;②实际工资低于缴费基数:低于上一年本市职工月平均工资60%的,按照上一年本市职工月平均工资的60%计算;③实际工资高于缴费基数3倍:高于上一年本市职工月平均工资300%以上的,按照上一年本市职工月平均工资的300%计算。

(2)缴纳比例:机关、事业单位(财政拨款)按在职职工缴纳基本养老保险费的基数作为缴纳生育保险费的基数,按照0.4%的比例缴纳生育保险费;企业,自收自支、企业化管理的事业单位,民办非企业单位和个体经济组织按在职职工缴纳基本养老保险费的基数作为缴纳生育保险费的基数,按照0.8%的比例缴纳生育保险费。根据《企业职工生育保险试行办法》的规定,每个月的生育险费用不能高于工资的1%,不需要职工缴费,由用人单位给员工缴纳。不同地区的生育保险制度不同,因此生育保险缴费比例以当地为准。

案　例

2020年6月,广东省东莞市医疗保障局收到有关部门移交的案件线索，反映东莞市向日葵网络科技有限公司存在未按《广东省职工生育保险规定》将生育津贴足额支付给职工的情况。经调查核实，该公司存在虚报工资额度骗取生育津贴行为，涉嫌骗取生育津贴874,500元。东莞市医保局将该案件线索移送公安部门进一步处理。依据《刑法》的规定，东莞市第一人民法院以诈骗罪判处涉案被告人何某某有期徒刑12年，并处罚金50,000元，责令被告人何某某于判决生效后10日内退赔给涉事单位东莞市医疗保障事业管理中心874,500元，损失的生育保险基金874,500元已全部追回。

引　申

目前，很多企业并未按照实际工资进行缴纳，有高有低。高于实际工资进行生育保险缴纳存在骗保的嫌疑；低于实际工资进行生育保险缴纳，用人单位可能需要承担补差责任。

依据《女职工劳动保护特别规定》第8条第1款的规定，即"女职工产假期间的生育津贴，对已经参加生育保险的，按照用人单位上年度职工月平均工资的标准由生育保险基金支付"。也就是说，生育津贴发放的标准是按照"用人单位上年度职工月平均工资标准"而非"产假前本人工资"，只要员工领取的生育津贴不低于"用人单位上年度职工月平均工资标准"就不需要补差，即使补差也只按照"用人单位上年度职工月平均工资标准"补差。

但是这里有一个举证责任分担的问题，就是"单位上年度职工月平均工资标准"由谁来承担举证责任？因为涉及单位全部员工工资问题，所以实务中法院也无法调查，员工也无法举证。如果让单位举证，单位如何操作呢？就是签字问题，也就是缴费基数让员工签字确认，员工自己认可单位的缴费基数，即使与实际相差，也是员工对自己权利的放弃。

合规参加生育保险。

生育保险是通过国家立法规定，在劳动者因生育子女而导致劳动力暂时中断时，由国家和社会及时给予物质帮助的一项社会保险制度。凡是与用人单位建立了劳动关系的职工，包括男职工，都应当参加生育保险。

守住生育保险法律底线。

用人单位为员工缴纳社保必须基于真实的劳动用工关系，不可为非员工代缴，北京某公司曾用虚构的用工关系，为36名孕产妇代缴社保。两年之内，总共骗取生育津贴超过98万元！法院以诈骗罪判处了该公司8人有期徒刑9个月到3年不等。

相关规定

《女职工劳动保护特别规定》第8条 女职工产假期间的生育津贴，对已经参加生育保险的，按照用人单位上年度职工月平均工资的标准由生育保险基金支付；对未参加生育保险的，按照女职工产假前工资的标准由用人单位支付。女职工生育或者流产的医疗费用，按照生育保险规定的项目和标准，对已经参加生育保险的，由生育保险基金支付；对未参加生育保险的，由用人单位支付。

《关于规范社会保险缴费基数有关问题的通知》第5条 关于统一缴费基数问题 （一）参保单位缴纳基本养老保险费的基数可以为职工工资总额，也可以为本单位职工个人缴费工资基数之和，但在全省区市范围内应统一为一种核定办法。单位职工本人缴纳基本养老保险费的基数原则上以上一年度本人月平均工资为基础，在当地职工平均工资的60%—300%的范围内进行核定。特殊情况下个人缴费基数的确定，按原劳动部办公厅关于印发《职工基本养老保险个人账户管理暂行办法》的通知（劳办发〔1997〕116号）的有关规定核定。以个人身份参保缴费基数的核定，根据各地贯彻《国务院关于完善职工基本养老保险制度的决定》(国发〔2005〕38号)的有关规定核定。(二)参保单位缴纳基本医疗保险、失业保险、工伤保险、生育保险费的基数为职工工资总额,基本医疗保险、失业保险职工个人缴费基数为本人工资,为便于征缴可以以上一年度个人月平均工资为缴费基数。目前,一些地方为整合经办资源,实行社会保险费的统一征收和统一稽核,并将各险种单位和个人的缴费基数统一为单位和个人缴纳基本养老保险费的基数,这种做法方便了参保企业和参保人员,有利于提高稽核效率。各级社会保险经办机构要按照本通知的规定规范社会保险缴费基数核定工作,要在规范的基础上,坚持标准,切实做好申报审核和日常稽核工作,维护广大参保人员的合法权益,确保社会保险费的应收尽收。

《社会保险法》第53条 职工应当参加生育保险,由用人单位按照国家规定缴纳生育保险费,职工不缴纳生育保险费。

第54条第1款 用人单位已经缴纳生育保险费的,其职工享受生育保险待遇;职工未就业配偶按照国家规定享受生育医疗费用待遇。所需资金从生育保险基金中支付。

228

如何确定生育保险享受的条件和标准?

答:生育保险享受的条件每个地区不一样,具体要以各地社会保险窗口为准。例如,云南省昆明市地区生育保险享受的条件为:(1)女职工生育或男职工在其配偶生育时连续缴纳生育保险6个月以上(含6个月);(2)符合国家和省人口与计划生育法律、法规、规章规定生育或者实施计划生育手术的;(3)生育保险相关待遇支付期间,职工应处于正常参保缴费状态。

职工生育保险待遇标准包括:(1)生育或者计划生育假期的生活津贴;(2)生育或者计划生育的医疗费;(3)生育营养补助费;(4)法律、法规规定的其他项目。女方生育保险可报销75%,男方生育保险可报销50%。

案　例

张女士如果在企业工作时怀孕后生育,在生育保险报销时,需符合以下条件:张女士在企业已经连续缴纳生育保险6个月以上,符合国家相关规定,且在生育保险待遇支付期间,张女士的社保缴费记录应当处于正常参保缴费的状态;如果张女士处于待业状态,其配偶在其生育时已经连续缴纳生育保险6个月以上,符合相关规定,其配偶也享受生育保险报销。

相关规定

《社会保险法》第54条　用人单位已经缴纳生育保险费的,其职工享受生育保险待遇;职工未就业配偶按照国家规定享受生育医疗费用待遇。所需资金从生育保险基金中支付。生育保险待遇包括生育医疗费用和生育津贴。

第55条　生育医疗费用包括下列各项:(一)生育的医疗费用;(二)计划生育的医疗费用;(三)法律、法规规定的其他项目费用。

229

如何确定生育津贴领取的条件和标准?

答:条件:(1)女职工生育享受产假;(2)计划生育手术休假;(3)法律法规规定的其他情形。标准:职工所在用人单位上年度职工月平均工资/30 天 × 假期天数。

案 例

张女士为昆明市某企业一女员工,在该企业工作 5 年后婚育,上年度张女士月平均工资为 4800 元,此前五险一金正常缴纳,未中断。张女士可享受 158 天产假,生育津贴的领取标准为 4800 ÷ 30 × 158,即 25,280 元。

生育津贴和生育保险不是一回事,生育津贴是生育保险中的一部分,企业为职工缴纳了生育保险后,职工在生育期间可以享受生育医疗待遇和生育津贴。也就是说,生育保险是一项社会保险,是社会保险中一种险种类型,而生育津贴是一项生育保险待遇。

引 申

生育津贴和产假工资有什么区别?

(1)概念不同

生育津贴是女职工享受法定产假,由法规给予的生活费用。而产假工资是用人单位发放给休产假职工的工资。

(2)发放主体不同

生育津贴由社会保险机构发放给用人单位,再由用人单位支付给生育职工。产假工资由用人单位直接发放给职工。

(3)享受条件不同

享受生育津贴的前提条件是用人单位必须参加生育保险。且部分城市规定必须缴纳生育保险费用满一定年限,如一年。但是用人单位没有参加生育保险,没有达到缴费年限,仍需发放产假工资。

(4)范围不同

生育津贴包含产假工资,当生育津贴高于产假工资时,用人单位应当将生育津贴余额支付给职工,当生育津贴低于职工工资标准的,差额部分由用人单位补足。

女职工申请了生育保险待遇,用人单位是否可以不发放产假期间的工资?

女职工在生育期间享受产假待遇,产假期间由于女职工未能向用人单位提供劳动,理所当然不能享受工资待遇,但却可以享受生育津贴,但用人单位未给其缴纳生育保险时,应当由用人单位承担不利后果。所以,生育津贴与产假工资不能同时享受,只能二选一。

工资高保险低时如何妥善处理?

生育津贴为女职工产假期间的工资,生育津贴低于本人工资标准的,差额部分由企业补足。

相关规定

《社会保险法》第56条 职工有下列情形之一的,可以按照国家规定享受生育津贴:(一)女职工生育享受产假;(二)享受计划生育手术休假;(三)法律、法规规定的其他情形。生育津贴按照职工所在用人单位上年度职工月平均工资计发。

230

用人单位未缴纳生育保险导致上班多年的女职工在生育时未能享受生育保险,用人单位应当承担哪些责任?

答:(1)行政责任

劳动者依照法律规定,应当享受生育保险,劳动者享受的社会保险费必须足额支付。用人单位不及时办理社会保险登记的,由社会保险行政部门责令限期改正;逾期不改正的,对用人单位处应缴社会保险费数额 1 倍以上 3 倍以下的罚款,对其直接负责的主管人员和其他直接责任人员处 500 元以上 3000 元以下的罚款。

(2)民事责任

用人单位未依法为劳动者缴纳社会保险费的,依照《劳动合同法》规定的条件、程序,劳动者可以与用人单位解除固定期限劳动合同、无固定期限劳动合同或者以完成一定工作任务为期限的劳动合同。用人单位需要支付经济补偿,劳动行政部门可以责令支付赔偿金。

案　　例

张女士入职公司多年,用人单位未按规定为员工缴纳生育保险,导致在生育后无法报销,用人单位又不给予补偿,怎么办? 张女士可以向当地人社局行政执法大队投诉该用人单位行为并要求其补缴社会保险。如果行政部门不能解决,可以向当地人民法院提起诉讼要求用人单位解除合同并支付相应的赔偿、补偿。

引　申

劳动者依法享受生育保险，用人单位对于社会保险需要足额缴纳，避免引起劳动纠纷。劳动者个人依法享受社会保险待遇，有权监督本单位为其缴费情况。

相关规定

《社会保险法》第84条　用人单位不办理社会保险登记的，由社会保险行政部门责令限期改正；逾期不改正的，对用人单位处应缴社会保险费数额一倍以上三倍以下的罚款，对其直接负责的主管人员和其他直接责任人员处五百元以上三千元以下的罚款。

《劳动法》第73条　劳动者在下列情形下，依法享受社会保险待遇：（一）退休；（二）患病、负伤；（三）因工伤残或者患职业病；（四）失业；（五）生育。劳动者死亡后，其遗属依法享受遗属津贴。劳动者享受社会保险待遇的条件和标准由法律、法规规定。劳动者享受的社会保险金必须按时足额支付。

第91条　用人单位有下列侵害劳动者合法权益情形之一的，由劳动行政部门责令支付劳动者的工资报酬、经济补偿，并可以责令支付赔偿金：（一）克扣或者无故拖欠劳动者工资的；（二）拒不支付劳动者延长工作时间工资报酬的；（三）低于当地最低工资标准支付劳动者工资的；（四）解除劳动合同后，未依照本法规定给予劳动者经济补偿的。

第100条　用人单位无故不缴纳社会保险费的，由劳动行政部门责令其限期缴纳；逾期不缴的，可以加收滞纳金。

《劳动合同法实施条例》第18条　有下列情形之一的，依照劳动合同法规定的条件、程序，劳动者可以与用人单位解除固定期限劳动合同、无固定期限劳动合同或者以完成一定工作任务为期限的劳动合同:(一)劳动者与用人单位协商一致的;(二)劳动者提前30日以书面形式通知用人单位的;(三)劳动者在试用期内提前3日通知用人单位的;(四)用人单位未按照劳动合同约定提供劳动保护或者劳动条件的;(五)用人单位未及时足额支付劳动报酬的;(六)用人单位未依法为劳动者缴纳社会保险费的;(七)用人单位的规章制度违反法律、法规的规定,损害劳动者权益的;(八)用人单位以欺诈、胁迫的手段或者乘人之危,使劳动者在违背真实意思的情况下订立或者变更劳动合同的;(九)用人单位在劳动合同中免除自己的法定责任、排除劳动者权利的;(十)用人单位违反法律、行政法规强制性规定的;(十一)用人单位以暴力、威胁或者非法限制人身自由的手段强迫劳动者劳动的;(十二)用人单位违章指挥、强令冒险作业危及劳动者人身安全的;(十三)法律、行政法规规定劳动者可以解除劳动合同的其他情形。

231

用人单位生育保险缴费基数低于员工实际工资的,对于差额部分,用人单位是否需要赔偿?

答:用人单位有按照本单位职工工资总额,按比例足额缴纳社保的法定义务,足额包括缴费年限足、缴费险种足、缴费人数足、缴费数额足。用人单位未根据员工的实际收入来为员工购买保险的,一旦发生医疗保险报销或者发生申领生育保险津贴时,用人单位应当按照员工的医疗(生育)发生前12个月的平均工资核算的医保报销费用或者生育津贴来支付其相应的补偿费用,还应补齐社保局未支付的差额部分。

用人单位应当按照本单位职工的工资总额缴纳社保,依据《关于规范社会保险缴费基数有关问题的通知》,工资总额是指各单位在一定时期内直接支付给本单位全部职工的劳动报酬总额,包括工资、奖金、津贴、补贴等应发收入。依据规定,一般以上一年度职工本人平均月工资为缴费基数,而新招职工以起薪当月工资作为缴费基数,从第二年起,按上一年实发工资的月平均工资作为缴费基数。因此,对于用人单位未依法为劳动者足额缴纳社保费的情形,劳动者有权要求单位按照法律规定的社保费用标准为其补缴差额部分。

案　　例

张某入职某公司两年后发现公司并未按照月平均工资 9500 元缴纳生育保险,而是按照当地最低参保基数缴纳社会保险,张某不满,向公司管理人员提出异议,但公司管理人员不同意张某意见,张某能否要求公司补缴差额?

上述案例中张某的月平均工资明显高于最低参保基数,而用人单位未按劳动者的实际工资为其缴纳社保,而是按照当地最低的参保基数,属于未依法为劳动者足额缴纳社保的情形,劳动者有权要求用人单位按照法律规定的社保费用标准为其补缴差额部分。张某可以向当地人社局行政执法大队投诉该公司行为并要求其补缴社会保险,如果行政部门不能解决,可以向当地人民法院提起诉讼要求解除合同并要用人单位支付相应的赔偿、补偿。

劳动者依法享受生育保险,用人单位对于社会保险需要足额支付缴纳,不依法依规为员工缴纳社会保险将承担相应的法律后果。

引　　申

用人单位没有缴纳、没有足额缴纳、没有按时缴纳社会保险费,应承担什么责任?

用人单位没有缴纳、没有足额缴纳、没有按时缴纳社会保险费,给员工造成损失的,应当依法承担赔偿责任。为员工缴纳社保是员工所在企业的法定义务,这是无可辩驳的,而且应该按时足额缴纳社保。这时候,劳资双方的关系已经不单纯是劳动关系了,变成了普通的民事关系,劳动者在向法院提起诉讼的时候,应当要求用人单位承担相应的赔偿责任,而不是要求用人单位补缴社保。

根据相关规定,用人单位没有缴纳、没有足额缴纳、没有按时缴纳社会保险费,所应承担的责任包括:

(1)赔偿劳动者少得或者未得的失业保险金损失。

(2)承担应当由生育基金支付的女职工生育保险待遇费用。

(3)承担工伤保险费有关的罚款、滞纳金等费用。

(4)承担基本养老保险有关的罚款等费用。

(5)赔偿给劳动者造成损失的其他费用。

相关规定

《社会保险法》第84条　用人单位不办理社会保险登记的,由社会保险行政部门责令限期改正;逾期不改正的,对用人单位处应缴社会保险费数额一倍以上三倍以下的罚款,对其直接负责的主管人员和其他直接责任人员处五百元以上三千元以下的罚款。

《劳动法》第73条　劳动者在下列情形下,依法享受社会保险待遇:(一)退休;(二)患病、负伤;(三)因工伤残或者患职业病;(四)失业;(五)生育。劳动者死亡后,其遗属依法享受遗属津贴。劳动者享受社会保险待遇的条件和标准由法律、法规规定。劳动者享受的社会保险金必须按时足额支付。

第91条 用人单位有下列侵害劳动者合法权益情形之一的，由劳动行政部门责令支付劳动者的工资报酬、经济补偿，并可以责令支付赔偿金：（一）克扣或者无故拖欠劳动者工资的；（二）拒不支付劳动者延长工作时间工资报酬的；（三）低于当地最低工资标准支付劳动者工资的；（四）解除劳动合同后，未依照本法规定给予劳动者经济补偿的。

第100条 用人单位无故不缴纳社会保险费的，由劳动行政部门责令其限期缴纳；逾期不缴的，可以加收滞纳金。

《劳动合同法实施条例》第18条 有下列情形之一的，依照劳动合同法规定的条件、程序，劳动者可以与用人单位解除固定期限劳动合同、无固定期限劳动合同或者以完成一定工作任务为期限的劳动合同：（一）劳动者与用人单位协商一致的；（二）劳动者提前30日以书面形式通知用人单位的；（三）劳动者在试用期内提前3日通知用人单位的；（四）用人单位未按照劳动合同约定提供劳动保护或者劳动条件的；（五）用人单位未及时足额支付劳动报酬的；（六）用人单位未依法为劳动者缴纳社会保险费的；（七）用人单位的规章制度违反法律、法规的规定，损害劳动者权益的；（八）用人单位以欺诈、胁迫的手段或者乘人之危，使劳动者在违背真实意思的情况下订立或者变更劳动合同的；（九）用人单位在劳动合同中免除自己的法定责任、排除劳动者权利的；（十）用人单位违反法律、行政法规强制性规定的；（十一）用人单位以暴力、威胁或者非法限制人身自由的手段强迫劳动者劳动的；（十二）用人单位违章指挥、强令冒险作业危及劳动者人身安全的；（十三）法律、行政法规规定劳动者可以解除劳动合同的其他情形。

232

男职工享受生育保险的情形有哪些？

答：用人单位已经缴纳生育保险费的，其职工享受生育保险待遇；职工未就业配偶按照国家规定享受生育医疗费用待遇。所需资金从生育保险基金中支付。

男职工享受生育保险的情形包括：

(1)职工未就业配偶按照国家规定享受生育医疗费用待遇：①符合国家计划生育政策规定和法定生育条件；②配偶生育或因病理原因流产时，用人单位参加生育保险并已为男职工正常连续缴纳生育保险费(不含补缴、欠缴和中断缴费)满10个月以上；③配偶未列入生育保险范围，且生育第一胎。

(2)自己的计划生育手术费可报销。

(3)领取晚婚晚育津贴，但晚育奖励假只能由夫妻双方的一方享受，妻子享受了丈夫就不能享受。

(4)配偶的生育补贴，配偶属于未参加生育保险的非城镇人口、城镇无业人员或是已参加生育保险但缴费不满12个月的人员，符合计划生育有关规定生育的，按女职工生育医疗费的50%给予一次性生育补贴。

(5)护理假工资，企业男职工的配偶生育后可报销10天护理假工资(按本人缴费基数÷30×10来计算)。

案　例

张先生是本市某企业的一名职工，单位每月按规定为其缴纳生育保险。张先生的配偶未就业没有参加本市的生育保险,现在怀孕了。她是否可以使用张先生的生育保险享受待遇呢?

张先生未就业配偶可享受生育医疗费用待遇,所需资金从生育保险基金中进行支付,张先生本人也可以报销计划生育的手术医疗费用,另外其配偶满足相关规定,可以领取一次性生育补贴,张先生可报销10天护理假工资(按本人缴费基数÷30×10来计算)。

引　申

实践中男职工能享受生育保险的情形经常被忽略,生育保险绝不是女职工"专属"。

相关规定

《社会保险法》第53条　职工应当参加生育保险,由用人单位按照国家规定缴纳生育保险费,职工不缴纳生育保险费。

第54条　用人单位已经缴纳生育保险费的,其职工享受生育保险待遇;职工未就业配偶按照国家规定享受生育医疗费用待遇。所需资金从生育保险基金中支付。生育保险待遇包括生育医疗费用和生育津贴。

第55条　生育医疗费用包括下列各项:(一)生育的医疗费用;(二)计划生育的医疗费用;(三)法律、法规规定的其他项目费用。

第56条　职工有下列情形之一的,可以按照国家规定享受生育津贴:(一)女职工生育享受产假;(二)享受计划生育手术休假;(三)法律、法规规定的其他情形。生育津贴按照职工所在用人单位上年度职工月平均工资计发。

233

未婚先育女职工能否享受产假和生育保险待遇?

答:(1)未婚先育女职工可以享受产假

《女职工劳动保护特别规定》第7条规定:“女职工生育享受98天产假,其中产前可以休假15天;难产的,增加产假15天;生育多胞胎的,每多生育1个婴儿,增加产假15天。女职工怀孕未满4个月流产的,享受15天产假;怀孕满4个月流产的,享受42天产假。”对于基本产假,不同的省市还有不同的延长规定,《女职工劳动保护特别规定》体现了人人平等的宪法原则,给予了非婚生育妇女合理的法律保护。因此,女职工违反计划生育的,仍应适用并享有《女职工劳动保护特别规定》第7条规定的权利,享受产假。

(2)无法享受生育保险待遇

《人口与计划生育法》第25条第1款规定:“符合法律、法规规定生育子女的夫妻,可以获得延长生育假的奖励或者其他福利待遇。”从以上规定可以看出,生育是婚姻关系存续状态下的行为,即享受生育保险待遇的主体应为已婚女性,这是由生育这一特定的生理现象和国家经济发展水平所决定的,生育应符合计划生育的要求。因此,我国可以享受生育保险待遇的女性只限于达到法定结婚年龄已婚的并符合国家计划生育规定者。未婚女性怀孕不属计划内生育,因此怀孕生育支出的医疗费用和生育津贴亦不属于生育保险基金的支付范畴。

案　　例

张女士是本市一家企业员工,入职所在单位3年,生育保险正常缴纳,现张女士未婚先育,是否可以享受产假和生育保险待遇?

依照《女职工劳动保护特别规定》第7条的规定,张女士可以享受产假98天,但生育保险报销应当符合计划生育的要求,张女士未婚不属于计划内生育,因此由于怀孕支出的医疗费用和生育费用不属于生育保险基金的支付范畴。

未婚先育女性可正常休产假,生育保险无法报销,生育津贴部分是否可以领取则需要看当地社保政策。

相关规定

《人口与计划生育法》第21条 实行计划生育的育龄夫妻免费享受国家规定的基本项目的计划生育技术服务。前款规定所需经费,按照国家有关规定列入财政预算或者由社会保险予以保障。

第25条 符合法律、法规规定生育子女的夫妻,可以获得延长生育假的奖励或者其他福利待遇。国家支持有条件的地方设立父母育儿假。

234

男职工需要参加生育保险吗?

答:《社会保险法》第53条规定:"职工应当参加生育保险,由用人单位按照国家规定缴纳生育保险费,职工不缴纳生育保险费。"这里的"职工",并没有限定为女性职工,即意味着包括了男性职工,故只要职工与用人单位形成了劳动关系,则不分男女,用人单位均应为其办理生育保险,并缴纳生育保险费。

用人单位已经缴纳生育保险费的,其职工享受生育保险待遇;男职工未就业配偶按照国家规定享受生育医疗费用待遇,所需资金从生育保险基金中支付。

案　例

小张是刚从学校毕业,参加工作的男青年。小张认为自己是男性,没有必要缴纳生育保险,希望单位不给自己缴纳生育保险,多发点工资,这样可以吗?

不可以,用人单位有为所有职工缴纳生育保险的法定义务。生育保险的设立不仅是为了保障女职工的生育待遇,也可以促进男女平等就业,对维护女职工生育权益,促进妇女公平就业,均衡用人单位负担发挥了重要作用。

相关规定

《社会保险法》第53条　职工应当参加生育保险,由用人单位按照国家规定缴纳生育保险费,职工不缴纳生育保险费。

第54条　用人单位已经缴纳生育保险费的,其职工享受生育保险待遇;职工未就业配偶按照国家规定享受生育医疗费用待遇。所需资金从生育保险基金中支付。生育保险待遇包括生育医疗费用和生育津贴。

第55条　生育医疗费用包括下列各项:(一)生育的医疗费用;(二)计划生育的医疗费用;(三)法律、法规规定的其他项目费用。

第56条　职工有下列情形之一的,可以按照国家规定享受生育津贴:(一)女职工生育享受产假;(二)享受计划生育手术休假;(三)法律、法规规定的其他情形。生育津贴按照职工所在用人单位上年度职工月平均工资计发。

235

用人单位为了体恤女职工，在女职工生育前一年将社会保险缴费基数提高超过女职工社保缴费基数的情形下，用人单位和女职工分别有什么法律风险？

答：1. 用人单位风险：超出法律规定多缴生育保险存在骗保风险，涉及行政责任与刑事责任。

(1)行政责任

根据国家发改委等28个部门于2018年11月22日印发的《关于对社会保险领域严重失信企业及其有关人员实施联合惩戒的合作备忘录》(发改财金〔2018〕1704号)的规定，"以欺诈、伪造证明材料或者其他手段参加、申报社会保险和骗取社会保险基金支出或社会保险待遇"的单位和人员将被列入不诚信名单，多部门将对其进行联合惩戒，如限制乘坐飞机和一定等次座位的动车；限制作为供应商参加政府采购活动；失信信息纳入金融信用信息基础数据库，为金融机构融资授信提供重要参考等。

《社会保险法》第88条规定："以欺诈、伪造证明材料或者其他手段骗取社会保险待遇的，由社会保险行政部门责令退回骗取的社会保险金，处骗取金额二倍以上五倍以下的罚款。"

(2)刑事责任

《社会保险法》第94条规定："违反本法规定，构成犯罪的，依法追究刑事责任。"

《刑法》第266条规定："诈骗公私财物，数额较大的，处三年以下有期徒刑、拘役或者管制，并处或者单处罚金；数额巨大或者有其他严重情节的，处三年以上十年以下有期徒刑，并处罚金；数额特别巨大或者有其他特别严重情节的，处十年以上有期徒刑或者无期徒刑，并处罚金或者没收财产。本法另有规定的，依照规定。”

2014年4月24日第十二届全国人民代表大会常务委员会第八次会议通过的《全国人民代表大会常务委员会关于〈中华人民共和国刑法〉第二百六十六条的解释》规定：“以欺诈、伪造证明材料或者其他手段骗取养老、医疗、工伤、失业、生育等社会保险金或者其他社会保障待遇的，属于刑法第二百六十六条规定的诈骗公私财物的行为。”

2. 女职工风险：同样涉及骗保风险，应退回多领取的社会保险待遇。

案　　例

根据审计部门提供的线索，经东莞市医保局调查发现，参保人何某琪、东莞市石碣某日用经营部存在虚报工资额度骗取生育津贴等违规行为，涉及医保基金55,533.33元。依据《社会保险法》《行政处罚法》等规定，当地医保部门责令何某琪退回骗取的医保基金，并将该线索移交公安机关立案处理。目前，东莞市石碣某日用经营部营业执照已被吊销，该参保人骗取的医保基金55,533.33元已全部追回。

生育保险缴费基数需要按照法律规定，随意降低或者提高缴费基数属于违法行为。

236

哪些情况属于骗取生育保险金？

答：欺诈、伪造证明材料或者其他手段骗取社会保险待遇，如在投保人未提供劳动合同、辞职申请等书面材料的情况下，为单位员工提供便利、予以照顾，为无业孕妇以公司在职职工的名义，办理了生育保险的投保、停保业务。

案　例

在重庆某塑胶制品有限公司虚构劳动关系骗取生育保险基金案中，2019 年年底，渝中区医疗保障局在业务办理中发现重庆某塑胶制品有限公司生育保险待遇领取异常。通过数据分析发现 2018 年 1 月至 2019 年 12 月，该单位申领生育津贴人数异常增长，其中部分职工参保缴费不足或刚满 6 个月，部分职工申领生育津贴后立即停保。

经渝中区医疗保障局现场核查该单位用工、工资支付、职工收入等情况以及与之相关的劳动合同、财务报表、会计凭证等与缴纳医疗保险、生育保险费有关资料，查实该单位 25 名申领生育津贴人员虚构劳动关系骗取生育津贴保险基金，并将该案移送渝中区公安分局立案侦办。经查，重庆某塑胶制品有限公司 25 名人员虚构劳动关系骗取生育保险基金 45. 18 万元，现已责令退回，并以诈骗罪分别判处涉案人员贺某某、郭某、钟某有期徒刑 3 年、3 年、2 年 6 个月，依法没收违法所得，并处罚金。

随着人们对于婚姻与生育观念的改变，以及国家生育政策的放开，生活中“未婚先生育”“超计划生育”的情况也时有发生。从法律规定上来看，这些都属于违反计划生育的行为，无法享受到产假工资等相关的保险待遇。因此，会有人动起伪造或变造婚姻、生育相关证明材料的脑筋，达到骗取生育期间费用待遇的不法目的。

相关规定

《社会保险法》第88条 以欺诈、伪造证明材料或者其他手段骗取社会保险待遇的，由社会保险行政部门责令退回骗取的社会保险金，处骗取金额二倍以上五倍以下的罚款。

《全国人民代表大会常务委员会关于〈中华人民共和国刑法〉第二百六十六条的解释》 以欺诈、伪造证明材料或者其他手段骗取养老、医疗、工伤、失业、生育等社会保险金或者其他社会保障待遇的，属于刑法第二百六十六条规定的诈骗公私财物的行为。

237

骗取生育保险的法律后果是什么？

答：(1)行政责任

《社会保险法》第88条规定：“以欺骗、伪造证明材料或者其他手段骗取社会保险待遇的，由社会保险行政部门责令退回骗取的社会保险金，处骗取金额二倍以上五倍以下的罚款。”

(2)刑事责任

《全国人民代表大会常务委员会关于〈中华人民共和国刑法〉第二百六十六条的解释》规定：“以欺诈、伪造证明材料或者其他手段骗取养老、医疗、工伤、失业、生育等社会保险金或者其他社会保障待遇的，属于刑法第二百六十六条规定的诈骗公私财物的行为。”

案 例

2016年2月16日，小江与小薛在未办理结婚登记的情况下，生育一子。得知非婚生育属于违反计划生育政策的情形，不能领取生育保险津贴时，小江和小薛就动起了篡改证明的脑筋。夫妻二人将结婚证复印件中的登记时间由“2016年4月”编造为“2016年2月”，由此将儿子谎报为符合政策的“计划内生育”，从而骗取了不应当领到的生育保险金8.7万元。虽然事后小江把领到的生育保险金全额退还社保中心，但近日上海市静安区人民法院还是以犯诈骗罪判处丈夫小薛有期徒刑2年6个月，缓刑2年6个月，并处罚金8000元；判处妻子小江有期徒刑3年，缓刑3年，并处罚金10,000元。

伪造证明材料骗取生育保险金，构成犯罪的，应当追究其刑事责任。

相关规定

《社会保险法》第87条 社会保险经办机构以及医疗机构、药品经营单位等社会保险服务机构以欺诈、伪造证明材料或者其他手段骗取社会保险基金支出的，由社会保险行政部门责令退回骗取的社会保险金，处骗取金额二倍以上五倍以下的罚款；属于社会保险服务机构的，解除服务协议；直接负责的主管人员和其他直接责任人员有执业资格的，依法吊销其执业资格。

《劳动保障监察条例》第27条 用人单位向社会保险经办机构申报应缴纳的社会保险费数额时，瞒报工资总额或者职工人数的，由劳动保障行政部门责令改正，并处瞒报工资数额1倍以上3倍以下的罚款。骗取社会保险待遇或者骗取社会保险基金支出的，由劳动保障行政部门责令退还，并处骗取金额1倍以上3倍以下的罚款；构成犯罪的，依法追究刑事责任。

《刑法》第266条 诈骗公私财物，数额较大的，处三年以下有期徒刑、拘役或者管制，并处或者单处罚金；数额巨大或者有其他严重情节的，处三年以上十年以下有期徒刑，并处罚金；数额特别巨大或者有其他特别严重情节的，处十年以上有期徒刑或者无期徒刑，并处罚金或者没收财产。本法另有规定的，依照规定。

238

社保机构的人员协助骗取生育保险的，应当承担什么责任？

答：《社会保险法》第89条规定："社会保险经办机构及其工作人员有下列行为之一的，由社会保险行政部门责令改正；给社会保险基金、用人单位或者个人造成损失的，依法承担赔偿责任；对直接负责的主管人员和其他直接责任人员依法给予处分：(一)未履行社会保险法定职责的；(二)未将社会保险基金存入财政专户的；(三)克扣或者拒不按时支付社会保险待遇的；(四)丢失或者篡改缴费记录、享受社会保险待遇记录等社会保险数据、个人权益记录的；(五)有违反社会保险法律、法规的其他行为的。"

案　例

根据河源市医保专项检查过程中发现的疑点，经当地医保部门联合纪检监察部门调查发现，河源市某县社保局原工作人员胡某、林某某利用职务之便伪造他人医保报销材料,骗取医保基金716,920.07元。当地医保部门和纪检监察部门将该案移交司法机关。当地法院判决胡某犯贪污罪,判处有期徒刑2年6个月,并处罚金200,000元;林某某犯贪污罪,判处有期徒刑2年,并处罚金100,000元。目前,胡某、林某某骗取的医保基金716,920.07元已全部追回。

引　申

社会保险关系民生,为了眼前的利益,社会保险经办机构及其工作人员利用隐瞒、欺诈等手段骗取生育保险及其他社会保险,严重损害了社会保险基金安全和广大参保人员的权益,不仅会受到行政处罚,情节严重的还要承担刑事责任。

239

生育津贴未能领取,员工可以要求企业直接发放吗?

答:生育津贴由社会保险机构发放给用人单位,再由用人单位支付给生育职工。生育津贴是女职工享受国家规定产假,由国家给予的生活费用;而产假工资是用人单位发放给休产假职工的工资;享受生育津贴的前提条件就是用人单位必须参加生育保险,但是如果用人单位没有参加生育保险,没有达到缴费年限,仍需发放产假工资。生育津贴是国家法律、法规规定对职业妇女因生育而离开工作岗位期间,给予的生活费用。为员工承担生育津贴的主体是社会保险机构。

产假工资由用人单位直接发放给职工。产假工资是员工休产假期间,用人单位为其发放的工资。为员工支付产假工资的主体是用人单位。

案　　例

张女士怀孕并生育一孩,因企业缴纳的生育保险不满一年不能领取生育津贴,那么张女士是否可以要求单位直接发放?可以:(1)产假期间公司发放的工资和社保局发放的生育津贴不能同时享受。(2)如果企业有缴社保,产假期间企业无须向职工支付工资,而是由企业凭女职工的生育凭证,到生育保险基金处为其申请生育津贴,以生育津贴作为女职工产假期间的工资。但是,若企业为职工缴纳的生育保险费基数低于女职工上年度平均工资收入,那么将导致女职工领取的生育津贴低于其正常出勤期间的工资,企业应补足差额。(3)如果企业没有缴社保,产假期间企业应当按正常出勤发放工资。

引　　申

社保部门核发的生育津贴一般是发放至用人单位账户,且具有滞后性,由此,女职工产假期间,用人单位仍应当按照劳动者的工资标准先行支付产假工资,在收到生育津贴后再根据实际情况处理。劳动者以用人单位未支付产假工资或生育津贴为由主张解除劳动关系,用人单位需支付解除劳动关系补偿金。

相关规定

《女职工劳动保护特别规定》第8条第1款　女职工产假期间的生育津贴,对已经参加生育保险的,按照用人单位上年度职工月平均工资的标准由生育保险基金支付;对未参加生育保险的,按照女职工产假前工资的标准由用人单位支付。

240

国家对于生育保险的其他优惠政策还有哪些？

答：2021年7月，国家医疗保障局办公室发布关于做好支持三孩政策生育保险工作的通知，为贯彻落实党中央关于优化生育政策促进人口长期均衡发展的任务部署，积极支持三孩生育政策落地实施，确保参保女职工生育三孩的费用纳入生育保险待遇支付范围，各地医保部门要按规定及时、足额给付生育医疗费用和生育津贴待遇，切实保障参保人员生育权益。

案　例

梁某在某公司工作，因生育于2020年11月1日请产假，产假期至2021年3月8日。由于公司多次未按时缴纳生育保险费，并于2020年12月暂停缴纳生育保险费。梁某向当地生育保险经办机构申领生育保险待遇，得知生育津贴不予发放。梁某遂申请劳动仲裁，要求裁决公司支付产假工资8546.05元。

仲裁审理认为，劳动者依法享有的法定节假日以及女职工产假期间，用人单位应当视同劳动者提供正常劳动并支付工资。此外，用人单位未按照法律规定按时足额缴纳生育保险费，其职工生育保险待遇中生育津贴的支付标准按照职工产假或者休假前的工资标准执行，由用人单位支付。生育津贴是职工按照规定享受产假期间获得的工资性补偿，职工产假期间享受的生育津贴低于产假或者休假前工资标准的，由用人单位予以补足，高于产假或者休假前工资标准的，用人单位不得截留。本案中，公司未按时足额缴纳生育保险费，梁某的生育津贴应当由公司承担。梁某在产假期间，未领取生育津贴，公司应当视同梁某提供正常劳动并支付工资，遂裁决支持梁某的仲裁请求。

引　申

随着我国计划生育政策的放开，女职工生育二孩、三孩的现象较为普遍，女职工因生育保险待遇与用人单位发生纠纷也时有发生。劳动者依法享有的法定节假日以及女职工孕期产前检查、产假、哺乳期内的哺乳时间等期间，用人单位应当视同劳动者提供正常劳动并支付其工资。同时，生育津贴是女职工按照规定享受产假期间获得的工资性补偿。所以，用人单位要严格按照法律规定按时缴纳生育保险费并及时足额支付女职工产假期间工资，妥善处理好产假工资与生育津贴之间的补偿关系，防止纠纷发生。

相关规定

《国家医疗保障局办公室关于做好支持三孩政策生育保险工作的通知》。

鸣　谢

无论是《降本增效：企业用工成本战略控制与合规管理》还是其姊妹篇《降本增效：工资个税与社会保险实务疑难240问》，在出版过程中均得到了很多人的支持，在此，特别感谢引领我进入劳动法领域的导师刘俊教授，特别感谢我律师职业生涯的领路人云南勤业律师事务所杨金勤主任，特别感谢上海江三角律师事务所陆敬波主任，特别感谢为本书的编撰贡献智慧的全体编委和万商天勤律师事务所。